www.nanumant.com

거꾸로 배우는 경제학

김광용 저

머리말

2024년 트렌드 중 하나가 호모 프롬프트(Homo Promptus)다. 의미는 '호모(Homo)'와 컴퓨터에서 사용자의 명령어를 입력하는 창 '프롬프트(Prompt)'의 합성어로 AI 기술을 활용하기 위한 '질문 능력'을 뜻한다.

Chat GPT가 등장하며 AI를 다루는 능력에 있어 '얼마나 자료를 잘 찾는가'는 더 이상 중요하지 않게 되었다. '얼마큼 질문을 잘 던지는가'의 능력이 주목받게 된 것이다.

AI 기술을 보다 잘 활용하려면, 인간의 질문이 똑똑해야 한다는 뜻으로, AI가 아무리 완벽해 보이더라도, 이를 활용하는 것은 결국 우리 인간이기 때문이다.

경제학도 우리 주변에서 일어나는 경제 현상을 이해하고 경제문제를 해결하며, 경제의 변화를 예측할 수 있는 경제학적 사고 능력과 합리적 선택 능력을 배양하는 것이 현실의 경제를 이해하고 예측하는 데 중요한 요소이다.

본서가 경제학을 처음 접하는 사람들에게 자료를 잘 찾는 것이 아니라 경제학적 마인드를 가지고 똑똑한 질문을 하는 사람으로 발전하기를 바란다.

본 서의 특징은 크게 세 가지로 구분할 수 있다.

첫째, 본서는 경제학을 처음 접하는 학생들이 스스로 경제학적 사고방식을 쉽게 습득할 수 있도록 이해하기 쉬운 기본적인 개념을 중심으로 구성하였다.

둘째, 각 장마다 기본적인 개념들에 대한 정확한 이해도를 측정하고 학습자가 어떤 부분들을 보다 더 엄밀하게 학습해야 하는지를 판단할 수 있도록 객관식 문제와 이론을 현실에 적용할 수 있는 서술형 연습문제를 추가함으로써 학생들이 경제의 최신 트렌드를 익히는 데 도움을 주고자 하였다.

셋째, 경제이론에 대한 이해를 높이기 위한 'Eco-톡', '다시보는 경제학자'를 통해 현실에 대한 이해를 높이고자 하였다.

경제학은 많은 사람이 관심을 가지면서도 어렵게 느끼는 학문이다. 그래서 경제학을 처음 시작하는 사람들의 눈높이에 맞추어 경제학의 기본원리를 쉽게 이해할 수 있게 하는 나침반 역할을 하기를 소망하고, 많은 사람들이 경제학에 대한 흥미를 되찾기를 바라는 마음이다.

저자는 본 교재를 통해 독자들이 경제학적 사고방식을 쉽게 습득할 수 있도록 계속적인 노력을 기울이고자 한다. 그럼에도 불구하고 저자의 부족한 부분이 발견될 것이다. 이러한 부분이 발견되거나 좋은 교재가 되는데 필요한 조언이 있으시면 언제든지 제안해 주시면 계속 보완하고 개선할 것이며 독자 여러분의 지적을 겸허히 받아들일 것이다.

본서의 원고 정리와 편집 작업에 노고를 아끼지 않은 나눔에이엔티 직원들과 어려운 출판 환경에서도 이 책을 출간하도록 격려해 주신 나눔에이엔티 이윤근 사장님에게 진심으로 감사를 드린다.

2024년 2월
방배동 연구실에서

CONTENTS

제1장 **경제학의 기본원리 • 9**

제1절 경제와 경제문제 ··· 11
제2절 경제체제 ··· 18
제3절 경제학의 정의와 구분 ·· 22
제4절 경제학의 표현방법 ··· 29
제5절 경제학의 학습방법 ··· 33
단원별 연습문제 ·· 36

제2장 **수요·공급과 시장의 균형 • 43**

제1절 시장이란 ··· 45
제2절 수요 ·· 48
제3절 공급 ·· 56
제4절 시장의 균형 ··· 63
단원별 연습문제 ·· 71

제3장 **탄력성과 가격통제 • 79**

제1절 탄력성 ··· 81
제2절 시장균형의 경제적 효율성 ··· 89
제3절 가격통제 ··· 93
제4절 조세 부과의 효과 ·· 96
단원별 연습문제 ·· 99

거꾸로 배우는 경제학

제4장 가계의 소비 • 107

제1절 소비자의 선택 …………………………………………… 109
제2절 한계효용이론 …………………………………………… 111
제3절 무차별곡선 ……………………………………………… 118
제4절 소비자의 최적선택 ……………………………………… 125
단원별 연습문제 ………………………………………………… 132

제5장 기업의 생산과 비용 • 137

제1절 기업이란 무엇인가? …………………………………… 139
제2절 기업의 생산과 생산함수 ………………………………… 140
제3절 생산비 …………………………………………………… 144
단원별 연습문제 ………………………………………………… 153

제6장 시장구조와 기업의 이윤극대화 • 159

제1절 시장구조 ………………………………………………… 161
제2절 완전경쟁시장 …………………………………………… 162
단원별 연습문제 ………………………………………………… 171

제7장 불완전경쟁시장 • 175

제1절 독점시장 ………………………………………………… 177
제2절 독점적 경쟁시장 ………………………………………… 185
제3절 과점시장 ………………………………………………… 189
단원별 연습문제 ………………………………………………… 192

CONTENTS

제8장 생산요소시장과 소득불평등 • 201

제1절 생산요소시장 ··· 203
제2절 소득불평등과 빈곤 ··· 218
단원별 연습문제 ··· 228

제9장 외부효과와 공공재 • 235

제1절 시장실패 ·· 237
제2절 외부효과 ·· 238
제3절 공공재와 공유자원 ··· 250
제4절 정보의 비대칭성 ·· 257
제5절 정부의 실패 ··· 264
단원별 연습문제 ··· 265

제10장 국민소득과 물가 • 273

제1절 거시경제학의 범위 ··· 275
제2절 국민소득의 순환 ·· 280
제3절 국민소득의 여러 가지 지표 ·································· 285
제4절 물가수준의 측정 ·· 296
단원별 연습문제 ··· 302

거꾸로 배우는 경제학

제11장 통화와 통화정책 • 309

제1절 통화의 개념과 범위 ·········· 311
제2절 통화공급과 은행의 역할 ·········· 318
제3절 화폐의 공급과 수요 ·········· 325
제4절 화폐시장과 이자율 ·········· 328
단원별 연습문제 ·········· 340

제12장 실업과 인플레이션 • 347

제1절 경기순환 ·········· 349
제2절 실업 ·········· 354
제3절 인플레이션 ·········· 360
단원별 연습문제 ·········· 376

제13장 경제안정화정책 • 383

제1절 경제안정화정책 ·········· 385
제2절 재정정책 ·········· 390
제3절 금융정책 ·········· 397
제4절 경제안정화정책의 성공요건 ·········· 404
단원별 연습문제 ·········· 413

제1장
경제학의 기본원리

제1절 경제와 경제문제
제2절 경제체제
제3절 경제학의 정의와 구분
제4절 경제학의 표현방법
제5절 경제학의 학습방법
단원별 연습문제

경제적 사고와 경제적 논리는 경제학자나 기업인에게만 필요한 것이 아니라 오늘날을 살아가는 모든 생활인에게 필요하다. 지금 우리에게 주어진 과제는 다양한 계층간의 소득불평등과 빈부격차 확대, 지역간 불균형 등 소통부재와 분열양상이 심각한 상태로 이를 극복하는 것이다. 이러한 과제를 위해서는 무엇보다도 국민들의 합리적인 문제해결 능력과 올바른 경제의식의 확립 및 태도의 함양이 필요하다.

본 장에서는 우리가 일상생활에서 접하는 경제문제가 왜 생기는지 그리고 그러한 경제문제를 바탕으로 형성된 경제학이 어떤 학문인지에 대해 알아본다. 또 경제학적 사고방식이란 어떤 것이며, 경제학을 학습하는 방법에 대하여 살펴보고자 한다.

"경제학은 인간의 일상생활을 연구하는 학문이다."

-앨프리드 마샬-

"경제학은 언제나 여러 대안들 사이에서 선택하기 위한 학문이다. 우리는 이것을 '트레이드 오프'라고 부른다."

-폴 새무앨슨

제1절 경제와 경제문제

1 희소성과 경제문제

사람이 살아가는 데에는 의, 식, 주 및 여가, 문화활동 등에 관련된 수많은 재화(goods)와 서비스(service)를 소비해야 한다. 그런데 이러한 재화와 서비스는 저절로 생기는 것이 아니고 자원을 사용하여 생산해야 한다. 오늘날 사람들은 자기가 필요로 하는 재화와 서비스를 혼자 다 생산할 수 없어 분업을 통하여 일부 품목만을 생산한다. 현대사회의 두드러진 특징은 분업과 전문화이다. 분업을 통하여 생산하는 경우에도 보통 자기 혼자 생산하는 것이 아니라 다른 사람들과 협동하여 생산한다. 분업을 통하여 생산하기 때문에 다른 재화와 서비스를 얻기 위해 각자의 생산물을 교환해야 하고, 사람들이 협동하여 생산하기 때문에 생산물을 분배해야 한다. 이처럼 재화와 서비스를 생산, 교환, 분배, 소비하는 행위를 경제행위 또는 경제활동이라 한다.

> 사회구성원들의 욕구에 비하여 그 욕구를 충족시켜 줄 수단인 자원이 상대적으로 부족한 현상을 희소성(scarcity)이라 한다.

자원의 희소성이 문제가 되지 않으면, 사회구성원들의 욕구를 얼마든지 충족시켜 줄 정도로 많은 재화와 서비스를 생산할 수 있기 때문에 생산, 교환, 분배, 소비를 어떻게 하든 문제가 되지 않고 따라서 경제문제가 일어나지 않는다. 경제학을 쉽게 풀이하면 경제문제를 다루는 학문이다. 희소성으로 인하여 경제문제가 일어나므로 경제학의 출발점은 희소성이다.

2 선택과 기회비용

(1) 경제적 효율성과 생산가능곡선

현실세계에서는 희소성으로 인해 사람들은 자기가 가지는 모든 욕구를 충족시킬 수 없다. 따라서 많은 욕구 중에서 충족시켜야 할 욕구와 억제해야 할 욕구를 구분하여 충족시켜야 할 욕구에 자원을 사용하는 것이 바람직하다. 여기에 어떤 욕구를 충족시키고 어떤 욕구를 억제해야 할 것인가 하는 선택의 문제가 일어난다.

우리의 삶이 수많은 선택의 연속이거니와 희소성은 경제활동에 필연적으로 선택의 문제를 낳는다. 사람들은 희소성 때문에 충족시켜야 할 욕구의 자원을 사용할 때에도 자원을 낭비하지 않고, 가장 시급한 욕구의 충족에서부터 우선적으로 사용하여 한정된 자원을 가장 유용하게 사용하고자 한다. 자원을 아껴서 가장 유용하게 쓰는 것을 합리적 선택(rational choice)이라 하고 그렇게 쓰고자 하는 의지를 경제하려는 의지라 한다. 희소성이 합리적 선택의 문제와 경제하려는 의지를 낳는 것이다. 이 합리적 선택의 문제와 경제하려는 의지는 개인적으로는 물론 사회 전체적으로도 일어난다.

희소성에서 비롯된 합리적 선택의 문제와 경제하려는 의지는 '효율적인' 자원의 사용이라는 개념을 낳는다. 경제학에서 '효율적인' 자원의 사용은 두 가지 측면에서 본다. 먼저 자원량이 주어져 있을 때 이 주어진 자원으로 최대의 효과를 얻고자 한다. 이를 최대효과의 원칙이라고 한다. 한편 일정한 효과를 얻고자 할 때 들어가는 비용을 최소로 하고자 한다. 이를 최소비용의 원칙이라 한다. 최대효과의 원칙과 최소비용의 원칙은 동전의 양면과 같은 것으로서 둘을 포괄하여 경제적 효율성(economic efficiency)이라 한다. 경제적 효율성이 충족되는 자원배분을 자원의 효율적인 배분이라 한다.

결국 경제문제의 핵심은 합리적 선택의 문제이고 희소한 자원의 효율적인 배분에 관한 문제이다. 이를 시각적으로 쉽게 이해할 수 있도록 보여주는 그림이 생산가능곡선(production possibities curve)이다.

> 생산가능곡선(production possibilities curve)이란 한 사회의 자원과 기술이 주어져 있을 때 그 사회가 모든 자원을 효율적으로 사용하여 생산할 수 있는 두 생산물의 여러 가지 조합을 나타내 주는 곡선이다.

[그림 1-1]에서 가로축은 소비재의 생산량을, 세로축은 생산재의 생산량을 나타낸다. 현실세계에서 소비재와 생산재는 그 종류가 무수히 많지만 [그림 1-1]에서는 소비재와 생산재가 각각 하나씩만 있다고 가정한다.

한 사회는 그 사회가 가지고 있는 모든 자원을 사용하여 생산재만을 생산할 수도 있고, 소비재만을 생산할 수도 있으며 생산재와 소비재를 동시에 생산할 수도 있다. [그림 1-1]은 사회가 가지고 있는 모든 자원을 생산재의 생산에만 사용하되 효율적으로 사용하면 OA만큼 생산할 수 있다는 것을 보여 준다. OA보다 적게 생산할 수도 있지만 이는 최대효과의 원칙에 어긋나므로 비효율적이다. 비효율적인 결과를 얻는 것은 자원의 일부를 낭비했거나, 사용하지 않았거나, 혹은 자원을 모두 사용하더라도 열악한 기술을 사용했기 때문이다. 현존하는 자원과 기술 여건에서 OA보다 더 많이 생산재를 생산할 수는 없다. OA만큼 생산재를 생산하면 모든 자원을 생산재의 생산에만 사용했으므로 소비재의 생산량은 물론 0이다.

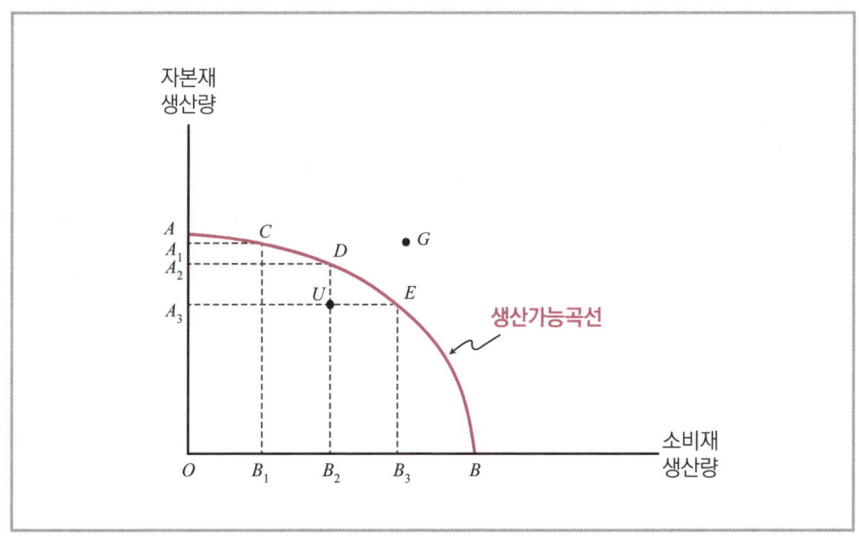

[그림 1-1] **생산가능곡선**

이제 소비재를 OB_1만큼 생산하려고 한다 하자. 재화를 공짜로 생산할 수 없다. 따라서 소비재를 생산하려면 생산재의 생산에만 사용되어 온 자원 중에서 일부를 소비재 생산에 돌려 써야 한다. 자원의 일부가 생산재의 생산에서 빠져 나가면 생산재는 OA만큼 생산될 수 없다. [그림 1-1]은 OB_1의 소비재를 최소의 자원으로 생산하고 나머지 자원으로 생산재를 최대로 생산하면 OA_1만큼 생산하는 것을 보여 준다. 따라서 C점은 A점과 같은 생산가능곡선 상에 있게 된다. 이와 같은 방법을 되풀이하여 $ACDEB$의 생산가능곡선을 얻는다.

생산가능곡선이 오른쪽으로 갈수록 수평이거나 올라가지 않고 내려간다는 것, 즉 우하향의 곡선이라는 것에서 세상에 공짜가 없다는 기본전제와 선택의 문제가 드러난다. 우리는 생산재도 많이 생산하고 동시에 소비재도 많이 생산하고 싶어한다. 그러나 자원이 일정하게 주어진 사회에서 일정한 시점을 놓고 볼 때 이것은 불가능하다. 한 상품을 더 생산하려면 다른 상품의 생산량을 줄여야 하는 것이다.

[그림 1-1]에서 G점은 주어진 자원과 기술수준으로 도달할 수 없는 점이다. 생산가능곡선 밖에 있기 때문이다. U점과 같이 생산가능곡선 안에 있는 점들은 비효율적인 점들이다. 자원을 일부 사용하지 않았거나 최상의 기술을 사용하지 않았기 때문이다. 생산가능곡선상의 점들이 주어진 자원과 기술수준으로 달성가능한 효율적인 점들이다. 이들 중 어떤 점을 선택하느냐 하는 것이 이 사회가 해결해야 할 합리적 선택의 문제이자 희소한 자원의 효율적인 배분에 관한 문제이다.

생산가능곡선만 주어져 있고 다른 정보가 일체 없다면 정의에 의하여 생산가능곡선상에 있는 모든 점들이 기술적으로 효율적인 자원배분이자 경제적으로도 효율적인 자원배분을 나타낸다. 만약 생산재와 소비재의 가격이 주어져 있거나 소비자의 선호에 관한 정보가 주어져 있으면 생산가능곡선상의 어느 한 점만이 효율적인 자원 배분점이 된다.

(2) 기회비용

선택을 한다는 것은 다른 대안들을 포기한다는 것을 뜻한다. 따라서 선택에는 다른 기회를 포기하는 데 따르는 비용이 수반된다. 생산가능곡선에는 경제학에서 중요하게 다루는 기회비용이라는 개념이 나타난다.

> 어떤 활동의 기회비용(opportunity cost)은 그 활동을 함으로써 포기해야 하는 다른 활동들 가운데에서 최선의 활동의 가치로 정의된다.

[그림 1-1]에서 C점을 보면 OB_1의 소비재 생산을 선택하기 위해서는 AA_1만큼의 생산재를 생산할 기회를 포기해야 하는 것을 알 수 있다. 따라서 소비재 OB_1의 기회비용은 생산재 AA_1이라고 말한다. 이처럼 기회비용은 하나를 얻기 위해서는 반드시 다른 하나를 포기해야 한다는 것을 보여 준다. 따라서 어떤 선택의 기회비용이 클수록 그 선택은 큰 대가를 치러야 하므로 선택이 어려워질 것이다.

[그림 1-1]의 생산가능곡선은 소비재의 생산을 증가시킴에 따라 소비재 1단위의 기회비용이 점점 증가하는 것을 보여 주고 있다. 이를 기회비용체증의 법칙(law of increasing opportunity cost)이라고 한다.

> 기회비용체증의 법칙이란 모든 자원을 효율적으로 사용하는 상황에서 한 재화의 생산을 증가시킴에 따라 그 재화 생산의 기회비용이 증가하는 현상을 말한다.

경제학에서는 기회비용체증의 법칙이 현실세계에서 일어나는 일반적인 현상이라고 본다. 기회비용이 체증하는 경우 생산가능곡선은 [그림 1-1]에서와 같이 원점에 대하여 오목한 곡선으로 그려진다.

기회비용은 왜 체증할까? 생산재만을 생산하다가 소비재를 조금 생산하기 시작할 때에는 생산재 생산에 별로 기여하지 않으나 소비재 생산에 크게 기여하는 자원만을 빼내어 생산할 수 있다. 따라서 최초에는 소비재 생산을 늘릴 때 감소시켜야 하는 생산재 수량은 적다. 그러나 소비재 생산을 계속 늘려가려면 생산재 생산에 적합한 자원까지 소비재 생산으로 전용해야 한다. 그 결과 감소되는 생산재 수량은 점점 커진다. 이러한 자원의 이질성이 기회비용체증의 법칙이 성립하는 근거가 되는 것이다.

3 기본적인 경제문제

소비자의 경우 희소성은 소비자의 다양한 욕구를 두루 충족시켜 줄 수 없는 한정된 소득으로 나타난다. 소비자는 한정된 소득으로 어떤 재화와 서비스를 얼마나 소비하고, 언제 소비해야 할 것인가를 결정해야 한다. 소비자의 소득은 크게 노동소득과 재산소득으로 나누어진다. 노동소득은 자기가 제공한 노동의 대가로 얻고, 재산소득은 자기가 가지고 있는 재산을 활용하여 얻는다. 따라서 소비자는 어떤 직업을 선택할 것인가, 재산을 어떻게 활용해야 할 것인가도 결정해야 한다. 이것들이 소비자에게 기본적인 경제문제가 된다.

생산자도 생산에 관한 여러 가지 문제를 가진다. 경제이론을 수학적으로 표현한 공로로 일찍이 노벨경제학상을 받은 미국의 경제학자 폴 새뮤엘슨(P. Samuelson)은 생산에 초점을 맞추어 어느 사회나 다음과 같은 세 가지 기본적이고 상호의존적인 경제문제를 해결하지 않으면 안 된다고 하였다. 무엇을 얼마나 생산할 것인가(What & How much to produce), 어떻게 생산할 것

거꾸로 배우는 경제학

인가(How to produce), 누구를 위하여 생산할 것인가(For Whom to produce)라는 문제들이 그것이다.

첫째, 무엇을 얼마만큼 생산할 것인가로 여러 생산 가능한 재화와 서비스 중에서 어떤 재화와 서비스를 얼마만큼 생산할 것인가 하는 문제이다. 먼저 무엇을 생산할 것인가 하는 문제는 생산자의 의사결정에 따라 해결된다. 그러나 근본적으로는 무엇을 생산할 것인가 하는 문제는 소비자에 의해 결정된다. 자원은 한정되어 있기 때문에 어떤 것을 많이 생산하면 필수품은 적게 생산할 수밖에 없다. 예를 들어 사치품을 많이 생산하면 필수품은 적게 생산할 수 밖에 없고, 대형차를 많이 생산하면 소형차를 적게 생산할 수밖에 없다.

둘째, 어떻게 생산할 것인가는 구체적으로 어떤 생산요소를 얼마만큼 투입시킬 것인가 하는 생산방법의 문제로, 이는 결국 생산기술 및 생산요소의 가격 등에 의해 결정된다. 예를 들어 자치정부가 관내의 치안을 강화하기로 했을 때, 이 목적을 달성하기 위해서는 방범대를 조직할 수도 있고, CCTV를 설치할 수도 있다. 전자는 후자에 비해서 일자리 창출 및 마을 공동체성 강화에 직접적인 효과를 발휘하고, 후자는 전자에 비해서 기업가에게 시장을 확대해 주는 효과를 발휘한다. 전자를 선택하자는 측에서는 방범대를 조직함으로써 고용 효과가 발생하면 당연히 유효수요가 늘고 따라서 그만큼 시장의 규모는 커진다고 주장한다. 이에 비해서 후자를 선택하자는 측에서는 기업을 살림으로써 기업이 고용하는 직원의 일자리가 보장되고 따라서 국민의 생활은 그만큼 윤택해진다고 주장한다.

셋째, 누구를 위하여 생산할 것인가는 생산한 상품은 결국 인간 개개인에게로 나누어져 사용하게 되는데 누구로 하여금 이것을 사용하도록 분배하느냐 하는 것도 우리가 풀어야 할 경제문제이다. 이것은 분배의 문제로 재산상속은 어느 선까지 인정하느냐, 소득의 분배는 어떻게 이루어지도록 하느냐 하는 것이 바로 누구를 위해 분배하느냐 하는 문제이다. 재산이 많고 소득이 많은 사람이 생산한 물건을 많이 사용할 것이기 때문이다.

최근에는 세 가지 기본적인 경제문제 외에 또 한 가지 중요한 문제에 주목한다. 그것은 언제 생산할 것인가(When to produce)이다. 이 문제는 석유, 석탄, 기타 광물과 같이 한번 써 버리면 재생할 수 없는 자원의 시간적인 배분에 관심을 가지면서 그 중요성이 부각되었다. 지구상에 존재하는 지하자원의 부존량은 한정되어 있기 때문에 현재 세대가 많이 쓸수록 다음 세대에게 돌아갈 몫이 적어지게 된다. 지하자원은 현재 세대뿐 아니라 다음 세대도 이용할 권리가 있다. 따라서 부존량이 한정된 자원을 세대간에 어떻게 배분해야 하는가 하는 문제가 발생하게 된다.

경제의 기본문제는 서로 얽혀 있는 문제이다. 한 문제를 푸는 것이 다른 문제를 푸는 것과 서로 관련되어 있다. 예컨대 기계라는 자본보다 노동자를 많이 사용하여 생산하겠다고 하면 이것은 자본가 소득보다 노동자 소득을 중요시하면서 노동자들이 생산한 상품을 더 많이 사용할 수 있도록 하는 방법이다.

【Eco-톡】 ▶▶ 기회비용

희소성 때문에 모든 사람들은 선택을 하며 살고 있습니다. 모든 선택에는 기회비용이 발생합니다. 따라서 경제현상을 분석할 때 비용은 기회비용 개념으로 계산하는 것이 올바릅니다. 기회비용은 보통 회계장부에 기록하는 명시적 비용은 물론 암묵적 비용을 모두 포함합니다. 기회비용은 일반인들이 생각하는 정도 이상으로 큰 경우가 많습니다. 대학교육의 기회비용을 생각해볼까요? 우선 등록금, 책값, 하숙비, 잡비 등의 명시적인 비용이 있습니다. 그러나 대학교육의 기회비용은 이것이 전부가 아닙니다. 여기에 대학을 다니지 않았을 경우 취직해서 벌 수 있는 돈을 포함시켜야 합니다.

이번에는 공장 운영을 위해 자신 소유의 건물을 사용하는 경우를 생각해봅시다. 이 경우 자신의 건물에 대해 임대료를 직접 내는 것은 아니지만 남에게 빌려주면 받을 수 있는 임대료를 공장 운영을 위해 포기한 셈이므로 실질적으로는 비용이 발생한 것으로 보아야 합니다. 따라서 포기한 임대료를 기회비용에 포함시켜야 합니다.

출처 : 한국은행의 알기 쉬운 경제이야기

| 거꾸로 배우는 경제학 |

제2절 경제체제

1 경제체제의 구분

　미국의 경제학자 폴 새뮤엘슨(P. Samuelson)이 말한 기본적인 경제문제는 어느 사회를 막론하고 어떤 형태로든 풀어야 한다. 인류는 기본적인 경제문제를 여러 가지 방식으로 해결해 왔다. 경제문제를 풀어나가는 제도나 방식을 경제체제(economic system)라고 한다.
　사람들은 개별적으로 행동하든 정부를 통하여 집단적으로 행동하든 간에 경제체제를 선택해야 한다. 원시시대부터 현대에 이르기까지 이 지구상에는 다양한 경제체제가 존재하여 왔다. 이하에서는 자본주의경제, 사회주의경제, 혼합경제에 대하여 알아보고자 한다.

2 자본주의 경제

　자본주의경제란 사유재산제도와 경제적 자유를 두 축으로 하여 개별경제주체가 자기 책임하에 자유롭게 자기 이익을 추구하는 가운데 시장에서 기본적인 경제문제들이 해결되도록 하는 경제체제이다.
　사유재산제도란 한 사회의 자본과 토지 등 생산수단을 대부분 개인이 소유하고, 소유자가 생산수단을 자유롭게 사용, 처분할 수 있는 제도를 뜻한다. 경제적 자유란 경제행위에 대한 개인의 의사결정이 자유롭게 이루어지는 것을 뜻하는데 이에는 계약의 자유, 영업의 자유, 직업선택의 자유, 거주이전의 자유 등이 포함된다.
　자본주의경제에서는 개별경제주체들이 시장에서 형성되는 가격을 지표로 하여 시장에서 만나 자유롭게 생산, 교환, 소비활동을 한다. 자유로운 시장경제활동을 강조하여 자본주의경제를 자유시장경제라고 부른다.

자본주의경제에서는 생산수단을 가지고 있는 자본가가 이윤을 얻을 목적으로 노동자를 고용하여 상품을 생산한다. 이 체제에서는 생산물은 물론 토지, 노동, 자본과 같은 생산요소도 시장에서 상품으로 매매된다. 그러나 생산, 교환, 분배, 소비가 모두 시장을 통하여 이루어진다.

3 사회주의경제

자본주의에서 나타난 부익부 빈익빈의 빈부격차와 공황 등 자본주의의 모순을 극복하기 위해 자본주의와 정반대의 경제체제로서 출현한 것이 사회주의경제이다. 사회주의경제는 1917년 러시아에서 노동자, 농민혁명이 일어나 처음으로 등장했다.

사회주의경제의 기본 특징은 생산수단의 국유화와 중앙계획이다. 생산수단을 개인이 소유하는 것이 아니라 국가가 소유하고, 생산, 분배, 소비가 국가의 계획에 의하여 이루어지는 경제체제가 사회주의경제이다.

생산수단의 사유화를 부정하기 때문에 자본주의경제에서와 같은 이윤동기에 의한 상품생산은 원칙적으로 부정된다. 무엇을 얼마나, 어떻게, 누구를 위하여, 언제 생산할 것인가 하는 기본적인 경제문제가 모두 중앙당국의 계획에 의하여 이루어지기 때문에 사회주의경제를 계획경제라고도 한다.

4 혼합경제

1930년대의 대공황을 겪고 난 후 서구 자본주의국가들은 일부 기간산업을 국유화하고 사유재산의 사용이 공공복리에 적합하도록 규제하며 사회보장제도와 경제안정화정책을 실시함으로써 분배의 공평과 경제안정을 도모하였다. 사유재산제도와 경제적 자유의 큰 골격을 유지하면서 자본주의의 단점을 시정하기 위하여 정부가 경제에 개입하게 된 것이다. 자본주의 요소와 사회주의 요소가 섞여 있는 경제를 혼합경제라 한다. 오늘날 자유시장경제라고 불리는 선진자본주의경제는 자본주의를 주축으로 하고 정부의 규제, 조정기능을 보완적으로 활용하는 혼합경제이다.

▎거꾸로 배우는 경제학 ▎

    우리나라를 포함한 대부분의 개발도상국들은 자본주의경제가 주종을 이루면서 정부가 시장기구의 역할을 부분적으로 교정하는 혼합경제이다.
    중국은 1990년대 초반부터 '사회주의 시장경제'의 기치 아래 본격적으로 사회주의 내에서 자본주의를 실험하고 있다. 중국이 현재 표방하고 있는 중국 특색의 사회주의 시장경제의 핵심은 자원배분은 시장에 맡기되 토지와 같은 주요 생산수단에 대해서는 국유제가 대종이 되도록 한다는 것이다.
    오늘날 거의 모든 나라의 경제체제는 자본주의경제가 주축이거나 주축이 되어 가는 혼합경제이다.
    2008년에 미국에서 일어난 금융위기, 2010~2011년 유럽에서 일어난 재정위기로 인해 자유시장경제가 위기에 처했다는 진단이 많이 나왔다. 자유시장경제가 위기에 처했다는 진단은 이번이 처음이 아니다. 1930년대에 대공황을 겪을 때에도 나왔었다. 최근의 위기를 극복하는 과정에서 정부의 역할이 커졌지만 사회주의경제가 주축을 이루는 혼합경제로 돌아가는 일이 일어나지는 않을 것이다.

제1장 ▎경제학의 기본원리

【Eco-톡】 ≫ 자본주의 4.0

자본주의 4.0은 영국의 저널리스트이며 경제평론가인 아나톨 칼레츠키(Anatole Kaletsky)가 처음 사용한 것으로, 자본주의가 고정된 제도들의 집합이 아니라, 위기를 통해 재탄생되고 재건되며 진화하는 시스템이라는 전제

분류	시기	주요 인물	특징
자본주의 1.0	애덤 스미스~1929년 세계 대공황	애덤 스미스, 해밀턴, 막스 후버	자유방임주의 "정부는 시장에 개입하지 않는다." 이 시기의 정부는 '야경국가'에 불과했으며 시장에 개입할 수 없었고, 기업의 무제한적 이익창출과 시장지배가 허용되었던 시기
자본주의 2.0	1930년대 뉴딜정책 시기~1970년대 석유파동	루스벨트, 케인즈, 닉슨, 카터	수정자본주의 "정부가 경제를 살렸다. 정부는 언제나 옳다." 수정자본주의 시대, 케인즈주의가 지배하던 이 시기는 정부가 시장을 통제, 관리해야 된다는 인식이 지배
자본주의 3.0	1980년대 신자유주의~2008년 금융위기	대처, 레이건, 부시, 그린스펀	신자유주의 "시장은 언제나 옳다." 신자유주의 시대, 정부가 시장에 지나치게 개입하지 말아야 한다는 주장이 득세함에 따라 전세계적으로 효율성의 논리가 지배하고, 파생상품, 주식 등 금융경제가 활성화됨
자본주의 4.0	2008년 세계 금융위기 이후	아나톨 칼레츠키	따뜻한 자본주의 "정부는 시장과 유기적인 상호작용을 이뤄가야 한다." 자본주의 4.0 시대의 교육은 성공한 사람이 더 큰 성공으로 나아가도록 장려하되, 낙오한 사람들을 북돋고 이끌어갈 수 있는 책임을 강조함

제3절 경제학의 정의와 구분

1 경제학의 정의

인간생활에 필요한 재화나 용역을 조달하는 행위를 경제행위라 한다. 이러한 경제행위가 계속적으로 이루어져서 일정한 사회적 질서가 형성되는 것이 경제이다. 경제(economy)라는 말의 원천은 그리스어인 'oikonomia'에서 유래하였다. 'oikonomia'는 가계 또는 가정을 뜻하는 'oikos'와 관리 또는 정치를 뜻하는 'nom'이 합쳐진 말로, 과거에는 경제학이 '가정관리'를 뜻하는 것이었다. 동양에서는 나라와 백성을 다스린다는 뜻의 '경세제민(經世濟民)' 또는 '경국제민(經國濟民)'이라는 말에서 유래되었고, 경제라는 말은 본래 개인생활보다는 국가사회생활을 다스린다는 것을 의미한다.

그러나 경제생활과 경제문제의 변화에 따라 경제학도 부단히 변모하였고, 이에 따라 경제학의 정의도 다양하다. 경제학에 대한 단일한 정의가 어려운 것은 경제학의 연구내용이 매우 복잡하며, 연구대상이 점차 확대되고 있기 때문이다. 종래에는 경제학 고유의 문제라고 생각되었던 생산, 소비, 저축, 물가, 국제수지, 소득분배 등의 영역을 크게 벗어나서 국방, 교육, 정치, 문화, 공해 등의 문제 등도 경제학의 주요대상이 되고 있다. 지금까지 경제학이 발전하면서 몇몇 학자들이 제시하고 있는 경제학의 정의를 접근방법에 따라 분류하면 보통 세 가지로 나눌 수 있다.

첫째, 경제학의 아버지로 불리는 아담 스미스(A. Smith)는 '국부의 원인과 성격'을 주로 연구하였다. 알프레드 마샬(A. Marshall)은 '경제학은 복지의 물질적 요건을 획득하고 사용하는데 가장 밀접하게 관련되는 개인적, 사회적 활동에 대한 연구를 하는 학문'으로 정의하였다. 이러한 입장을 취하는 경제학자로는 워커(F. A. Walker), 피구(A. C. Pigou) 등이 있다.

둘째, 로빈슨(L. Robbins)는 '경제학은 목적과 선택적 용도를 가지고 있는 희소수단과 관계에서 이루어지는 인간행위를 연구하는 학문'이라고 정의하였다. 인간의 욕망은 무한한데 이를 충족시켜줄 재화나 용역은 희소하다. 따라서 경제학은 희소한 재화나 용역의 합리적인 선택문제로 귀결된다. 그러나 이는 경제를 운영하는 여러 제도와 활동들이 궁극적으로 생산과 맺어지는 사회경제적 관계에 따라 규제되고 있다는 점이 간과되고 있다.

셋째, 랑케(O. Lange)는 경제학을 '생산과 분배를 지배하는 사회적 법칙을 연구하는 학문'으로 정의한다.

넷째, 맨큐(G. Mankiw)는 경제학이란 사회가 희소자원을 어떻게 관리하는지를 연구하는 학문이다. 경제학은 사람들이 어떻게 결정을 내리는지에 대해 연구하는 학문이라고 할 수 있다. 즉 얼마나 일하고 무엇을 구입하며, 얼마나 저축하고 그 저축을 어떻게 투자하는지 등과 같은 사람들의 의사결정 과정을 연구하는 학문이다.

이상의 내용을 정리하여 경제학을 정의하면 다음과 같다.

> 경제학이란 개인이나 사회가 여러 가지 용도를 가지는 희소한 자원을 선택적으로 사용하여 다양한 재화와 서비스를 생산, 교환, 분배, 소비하는 과정에서 일어나는 경제현상을 연구대상으로 하는 학문이다.

다시 보는 경제학자 1   Adam Smith (1723년~1790년)

『국부론』, 경제학의 독립선언서

1759년 아담 스미스는 『도덕감정론(The Theory of Moral Sentiments)』을 집필하여 당대의 사상가로 떠올랐다. 이후 10여 년간 유럽대륙 여행을 통해 데이비드 흄, 튀르고, 케네, 볼테르 등 당시 자유주의, 합리주의 사상의 대가들과 교류한 후 1776년 세상에 내놓은 책이 '성서 이래 가장 중요한 문헌'이라고 일컬어지는 『국부론(An Inquiry into the Nature and Causes of the Wealth of Nations : 국가의 富의 성질 및 원인에 대한 연구)』이다.

1776년은 대서양 건너 미국에서 자유를 향한 독립전쟁이 발발하여 독립선언서가 발표된 해이다. 『국부론』은 바로 그 석 달 전에 출간되었다. 아담 스미스는 신대륙의 신세계가 아니라 영국 땅에서 수립된 자본주의 시장경제를 자신의 경제이론을 통하여 신세계로 묘사하였다. 『국부론』은 경제학의 독립선언서이다.

아담 스미스가 경제학의 아버지로 추앙받고 국부론이 경제학의 바이블로 평가받는 이유는 무엇일까? 900여 쪽에 달하는 방대한 내용 중 자본주의 시장경제의 근원적인 동력에 대한 다음과 같은 문장에서 바로 아담 스미스의 시대를 꿰뚫는 통찰을 발견할 수 있다. "우리는 푸줏간 주인, 양조업자 또는 빵집 주인의 이타심 덕분이 아니라 그들의 이기심 덕택에 식사를 기대할 수 있다. 거지 이외에는 아무도 타인의 이타심에만 의존하려는 사람은 없다."

그 이면에는 개인의 '이기심'과 이기심에 따른 '경쟁'이 있고 이를 통해 '만인에 대한 만인의 투쟁'이 아닌 조화로운 신세계의 질서가 유지된다. 이러한 자연적 자유의 질서를 체계적으로 규명한 최초의 철학자가 바로 아담 스미스이다.

거꾸로 배우는 경제학

아담 스미스는 시장의 자연적 질서의 위대함을 신뢰하고 그 결과 자유방임적인 작은 정부를 주장하였다. 개인의 이기심이 모두를 이롭게 하므로 정부는 시장에 간섭하지 말고 자유방임(laissez-faire)하라.

"사실상 기업주들이 공공의 이익(public interest)을 증진시키려고 일하는 것은 아니며, 그들은 자신들이 얼마나 공공의 이익을 증진시키는지 알지도 못한다. … 그들은 오로지 자신의 이득만을 추구하는데, 여기서 '보이지 않는 손'(invisible hand)에 의해 자신이 전혀 의도하지 않았던 공적 목적이 달성되는 것이다."

『국부론』 중 자유무역을 주장하는 부분에 '단 한 번(!)' 등장하는 이 '보이지 않는 손'이란 표현은 경제학의 상징이 되었다.

산업혁명의 태동기에 불과했던 18세기 중반에 씌어진 『국부론』에서 우리는 역사를 관통하는 스미스의 위대한 통찰을 발견한다.

아담 스미스가 규명한 자유방임적 자본주의 시장경제는 과연 '훌륭한 신세계'인가? 그가 살았던 18세기 중반의 영국에는 '보이지 않는 손'의 은혜를 받지 못하는 소외된 사람들이 무수히 존재하고 있었다.

"구성원들의 다수가 가난하고 비참하게 사는 한 그 사회는 결코 행복하거나 번영하는 사회라고 할 수 없다."

소수는 점점 부유해지고 다수의 가난한 사람이 고통받는 자본주의 시장경제의 현실에 스미스는 가슴 아파했다. 그러나 그는 노동의 분업화로 인한 생산력의 발전, 지역 간 교역과 국가 간 자유무역이 대중을 빈곤으로부터 구해낼 것이라는 희망을 갖고 있었다.

산업혁명이 있기 이전까지 인류의 경제사 전체를 고찰해 볼 때 경제성장률은 거의 0%에 가까웠다. 산업혁명 초기의 영국 경제현장을 목도한 스미스는 자본주의 시장경제가 이전에 비해 상상할 수 없을 정도의 높은 생산성을 낳는 비밀을 분업(division of labour)에 있다고 분석했다. 『국부론』의 첫 장은 그 유명한 핀 공장의 예로 시작된다.

"나는 작은 핀 공장을 본 일이 있다. 한 사람은 철사를 자르고, 한 사람은 철사를 뾰족하게 하고, 한 사람은 철사의 끝을 간다. … 한 사람은 핀 머리를 붙이고 한 사람은 핀을 희게 갈고 한 사람은 핀을 종이에 포장한다. 이렇게 하여 열 사람이 하루에 4만8천 개, 한 사람당 4천8백 개의 핀을 제조하고 있었다. 직공 혼자서라면 아마 하루에 20개도 만들지 못했을 것이며, 어쩌면 단 하나도 만들 수 없었을지도 모른다."

분업에 의해 생산성이 비약적으로 발전하고 새로운 기계가 발명됨으로써 또 다시 경제는 발전을 반복한다. 지방과 국가들 사이의 분업과 전문화, 교역의 확대와 자유무역을 통해 확대된 시장은 더욱 큰 경제적 이익과 소득의 증대를 가져다 준다. 시장의 교역과 자유무역을 가로막는 규제는 철폐되어야 한다. 증대된 국부를 통해 빈곤층의 생활수준은 이전에 비하여 현저히 향상되는 것이다. 고통의 시간이 필요하겠지만 결국은 가장 빈곤한 사람들에게까지 자유방임시장의 혜택이 돌아가게 될 것이라는 것이 아담 스미스의 통찰이었다.

"경제학자 및 철학자들의 아이디어의 힘은 옳고 그름을 떠나 일반적으로 이해되는 것보다 훨씬 강력한 것이다. 세계는 그 아이디어들이 움직여 나간다." (John Maynard Keynes)

출처 : 매일경제 2009.02.08.

2 경제학의 구분

경제학은 기준을 달리함에 따라 여러 가지로 분류할 수 있다.

(1) 실증경제학과 규범경제학

경제학은 가치판단의 유무에 따라 실증경제학과 규범경제학으로 분류할 수 있다.

실증경제학(positive economics)은 경제현상을 '있는 사실' 그대로 분석하는 경제학의 한 분야이다. 경제현상들간에 존재하는 인과관계를 발견하고 설명하여 경제현상의 변화를 예측하는 지식체계가 실증경제학이다. 보통 경제학이라고 말할 때는 이 실증경제학을 지칭한다.

규범경제학(normative economics)은 '바람직한 상태'를 설정하고 그 상태에 도달하기 위해서는 어떻게 해야 하는가를 다루는 경제학의 한 분야이다.

있는 사실 그대로를 묘사하거나, 참인가 거짓인가를 밝힐 수 있는 문장을 실증적인 기술이라 한다. 좋다, 나쁘다 혹은 바람직하다, 바람직하지 않다는 가치판단이 개입되는 문장을 규범적인 기술이라 한다. 실증경제학은 실증적인 기술로 구성되어 있고, 규범경제학은 규범적인 기술로 구성되어 있다. "세금을 늘리고 사회복지 지출을 확대하면 국민들이 덜 열심히 일할 것이다"라는 주장은 실증적인 기술이고, "세금과 사회복지 지출을 늘려야 한다"라는 주장은 규범적인 기술이다. 실증경제학은 관찰된 사실을 통계적 기법을 이용하여 맞느냐 혹은 틀리느냐를 가릴 수 있는 과학적인 분석방법이다. 오늘날 경제학은 실증경제학의 바탕 위에 규범경제학을 전개함으로써 양자가 융합되어 있다.

(2) 미시경제학과 거시경제학

경제학은 연구대상에 따라 미시경제학과 거시경제학으로 구분한다.

미시경제학(microeconomics)은 개별경제주체들의 경제행위와 그 상호작용을 연구대상으로 한다. 다시 말해서 미시경제학은 가계와 기업의 경제행위와 그 상호작용을 지배하는 원리를 분석하는 학문이다. 시장경제를 주 연구대상으로 하는 미시경제학에서 경제행위의 상호작용은 주로 시장에서 나타나는 상호작용이다. 시장에서의 상호작용은 시장가격을 중심으로 이루어진다. 가계의 소비와 기업의 생산이 연결되는 시장에서 가계와 기업의 상호작용이 가격을 결정하고 거꾸로 가격은 개별 경제주체들의 상호작용에 영향을 미친다. 따라서 미시경제학에서는 시장에서의 가격결정이론이 중요하다. 이러한 맥락에서 미시경제학을 전통적으로 가격론(price theory)이라고도 부른다.

거시경제학(macroeconomics)은 개별 경제주체들로 구성된 국민경제의 전체적인 현상을 연구대상으로 한다. 국민소득, 물가, 고용, 통화량, 국제수지, 경제성장 등 국민경제 전체의 총량개념들, 즉 거시경제변수들이 서로 어떤 관계를 가지고 있으며 각종 경제정책이 이들에 어떤 영향을 미치는가를 다루는 학문이 거시경제학이다.

3 경제이론의 구성

일반적으로 경제현상은 매우 복잡다양하기 때문에 이를 직접 관찰하는 것만으로는 거기에 존재하는 보편적인 규칙성을 발견할 수 없는 경우가 많다. 따라서 복잡한 경제현상을 추상화(abstraction)하고 단순화(simplification)하여 이로부터 보편적인 법칙성을 밝히고자 한다. 또한 그 법칙성을 이용하여 다른 경제현상을 설명하고, 경제현상의 여러 가지 변화를 예측하고자 한다.

경제이론은 다음과 같은 세 단계를 거친다. 첫째, 가정(assumption)을 도입하여 복잡다양한 경제현상을 추상화하고 단순화한다. 둘째, 단순화된 경제현상들 사이에 존재할 수 있다고 생각되는 상관관계나 인과관계를 설정한다. 추리된 인과관계를 가설(hypothesis) 또는 모형(model)이라고 한다. 셋째, 모형이 현실경제현상과 일치하는가를 검증한다. 이 셋째 단계에서 모형이 현실경제현상과 잘 부합하는 것으로 검증되면 이 검증된 모형이 경제이론으로 수용되고 다른 경제현상을 설명, 예측하는 데 사용된다.

(1) 가정의 도입

사회현상으로서의 경제현상은 매우 복잡하고 다양하다. 어떤 경제현상에 영향을 주는 요인은 많다. 그 중에는 직접적으로 영향을 주는 요인도 있고 간접적으로 영향을 주는 요인도 있다. 모든 요인들을 다 포함하여 어떤 보편적인 법칙성을 가려내기란 거의 불가능하다. 따라서 경제학에서는 어떤 경제현상에 가장 직접적이고도 큰 영향을 주는 요인들만 뽑고 다른 요인들은 '일정불변이다', '존재하지 않는다'. '어떤 조건에 있다'는 등의 가정으로 단순화하여 인과관계를 추론한다.

경제학자들이 특별히 즐겨 쓰는 가정이 하나 있는데, 그것은 '다른 조건들이 일정하다면'(if other things remain equal)이라는 가정이다. 별로 중요하지 않은 일들까지 고려해야 하는 번거로움을 피하기 위해 이 가정을 자주 활용하고 있다. 현실의 경제는 너무나도 복잡하기 때문에 이렇게 단순화시키지 않고서는 제대로 이해할 수 없다.

이와 같이 가정이란 주어진 것으로 간주되는 일련의 조건들을 말한다. 경제학에서 사용되는 가정들은 대개 다음 세 가지 중 어느 한 범주에 속한다.

첫째, 자원과 생산기술에 관한 가정이다. 이것은 경제 내의 자원부존량 및 투입량과 생산량 사이의 기술적 관계를 규정하고 일정기간 동안 그 관계에 변화가 없다는 것을 전제하는 것이다.

둘째, 제도와 기수에 관한 가정이다. 예컨대 사회주의인가 자본주의인가, 자본주의라면 독점시장인가 경쟁시장인가를 상정하는 것이 제도적인 가정에 속한다.

셋째, 경제주체들의 행태에 관한 가정이다. 주류경제학에서는 경제주체들이 경제적 합리주의를 냉정하게 그리고 일관성 있게 추구한다고 상정한다. 경제학에서 상정하는 이러한 유형의 사람을 경제인이라고 부른다. 대개 합리적인 소비자는 효용을 극대로 하고자 행동하며, 합리적인 생산자는 이윤을 극대로 하고자 행동한다고 가정한다.

가정은 현실적인 것도 있지만 비현실적인 경우도 많다. 복잡한 경제현상을 추상화, 단순화하는 것 자체가 어느 정도 비현실적이다. 따라서 가정의 현실성 여부에 지나치게 얽매일 필요는 없다. 경제이론이 얼마나 현실경제에 대한 설명력과 예측력을 가지느냐가 중요하다.

(2) 모형의 정립

가정에 의하여 복잡다양한 경제현상이 단순화되면 그 단순화된 경제현상에서 성립할 만한 인과관계를 추리해 볼 수 있다. 이렇게 추리된 인과관계를 가설 또는 모형이라고 한다. 모형은 대개 '다른 모든 조건이 일정불변이라면 어떤 요인이 변함에 따라 어떤 경제현상은 어떻게 변한다'와 같은 형식으로 표시된다. 예를 들어 X라는 경제현상에 영향을 주는 요인들 A, B, C, D가 있다

거꾸로 배우는 경제학

고 할 때 'B, C, D가 일정불변이라면 A가 증가함에 따라 X는 증가한다'고 말하면 이것은 하나의 모형이다. 여기서 'B, C, D가 일정불변이라면'은 가정이고 A는 독립변수, X는 종속변수이다. 독립변수란 영향을 주는 변수이고 종속변수란 영향을 받는 변수이다. 따라서 모형은 가정, 종속변수, 독립변수의 세 가지 요소로 이루어지는 것이다. 경제학에서는 '다른 모든 조건이 일정하다면'의 가정이 자주 그리고 유용하게 사용된다.

경제모형을 이용한 미래의 예측은 조건부 예측이다. 다른 것들을 일정하다고 놓고 우리가 관심을 가지는 독립변수가 변할 때 종속변수가 어떻게 변할 것인가를 예측하기 때문이다.

(3) 모형의 검증

모형은 가정으로 단순화된 틀에서부터 있음직하다고 추리된 인과관계이다. 따라서 어떤 모형의 적합성 여부를 확인하기 위해서는 그 모형이 제시하는 인과관계가 현실에 부합되느냐 안되느냐를 검증해야 한다. 검증이란 여러 가지 통계자료를 분석하여 모형이 현실과 일치하는가를 검사하는 것을 말한다. 만약 어떤 모형이 현실과 부합하는 것으로 검증되면 그 모형은 하나의 경제이론이 되어 다른 경제현상의 변화를 설명하고 예측하는 데 사용될 수 있다. 경제이론이란 검증된 경제모형이다.

경제이론이 검증에 의해 일단 그 타당성이 인정되었다 하더라도 그것이 영구불변의 진리인 것은 아니다. 같은 경제현상일지라도 시대와 사회, 경제체제에 따라 그 인과관계가 달라질 수 있기 때문이다. 한때 타당성을 인정받았던 경제이론도 경제여건의 변화에 따라 그 유의성을 상실할 수 있다. 종래의 경제이론이 현실에 잘 부합되지 않을 때 현실을 보다 잘 설명하는 새로운 경제이론이 등장한다. 경제학은 끊임없이 진화하고 있는 사회과학분야이다.

제1장 ▍경제학의 기본원리

제4절 경제학의 표현방법

1 서술적인 방법

경제이론의 표현은 우선 서술적인 방법에 의존한다. 서술적인 방법이란 수식이나 그림 등을 사용하지 않고 문장으로 표현하는 것이다. 예를 들어 수요의 법칙을 "다른 모든 조건들이 일정할 때 어떤 재화의 가격이 상승(하락)하면 그 재화에 대한 수요량은 감소(증가)한다"라고 표시하면 이는 서술적인 방법이다.

2 수리적인 방법

서술적인 방법은 읽으면서 그 의미를 바로 파악할 수 있다는 장점이 있는 반면, 표현이 길기 때문에 여러 경제현상을 동시에 설명할 때 장황해지는 단점이 있다. 이를 보완하는 방법으로 경제이론을 수리적으로 표현하는 방법이 많이 사용된다. 서술적으로 표시한 수요의 법칙을 수리적으로 표현하면 다음과 같다.

$$Q_D = f(P), \quad \frac{\Delta Q_D}{\Delta P} < 0$$

위의 식에서 $Q_D = f(P)$는 "Q_D는 P의 함수이다"라고 읽는다. Q_D는 한 재화에 대한 수요량, P는 그 재화의 가격을 표시한다. 함수란 한 변수의 값이 정해지면 다른 변수의 값이 유일하게 결정되는 관계를 말한다. 한 재화의 가격이 결정되면 그 상품에 대한 수요량이 유일하게 결정되는 것을 $Q_D = f(P)$로 나타낸다. 이때 가격을 독립변수, 수요량을 종속변수라 한다. Δ(delta)는 증분 또는 변화분을 뜻한다. $\frac{\Delta Q_D}{\Delta P} < 0$는 가격의 변화분과 수요량의 변화분의 방향이 정반대라는 것을 표시한다. 위 식 전체를 "Q_D는 P의 감소함수이다"라고 읽는다.

수리적 표현방법은 복잡하게 얽혀 있는 여러 경제현상들을 종합적으로 설명할 때 아주 유용하게 쓰인다.

3 기하학적 방법

경제학에서는 흔히 여러 변수들 간의 관계를 표나 그림으로 알기 쉽게 표현한다. 대개 표보다는 그림이 많은 정보를 더 쉽게 제공한다. 경제이론을 그림으로 표시하는 데 일반적으로 직각좌표를 사용하며, 두 변수를 세로축과 가로축에 측정하여 두 변수의 관계를 그림으로 나타낸다. 경제학에서는 가격을 세로축, 수량을 가로축으로 측정하는 것이 영국의 경제학자 알프레드 마샬 이래 관행으로 되어 있다.

수요의 법칙의 경우 가격을 세로축에 측정하고 수요량을 가로축에 측정하여 "가격이 상승(하락)하면 수요량은 감소(증가)한다"라는 수요법칙을 [그림 1-2]에서 보는 바와 같이 우하향하는 수요곡선으로 표현할 수 있다. 이는 가격이 P_0에서 P_1으로 하락하면 수요량은 Q_0에서 Q_1으로 증가한다는 사실을 나타낸다.

이상에서 설명한 세 가지 표현방법은 상호보완적이다. 따라서 본서에서는 세 가지 표현방법을 적절히 혼합하여 경제이론을 설명하기도 하지만 주로 서술적인 방법과 기하학적인 방법을 사용하기로 한다.

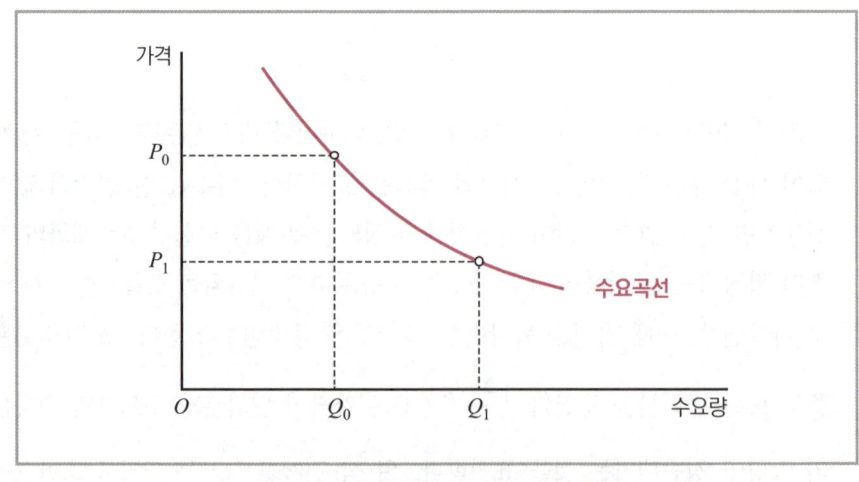

[그림 1-2] 경제이론의 기하학적 표현

| 다시 보는 경제학자 2 | Afred Marshall (1842년~1924년) |

'현대 미시경제학 이론적 체계를 정립한 경제학자.'

1842년 영국 버몬지에서 태어난 마셜은 고전학파와 한계효용이론을 결합해 신고전학파(케임브리지학파) 경제학을 정립했다.

1903년에는 마셜의 집요한 노력으로 케임브리지대학에서 독립된 경제학과가 개설되기도 했다. 1890년에 초판이 발간된 마셜의 `경제학 원리`(Principle of Economics)는 현대 미시경제학을 집대성한 책으로 인정받고 있다. 오늘날 미시경제학 책의 대부분도 마셜의 책에 기초를 두고 있다. 마셜의 이론은 A C 피구, D H 로버트슨 등 후계자들의 연구와 함께 케임브리지대학교를 중심으로 발전했다. 마셜은 케임브리지대학에서 케인스를 직접 가르친 스승이다.

케인스는 마셜에게서 영향을 받았지만 대공황을 맞이하면서 공급 중시의 고전주의 경제학에 반기를 들고 수요 중심의 경제학으로 방향을 바꿨다. 후에 케인스는 "대경제학자라면 마셜처럼 수학자이며 사학자이며 정치가에 철학자여야 한다"고 마셜을 극찬했다.

〈말·말·말〉
- 경제학자는 냉철한 두뇌와 따뜻한 가슴을 지녀야 한다.
- 경제학은 부의 연구임과 동시에 인간 연구의 일부다.
- 자연은 비약하지 않는다.
- 나는 가난을 해결하기 위해 헌신해 왔다. 내 업적 중 가난 문제와 무관한 것은 거의 없다.

앨프리드 마셜은 자유방임적 자본주의의 고전학파와 한계효용개념을 종합해 현대 미시경제학의 기초를 다졌다.

후세에 마셜은 고전학파를 발전시킨 `신고전학파 창시자`로 추앙된다. 그로 인해 경제학은 사회과학의 여러 분야 중 가장 정밀한 학문으로 부상할 수 있었다.

1890년에 발간한 마셜의 `경제학 원리`에는 기본적으로 일반균형이론과 후생경제학을 제외한 오늘날 미시교과서의 거의 모든 이론과 개념들이 담겨 있다. 가위 모양의 수요공급곡선, 소비자잉여와 생산자잉여, 가격탄력성, 단기와 장기 개념, 외부효과, 준지대 등의 개념들은 모두 마셜이 창안한 것이다.

마셜은 당시 고전학파의 이론에 다윈의 진화론적 방식을 가미했다. 그가 새롭게 정립한 한계이론은 경제학에 적용한 진화론이라고 볼 수 있다. 기업가, 소비자, 정부 등 경제 주체의 움직임을 차근차근 분석해 간다. `적자 생존` 원칙이라는 다윈의 개념도 차용한다. 세상은 적응에 실패하면 도태될 수밖에 없다며 경쟁의 압력이 심해지면 과감하게 비용을 줄여서 살아남아야 한다고 마셜은 강조했다.

거꾸로 배우는 경제학

　　마셜은 또 현대경제학의 기반이 되는 기발한 분석체계를 창안해냈다. 다양한 변수가 작용하는 경제학에서 한 가지 요인을 검토하는 동안 다른 요인들은 모두 울타리 속에 고정시키는 분석을 시도한다. 그 이후 고정된 요인을 하나씩 끄집어내 분석하는 것이다. 마셜은 이 울타리를 `세터리스 패러버스(ceteris paribus)` 즉 `다른 사정이 같다면`이라고 불렀다.

　　거시경제학에 대해서는 깊은 연구를 하지 않은 마셜이지만 명목이자율과 실질이자율의 구분을 분명히 했다. 명목이자율에서 인플레이션을 제외한 실질이자율 개념을 부각시키면서 거시경제 발전의 토대를 만들었다. 그는 웅장한 경제적 이론을 제시했지만 항상 경제학이 실용적이어야 한다고 강조했다. 상아탑에서만 머물지 않고 현실 경제를 살리기 위한 방안에도 몰입했고 의회에서 정책 입안자들을 위한 강의도 거부하지 않았다.

출처 : 매일경제 2009.02.08.

제1장 ▎경제학의 기본원리

제5절 경제학의 학습방법

경제학은 보통 선택의 학문이라고 한다. 하지만 경제학은 우리에게 무엇을 선택하라고 지시하지는 않는다. 선택의 결과를 예측하고 이해하는데 도움을 줄 뿐이다. 흔히 경제학은 어렵고 재미없는 과목으로 알려져 있으나 학습하기에 따라서는 흥미를 느끼며 쉽게 공부할 수도 있을 것이다. 여기서는 현실 경제현상을 체계적으로 관찰하고 분석하면서 그 문제점 해결을 모색하여 이를 경제학적 사고의 개발로 연결시킬 수 있는 학습방법을 검토해 보고자 한다.

어떻게 경제학을 공부할 것인가? 경제학을 배우기 시작하는 학생이 경제학적인 개념과 분석틀에 대한 근본적인 이해 없이 단순 지식 습득에만 매달리게 된다면 무엇을 어떻게 하는지만 배우고 왜 그렇게 해야 하는지 그 이유를 정확히 알지 못하면 그 지식이 아무리 좋은 것이라 해도 필요 없을 뿐 아니라 위험할 수도 있다. 그렇다면 우리는 어떠한 점에 주안점을 두고 경제학을 학습하여야 할 것인가?

1 경제학은 따뜻한 가슴과 차가운 이성을 통하여 누구나 행복한 사회를 만들고자 하는 학문임을 이해하는 것이 중요하다.

영국의 경제학자 알파레드 마샬은 120여년 전에 '경제학자는 따뜻한 가슴(warm heart)과 냉철한 머리(cool head)를 가져야 한다'는 명언을 남겼지만, 일반인들은 경제학을 여전히 '차가운 학문'으로 이해하는 경향이 강하다. 그러나 이는 오해로 시장메커니즘을 무시한 채 따뜻한 가슴만 내세우면 비효율성이 발생해 결국은 정체된 사회로 전락할 가능성이 커진다. 이런 측면에서 경제학은 따뜻한 가슴이 설정한 목표를 차가운 이성으로 이룩하려는 학문이라 할 수 있다. 이런 의미에서 경제학은 궁극적으로 가장 따뜻한 학문이며, 경제학을 공부하려는 사람들은 따뜻한 가슴을 가져야 한다.

■ 거꾸로 배우는 경제학 ■

2 **경제학을 배울 때 우리는 기본개념을 아는 것이 중요하다.**

이것은 경제학에 대한 개념을 확실하게 알고 그에 대한 의견이 설 수 있도록 하는 것이 중요하다. 다음으로 이러한 기본개념을 바탕으로 실생활의 문제에 적용하여 보면 경제학에 대하여 더욱 이해가 빨라질 것이다. 그래서 경제학을 가르치는 사람들은 학생들에게 경제학의 이론을 실생활에 적용시킬 기회를 주어야 한다.

3 **경제현상을 알기 위한 자료를 수집해서 체계적으로 이용하는 방법으로 신문의 경제면을 이용하고, 나아가 경제신문 읽기를 권한다.**

신문의 보도나 해설기사는 매일매일 일어나는 현실에 대한 충실한 기록으로서 현실 파악을 위하여 가장 쉽게 접근할 수 있는 자료이다. 일간지 이외에 경제 전문 주간지도 있고 각 업종 및 직종별 관련 잡지도 발간되므로 시간과 금전적 여유가 있다면 이런 자료도 이용할 수 있다.

4 **여러 가지 경제문제에 대한 선진국의 경험을 철저히 검토**

여러 가지 경제문제에 대한 선진국의 경험을 철저히 검토하고 이를 우리의 문제인식 및 해결방안 모색에 반영하며, 나아가 본 교재을 통해서 배운 경제학적 사고를 현실의 의사결정 과정에 적용시켜 가기를 지속하면 여러분들은 이런 훈련을 받지 않은 학생과는 다르게 생각하고, 다른 결론을 내리는 경우가 흔히 있음을 발견하게 될 것이다.

【Eco-톡】 ≫ 21세기의 경제학은 인간의 일상생활을 연구하는 것

빅데이터, 인공지능, 사물인터넷 기술이 지배하는 4차산업혁명 시대에 사는 여러분들은 왜 경제학을 공부해야 할까요? 여기에는 3가지 이유가 있습니다.

첫째, 경제학을 배우면 변화하는 이 세상을 이해하는데 도움이 된다.

인터넷기업 구글과 유튜브는 이메일 서비스와 동영상 서비스를 왜 무료로 제공하는 것일까?
세계 최대 석유매장국가인 베네수엘라는 왜 식량이 부족한 것일까?
가상화폐인 비트코인, 이더리움은 과연 종이 화폐를 대체할 수 있을 것인가?
왜 주택 임대료 상한제는 주택의 수량과 품질의 저하를 가져 올까?
생존에 꼭 필요한 물값은 저렴한데 생존과는 무관한 다이아몬드의 가격은 왜 비쌀까?
경제학을 배우면 이와 같은 경제현상들 뿐만 아니라 경제적 사건(경제신문에 등장하는 금융, 세금, 환율, 주식 등)을 보다 쉽게 이해할 수 있게 된다.

둘째, 경제학을 배우면 경제적 의사결정을 보다 합리적이고 지혜롭게 할 수 있게 된다.

학생, 직장인, 주부, 자영업자 등 여러분들은 세상을 살면서 반드시 경제적 의사결정을 해야 한다.
학생들은 진학과 취직 등 어떤 것을 선택할지 결정해야 하며, 가정에서는 소득을 소비와 투자 중 어떤 것을 선택할지 결정해야 한다. 자영업자는 어떤 사업을 해야할지 또는 제품의 가격을 얼마로 결정해야 할지 결정해야 한다.
경제학을 배우면 자원의 희소성, 기회비용, 한계효용 등의 기본원리를 이해하여 합리적인 의사결정을 할 수 있게 된다.

셋째, 경제학을 배우면 경제정책의 효과 및 문제점을 이해할 수 있게 된다.

최저임금제가 시행되면 모든 근로자에게 좋은 것일까?
안전띠 의무화 규제를 하면 과연 교통사고 건수는 감소할까?
사치세를 부과하면 과연 부자들이 그 세금을 부담하는 것일까?
담배가격을 인상하면 담배소비는 과연 감소할까?
균형재정이 좋은 것일까? 재정적자가 좋은 것일까?
자국의 산업을 보호하기 위하여 관세를 부과하는 것은 바람직한 것일까?
경제학을 배움으로써 여러분들은 유권자로서의 올바른 의사결정이 중요하다는 사실과 이는 궁극적으로 경제적 의사결정과 동일하다는 것을 알게 될 것이다.

단원별 연습문제

01. 경제학의 기본원리에 대한 다음의 서술 중 옳지 않은 것은?

① 만약 어떤 사람이 마약복용을 금기시 한다면 그 사람에게 있어 마약복용의 기회비용은 아주 크다.
② 경제학에서 숲이나 광산, 호수 등의 자원은 토지로 분류된다.
③ 자본주의경제에서 노동은 자본, 토지와 더불어 상품으로 거래된다.
④ 기회비용체증의 법칙에 따르면 한 재화의 생산이 감소함에 따라 그 재화의 기회비용은 체증한다.
⑤ 사회가 절대빈곤상태를 면한다 하더라도 희소성의 법칙은 계속 유지될 것이다.

02. 기회비용에 관한 다음의 서술 중 가장 옳은 것은?

① 어떤 행위를 할 때의 기회비용은 그로 인하여 포기된 행위 중 최선이라고 생각되는 행위의 가치로 측정된다.
② 기회비용은 양(+)의 값을 가질 수 없다.
③ 기회비용은 경제학에서 일반적으로 사용되는 비용개념에는 포함되지 않는다.
④ 학원에 다니는 기회비용은 수강료와 교재비를 합한 금액이다.
⑤ 기회비용은 화폐단위로 나타낼 수 없다.

03. 시간제약하에서 대학수학능력시험의 점수를 극대화하려는 고등학생이 있다고 하자. 수능시험 직전과 수능시험 직후의 이 학생의 TV시청의 기회비용은?

① 수능시험 직전의 TV시청의 기회비용은 수능시험 직후의 TV시청의 기회비용보다 크다.
② 수능시험 직전의 TV시청의 기회비용은 수능시험 직후의 TV시청의 기회비용보다 작다.
③ 수능시험 직전의 TV시청의 기회비용은 음(-)이다.
④ 두 기회비용은 서로 같을 수도 있고 다를 수도 있다.
⑤ 두 기회비용의 크기를 비교할 수 없다.

제1장 경제학의 기본원리

04. 다음의 서술 중 경제적 효율성을 가장 정확하게 표현한 것은?

① 희소한 자원은 절약해야 한다.
② 시간과 비용은 아껴 써야 한다.
③ 생산과정에서 최단 시간 내에 목표생산량을 달성해야 한다.
④ 주어진 목적을 달성하는데 지출하는 비용을 최소화해야 한다.
⑤ 모든 자원의 이용은 사전계획에 의하여 이루어져야 한다.

05. 효율성과 공평성에 대한 서술로서 가장 옳지 않은 것은?

① 효율성과 공평성을 동시에 달성하는 것은 매우 어려운 과제이다.
② 공평한 자원배분이 반드시 비효율적인 것은 아니다.
③ 효율적인 자원배분이 반드시 공평한 것은 아니다.
④ 비효율적인 자원배분이 효율적인 자원배분보다 더 공평할 수 있다.
⑤ 공평성을 제고하기 위해서는 효율성의 희생이 불가피하다.

06. 다음 중 기회비용을 설명하는 예가 아닌 것은?

① 영화관람의 기회비용은 극장표값으로 살 수 있었던 다른 재화와 그 시간동안 축구 경기를 보면서 얻을 수 있었던 즐거움을 합한 것이다.
② 생산량이 일정할 때 수출이 증가하면 그만큼 국내소비가 줄어든다.
③ 국방에 더 많은 자원이 쓰이면 다른 재화의 생산은 더 적어진다.
④ 동아리 봉사활동에 더 많은 시간을 보내면 공부할 시간이 적어진다.
⑤ 삼성이 자동차산업의 신규투자에 2조원을 들였다.

07. 혼합경제체제에 대한 서술로서 가장 옳은 것은?

① 자본주의 시장경제체제와 사회주의 계획경제체제를 반반씩 혼합한 경제체제
② 경제개발계획을 추진하는 정부주도의 거시경제체제
③ 시장경제원리와 계획경제원리가 혼합되어 있는 현대의 자본주의경제체제
④ 시장경제에 대한 국가의 통제를 인정하는 자본주의경제체제
⑤ 계획경제체제하에서 생산에 이윤동기를 도입하고 있는 경제체제

08. 다음의 서술 중 기회비용의 예로서 적합하지 않은 것은?

① 공공재생산을 위하여 자원을 더 투입하면 사적재 생산에 사용될 자원은 줄어든다.
② 신문을 보는 시간만큼 공부할 시간이 줄어든다.
③ 소비재를 더 많이 생산하면 생산재는 더 적게 생산해야 한다.
④ 일정한 토지에 콩농사를 많이 지으면 옥수수농사는 적게 지어야 한다.
⑤ 경제성장이 이루어지면 소비재와 생산재의 생산량이 모두 늘어난다.

09. 아담 스미스의 '보이지 않는 손'이 뜻하는 것은?

① 정부가 시장경제체제의 기능을 간접적으로 통제하는 것
② 정부가 사회보장정책을 통해서 실업자를 보조해 주는 것
③ 정부가 독점산업을 공기업에 전담시키는 것
④ 완전경쟁하에서 각 개인이 이기적 동기에 따라 경제행위를 하면 사회적 이익도 증대되는 것
⑤ 자본주의 시장경제체제하에서 정부의 가격통제가 자원의 효율적 배분을 달성하는 것

10. 경제의 일반원리에 대한 다음의 서술 중 옳지 않은 것은?

① 자원의 희소성이 문제가 되지 않으면 경제문제가 일어나지 않는다.
② 공기는 자유재일 수도 있고 경제재일 수도 있다.
③ 어떤 재화는 쓰이는 용도에 따라 소비재가 되기도 하고 생산재가 되기도 한다.
④ 재화와 서비스는 엄격히 구분된다.
⑤ 자연자원은 주어지는 것이고 생산재는 사람이 만든 생산수단이다.

11. 다음의 서술 중 규범경제학의 내용은?

① 노동의 고용을 늘리면 노동의 한계생산물이 점차 감소한다.
② 완전경쟁기업이 독점화되면 사회적 순후생손실이 발생한다.
③ 선거철에 통화량을 증가시키면 물가가 상승한다.
④ 국내의 유치산업을 보호하기 위해서 해당 품목의 수입관세를 인상해야 한다.
⑤ 정부의 확대재정정책은 이자율을 상승시켜 민간투자를 감소시킨다.

12. 다음의 서술 중 실증경제학과 가장 관계가 없는 것은 ?

   ① 인과의 오류에 빠지기 쉽다.
   ② 구성의 오류에 빠지기 쉽다.
   ③ 평균의 법칙을 따른다.
   ④ 가설설정, 이론적 모형의 정립, 모형의 검증과정을 거친다.
   ⑤ 경제정책을 수립, 집행할 때 주로 사용된다.

13. 생산가능곡선을 우상향으로 이동시키는 요인이 될 수 없는 것은?

   ① 생산의 효율성을 제고한다.
   ② 공장설비를 확충한다.
   ③ 생산기술을 발전시킨다.
   ④ 재교육을 통해 노동자의 기술을 향상시킨다.
   ⑤ 노동자를 확충한다.

14. 우리나라 경제가 생산가능곡선 내부에서 생산하고 있다면 우리나라 경제는 어떤 상태에 있는가?

   ① 노동력 가운데 일부가 고용되지 않은 상태
   ② 자본시설 중 일부가 가동되지 않은 유휴상태
   ③ 자연자원 중 일부가 생산에 투입되지 않은 상태
   ④ 비효율적인 생산기술을 사용하는 상태
   ⑤ 이상의 어느 하나 또는 둘 이상이 복합된 상태

15. 다음 중 생산가능곡선의 기울기가 의미하는 것은?

   ① 재화생산의 기회비용
   ② 한계대체율
   ③ 규모에 대한 보수
   ④ 생산요소에 대한 수요량
   ⑤ 공급의 탄력도

거꾸로 배우는 경제학

정답 및 해설

1. ④ 기회비용체증의 법칙은 한 재화의 생산이 증가(감소)함에 따라 그 재화의 기회비용은 체증(체감)한다는 것이다

2. ① 경제학에서 기회비용은 회계적 비용과 함께 경제적 비용개념에 포함되며 양(+)의 값을 가지면서 화폐단위로 측정된다. 예를 들어 학원에 다니는 기회비용은 수강료와 교재비를 가지고 학원수강 기간 동안 다른 행위를 했을 때에 얻을 수 있었을 소득과 효용을 화폐단위로 측정하는 것이다.

3. ② 기회비용이란 무엇인가를 얻기 위해 포기한 다른 것을 의미한다. 일반적으로 기회비용은 자기가 포기한 것중 가장 우선순위가 높은 것의 가치로 측정한다.

4. ④ 경제적 효율성이란 '최소비용의 원칙' 또는 '최대효과의 원칙'을 일컫는다.

5. ⑤ 공평성과 효율성이 서로 양립하기 어려운 것은 사실이다. 그러나 공평성을 위해서 효율성을 반드시 희생시켜야 할 필요는 없다.

6. ⑤ 기회비용은 그 활동을 함으로써 포기해야만 하는 차선의 대안활동의 가치로 측정

7. ③

8. ⑤ 경제성장으로 인해 생산가능곡선이 바깥쪽으로 이동하는 경우이므로 기회비용과 직접적인 관련이 없다.

9. ④ 아담 스미스의 '보이지 않는 손'은 시장가격기구를 의미하는데 이를 통해 개인적 이익이 사회적 이익과 일치하게 된다.

10. ④ 재화와 서비스는 실상 구별이 미묘한 경우가 많다. 의사의 진료와 같은 서비스는 의료기구와 같은 재화가 있어야 가능하다.

11. ④

12. ⑤ 실증경제학 및 규범경제학과 모두 관계가 있는 서술이다.

13. ① 주어진 생산가능곡선이 우상향으로 이동하는 것은 노동부존량과 자본부존량의 증가, 기술진보와 생산성의 증가, 새로운 자연자원의 발견 등이 이루어졌을 경우이다. 생산의 효율성 제고는 생산가능곡선 자체의 이동이 아니라 생산가능곡선 내부의 한점에서 생산가능곡선의 한 점으로 이동하는 요인이 된다.

14. ⑤ 생산가능곡선이란 한 사회의 자원과 기술이 주어져 있을 때 그 사회가 모든 자원을 효율적으로 사용하여 생산할 수 있는 두 생산물의 여러 가지 조합을 나타내 주는 곡선이다. 자원의 불완전고용이나 비효율적인 생산기술의 사용은 생산가능곡선 내부에서 생산하게 하는 원인이 된다.

15. ① 생산가능곡선 기울기의 절대값, 즉 한계전환율은 어떤 재화생산의 기회비용을 의미한다.

연습문제

[문제 1] 자원의 희소성과 경제적 효율성의 관계를 체계적으로 서술하시오.

[문제 2] '인생은 선택의 연속'이라는 말이 있는데, 선택이 불가피한 이유를 설명해 보라.

[문제 3] '공짜 점심 같은 것은 없다'는 말의 의미를 생각해 보라

[문제 4] 경제체제의 세 가지 근본문제를 시장경제와 계획경제는 각각 어떤 방식으로 해결하는가?

[문제 5] 우리나라와 중국의 경제체제를 생산수단의 소유방식과 자원배분 방식에 따라 분류하면 어느 유형에 속하는가?

[문제 6] 실증경제학과 규범경제학의 차이점을 설명하라.

[문제 7] 미시경제학과 거시경제학의 차이점을 설명해 보라.

[문제 8] 경제학자들이 가정을 하는 이유는 무엇인가?

제2장
수요·공급과 시장의 균형

제1절 시장이란
제2절 수요
제3절 공급
제4절 시장의 균형
단원별 연습문제

우리는 경제학의 출발이 희소한 자원의 배분에서 시작됨을 공부하였다. 시장경제체제에서 자원배분은 모든 재화와 서비스의 가격에 의해 결정된다. 그리고 가격은 재화나 서비스에 대한 수요와 공급에 의해 결정된다. 따라서 수요와 공급이론은 시장경제를 이해하는데 있어서 가장 기초적인 이론이라고 볼 수 있다. 이장에서는 수요와 공급이론에 대해 살펴보고, 수요와 공급에 의해 시장가격이 결정되는 과정을 알아본다.

"상품의 가격은 사려는 자와 팔려는 자의 비율에 따라 올라가거나 떨어진다."
-존 로크-

"불균형의 상태가 일어나는 즉시 새로운 균형이 자동적으로 이루어진다."
-레옹 왈라스-

제1절 시장이란

1. 시장의 원리

　소비자와 생산자는 시장에서 수요와 공급의 상호작용을 통해 가격을 결정한다. 시장은 구매자와 판매자가 재화와 서비스를 거래하여 가격을 결정하는 제도나 기구를 말한다. 구매자는 집단적으로 재화나 서비스에 대한 수요를 결정하고, 판매자는 집단적으로 재화와 서비스에 대한 공급을 결정한다.
　쌀, 보리, 콩, 밀 같은 농산물이나 자동차, 핸드폰과 같은 공산품뿐만 아니라 이발, 여행, 교육 등과 같은 서비스도 모두 시장에서 거래된다. 시장은 노량진 수산시장처럼 물리적 장소일 수도 있고, 주식시장, 외환시장, 코인시장과 같은 가상공간도 시장이라고 할 수 있다.
　시장에서 가격변동이 가능하며 자발적으로 교환이 일어나고, 재화와 서비스를 배분하기 위해 가격을 활용한다. 가격은 낮은 비용에 재화를 생산할 수 있는 판매자와 같은 상품에 대해 높은 가치를 두는 구매자 간에 거래가 일어나게 하는 선택장치 역할을 한다. 대형마트는 수많은 상품을 진열해놓고 소비자들을 기다린다. 소비자가 얼마나 올지 알 수 없지만, 대부분 상품에 대해 적절한 재고를 유지하고 있다. 소비자들도 사전에 구체적인 구입상품을 결정하지 않고 가더라도 자연스럽게 상품을 구입하게 된다.
　시장은 구체적인 거래계획 없이도 자연스럽게 경제 내에서 자원을 배분하는 시스템이다. 시장에는 두 가지 원리가 작동한다.
　첫째, 소비자와 생산자가 더 많은 이익을 얻으려고 노력한다. 생산자는 더 많은 이윤을 얻고자 노력하며, 소비자는 더 높은 효용을 얻으려고 한다.
　둘째, 가격의 신호기능이다. 시장은 가격을 통해 소비자와 생산자의 이익 추구 노력을 연결한다.
　거래자들의 최적화 노력이 상호작용하여 가격을 통해 균형을 형성한다.
　수요, 공급의 이론을 이해하기 위해서는 먼저 가격의 기능을 알아야 한다. 가격의 기능은 크게 두 가지로 나누어 볼 수 있다.

거꾸로 배우는 경제학

첫째, 가격은 생산활동과 소비활동의 지표(indicator)가 된다. 콜라 한 병의 가격이 1,000원이라면 생산자들로서는 이 1,000원의 가격으로 콜라를 몇 병 만들어 팔 것인가를 결정하고 소비자들은 몇 병을 살 것인가를 결정한다. 가격은 합리적인 경제활동을 하는 데 필요한 기초정보이다. 1,000원의 가격이 적절한 이윤을 보장해 주는 수준이라고 생각하는 생산자는 콜라 생산을 계속할 것이다. 어떤 사이다 생산자가 콜라의 가격이 1,000원으로 지속되면 사이다 생산보다 콜라 생산의 수익성이 더 좋다고 생각한다고 하자. 그러면 그는 조만간 사이다 생산 대신에 콜라 생산에 뛰어들 것이다. 소비자측에서도 이 가격수준이 적당하며 더 내려가지 않을 것이라고 생각하는 소비자는 콜라를 살 것이고 이 가격수준이 너무 비싸다고 생각하는 소비자는 사지 않을 것이다. 이처럼 시장가격은 생산과 소비활동을 하는데 유용한 신호(signal) 노릇을 하거나 유인(incentive)을 마련해 준다는 점에서 경제활동의 지표가 된다.

둘째, 가격은 자율적인 배분(allocation)의 기능을 한다. 한 사회에 바나나는 100개밖에 생산되지 않았는데 구성원은 1,000명이라고 하자. 그러면 부족한 바나나를 사람들에게 어떻게 배분해야 할 것인가 하는 문제가 발생한다. 바나나를 꼭 먹고 싶어하는 사람은 아주 비싼 가격을 지불하고서라도 바나나를 사고자 한다. 따라서 바나나가격이 오르게 된다. 사람들이 사고자 하는 바나나 수량이 100개를 초과하는 한 소비자들끼리 서로 경쟁적으로 '웃돈'을 주겠다고 할 것이기 때문에 바나나가격은 계속 올라갈 것이다. 예컨대 바나나가격 10,000원에서 바나나를 사고자 하는 수량이 꼭 100개가 된다고 하면 바나나가격은 10,000원이 되고 바나나를 가장 먹고 싶어하는 사람들이 이 가격으로 바나나를 산다. 즉, 바나나가격이 그처럼 터무니없이 높은 것은 말도 안 된다고 생각하는 대부분의 사람들이 바나나소비를 단념함으로써, 그만큼 높은 가격을 치르더라도 바나나를 먹고 싶어하는 사람들에게만 바나나가 부족함이 없이 배분되는 것이다. 이처럼 가격은 인위적인 간섭이 없이도 상품을 필요한 사람에게 배분해 주는 기능을 수행한다.

경제주체들이 가격을 생산 및 소비활동의 지표로 삼아 자기 책임하에 경제활동을 자유롭게 수행하면 가격의 자율적인 배분 기능에 의하여 각 상품을 시장에 내다 팔고자 하는 수량과 사고자 하는 수량이 일치하는 방향으로 조정이 이루어진다. 이와 같이 상품의 수요량과 공급량이 일치하도록 인도하는 가격의 기능을 가격의 자율적인 조정기능이라 한다. 가격의 자율적인 조정기능은 경제활동의 지표와 자율적인 배분이라는 가격의 두 기능을 종합하여 일컫는 개념이다. 인위적인 간섭이 없이 가격의 자율적인 조정기능이 작용할 수 있게 구성된 시장조직을 자유시장기구 또는 가격기구라 한다.

2 경쟁시장

　경제학자는 소비자와 생산자가 다수이고, 모두 같은 물건을 사고판다고 가정한다. 소비자와 생산자의 수에 대해 이해하기 위해서 농부들이 북적대는 농산물시장을 생각해보자. 농산물시장에서 모든 사람들이 수박 한 상품만을 판다고 하자. 농부들은 자신의 수박가격을 올리고 싶어 할 것이다. 가격을 올리고도 계속 같은 양의 수박을 팔 수 있다면 이윤은 많아질 것이다. 하지만 판매자가 많다면 개별판매자는 비슷한 가격을 매길 수 밖에 없다. 왜냐하면 어떤 농부가 맛과 크기가 같은 수박에 대해 가격을 상대적으로 높게 매기면 다른 옆 농부에게 고객을 빼앗기기 때문이다.

　농부의 수박시장에서는 합리적인 개인들이 존재한다. 각 개인은 수박을 가능한 한 싸게 사려고 한다. 그러나 개인은 현재가격보다 싸게 살 수 없다. 왜냐하면 판매자는 수많은 구매자 중에서 현재가격을 지불할 의사가 있는 다른 구매자를 만날 수 있기 때문이다. 결국 소비자들도 시장가격을 주어진 것으로 간주하며 구매량을 결정하는데 가격 이외 다른 요인(소득, 기호 등)들에 주의를 기울이게 된다. 소비자, 기업, 시장이 구성하는 모델이 바로 경쟁모델이다.

　경쟁모델은 경쟁시장에서 합리적이고 이기적인 소비자와 합리적이고 이윤을 극대화하려는 생산자가 상호작용하는 모델이다. 즉 여기에서 생산자와 소비자는 모두 가격수용자이다. 경쟁모델은 자원을 낭비하지 않고, 다른 상품의 생산을 줄이지 않고서는 어떤 상품의 생산도 늘릴 수 없고, 다른 사람의 부를 줄이지 않고서는 어떤 사람의 부를 늘릴 수 없다는 사실을 입증하고 있다.

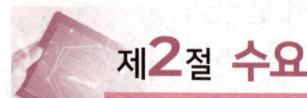

제2절 수요

1 수요의 정의

수요(demand)란 일정 기간 동안에 소비자가 특정 재화나 서비스에 대해 구매하고자 하는 욕구를 말한다. 그리고 재화를 구입하고자 하는 사람들의 욕구가 수량으로 표출될 때 이를 수요량(quantity demand)이라고 한다.

> 상품에 대한 수요량이란 구매력을 가진 소비자가 일정기간에 구입하고자 하는 최대수량이다.

수요량은 다음과 같은 중요한 의미를 가진다.

첫째, 수요량이란 주어진 가격수준에서 소비자가 구입하고자 의도하는 최대수량이다. 또한, 수요량은 소비자들이 구입하고자 하는 의도된 수량이지 실제로 구입한 수량을 의미하지 않는다.

둘째, 수요량이란 재화나 서비스에 대한 단순한 구입 욕구가 아니라, 구매력(purchasing power)을 가지고 구입하고자 하는 수량을 의미한다. 구매력이란 상품을 구입할 수 있는 능력, 즉 상품의 대가를 지불할 수 있는 능력을 말한다.

셋째, 수요량은 어떤 일정 기간 동안 구매의 흐름 또는 유량(flow)을 말한다. 따라서 수요량은 반드시 어떤 일정 기간을 명시할 때 그 의미가 명확해진다. 1일간, 1개월간, 1년간 등의 기간을 명시해야 수요량의 의미가 명확해 질 수 있다.

수요의 명확한 의미를 이해하면 어떤 재화의 수요자가 누가 될지 파악하기 쉽다. 외환시장에서 수요자는 달러가 필요한 기업인, 금융기관, 개인, 국가가 수요자가 된다. 또한 노동시장에서 수요자는 기업 등이다.

> 수요란 일정기간에 가격과 수요량 사이에 존재하는 일련의 대응관계를 말한다.

제2장 ▌수요·공급과 시장의 균형

2 수요표와 수요곡선

수요량이란 소비자가 값을 치르고 구입할 의사와 능력이 있는 재화의 양을 말한다. 수요량을 결정하는 요인에는 여러 가지가 있다. 그러나 가격이 수요량을 결정하는데 매우 중요한 역할을 한다. 다른 조건이 같을 때 어떤 재화의 가격이 상승하면 그 재화의 수요량은 감소하고, 가격이 하락하면 수요량은 증가한다. 이러한 관계는 대부분의 재화에서 성립하게 되므로 경제학자들은 이를 수요의 법칙이라 한다.

> 다른 모든 조건이 일정할 때 한 상품의 가격이 상승하면 그 상품의 수요량은 감소하고 가격이 하락하면 수요량은 증가한다. 이처럼 상품의 가격과 수요량이 서로 반대방향으로 변하는 것을 수요의 법칙이라고 한다.

[표 2-1]에는 창호가 매달 햄버거 가격이 변화함에 따라 햄버거를 몇 개나 사먹는 가를 보여주는 표이다. 햄버거가 공짜라면 창호는 10개의 햄버거를 소비할 것이며, 가격이 500원이라면 8개를 소비할 것이다. 가격이 계속 상승한다면 그는 점점 소비량을 줄이게 될 것이고, 만약에 가격이 2,500원에 도달한다면 그는 햄버거를 전혀 소비하지 않을 것이다.

[표 2-1] 수요표

조합	햄버거가격(원)	햄버거수요량(개)
A	0	10
B	500	8
C	1,000	6
D	1,500	4
E	2,000	2
F	2,500	0

이와 같이 일정 기간 동안 어떤 재화의 가격과 그 재화의 수요량과의 관계를 나타낸 표를 수요표(demand schedule)라고 한다. 이 표는 소비자의 수요량을 결정하는 다른 변수들이 변하지 않는다는 것을 전제하고 각각의 가격과 그 가격에 해당하는 수요량을 나타내는 표이다.

┃ 거꾸로 배우는 경제학 ┃

    이를 그래프로 표시한 것이 수요곡선(demanf curve)이며, [그림 2-1]은 [표 2-1]을 그래프로 그린 것이다. 경제학에서는 통상적으로 가격은 수직축에, 수량은 수평축에 표시하며, 수요곡선은 가격과 수요량과의 관계가 마이너스(-)의 상관관계를 보여 준다.

> 한 상품의 수요곡선이란 일정기간에 있을 수 있는 그 상품의 여러 가지 가격과 수요량의 조합들을 나타내는 곡선이다.

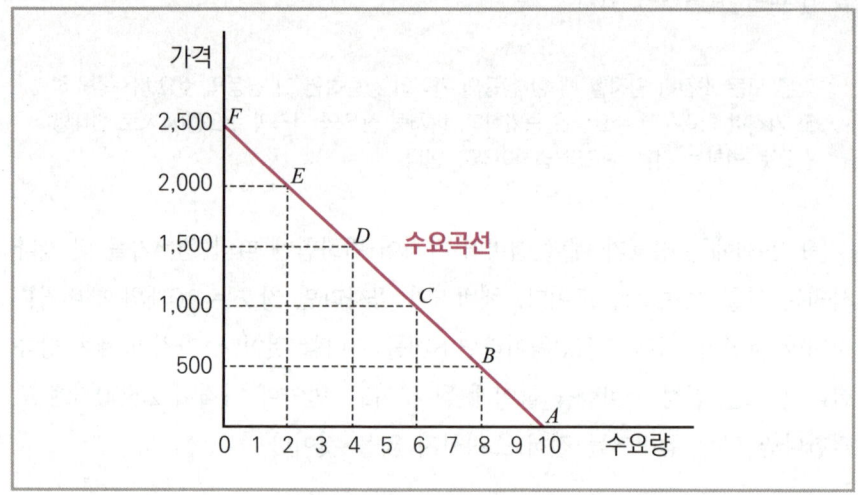

[그림 2-1] 수요곡선

3 개별수요와 시장수요

    [그림 2-1]의 수요곡선은 개인의 수요를 나타낸 것이다. 이제 시장이 어떻게 움직이는지를 이해하기 위해서는 시장의 수요를 알아야 한다. 시장 수요란 시장 전체의 수요를 의미하며, 개별수요곡선을 수평으로 합하여 도출한다.
    [표 2-2]는 창호와 상진이라는 두 소비자의 햄버거 수요를 나타내는 표이다. 창호의 수요표는 각 가격에서 창호의 수요량을 나타내고, 상진의 수요표는 각 가격에서 상진의 수요량을 나타낸다. 시장의 수요는 각 가격에서 창호와 상진의 수요량을 더한 것이다.

제2장 수요·공급과 시장의 균형

[표 2-2] 햄버거의 개별수요표와 시장수요표

시장가격(원)	창호(A)의 수요량	상진(B)의 수요량	시장수요량
0	12	7	19
500	10	6	16
1,000	8	5	13
1,500	6	4	10
2,000	4	3	7
2,500	2	2	4
3,000	0	1	1

햄버거 시장에 창호와 상진 둘만이 있다고 가정할 때 [표 2-2]는 햄버거에 대한 창호와 상진의 개별 수요를 합하여 시장수요를 산출하는 과정을 보여주고 있다. 일반적으로 시장수요곡선은 [그림 2-2]처럼 개별수요곡선보다 완만하게 그려진다.

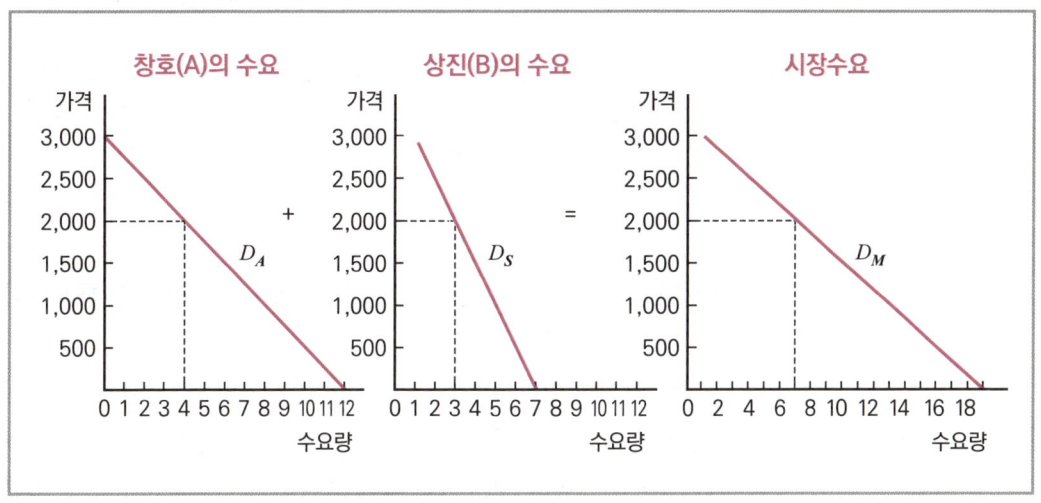

[그림 2-2] 개별수요곡선과 시장수요곡선

4 수요를 결정하는 요인

수요에 영향을 주는 요인으로는 다음과 같다.
첫째, 수요는 그 재화의 가격변화에 영향을 받는다. 소고기 값이 오르면 대신 돼지고기를 사먹게 되므로 소고기의 소비는 줄어들게 되고, 소고기 값이

거꾸로 배우는 경제학

내리게 되면 소고기를 더 사먹을 것이다. 이와 같이 수요량은 가격이 오르면 감소하고 가격이 내리면 증가하므로 수요량은 가격과 마이너스 상관관계가 있다. 경제학자들은 이를 수요의 법칙(low of demand)이라 한다.

둘째, 수요는 소비자의 소득수준에 영향을 받는다. 소득이 감소하면 지출할 수 있는 돈이 적어지므로 대부분 재화의 구입 양을 줄여야 한다. 이와 같이 소득이 감소(증가)함에 따라 수요가 감소(증가)하는 재화를 정상재(normal good)라 한다. 반대로 소득이 증가(감소)함에 따라 수요가 감소(증가)하는 재화를 열등재(inferior good)라고 하는데, 대중교통수단이 한 예가 될 수 있다.

소득이 증가하면 대중교통의 수요가 줄어들게 된다. 왜냐하면 버스를 이용하는 소비자가 자가용을 구입해서 이용하게 되기 때문이다.

> 기택 가족이 먹는 술은 영화의 흐름에 따라 '발포주 → 수입 맥주 → 양주'로 변화한다. 이러한 변화는 무엇을 의미할까? 기택 가족은 수입이 늘어나면서 점차 더 비싼 술을 즐기게 된다. 원래 먹고 싶었지만 경제 사정 때문에 즐기지 못했던 것들을 찾기 시작한 것이다. 이 과정에서 그들이 가난할 때 먹었던 발포주의 소비는 자연스레 줄어든다.
> 소득이 증가하면서 사람들은 예전에 쓰던 저렴한 상품의 수요를 줄이고 대신 품질이 더 좋거나 고급스러운 재화로 소비 성향을 바꾸기도 한다. 이 때문에 〈기생충〉 속의 발포주와 같이 소비자의 실질 소득이 증가하며 오히려 수요가 감소하는 재화들이 생긴다.

셋째, 소비자의 수에 영향을 받는다. 일반적으로 인구가 증가하면 대부분의 재화에 대한 수요는 증가하게 된다.

넷째, 연관재의 가격에 영향을 받는다. 소고기와 돼지고기는 대체관계에 있기 때문에 연관재인 돼지고기 값이 오르면 돼지고기의 수요량은 줄어들고 소고기의 수요는 늘어날 것이다. 반면 휘발유와 자동차는 보완관계에 있기 때문에 연관재인 휘발유의 가격이 상승하면 휘발유의 수요량이 감소하는 동시에 자동차의 수요도 감소할 것이다. 이와 같이 한 재화의 가격이 하락함에 따라 다른 재화의 수요가 감소하는 경우 두 재화를 대체재(subtitues good)라고 한다. 반면에 한 재화의 가격이 하락함에 따라 다른 재화의 수요가 증가하는 경우 두 재화를 보완재(comlements good)라고 한다.

다섯째, 수요는 소비자의 기호와 선호 즉 소비자들의 소비습관이 달라지면 그에 따라 재화의 수요가 변화한다.

여섯째, 미래에 대한 기대는 재화나 서비스에 대한 현재의 수요에 영향을 줄 수 있다. 예를 들어 앞으로 석유 값이 오를 것이라 예상되면 많은 사람들이 석유 구매를 늘리기 때문에 석유에 대한 수요가 증가할 것이다.

그 밖에 광고, 기호, 정치, 문화 수준 및 경제 전망 등이 수요에 영향을 미친다.

5 수요량의 변화와 수요의 변화

(1) 수요곡선상의 이동

수요곡선상의 이동(movement along the demand curve)이란 가격의 변화에 따라 소비자가 수요하고자 의도하는 재화의 수요량이 변화하는 것을 의미한다. 수요곡선상의 이동이란 수요량의 변화라고 하며, 주어진 수요곡선상의 변동을 말한다.

> 가격변화에 따른 수요량의 변화는 주어진 수요곡선상에서의 이동으로 표시된다.

[그림 2-3]은 가격이 상승하면 수요량이 감소하고, 가격이 하락하면 수요가 증가하는 것을 보여주고 있다. 어떤 재화의 가격 변화로 인해 그 재화의 수요량이 변할 때 수요곡선상의 이동이 발생한다. [그림 2-3]에서 햄버거 가격이 3,000원에서 2,000원으로 하락하면서 수요량이 10개에서 15개로 증가하는 것을 말한다. 즉 A에서 B로 또는 B에서 A로 수요량이 변할 때 이를 수요곡선상의 이동이라고 한다.

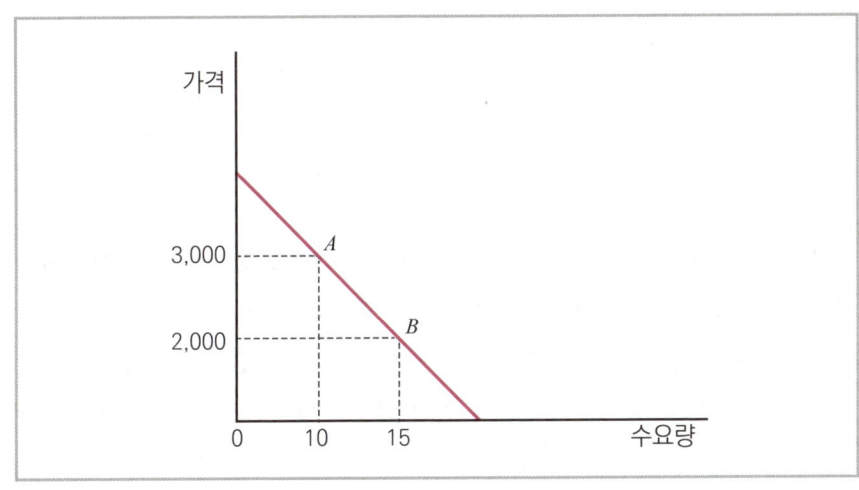

[그림 2-3] 수요량의 변화

(2) 수요곡선의 이동

수요곡선의 이동(shift of the demand curve)을 수요의 변화라고도 말하며, 가격 이외의 요인들 즉 소득수준, 다른 재화의 가격, 소비자수, 기호, 예상, 광고 등의 변화가 일어나면 수요곡선 자체가 좌우로 이동해 가는 결과가 나타난다.

> 해당 상품가격 이외의 요인이 변화하여 일어나는 수요량의 변화는 수요곡선 자체의 이동으로 표시된다. 해당 상품가격 이외의 요인이 변화하여 일어나는 수요량의 변화를 수요의 변화라고 부른다.

다시 말해 수요곡선의 이동이 생기는 데 이것은 [그림 2-4] D_0에서 D_1과 D_2의 이동으로 나타낸다. 수요곡선이 오른쪽으로 이동하는 것을 수요의 증가, 왼쪽으로 이동하는 것을 수요의 감소라 한다.

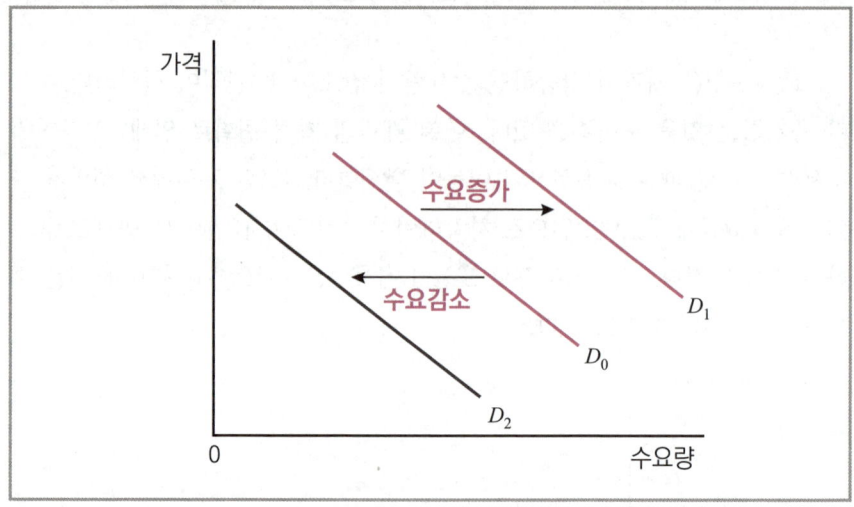

[그림 2-4] **수요의 변화**

해당 재화가격의 변화로 인한 수요곡선 상에서의 움직임인 수요량의 변화와 그 재화가격 이외의 다른 요인들의 변화로 인한 수요곡선 자체의 이동인 수요의 변화를 혼동하지 않도록 주의해야 한다. 이러한 혼동을 피하기 위하여 수요와 수요량이란 용어를 명확히 사용할 필요가 있다. 수요란 가격과 수요량 간의 전반적인 함수관계를 지칭하는 데 반해, 수요량이란 주어진 가격에서 수요하고자 하는 특정량을 지칭한다.

> 수요의 변화란 수요곡선 자체가 이동하는 것을 뜻하고, 수요량의 변화란 어느 한 수요곡선상에서의 이동을 뜻한다. 수요곡선이 오른쪽으로 이동하는 것을 수요의 증가, 왼쪽으로 이동하는 것을 수요의 감소라고 한다.

수요자에게 영향을 미치는 요인을 요약하면 [표 2-3]과 같다.

[표 2-3] 수요자에게 영향을 미치는 변수들

변수	변수 증감의 결과
가격의 변화	수요량의 변화(수요곡선상의 이동)
소득	수요의 변화(수요곡선의 이동)
연관재의 가격	수요의 변화(수요곡선의 이동)
취향	수요의 변화(수요곡선의 이동)
미래에 대한 기대	수요의 변화(수요곡선의 이동)
구입자의 수	수요의 변화(수요곡선의 이동)

거꾸로 배우는 경제학

제3절 공급

1 공급의 정의

공급(supply)이란 기업이 재화나 서비스를 일정 기간 동안 주어진 가격수준에서 판매하고자 하는 의도(willingness to sell)이다. 그리고 공급량(quantity supplied)이란 기업이 재화나 서비스를 판매하고자 하는 양을 의미한다.

> 상품에 대한 공급량이란 판매능력을 가진 생산자가 일정기간에 판매하고자 하는 최대수량이다.

공급과 공급량은 언제나 일정기간에 생산자들이 공급하고자 하는 의도를 의미하기 때문에 다음과 같은 중요한 두 가지 성질을 가진다.

첫째, 공급이란 생산자가 재화와 서비스를 판매하고자 하는 의도된 양을 말하지, 실제로 판매된 양이 아니라는 점이다.

둘째, 공급은 일정한 기간을 명시하는 유량(floww)개념으로서 단위기간 동안 얼마라는 식으로 표현된다.

> 공급이란 일정기간에 가격과 공급량 사이에 존재하는 일련의 대응관계를 말한다.

2 공급표와 공급곡선

재화나 서비스의 공급량은 판매자가 팔 의사와 능력이 있는 수량을 말한다. 공급량(quantity supplied)을 결정하는 변수에는 여러 가지가 있으나, 그 중 가장 중요한 변수는 가격이다. 햄버거의 가격이 높으면 햄버거 판매 수익이 높아지므로 판매자는 공급량을 늘릴 것이다. 반대로 햄버거의 가격이 떨어지면 수익이 떨어지게 되므로 햄버거 생산량을 줄일 것이다.

재화의 가격과 공급량 사이의 관계를 공급의 법칙이라고 한다. 즉 공급의 법칙(low of supply)은 다른 조건이 불변일 때 어느 재화의 가격이 상승하면 그 재화의 공급량이 증가하고, 가격이 하락하면 공급량이 감소하는 것을 말한다. 재화의 가격이 높을수록 공급이 증가하고, 낮을수록 공급이 감소한다.

> 다른 모든 조건이 일정할 때 한 상품의 가격이 상승하면 그 상품의 공급량은 증가하고 가격이 하락하면 공급량은 감소한다. 이와 같이 가격과 공급량 사이에 존재하는 양(+)의 관계, 즉 가격과 공급량이 같은 방향으로 변하는 것을 공급의 법칙이라 한다.

[표 2-4] 공급표

조합	햄버거가격(원)	햄버거공급량(개)
A	0	0
B	500	0
C	1,000	1
D	1,500	2
E	2,000	3
F	2,500	4

[표 2-4]와 같이 일정기간에 어떤 재화의 시장 가격과 그 재화의 공급량 간에 존재하는 관계를 수치로 표시한 것을 공급표(supply schedule)라 한다. 즉 공급표란 공급자가 재화의 공급과 공급량의 관계를 보여주는 표이다. 이를 그래프로 표시한 것이 공급곡선(supply curve)이며, [그림 2-5]는 [표 2-4]를 그래프로 그린 것이다.

> 한 상품의 공급곡선이란 일정기간에 있을 수 있는 그 상품의 여러 가지 가격과 공급량의 조합들을 나타내는 곡선이다.

경제학에서는 통상적으로 가격을 수직축에 공급량을 수평축에 표시하며, 공급곡선은 가격과 공급량과의 관계가 플러스(+)의 상관관계임을 보여준다.

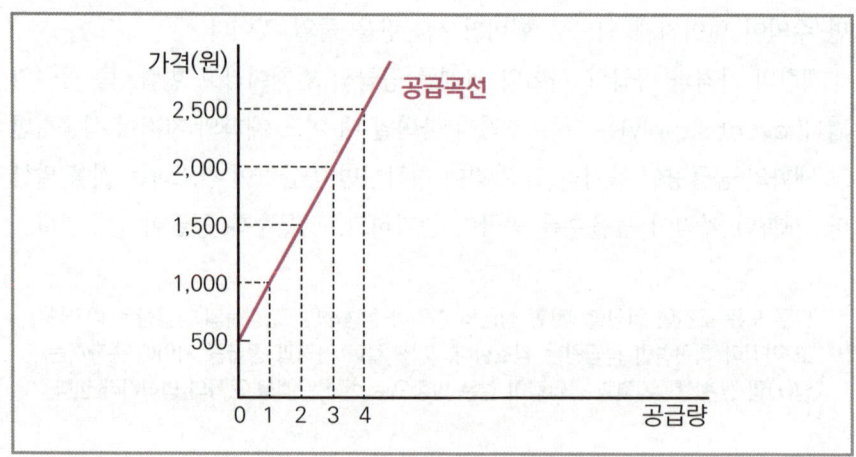

[그림 2-5] 공급곡선

3 개별공급와 시장공급

 시장수요가 모든 수요자들의 개별 수요를 합하였듯이 시장 공급도 모든 판매자들의 개별 공급의 합으로 도출된다. 따라서 시장 공급곡선은 개별공급곡선 보다 완만한 형태를 갖는다.

 [표 2-5]는 기업(A)와 기업(B)라는 두 공급자의 햄버거 공급을 나타내는 표이다. 기업(A)의 공급표는 각 가격에서 기업(A)의 공급량을 나타내고, 기업(B)의 공급표는 각 가격에서 기업(B)의 공급량을 나타낸다. 시장의 공급은 각 가격에서 기업(A)와 기업(B)의 공급량을 더한 것이다.

[표 2-5] 개별공급표와 시장공급표

시장가격(원)	기업(A)의 공급량	기업(B)의 공급량	시장공급량
0	12	7	19
500	10	6	16
1,000	8	5	13
1,500	6	4	10
2,000	4	3	7
2,500	2	2	4
3,000	0	1	1

햄버거 시장에 기업(A)와 기업(B) 둘만이 있다고 가정할 때 [그림 2-5]는 햄버거에 대한 기업(A)와 기업(B)의 개별 공급을 합하여 시장공급을 산출하는 과정을 보여주고 있다. 일반적으로 시장공급곡선은 [그림 2-6]처럼 개별공급곡선보다 완만하게 그려진다.

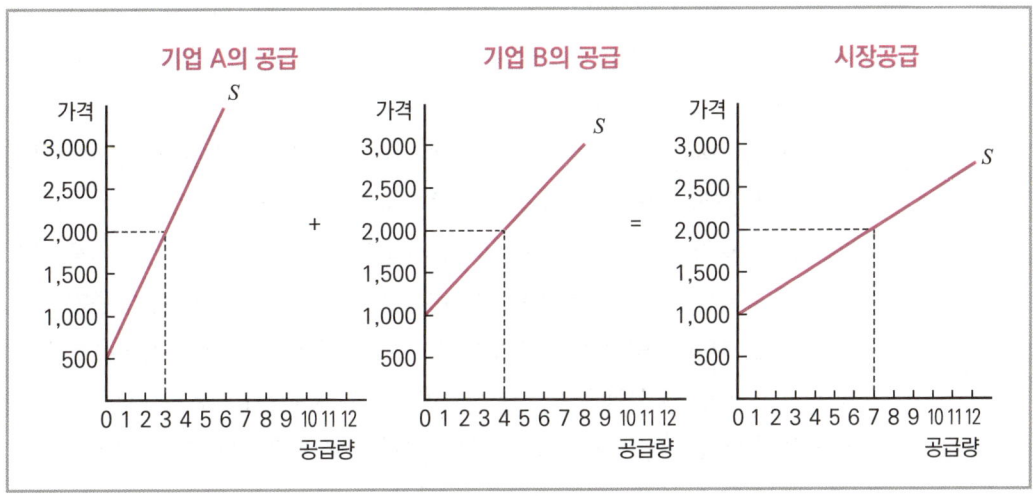

[그림 2-6] 시장공급곡선

4 공급을 결정하는 요인

공급에 영향을 주는 요인으로는 다음의 다섯 가지를 생각해 볼 수 있다.

첫째, 한 재화의 공급은 주로 그 재화의 가격의 변화에 의존한다. 다른 조건이 일정할 때 어떤 재화의 가격이 상승하면 생산자는 그 재화의 공급을 증가한다. 반대로 어떤 재화의 가격이 하락하면 생산자는 공급을 감소시킨다. 예를 들어 햄버거가격이 상승하면 햄버거의 공급량을 증가시키고, 반대로 햄버거가격이 하락하면 공급량을 감소시킨다. 이와 같이 다른 조건이 일정한데 가격이 상승(하락)하면 공급량이 증가(감소)하는 관계를 공급의 법칙(law of supply)이라 하며, 가격과 공급량 사이에는 플러스(+)의 관계가 성립한다.

둘째, 한 재화의 공급은 생산요소가격의 변화에 영향을 받는다. 한 생산요소의 가격변화는 각 재화의 생산비에 영향을 미치고, 이는 이윤의 크기를 변화시켜 생산자로 하여금 생산물의 공급을 변화시키게 한다. 생산요소(원자재, 노동, 자본)의 가격이 상승하면 재화를 생산하는데 더 많은 비용이 들게 되므로 기업들은 주어진 가격에서 생산을 줄이게 되므로 공급곡선은 왼쪽으로 이동하게 된다. 예를 들면 소고기 가격이 상승하면 햄버거의 생산비용이 올라 햄버거의 공급은 감소하게 될 것이다.

셋째, 한 재화의 공급은 다른 재화의 가격변화에 영향을 받는다. 다른 여건이 동일하다면 일반적으로 어떤 재화의 공급량은 다른 대체재인 재화의 시장가격이 상승하면 감소하고 다른 대체재인 재화의 시장가격이 하락하면 증가한다. 예를 들어 햄버거의 가격이 상승하면 햄버거 빵의 공급이 늘어나게 되고, 반대로 샌드위치 빵의 공급은 줄어들게 될 것이다.

넷째, 한 재화의 공급은 기술수준에 따라 달라진다. 기술수준이 향상되면 생산성의 증대가 가능해져서 공급을 증가시킬 수 있다. 기술의 진보는 새로운 재화를 계속 개발할 뿐만 아니라 이미 개발된 재화에 대해서도 생산비를 절감시켜서 동일한 가격조건하에서 생산비가 하락한 제품의 공급량이 증가한다.

다섯째, 재화의 공급은 각 기업의 목표에 따라 달라진다. 시장점유율을 늘리려고 할 때는 우선적으로 공급을 늘려야 하고, 기업이 이윤극대화보다는 매출액을 증대시키기 위해서 노력한다면 공급을 늘려야 한다. 이와 같이 재화의 공급을 기업의 목표설정에 따라 다르게 나타낸다.

5 공급량의 변화와 공급의 변화

공급곡선상의 이동(movement along the supply curve)이란 가격의 변화에 따라 판매자가 판매하고자 의도하는 재화의 공급량이 변화하는 것을 의미한다. 공급곡선상의 이동이란 공급량의 변화라고 하며, 주어진 공급곡선 상의 변동을 말한다.

[그림 2-7]은 가격이 상승하면 공급량이 증가하고, 가격이 하락하면 공급량이 감소하는 것을 보여주고 있다. 어떤 재화의 가격 변화로 인해 그 재화의 공급량이 변할 때 공급곡선상의 이동이 발생한다. [그림 2-7]에서 햄버거 가격이 1,000원에서 3,000원으로 상승하면서 공급량이 10개에서 15개로 증가하는 것을 말한다. 즉 A에서 B로 또는 B에서 A로 공급량이 변할 때 이를 공급곡선상의 이동이라고 한다.

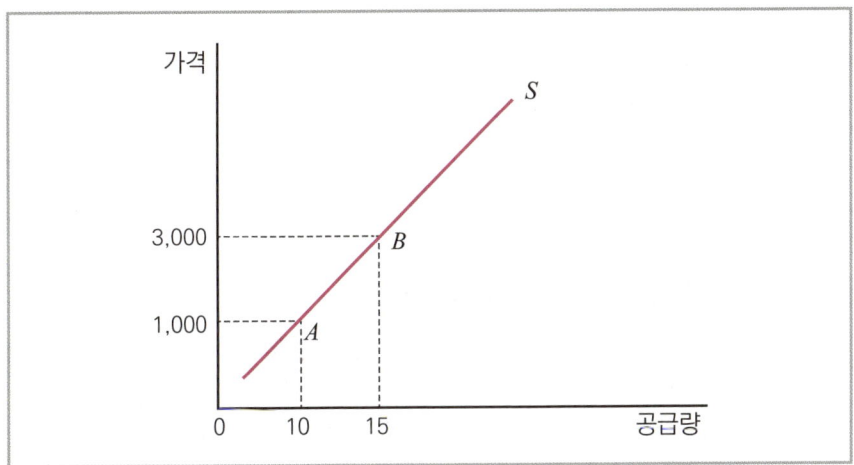

[그림 2-7] **공급량의 변화**

공급곡선의 이동(shift of supply curve)에 의한 공급의 변화란 [그림 2-8]과 같이 해당 재화가격 이외의 다른 요인 즉, 생산요소 가격, 생산기술, 다른 재화의 가격, 경기전망, 기업의 목표들의 변화로 공급곡선 자체가 이동하는 것을 말한다. 공급곡선이 오른쪽으로 이동하면 공급이 증가하고, 왼쪽으로 이동하면 공급이 감소한다.

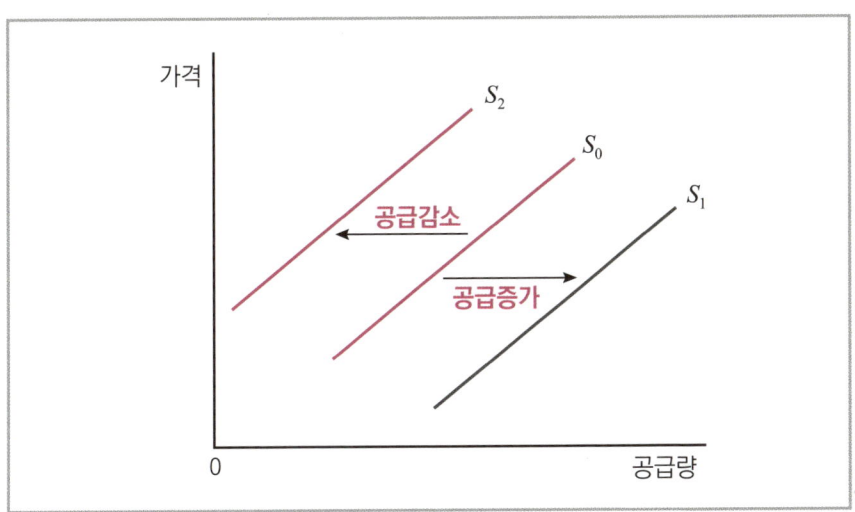

[그림 2-8] **공급의 변화**

거꾸로 배우는 경제학

> 공급의 변화란 공급곡선 자체가 이동하는 것을 의미하고 공급량의 변화란 어느 한 공급곡선상에서의 이동을 뜻한다.

공급자에게 영향을 미치는 요인을 요약하면 [표 2-6]과 같다.

[표 2-6] 공급자에게 영향을 미치는 변수들

변수	변수 증감의 결과
가격의 변화	공급량의 변화(공급곡선상의 이동)
생산요소가격	공급의 변화(공급곡선의 이동)
기술수준	공급의 변화(공급곡선의 이동)
미래에 대한 기대	공급의 변화(공급곡선의 이동)
기업의 수	공급의 변화(공급곡선의 이동)
다른 재화의 가격	공급의 변화(공급곡선의 이동)
보조금 지급	공급의 변화(공급곡선의 이동)
조세 부과	공급의 변화(공급곡선의 이동)

제2장 ■ 수요·공급과 시장의 균형

제4절 시장의 균형

1 균형가격의 결정

균형(equilibrium)이란 물리학에서 유래된 개념으로 두 개의 상반된 힘이 일치된 상태를 균형이라 하며, 외부의 충격이 없는 한 현 상태를 유지하려는 속성이 있다. 균형가격은 시장에서 이루어진다고 해서 시장가격이라고도 한다.

> 균형 혹은 균형상태란 일단 그 상태에 도달하면 다른 상태로 변화할 유인이 없는 상태를 말한다.

지금까지는 수요와 공급을 개별적으로 나누어 살펴보았다. 그러나 시장에서 결정되는 한 재화의 가격은 이들 상반되는 두 집단의 의사에 의하여 결정된다. 다시 말하면, 가격은 수요측 요인과 공급측 요인이 상호 작용하다가 수요와 공급이 균등해지는 점에서 결정된다. 이와 같이 형성된 가격을 균형가격이라고 하며, 이 균형가격(equilibrium price)에 대응하는 수요량을 균형수요량, 공급량을 균형공급량이라고 한다.

수요와 공급이 일치하는 점에서 가격이 결정된다는 원리를 수요, 공급의 법칙(the law of demand and supply)이라고 한다. 다시 말하면, 수요곡선과 공급곡선이 교차하는 점에서 가격이 결정된다는 원리가 수요공급의 법칙이다.

수요공급의 법칙은 수요표와 공급표 그리고 이것을 그래프에 옮겨 좌표상의 그림으로 살펴보면 보다 확실히 알 수 있다. 앞에 있는 시장의 수요표와 시장의 공급표를 하나의 표로 만든 것이 [표 2-7]의 수요공급표이다.

거꾸로 배우는 경제학

[표 2-7] 햄버거에 대한 수요표와 공급표

조합	가격	수요량	공급량	초과공급량	초과수요량
A	0	18	0		18
B	500	16	0		16
C	1,000	13	1		12
D	1,500	10	2		6
E	2,000	7	3	0	0
F	2,500	4	4	6	

또한 [표 2-6]을 좌표에 그대로 옮긴 것이 [그림 2-9]의 수요공급곡선이다.

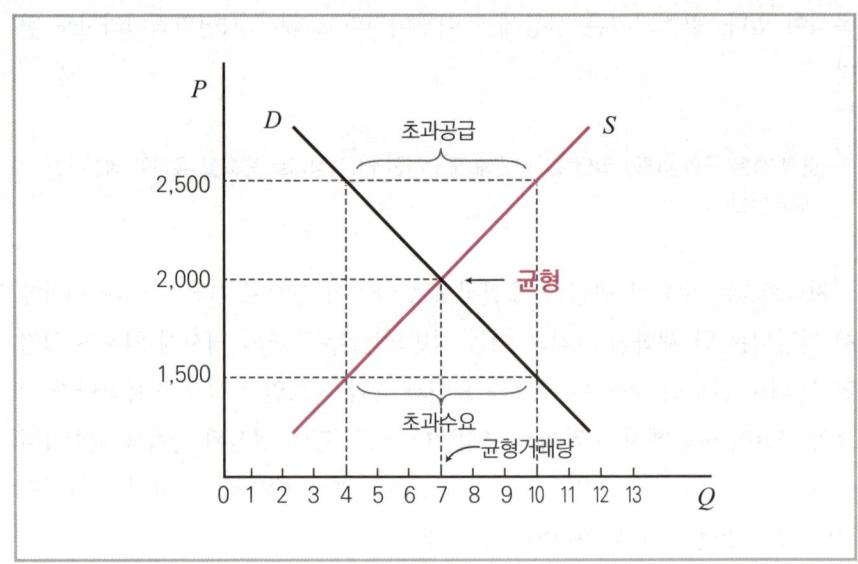

[그림 2-9] 햄버거의 수요·공급곡선

[그림 2-9]에서 가격이 2,000원일 때, 수요량과 공급량은 7개로 일치하고 있다. 즉, 가격이 2,000원보다 높으면 수요량보다 공급량이 많아 초과공급(excess supply)이 발생하여 공급자들 간에 경쟁이 일어나고, 이 판매경쟁은 결국은 시장가격을 하락시키게 한다.

> 어떤 가격수준에서 소비자들의 수요량보다 생산자들의 공급량이 많아서 상품이 남아 돌 때 이 잉여분을 초과공급량이라고 한다.

반대로 가격이 2,000원보다 낮으면, 수요량이 공급량보다 많은 초과수요(excess demand)가 발생하여 수요자들 간에 경쟁을 일으키고, 이들 경쟁은 마침내 시장가격을 상승시키는 결과를 초래한다. 이와 같은 일련의 과정을 거쳐서 균형가격과 균형수급량은 다른 조건의 변화가 없는 한 상당기간 지속된다.

> 어떤 가격수준에서 소비자들의 수요량이 생산자들의 공급량보다 많아서 상품의 부족현상이 발생할 때 이 부족분을 초과수요량이라고 한다.

2 시장균형의 변화

시장에서 수요와 공급이 일치하여 균형이 이루어지면 특별한 교란 요인이 없는 한 균형이 깨어지질 않으려는 성질이 있다. 그런데 한번 형성된 균형점도 일정불변이라는 다른 가정이 무너지면 새로운 균형점으로 옮겨지면서 균형가격과 균형거래량이 변화하게 된다.

이제 수요와 공급이 변하여 수요곡선과 공급곡선이 이동할 때 균형가격과 균형거래량이 어떻게 변하는가를 살펴보자.

(1) 공급이 일정하고 수요가 변화하는 경우

수요의 크기를 결정하는 요인인 소득수준, 연관재의 가격, 소비자의 취향, 미래에 대한 기대 등이 변화하면 수요가 증가하거나 수요가 감소하게 된다. 먼저 수요가 증가하는 경우를 [그림 2-10]에서 살펴보자.

예를 들어 소득이 증가하여 햄버거에 대한 수요가 증가하면 원래의 수요곡선 D가 오른쪽으로 이동하여 D_1이 된다. 그 결과 원래의 균형가격인 Pe에서는 수요량이 증가하여 공급량을 초과하므로 초과수요가 발생되어 원래의 균형은 깨지고 가격은 상승하게 된다. 따라서 새로운 균형가격과 균형거래량은 새로운 수요곡선 D_1D_1과 공급곡선 SS가 교차하는 E'점에 대응하는 P_2와 Q_2에서 결정된다. 이와 같이 공급이 일정한 상태에서 수요가 증가하면 균형가격은 상승하고 균형거래량은 증가한다.

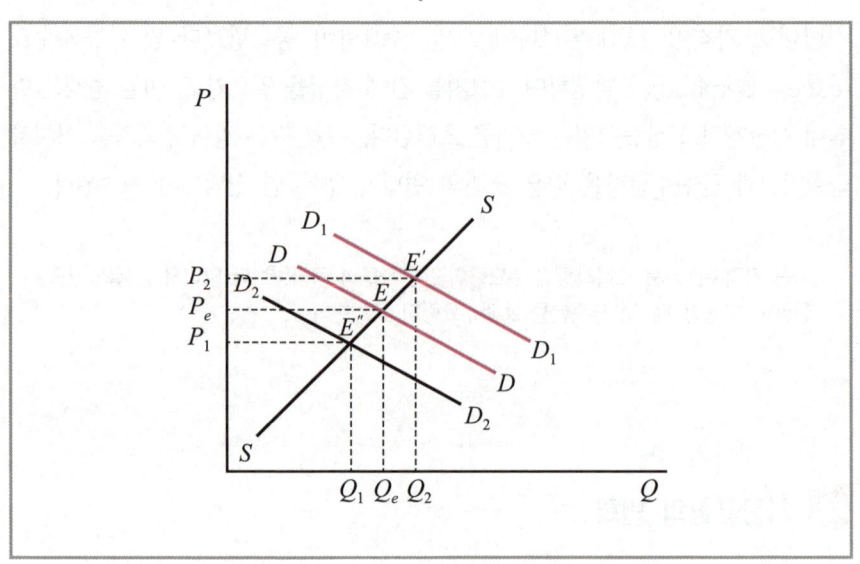

[그림 2-10] 수요의 변화와 시장균형의 변동

다음으로 수요가 감소하는 경우를 [그림 2-10]에서 살펴보면, 청소년의 주된 비만 원인이 햄버거 때문이라는 인식이 되면 햄버거의 수요가 감소하게 되면 [그림 2-10]에 나타난 것처럼 원래의 균형가격 Pe에서는 수요량이 감소하여 초과공급이 발생하게 되므로 원래의 균형은 깨지고 가격은 하락하게 된다. 따라서 새로운 균형가격과 균형거래량은 새로운 수요곡선 D_2D_2와 공급곡선 SS가 교차하는 E''점에 대응하는 P_1과 Q_1에서 결정된다. 이와 같이 공급이 일정한 상태에서 수요가 감소하면 균형가격은 하락하고, 균형거래량도 감소한다.

(2) 수요가 일정하고 공급이 변화하는 경우

공급의 크기를 결정하는 요인인 생산요소의 가격, 생산기술, 공급자의 미래에 대한 예상, 관련 재화의 가격 등이 변화하는 경우 공급이 증가하거나 감소한다. [그림 2-11]은 수요는 일정불변인데 공급만 변화하는 경우 시장균형이 어떻게 변화하는가를 보여 주고 있다.

가격 이외의 다른 요인이 변화하여 공급의 변화가 일어나 공급이 증가하는 경우와 감소하는 경우를 살펴보자. 원래의 수요곡선 DD와 공급곡선 SS가 교차하는 E점이 최초의 균형이고 균형가격 P_e, 균형거래량은 Q_e이다.

먼저 공급이 증가하는 경우를 보면, 수요가 일정한 상태에서 소고기 수입에 의한 소고기 값의 폭락으로 햄버거의 공급이 증가하면 [그림 2-11]에서처럼 원래의 공급곡선 SS가 오른쪽으로 이동하여 S_1S_1이 된다. 그 결과 원래의 균형가격 P_e에서는 초과공급량이 발생하게 되어 원래의 균형은 깨지고 가격은 하락하게 된다. 따라서 새로운 균형가격과 균형거래량은 원래의 수요곡선 DD와 새로운 공급곡선 S_1S_1이 교차하는 E'점에 대응하는 P_1과 Q_1으로 결정된다. 이와 같이 수요가 일정한 상태에서 공급이 증가하면 균형가격은 하락하고, 균형거래량은 증가한다.

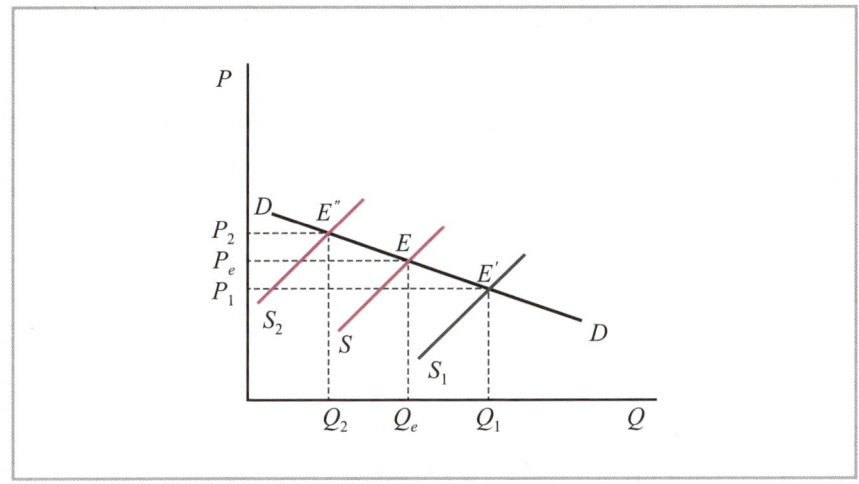

[그림 2-11] **공급의 변화와 시장균형의 변동**

다음으로 공급이 감소하는 경우에 수요가 일정한 상태에서 햄버거 생산에 들어가는 소고기 값이 상승하여 채산성이 낮아져 햄버거의 공급이 감소하게 되면 [그림 2-11]에서 원래의 공급곡선 SS가 왼쪽으로 이동하여 S_2S_2가 된다. 그 결과 원래의 균형가격수준 P에서는 초과수요량이 발생하게 되어 원래의 균형은 깨지고 가격은 상승하게 된다. 따라서 새로운 균형가격과 균형거래량은 원래의 수요곡선 DD와 새로운 공급곡선 S_2S_2가 교차하는 E''점에 대응하는 P_2와 Q_2로 결정된다. 이와 같이 수요가 일정한 상태에서 공급이 감소하면 균형가격은 상승하고, 균형거래량은 감소한다.

(3) 수요와 공급이 동시에 변화하는 경우

지금까지 수요의 변화와 공급의 변화가 각각 어떻게 균형가격과 균형거래량을 변화시키는가를 살펴보았다. 그러나 현실적으로 수요의 변화와 공급의 변화를 발생시키는 요인들이 한 가지씩 차례로 변하는 것이 아니라 동시에 변화한다. 수요와 공급이 동시에 변화하는 경우 가격과 거래량의 변화 방향을 일률적으로 말할 수 없다. 수요의 변화와 공급의 변화가 각각 어느 정도 증가 또는 감소했는지 여부에 따라 가격과 거래량의 변화 방향이 달라진다. 또한 수요와 공급이 변화하는 상태의 크기에 의해서도 달라지므로 균형가격과 균형거래량의 변화를 예측하기란 쉽지 않다. [그림 2-12]와 [그림 2-13]에서와 같이 수요와 공급이 모두 증가하면 균형거래량은 증가하나 균형가격의 변화는 분명하지 않다.

[그림 2-12]는 공급의 증가보다 수요가 더 많이 증가하여 균형가격이 상승하고 균형거래량이 증가하였다.

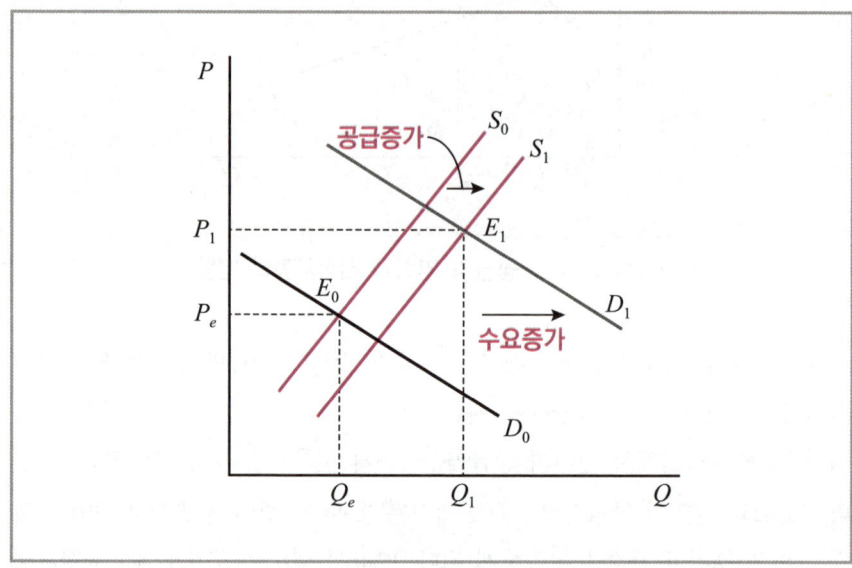

[그림 2-12] 수요와 공급의 증가: 가격이 상승한 경우

[그림 2-13]은 수요의 증가보다 공급이 더 많이 증가하여 균형가격이 하락하고 균형거래량이 증가하였다.

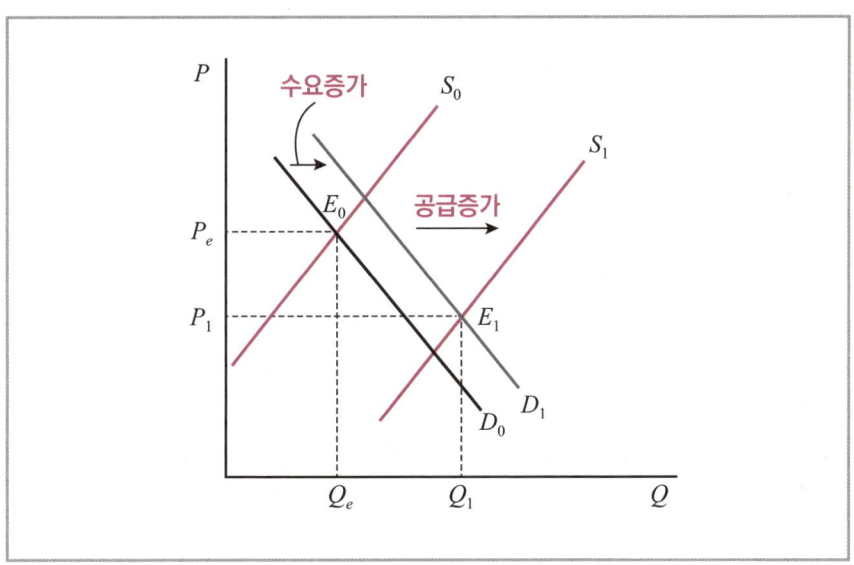

[그림 2-13] 수요와 공급의 증가: 가격이 하락한 경우

이상과 같이 수요와 공급이 모두 증가하면, 균형거래량은 증가하나 균형가격의 변화는 분명하지 않다.

[표 2-8]은 수요와 공급이 변할 때 가격과 수량의 변화를 요약한 것이다.

[표 2-8] 수요와 공급이 변할 때 가격과 수량의 변화

	공급 불변	공급 증가	공급 감소
수요 불변	가격 불변 수량 불변	가격 하락 수량 증가	가격 상승 수량 감소
수요 증가	가격 상승 수량 증가	가격 불분명 수량 증가	가격 상승 수량 불분명
수요 감소	가격 하락 수량 감소	가격 하락 수량 불분명	가격 불분명 수량 감소

거꾸로 배우는 경제학

【Eco-톡】》》 아담 스미스의 '보이지 않는 손'

　우리가 저녁식사를 할 수 있는 것은 정육점 주인이나 양조장 주인 또는 농부*의 자비심 때문이 아니라 그들이 자신들의 이익을 추구하기 때문이다. 개인이나 기업은 일반적으로 사회의 이익을 증진시키려고 하지도 않거니와 자기가 얼마나 사회의 이익을 증진시키고 있는가도 알지 못한다. 다만 스스로의 안녕이나 이익을 위하여 행동할 뿐이다. 이렇게 하는 가운데 '보이지 않는 손'의 인도를 받아 자신이 의도하지 않았던 다른 목적도 달성하게 된다. 즉 사리(私利)를 추구하는 가운데 공익(公益)도 저절로 증진된다. 이것이 의도적으로 공익을 증진시키려고 하는 경우보다 오히려 공익을 더 효과적으로 증진시킨다. 전체 사회의 복리가 아닌 자기 자신의 이익에 대한 추구는 자연적으로, 아니 필연적으로 사람들로 하여금 사회에 가장 이익이 되는 방식을 취하도록 이끈다.

출처 : 박원규 외 공역, '테일러의 핵심경제학'

단원별 연습문제

01. 다음 중 지하철요금이 인상되자 마을버스수요는 감소하고 택시수요는 증가하였다. 또한 소득이 증가하면서 마을버스수요는 감소하고 택시수요는 증가하였다. 이에 근거할 때 다음 중 사실이 아닌 것은?

① 지하철과 택시는 대체재이다. ② 지하철과 마을버스는 보완재이다.
③ 택시와 마을버스는 보완재이다. ④ 마을버스는 열등재이다.
⑤ 택시는 정상재이다.

02. 만약 땅콩과 호두가 수요 측면에서 대체관계에 있고 땅콩과 오징어가 보완관계에 있다고 가정하면, 다음의 경우 중 땅콩가격이 하락하는 것은?

① 호두가 풍년이다.
② 호두에 발암물질이 있다는 연구보고서가 발표되었다.
③ 오징어의 대일본 수출이 감소하였다.
④ 땅콩에 항암물질이 포함되어 있다는 연구보고서가 발표되었다.
⑤ 미국에 땅콩을 대량 수출하였다.

03. 다음 중 X재에 대한 수요의 변화를 가져오는 요인이 아닌 것은?

① X재가격의 변화 ② 연관재가격의 변화 ③ 소득의 변화
④ 소비자기호의 변화 ⑤ 소비자수의 변화

04. 어떤 소비자의 소득은 34% 증가하였는데 그 소비자의 X재에 대한 수요량이 23% 감소하였다. 이 재화를 무엇이라고 하는가?

① 열등재 ② 정상재 ③ 필수재
④ 사치재 ⑤ 대체재

05. 수요와 공급에 관한 다음의 서술 중 옳은 것은?

① 소비자의 소득이 증가하면 상품에 대한 수요가 증가한다.
② 석유파동으로 인해 휘발유값이 크게 오르면 대형승용차에 대한 수요가 증가한다.
③ 반도체가격이 내리면 컴퓨터의 공급곡선은 오른쪽으로 이동한다.
④ X재가격의 하락은 X재의 공급을 감소시킨다.
⑤ 사과값이 오르면 대체재인 배에 대한 수요가 감소한다.

거꾸로 배우는 경제학

06. 날로 심각해지는 마약범죄를 예방하기 위해서는 차라리 마약을 합법화하자는 주장이 나오고 있다. 이러한 주장에 대한 가장 타당한 경제적 근거는 무엇인가?

    ① 마약의 합법화는 마약의 공급을 크게 증가시켜 마약생산자의 마약공급가격을 인하시킬 것이다.
    ② 마약유통에 대한 정부의 규제는 비효율적이므로 철폐되어야 한다.
    ③ 합법적 마약은 불법적 마약보다 가격이 낮기 때문에 마약자금을 획득하기 위한 범죄와 마약사업을 보호하기 위한 범죄를 감소시킬 것이다.
    ④ 합법적 마약은 불법적 마약보다 가격이 높기 때문에 마약의 생산을 자극하여 마약의 가격을 인하시킬 것이다.
    ⑤ 마약공급 측면에서 접근하는 것이 마약수요 측면에서 접근하는 것보다 정부입장에서 보면 더 간편하기 때문이다.

07. 반도체가격의 하락 때문에 컴퓨터의 생산비가 하락한 경우 컴퓨터시장에서 일어날 수 있는 변화는?

    ① 컴퓨터공급의 증가, 컴퓨터가격의 하락, 컴퓨터수요의 증가
    ② 컴퓨터공급의 증가, 컴퓨터가격의 하락, 컴퓨터수요량의 증가
    ③ 컴퓨터공급의 감소, 컴퓨터가격의 하락, 컴퓨터수요량의 감소
    ④ 컴퓨터공급량의 증가, 컴퓨터가격의 하락, 컴퓨터수요의 증가
    ⑤ 컴퓨터공급량의 증가, 컴퓨터가격의 하락, 컴퓨터수요량의 증가

08. 비디오테이프와 극장영화는 대체재이고, 비디오테이프와 TV는 보완재라고 가정하자. 또한 TV와 극장영화는 정상재라고 가정하자. 만약 비디오테이프를 대여해 주는 업체의 수가 30% 감소하였다면 그 파급효과는 무엇인가?

    ① TV가격의 하락, 극장입장료의 하락, 비디오테이프 대여료 상승
    ② TV가격의 불변, 극장입장료의 불변, 비디오테이프 대여료 상승
    ③ TV가격의 상승, 극장입장료의 하락, 비디오테이프 대여료 하락
    ④ TV가격의 하락, 극장입장료의 상승, 비디오테이프 대여료 상승
    ⑤ TV가격의 하락, 극장입장료의 불변, 비디오테이프 대여료 상승

09. 승용차 사고를 줄이기 위하여 승용차의 크기에 관계없이 모든 승용차에 대해서 80만 원 상당의 에어백을 의무적으로 장착하도록 정부가 규제할 방침이라고 한다. 이 경우 일반적으로 예상되는 효과는?

> A. 승용차의 전체판매액은 변동이 없을 것이다.
> B. 승용차 전체에 대한 수요량은 감소할 것이다.
> C. 소형차와 대형차에 대한 상대적 선호도는 변화하지 않을 것이다.
> D. 소형차보다 대형차에 대한 선호도가 상대적으로 증가할 것이다.

① A, B ② B, C ③ C, D
④ A, C ⑤ B, D

10. 어떤 상품에 대한 수요곡선과 공급곡선이 모두 아래쪽으로 이동할 때 나타날 수 있는 결과는?

① 가격은 하락하고 거래량은 증가한다.
② 가격은 상승하고 거래량은 감소한다.
③ 가격은 하락하고 거래량은 감소한다.
④ 가격은 상승하고 거래량은 증가한다.
⑤ 가격은 하락하고 거래량의 변화는 불확실하다.

11. 다음 중 한 상품의 공급곡선이 이동하지 않는 경우는?

① 생산기술의 변화 ② 생산요소가격의 변화
③ 조세의 변화 ④ 소비자기호의 변화
⑤ 생산보조금의 변화

12. 수요와 공급에 대한 서술로서 옳지 않은 것은?

① 수요와 공급은 각각 소비자와 생산자에 의하여 결정된다.
② 수요는 소비자가 특정생산물을 구입하고자 하는 사전적 욕망이다.
③ 수요가격은 소비자가 지불하고자 하는 최고가격수준이다.
④ 공급은 생산자가 특정생산물을 판매한 실제수량이다.
⑤ 공급량의 변화는 주어진 공급곡선상에서의 이동으로 나타난다.

거꾸로 배우는 경제학

13. 당뇨병환자가 아닌 김송희 씨에게 커피와 설탕은 보완재이다. 만약 커피의 공급이 증가하면 어떤 현상이 나타나는가?

① 설탕에 대한 수요곡선이 오른쪽으로 이동한다.
② 설탕의 공급곡선이 오른쪽으로 이동한다.
③ 설탕에 대한 수요곡선과 공급곡선이 모두 불변이다.
④ 커피에 대한 수요곡선이 오른쪽으로 이동한다.
⑤ 커피에 대한 수요량이 감소한다.

14. 국제원유가격의 급등에 따라 국내석유가격이 상승하자 자동차의 수요가 감소하고 석탄의 수요는 증가했다. 이 경우 석유와 자동차, 석유와 석탄 사이의 관계는 각각 무엇인가?

① 대체재, 보완재　　② 대체재, 대체재　　③ 보완재, 대체재
④ 보완재, 독립재　　⑤ 독립재, 대체재

15. 수요와 공급의 이론에 대한 다음의 사례 중에서 옳지 않은 것은?

① 결혼식 개성화시대가 도래하면 예식장 임대료가 하락한다.
② 전자오락실의 요금이 하락한 것은 전자오락실 수요에 비해 전자오락실 공급이 훨씬 크게 증가하였기 때문이다.
③ 졸업시즌에 튤립이나 아이리스 등의 꽃이 잘 팔리지만 그 꽃들의 가격이 하락할 때도 있다.
④ 같은 딸기라도 겨울 딸기가 여름 딸기보다 비싸다.
⑤ 중국산 고추의 수입개방으로 장기적으로 고추가격은 폭락한다.

16. 경우에 따라 시장수요곡선은 개별수요곡선의 수평적인 합계가 되지 않을 수도 있다. 다음 중 이와 같은 경우에 속하는 것은?

① 유행에 민감한 소비자들이 많이 존재하는 경우
② 과시성 소비행태를 보이는 졸부들이 많이 존재하는 경우
③ 자신을 다른 사람과 격이 다르다고 생각하여 애써 유행을 외면하는 소비자들이 많이 존재하는 경우
④ 가격을 횡축에, 거래량을 종축에 표시하는 경우
⑤ 이상의 경우 모두

17. 다음 중 소비자의 수요가격에 의하여 시장가격이 결정되는 경우는?

① 골동품과 같이 공급이 극히 제한된 상품
② 생선과 같이 저장에 문제가 있어 제한된 시간 내에 모두 팔아야 하는데 공급과잉이 발생한 상품
③ 공기와 같은 자유재
④ 후방굴절형 공급곡선을 가진 상품
⑤ ①, ②

18. X재의 공급이 고정된 상태에서 X재에 대한 수요가 감소하면?

① 균형가격이 하락한다.　　② 균형가격이 상승한다.
③ 균형가격이 불변이다.　　④ 균형거래량이 증가한다.
⑤ 균형거래량이 감소한다.

거꾸로 배우는 경제학

정답 및 해설

1. ③ 지하철요금의 인상-〉지하철수요량의 감소-〉대체재인 택시수요의 증가
   지하철요금의 인상-〉지하철수요량의 감소-〉보완재인 마을버스수요의 감소
   택시와 마을버스는 대체재
   소득의 증가-〉열등재인 마을버스 수요의 감소
   소득의 증가-〉정상재인 택시수요의 증가

2. ① 호두풍년-〉호두공급의 증가-〉호두가격의 하락-〉호두수요량의 증가-〉대체재인 땅콩수요량의 증가-〉호두가격의 하락
   호두수요의 감소-〉땅콩수요의 증가-〉땅콩가격의 상승
   국내 오징어공급의 증가-〉 오징어가격의 하락-〉오징어수요량의 증가-〉땅콩수요의 증가-〉 땅콩가격의 상승
   땅콩수요의 증가-〉 땅콩가격의 상승
   국내 땅콩공급의 감소-〉 땅콩가격의 상승

3. ① 해당 상품 X재의 가격변화는 수요량의 변화를 가져오는 요인이다.

4. ①

5. ③ 소득이 증가하면 정상재에 대한 수요는 증가하지만 열등재에 대한 수요는 감소한다.
   휘발유값이 크게 오르면 휘발유소비량이 많은 대형승용차에 대한 수요가 감소한다.
   반도체가격이 내리면 컴퓨터의 생산비가 감소하므로 컴퓨터의 공급이 증가한다.
   X재가격의 하락은 X재의 공급량을 감소시킨다.
   사과값의 상승-〉사과수요량의 감소-〉대체재인 배수요의 증가

6. ③ 마약거래를 합법화하면 마약의 공급이 증가하고 마약의 가격은 하락하게 된다. 이것이 오히려 마약범죄를 줄일 수 있게 된다.

7. ② 컴퓨터공급의 증가와 컴퓨터에 대한 수요불변의 경우이므로 컴퓨터가격은 하락하고 이에 따라 컴퓨터에 대한 수요량은 증가한다.

8. ④ 비디오테이프 대여업체의 수가 감소하면 비디오테이프 공급의 감소-〉비디오테이프 대여료의 상승-〉비디오테이프의 수요량의 감소-〉대체재인 극장영화 수요의 증가-〉극장입장료의 상승이 나타난다. 또한 비디오테이프 공급의 감소는 비디오테이프 대여료의 상승-〉비디오테이프 수요량의 감소-〉보완재인 TV수요의 감소-〉TV가격의 하락이 나타난다.

9. ⑤ 모든 승용차에 대해 에어백을 장착하면 자동차생산비와 자동차가격이 상승한다. 따라서 자동차 전체에 대한 수요량은 감소하고, 대형차의 가격상승률이 소형차의 그것 보다 상대적으로 낮기 때문에 대형차에 대한 선호도가 상대적으로 높아지게 된다.

10. ⑤ 수요감소와 공급증가의 경우이다. 가격은 분명히 하락하지만 거래량의 변화는 불확실하다.

11. ④

12. ④ 공급은 생산자가 특정생산물을 실제 판매한 수량이 아니라 특정생산물을 판매하고자 하는 욕망을 나타낸다.

13. ① 커피공급의 증가-〉커피가격의 하락-〉커피수요량의 증가-〉설탕수요의 증가

14. ③ 석유가격의 상승→석유수요량의 감소→보완재인 자동차수요의 감소→대체재인 석탄수요의 증가
15. ⑤ 사찰, 성당, 공원 등 다양한 장소에서 결혼식을 올리면 예식장에 대한 수요가 감소하기 때문이다.
    꽃의 생산자들이 가격 상승을 예상하고 꽃의 공급을 대폭 늘리기 때문이다.
    겨울 딸기는 생산비가 비싸서 여름 딸기보다 적게 공급되기 때문이다.
    중국산 고추의 수입→고추공급의 증가→고추가격의 폭락→고추농가가 다른 작물 농가로 전업→고추공급의 감소→고추가격의 폭등
16. ⑤ 만약 소비자들의 수요가 상호의존적이거나(편승효과, 베블렌효과, 백로효과) 아니면 가격을 횡축에, 거래량을 종축에 표시하는 경우에는 시장수요곡선은 개별수요곡선의 수평적인 합계에 의하여 구할 수 없다.
17. ⑤ 소비자의 수요가격에 의하여 시장가격이 결정되는 경우는 희소가격과 과잉가격의 경우이다.
18. ① 공급이 고정된 상태에서 수요가 감소하면 균형가격은 하락하고 균형거래량은 불변이다.

연습문제

[문제 1] 시장에서 가격의 기능에 대해 설명하시오.

[문제 2] 다음 정부가 국민들의 흡연율을 낮추고자 한다. 정부가 취할 수 있는 정책을 수요곡선을 활용하여 설명하라.

[문제 3] 설탕은 커피의 보완재이다. 커피 가격이 상승하면 설탕시장에는 어떤 영향을 미칠까? 그리고 녹차시장에는 어떤 영향을 미칠까?

[문제 4] 생산기술의 발전으로 이차전지의 생산비용이 낮아졌다. 그 결과 전기자동차 시장에 어떤 영향을 미치는가?

[문제 5] 시장의 균형을 설명하고, 시장의 균형을 향해 움직이도록 하는 원동력은 무엇인가?

[문제 6] 아담 스미스가 말한 "보이지 않는 손"이란 오늘날 무엇을 의미하는가?

[문제 7] 다음 필리핀에서 바나나 생산량이 크게 증가하였다. 이것이 우리나라의 사과시장에 미치는 영향은 무엇인가?

제3장
탄력성과 가격통제

제1절 탄력성
제2절 시장균형의 경제적 효율성
제3절 가격통제
제4절 조세 부과의 효과
단원별 연습문제

제2장에서 수요와 공급이 어떻게 시장에서 균형가격과 균형수요량을 결정하는지를 고찰하였다. 본 장에서는 탄력성이라 불리는 매우 유용한 경제적 개념을 이용하여 어떻게 기업의 경영정책이나 국가의 경제정책 수립에 용이하게 쓰이는지를 알아본다.

정부는 수요·공급모형을 이용하여 다양한 경제정책이라는 명목, 즉 가격통제를 통해 시장경제에 개입한다. 이런 가격통제가 어떤 효과를 주는지 살펴본 후 경제적 잉여의 개념을 공부하여, 어떤 조건하에서 규제가 없는 시장이 최대한의 총잉여를 창출하는가를 알아보자.

"이 세상에서 분명한 것은 단 두가지 뿐이다. 하나는 죽음이고 하나는 세금이다."
-벤자민 플랭클린-

"경제적 통제란 개개인이 추구하는 목표를 이루기 위한 수단을 통제하는 것이다. 그러나 통제를 가하는 이들도 결국 어떠한 목표를 추구하고 있는 것은 마찬가지이다."

-프레드릭 하이에크-

제1절 탄력성

 가격이 변할 때 수요량과 공급량이 얼마나 변화하는가를 정확히 알 수만 있다면, 기업의 경영정책이나 국가의 경제정책 수립에 용이하게 쓸 수 있을 것이다.
 가격의 변화에 대해 수요량과 공급량이 변화하는 정도를 합리적으로 측정하는 척도로 탄력성이라는 개념을 통해 구할 수 있다.
 탄력성이란 판매자와 구매자들이 시장조건의 변화에 얼마나 민감하게 반응하는지를 나타내는 척도이다.

1 수요의 가격탄력성

 지금까지 수요에 대한 논의는 재화의 가격이 낮을수록, 소득이 높을수록, 대체재의 가격이 높을수록, 보완재의 가격이 낮을수록 그 재화에 대한 소비자들의 수요는 늘어난다. 그러나 수요량변화의 방향만 설명했을 뿐 변화의 크기에 대해서는 언급하지 않았다. 수요를 결정하는 변수들의 변화에 따라 수요량이 얼마나 변화하는가를 파악하는 데 사용되는 개념이 수요의 탄력성이다.

(1) 개념

 재화나 서비스의 가격이 상승하면 수요량은 감소한다. 그러나 가격변화가 총지출에 미치는 영향을 알려면 수요량이 얼마나 감소하는지를 알아야 한다.
 쌀 가격이 두배로 올른다거나 절반으로 떨어진다고 하더라도 쌀 소비량은 거의 변하지 않는다. 그러나 어떤 재화의 경우 수요량이 가격변동에 매우 민감하다.
 수요의 가격탄력성(price elasticity of demand)은 한 상품의 가격이 변화할 때 그 상품의 수요량이 얼마나 민감하게 반응하는지를 나타내는 척도이다. 따라서 수요의 가격탄력성은 수요량의 변화율을 가격의 변화율로 나눈 값을 말한다.

$$Ed = \frac{수요량의 변화율}{가격의 변화율} = \frac{\frac{\Delta Q}{Q}}{\frac{\Delta P}{P}} = \frac{\Delta Q}{\Delta P} \times \frac{P}{Q}$$

(2) 수요의 가격탄력성 측정

[그림 3-1]의 수요곡선상 A점에서 B점으로 이동할 때 수요의 가격탄력성을 구하면 다음과 같다.

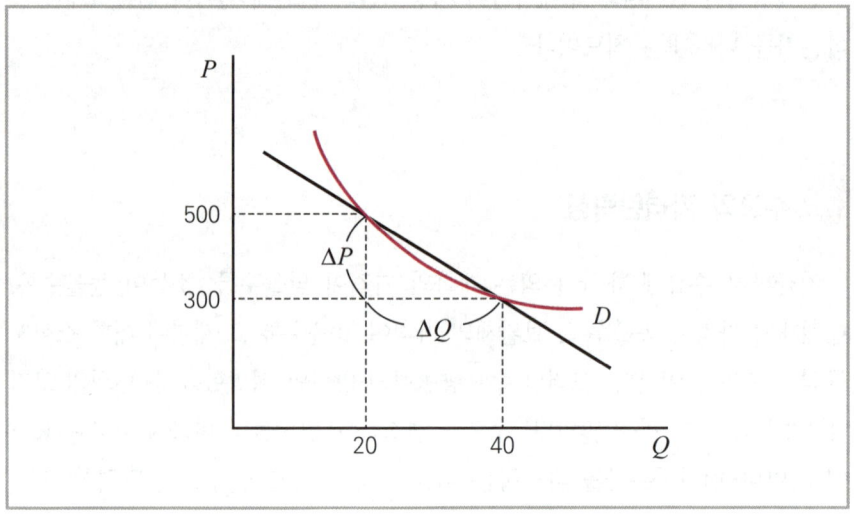

[그림 3-1] 탄력성 계산

$$Ed : (A점 \rightarrow B점) = \frac{\Delta Q}{\Delta P} \times \frac{P}{Q} = \frac{20}{200} \times \frac{500}{20} = 2.5$$

$$Ed : (B점 \rightarrow A점) = \frac{\Delta Q}{\Delta P} \times \frac{P}{Q} = \frac{20}{200} \times \frac{300}{40} = 0.75$$

이와 같이 탄력성은 어떤 점이 기준점이 되느냐에 따라 그 크기가 달라지므로 다음과 같은 수정공식을 이용하여 계산한다.

$$Ed = \frac{\frac{\Delta Q}{(Q_1+Q_2)/2}}{\frac{\Delta P}{(P_1+P_2)/2}} = \frac{\frac{\Delta Q}{Q_1+Q_2}}{\frac{\Delta P}{P_1+P_2}} = \frac{\Delta Q}{\Delta P} \times \frac{P_1+P_2}{Q_1+Q_2}$$

수정공식을 이용하여 탄력성을 계산하면 A점에서 B점으로 이동하거나 B점에서 A점으로 이동할 때 탄력성의 값은 동일하다.

$$Ed = \frac{\Delta Q}{\Delta P} \times \frac{P_1+P_2}{Q_1+Q_2} = \frac{20}{200} \times \frac{300+500}{20+40} = 1.3$$

한 재화의 수요의 가격탄력성이 1보다 크면 그 재화의 수요는 탄력적, 1보다 작으면 비탄력적이라고 부른다. 수요의 가격탄력성이 1이면 수요가 단위탄력적이라 부른다.

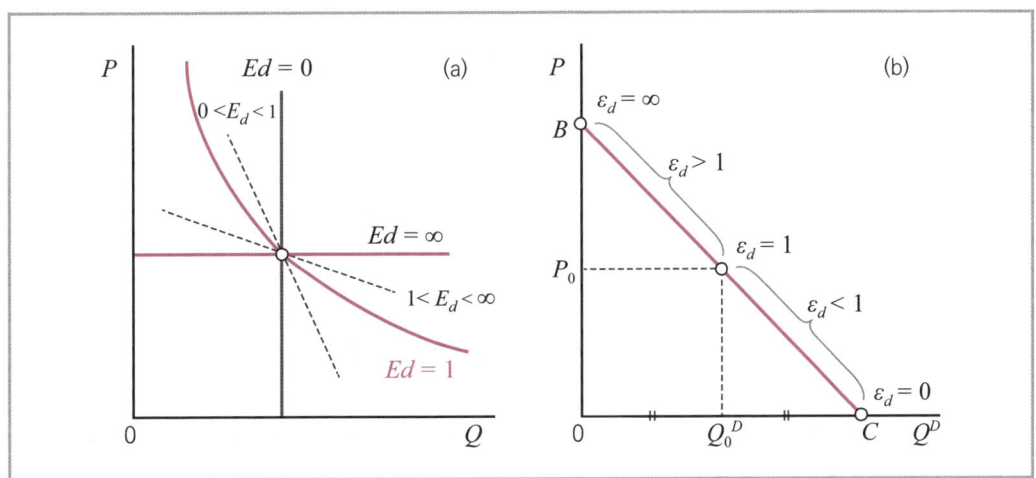

[그림 3-2] 수요곡선의 형태와 수요의 가격탄력성의 크기

선형의 수요곡선에 있어서 중점 위 부분은 탄력적이고, 중점에서는 단위탄력적이며, 중점 아래 부분은 비탄력적이다.

(3) 수요의 가격탄력성과 기업수입

수요의 가격탄력성은 기업이 가격을 변화시킬 때 기업의 총수입(total revenue)이 어떻게 변화할 것인지를 결정한다. 이윤을 증대시키고자 하는 기업으로서는 총수입을 증가시키는 것이 매우 중요하다. 총수입이란 기업의 판매수입으로서 가격에 판매량(수요량)을 곱하여 구해진다. 기업의 총수입은 가계의 지출액이다. 만일 어떤 미술관에서 입장료를 올리는 것이 총수입을 증가시킬지 오히려 내리는 것이 총수입을 증가시킬지 고심하고 있다면, 먼저 미술관 관람 수요의 가격탄력성의 크기를 구해봐야 할 것이다. 수요의 가격탄력성이 3이라고 할 때, 가격을 10% 인상하면 수요량은 30%로 감소한다. 그러므로 총수입은 오히려 감소한다.

[그림 3-3]은 수요의 가격탄력성과 기업의 총수입의 관계를 보여주고 있다. 수요곡선이 탄력적인 경우 가격을 올리면 총수입은 감소하고, 수요곡선이 비탄력적인 경우 가격을 올리면 총수입이 증가한다.

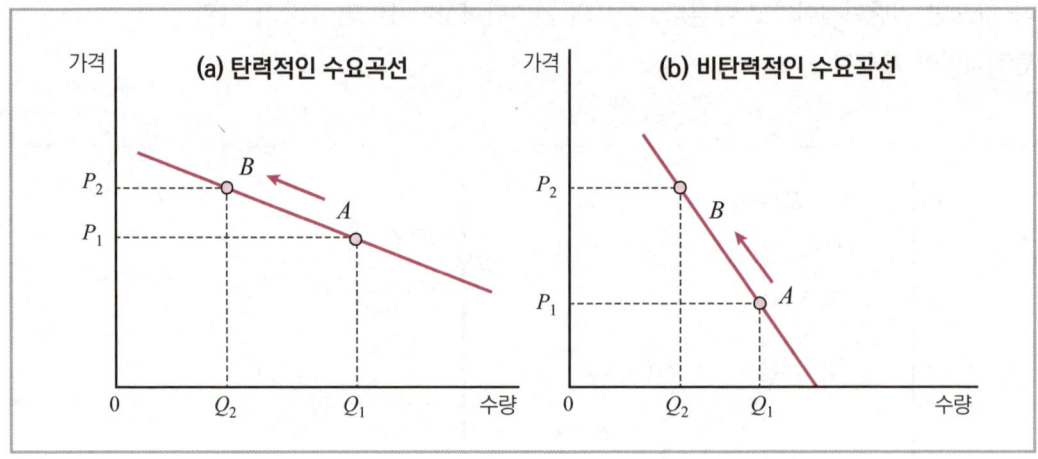

[그림 3-3] 수요의 가격탄력성과 기업의 총수입

[표 3-1]은 가격이 변화할 때 수요의 가격탄력성에 따라 총수입은 다음과 같이 변화한다.

[표 3-1] 수요의 가격탄력성과 기업의 총수입

구분	가격 상승시 총수입의 변화	가격 하락시 총수입의 변화
$Ed=0$	증가	감소
$0<Ed<1$	증가	감소
$Ed=1$	불변	불변
$1<Ed$	감소	증가
$Ed=\infty$	0으로 감소	∞로 증가

(4) 수요의 가격탄력성에 영향을 주는 요인

첫째, 대체재의 존재 유무에 따라 수요의 가격탄력성의 크기가 달라진다. 예를 들어 커피와 녹차, 버터와 마가린 같은 재화는 서로 대체재가 존재한다. 마가린가격이 일정한데 버터가격이 상승했다고 하자. 그러면 버터에 대한 수요는 감소하는 반면, 상대적으로 저렴해진 마가린에 대한 수요는 증가할 것이다. 이와 같이 상호 밀접한 대체재가 존재하는 재화들에 대한 수요의 가격탄력성은 비교적 크다. 이에 반하여 대체재가 존재하지 않은 재화의 가격 변동이 그 재화의 수요량에 크게 영향을 미치지 않는다.

둘째, 재화의 가격이 소득에서 차지하는 비중이 클수록 탄력성이 크다. 자동차의 경우처럼 자동차를 구매하기 위한 지출이 소비자의 소득에서 차지하는 비중이 큰 경우에는 그 재화에 대한 수요량이 가격변화에 대하여 민감하게 반응한다. 반대로 볼펜과 같이 재화에 대한 지출이 소비자의 소득에서 차지하는 비중이 작은 재화에 대한 수요량은 가격의 변화에 대하여 둔감하다.

셋째, 일반적으로 사람들은 일상생활에서 긴요한 생활필수품에 대한 수요는 가격변화에 대해 비탄력적이고, 사치품에 대한 수요는 탄력적이다. 쌀이나 물같은 필수품은 가격이 크게 상승한다고 하더라도 소비하지 않을 수 없기 때문이다. 반면, 사치품은 없어도 일상생활에 별 지장이 없기 때문에 가격이 상승하면 수요량은 탄력적으로 감소하게 된다.

넷째, 재화 용도의 다양성에 따라 수요의 가격탄력성의 크기가 달라진다. 일반적으로 재화 용도가 다양할수록 가격의 변화에 수요의 증감 변화가 크기 때문에 수요의 가격탄력성의 크기가 크다.

2 수요의 소득탄력성과 수요의 교차탄력성

(1) 수요의 소득탄력성

소득이 변화함에 따라 가격과 수요의 변화를 예측하는 것은 기업의 경영정책이나 국가의 경제정책에 중요한 자료가 된다. 탄력성이라는 개념은 소득 변화로 인해 소비자들이 구입하려는 양의 변화에도 적용 될 수 있다. 이러한 탄력성은 수요의 가격탄력성과 구별된다. 즉 수요의 소득탄력성(income elasticity of demand)이란 소비자의 소득이 변화할 때 수요량이 어떻게 변화하는지를 측정하는 척도를 말한다. 수요의 소득탄력성은 수요량의 변화율을 소득의 변화율로 나눈 값으로, 다음과 같은 식으로 표시한다.

$$Ey = \frac{수요량의 변화율}{소득의 변화율} = \frac{\frac{\Delta Q}{Q}}{\frac{\Delta Y}{Y}} = \frac{\Delta Q}{\Delta Y} \times \frac{Y}{Q}$$

거의 대부분의 재화는 소득이 증가함에 따라 그 수요량이 증가하기 때문에 수요의 소득탄력성은 플러스(+)의 값을 가진다. 이처럼 플러스 소득탄력성을 지닌 재화를 정상재(normal goods)라고 하는데, 정상재 가운데 탄력성의 크기가 0보다 크고 1보다 작은 경우는 필수품(necessity goods), 1보다 큰 경우에는 사치재(luxury goods)라고 한다.

소득이 증가함에도 불구하고 그 수요가 감소하는 재화의 소득탄력성은 마이너스(-)의 값을 갖게 되는데, 이러한 재화를 열등재(inferior goods)라고 한다. 이러한 열등재도 정상재와 마찬가지로 수요의 법칙에 따른다. 다만 극소수의 열등재는 특정기간 동안 제한된 조건 하에서 수요의 법칙을 위반하는 경우가 있는데, 이러한 재화를 기펜재(Giffen's goods)라고 한다. 즉, 기펜재란 가격이 하락하면 수요량이 하락하고 가격이 상승하면 수요량이 증가하는 재화를 말한다.

(2) 수요의 교차탄력성

어떤 재화(X재)의 수요량이 다른 재화(Y재)의 가격 변동에 대해서 어떤 반응을 나타내는지를 측정하는 것이 수요의 교차탄력성(cross-price elasticity of demand)이라 한다. 수요의 교차탄력성은 X재의 수요량 변화율을 Y재의 가격 변화율로 나누어 계산하며, 다음과 같은 수식으로 표현된다.

$$E_{XY} = \frac{X재 수요량의 변화율}{Y재 가격의 변화율} = \frac{\frac{\Delta Q_X}{Q_X}}{\frac{\Delta P_Y}{P_Y}} = \frac{\Delta Q_X}{\Delta P_Y} \times \frac{P_Y}{Q_X}$$

E_{XY}는 X재의 Y재 가격에 대한 교차탄력성, P_Y는 Y재의 가격, Q_X는 X재의 수요량이다. 커피의 가격이 상승하면 커피의 수요량이 줄어들기 때문에

보완재(complementary goods)인 설탕의 수요량도 줄어들 것이다. 그러므로 보완재의 교차탄력성은 마이너스(-)의 값을 가진다. 그러나 커피와 녹차, 연탄보일러와 기름보일러 등은 서로 대체관계 또는 경쟁관계가 있는 재화이다. 즉, 연탄가격이 상승하면 기름보일러 수요량이 증가한다. 이처럼 대체재의 가격과 대체되는 재화의 수요량은 플러스(+)의 방향으로 증감하기 때문에 대체재(substitute goods)의 교차탄력성은 플러스(+)의 값(E_{XY}〉0)을 가진다.

3 공급의 탄력성

(1) 공급의 가격탄력성

공급의 가격탄력성(price elasticity of supply)이란 어떤 재화의 가격이 변화할 때, 재화의 공급량이 얼마나 변화할 것인가를 측정하는 척도이다. 즉, 공급의 가격탄력성은 공급량의 변화율을 가격의 변화율로 나눈 것이다.

구매자 측면에서 수요의 가격탄력성은 가격변화에 얼마나 민감하게 반응하는지를 측정한다면, 판매자 측면에서 동일한 척도가 공급의 가격탄력성이다. 예를 들어 햄버거 가격이 10% 상승할 때 공급량이 20% 증가하면 햄버거에 대한 공급의 가격탄력성은 2이다.

공급곡선 상의 한 점에서 공급의 가격탄력성은 수요의 가격탄력성 공식과 동일하다.

$$E_S = \frac{공급량의 변화율}{가격의 변화율} = \frac{\frac{\Delta Q}{Q}}{\frac{\Delta P}{P}} = \frac{\Delta Q}{\Delta P} \times \frac{P}{Q}$$

여기서 E_S는 공급의 가격탄력성, P는 가격, ΔP는 가격의 변화분, Q는 공급량, 그리고 ΔQ는 공급량의 변화분을 뜻한다.

공급의 법칙에 의하면 가격과 공급량은 플러스(+) 방향으로 변화하기 때문에 공급곡선의 기울기는 플러스(+)의 값을 갖는다. 따라서 공급의 가격탄력성은 항상 플러스(+)의 값을 가지며, 공급곡선의 형태와 탄력성과의 관계는 [그림 3-4]로 나타낸다.

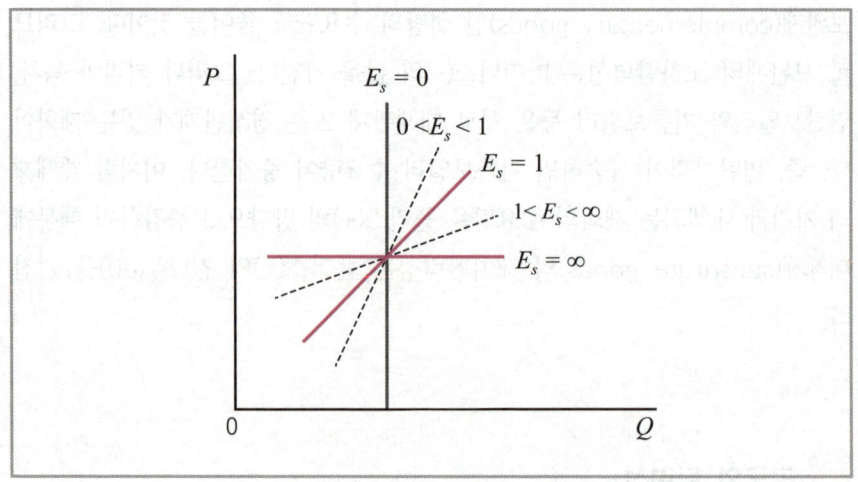

[그림 3-4] 공급곡선의 형태와 탄력성의 크기

(2) 공급의 탄력성에 영향을 주는 요인

공급의 가격탄력성은 근본적으로 가격이 하락할 때 공급량을 줄이고 가격이 상승할 때 공급량을 증대시킬 수 있는 생산자들의 능력에 달려 있다고 볼 수 있다. 이와 같은 관점에서 공급의 가격탄력성에 영향을 미치는 요인은 다음과 같다.

첫째, 생산량의 변화에 따른 비용의 변화가 클수록 비탄력적이고, 비용의 변화가 작을수록 탄력적이다.

둘째, 생산기술 수준의 향상이 빠른 상품일수록 탄력적이다.

셋째, 재화의 저장가능성이 낮고, 저장비용이 많이 소요될수록 비탄력적이다.

넷째, 유휴설비가 많을수록 공급의 가격탄력성이 커진다.

다섯째, 측정기간이 길수록 공급의 가격탄력성은 커진다.

제3장 ▮ 탄력성과 가격통제

제2절 시장균형의 경제적 효율성

제2장에서 우리는 시장경제에서 수요,공급기능이 재화와 서비스의 가격과 거래량을 어떻게 결정하는지를 살펴보았다. 그러나 지금까지는 시장기능이 자원을 어떻게 배분하는지 살펴보았을 뿐, 시장에 의한 자원배분 결과가 과연 바람직한지는 분석하지 않았다. 이제 수요곡선 및 공급곡선에 밀접한 관계를 갖는 소비자잉여와 생산자잉여의 개념을 이용하여 경쟁시장에서 균형의 효율성을 알아보자.

1 소비자잉여

소비자잉여는 경제학의 여러 부분에서 많이 사용된다. 시장체제가 얼마나 잘 작동하는가를 측정하거나, 여러 가지 정부정책들이 미치는 영향을 평가하는데 사용되는 중요한 도구이다.

소비자잉여(consumer surplus)는 소비자가 어떤 상품을 소비하기 위하여 지불용의(willingness to pay)가 있는 가격과 실제로 지불한 가격과의 차액을 의미한다. 즉 소비자잉여란 어떤 재화와 서비스를 구입하기 위하여 지불할 용의가 있는 최대 금액에서 실제 지불하고 남은 차액을 말한다.

[그림 3-5]에서 소비자가 Q_e만큼의 재화를 구입할 때 소비자에게 돌아가는 총편익은 $0PEQ_e$ 즉, $α+β$의 면적이지만, 재화의 가격이 P_e인 경우 실제 $0P_eEQ_e(β)$만큼 지불한다. 이 경우 소비자가 교환을 통해 얻는 이득인 소비자잉여는 $α+β$에서 $β$의 면적을 차감한 △$α$의 면적으로 측정된다.

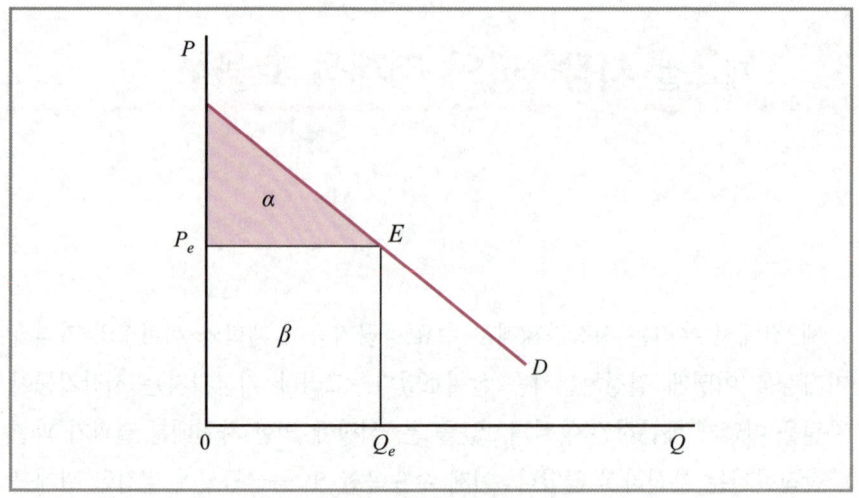

[그림 3-5] 소비자잉여

2 생산자잉여

생산자잉여(producer surplus)란 기업이 어떤 한 재화를 한 단위 더 판매할 때 얻는 가격과 한 단위를 더 생산하는데 드는 한계비용간의 차이를 말한다.

[그림 3-6]에서 생산자가 Q_e만큼의 재화를 공급할 때 총 판매수입은 $0P_eEQ_e$ 즉 $\alpha+\beta$의 면적이지만, Q_e만큼 재화를 판매할 때 실제 들어가는 비용은 $0EQ_e$가 된다. 따라서 생산자가 생산을 통해 얻는 이득인 생산자잉여는 $\alpha+\beta$에서 β의 면적을 차감한 △α의 면적이 된다.

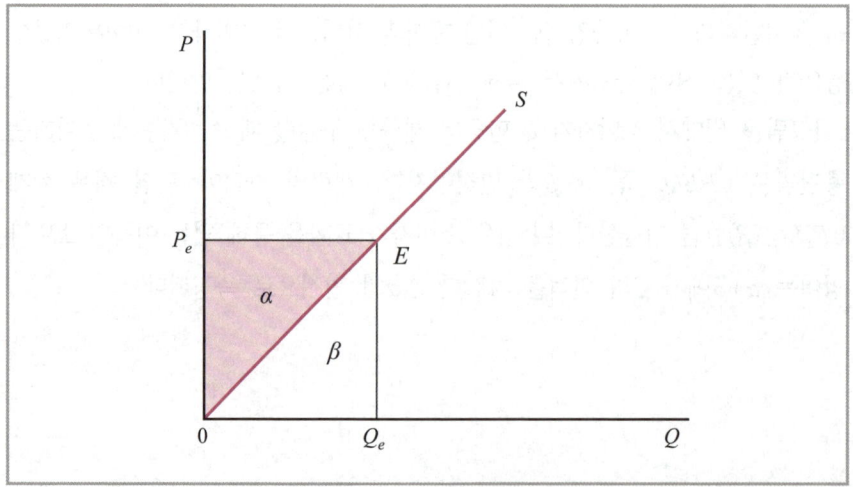

[그림 3-6] 생산자잉여

3 총잉여와 시장의 효율성

총잉여는 소비자잉여와 생산자잉여를 합한 것으로 사회 전체의 잉여 즉, 순사회적편익(net socal benefit)을 말한다. 일반적으로 시장구조가 완전경쟁일 때 총잉여가 극대화 된다.

소비자잉여는 소비자가 시장에 참여하여 얻는 이득이고, 생산자잉여는 생산자가 얻는 이득이다. 이들의 합인 총잉여는 사회전체의 순편익으로 경제적 후생수준을 측정하는 지표가 된다. 자원배분이 총잉여를 극대화할 때, 이러한 배분을 효율적(efficiency)인 배분이라고 한다. 배분상태가 효율적이지 않다면 시장거래로 얻을 수 있는 이득 중 일부를 얻지 못한다는 뜻이다.

[그림 3-7]은 수요와 공급이 균형에 도달했을 때 발생하는 소비자잉여와 생산자잉여를 나타낸다. 자유로운 교환에 의해 이루어진 균형 상태에서 나오는 순사회적편익이 극대화 될 수 있다.

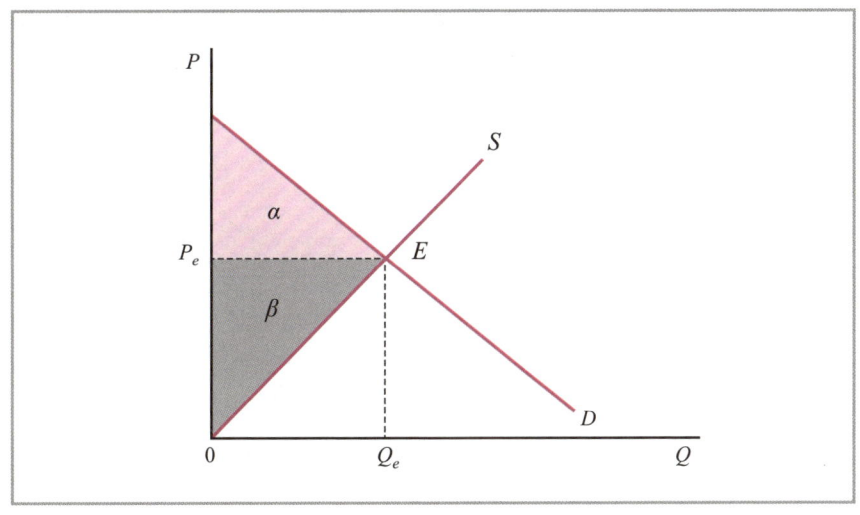

[그림 3-7] 총잉여

[그림 3-8]에서 가격상한제 실시로 인해 균형거래량 Q_e보다 작은 수준 Q_1에서 교환이 이루어지면, 총잉여가 자유로운 교환이 허용될 경우보다 삼각형 BCE만큼 더 작아진다. 반대로 가격하한제를 실시하여 균형거래량 Q_e보다 많은 Q_2에서 이루어지면 총잉여는 삼각형 DEF만큼 생산비용이 많아지게 된다. 따라서 총잉여를 극대화하기 위해서는 수요와 공급이 일치하는 균형거래량을 선택하면 된다.

■ 거꾸로 배우는 경제학 ■

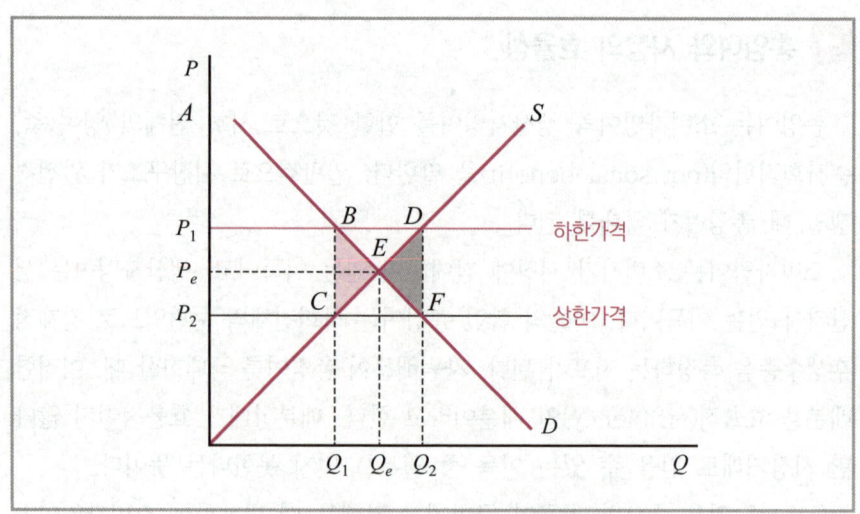

[그림 3-8] 균형거래량의 효율성

결론적으로 시장에서 자유로운 거래에 의한 수요와 공급이 균형을 이룰 때 소비자잉여와 생산자잉여의 합인 총잉여가 극대화되고, 총잉여가 극대화되도록 자원배분이 이루어질 때 가장 효율적으로 자원배분이 이루어진다.

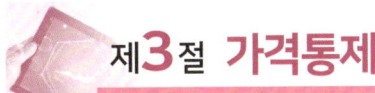
제3절 가격통제

가격통제(price controls)란 정부가 실제시장에서 형성된 가격이 국민경제적 입장에서 바람직하지 못하다고 생각할 때 시장에 개입하는 것을 말한다. 물가가 급등할 것을 억제하기 위해 정부고시 가격제도를 실시한 것이라든지, 근로자들의 임금이 생계비 수준이하로 떨어지는 것을 막기 위해 최저임금제를 도입한 것 등을 들 수 있다. 이밖에도 정부는 국민경제적 입장에서 농산물가격, 주택가격, 이자율, 공공요금 등을 통제하고 있으며, 상품에 대한 조세부과도 사실상 가격통제의 일종이라 할 수 있다.

정부가 가격을 통제하기 위해서 시장에 개입하는 경우, 우리는 이것을 가격통제라고 한다. 이러한 규제는 대개 최고가격제도(maximum prices)나 최저가격제도(minimum prices)의 형태로 실행된다.

1 최고가격제도

최고가격제도(maximum prices)는 자연재해 등으로 생활필수품이 절대적으로 부족하거나 투기 등으로 인해 물가가 치솟을 때 정부가 물가를 안정시키고 소비자를 보호할 목적으로 가격상한선을 설정하고, 그 상한수준 이상에서의 거래를 법으로 금지하는 제도이다. 최고가격은 시장균형가격 수준이 너무 높다고 판단될 때 설정되는데 대개 시장균형가격보다 낮은 수준에서 설정된다.

다음의 [그림 3-9]에서 최고가격이 P_e 수준에서 설정되면 FG만큼의 초과수요량이 발생한다. 이러한 상품의 초과수요 상태 하에서는 암시장이 형성되기 마련이다. 새롭게 형성된 암시장에서는 공급된 Q_s가 P_b의 높은 가격에서 거래되고 이에 따라 공급자는 면적 $A+B$만큼의 불법적인 암거래이익을 챙기게 된다.

결국 소비자를 보호할 목적으로 실시하는 최고가격제는 상품의 품귀현상, 품질저하, 암시장의 형성, 합법적인 최고가격과 불법적인 암시장가격의 이원화 등으로 시장가격기구를 왜곡시켜 많은 부작용을 낳게 된다.

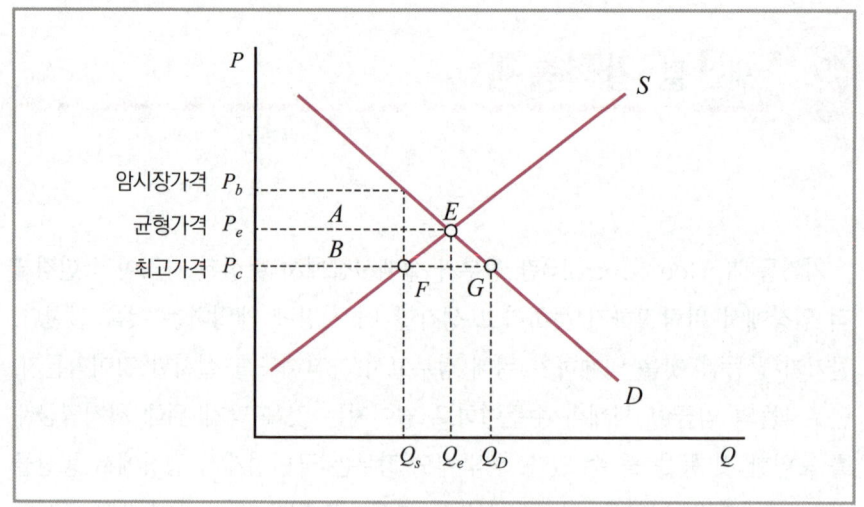

[그림 3-9] 최고가격제도

2 최저가격제도

최저가격제도(minimum prices)는 정부가 생산자의 이익을 보호하기 위해서 최저가격을 설정하고 그 수준 이하로 가격이 내려가지 못하게 통제하는 제도이다.

최저가격은 시장균형가격 수준이 너무 낮다고 판단될 때 설정되는데 대개 시장균형가격보다 높은 수준에서 설정된다.

최저가격제 중 하나인 농산물가격 지지제도를 실시하면 [그림 3-10]에서처럼 최저가격을 P_e 수준에서 설정하면 FG만큼의 잉여농산물이 발생한다. 이에 따라 전체 농가의 소득이 농산물가격 지지제를 실시하기 이전보다 증가한다고 말할 수 있다.

농산물가격 지지제를 실시하기 이전의 전체농가소득은 $A+B$였고 농산물가격 지지제를 실시한 후의 전체농가소득은 $A+C$이다. 농산물의 가격은 올랐지만 판매량이 줄어들었으므로 전체농가소득이 증가했다고 말할 수는 없다.

농산물수요의 가격탄력성이 1보다 크면 가격인상률보다 수요량감소율이 더 크므로 전체 농가소득은 오히려 감소할 것이고 반면에 농산물수요의 가격탄력성이 1보다 작으면 전체 농가수입은 증가할 것이다. 따라서 농산물 가격을 지지하기 위해서는 정부가 나서서 잉여농산물을 매입해야 효과가 크다.

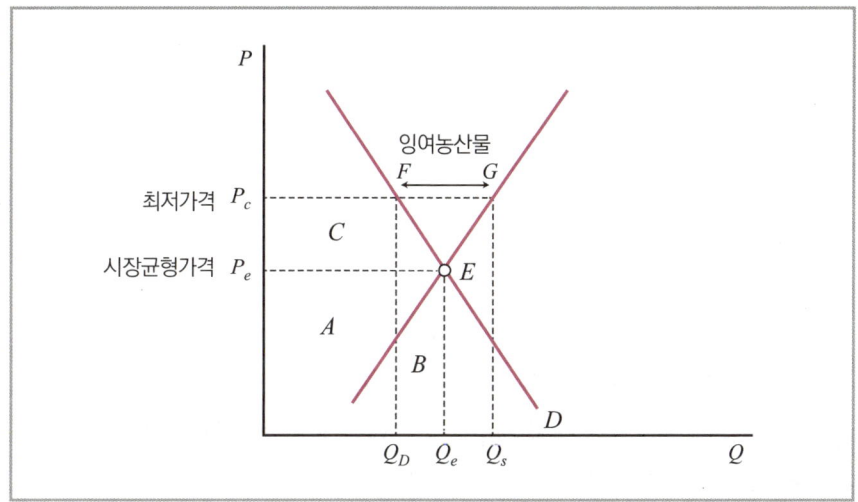

[그림 3-10] **최저가격제도**

　최저가격제도의 대표적인 것은 최저임금제이다. 최저임금제는 고용주가 피고용인에게 노동의 대가를 지불해야 하는 최소한의 임금수준을 법으로 강제함으로써 저임금 근로자를 보호하는 제도이다.

　임금은 원래 노사 간의 근로계약 또는 단체협약에 의하여 자주적으로 결정되는 것이 원칙이나, 근로계약의 당사자인 개별근로자와 사용자 간에는 대등한 교섭관계가 이루어질 수 없는 것이 현실이다. 사용자의 경우 임금이란 화폐(명목)임금이지만 노동자의 경우 구매력을 의미하는 실질임금이다. 또한 임금이 자본가에게는 비용이지만 노동자에게는 생계를 유지하는 원천인 소득으로 이어진다. 그러므로 자본가에게는 임금 비용이 낮을수록 유리하며 노동자에게는 임금수준이 높을수록 좋다는 결론을 내릴 수 있다. 그렇기 때문에 임금결정을 근로계약에만 맡겨놓으면 근로자는 실질적으로 적정임금의 확보가 어렵게 된다. 따라서 최저임금제를 통한 국가의 강제에 의한 임금액의 보호는 노사 간에 실질적인 교섭의 평등관계가 유지될 수 있게 해 준다.

　최저임금제의 효과는 근로자들의 기술과 경험에 따라 좌우된다. 높은 기술력과 오랜 경험을 갖춘 근로자들의 임금을 시장균형 수준보다 높기 때문에 최저임금제의 영향을 받지 않는다. 따라서 이들에게는 최저임금제가 실효성이 없지만 10대 청소년 노동자나 고령노동자들에게는 큰 영향을 미친다.

| 거꾸로 배우는 경제학 |

제4절 조세 부과의 효과

조그만 마을에 있는 주민센터에서부터 중앙정부에 이르기까지 모든 정부는 국방, 교육, 도로 등 공공의 목적에 사용할 재원을 조달하기 위해 세금을 거둔다. 이처럼 세금은 중요한 정책수단이고 많은 국민들의 삶에 영향을 미치기 때문에 조세 부과가 경제에 미치는 효과에 대해 알아보자.

1 조세의 귀착

조세의 귀착이란 정부가 한 상품에 조세를 부과할 때 그 세금을 누가 실질적으로 부담하는가를 의미한다. 조세의 귀착은 보통 종량세를 중심으로 이루어지며, 종량세는 팔리는 상품 한 단위마다 일정액의 세금을 내게 하는 것을 말한다(예, 부가가치세 등). 정부가 생산자에게 종량세를 부과하면 부과된 종량세는 대부분 소비자와 생산자가 나누어 부담하게 된다.

2 조세 부과의 효과

세금 부과가 경제적 후생에 어떤 영향을 미치는지 살펴보면, [그림 3-11]에서 종량세가 부과되기 이전의 수요곡선과 공급곡선이 각각 D와 S_0로 표시되고 균형점은 E_0, 균형가격과 균형거래량은 각각 P_e, Q_e가 된다.

조세 100원이 부과되면 판매자는 재화 한 단위를 팔 때 마다 100원씩 세금을 납부해야 한다고 하자. 조세를 부과하면 수요곡선은 이동하지 않고 공급곡선만 S_0에서 S_1으로 조세 부담액 100원만큼 왼쪽으로 이동하게 된다. 결국 새로운 균형점은 E_1이 되며, 새로운 균형가격과 균형거래량은 각각 P_d, Q_1이 된다.

이 균형 상태에서 소비자는 상품 한 단위를 종전보다 P_d, P_e만큼 더 주고 구입해야 하므로 종량세 중 소비자부담은 P_dP_e이 된다. 한편 생산자는 Pd씩 소비자에게 받고 상품을 팔지만 실제로 수중에 들어오는 금액은 P_d-100원= P_s가 된다. 이 P_s는 종전가격 P_e보다 P_eP_s만큼 낮으므로 이 P_eP_s가 생산자 부담으로 귀착되었다.

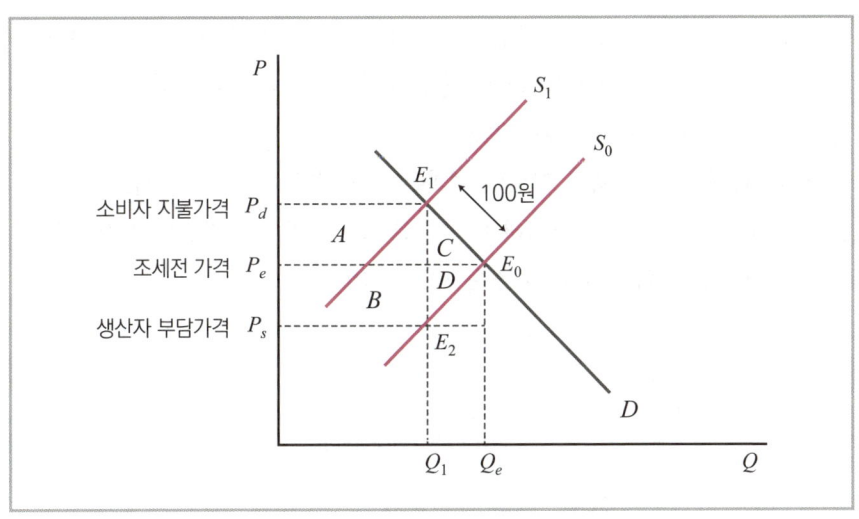

[그림 3-11] 조세부과의 효과

물론 소비자부담액(P_dP_e)과 생산자부담액(P_eP_s)을 합하면 상품 한 단위 종량세액 100원이 된다. 결국 정부가 거두어들인 전체종량세 수입은 $A+B$이고 그 가운데 소비자부담 총액은 A, 생산자부담 총액은 B가 된다.

소비자와 생산자가 종량세를 서로 나누어 내는 과정에서 소비자는 상품을 덜 소비($Q_e→Q_1$)하게 되고 생산자 또한 상품을 덜 생산($Q_e→Q_1$)하게 된다.

정부의 종량세부과는 소비자와 생산자의 경제활동을 위축시켜 자원배분을 비효율적으로 만든다. 그러나 외부효과에 의해 시장실패가 발생할 경우에는 정부의 조세부과가 총잉여 또는 사회적 순후생을 증가시킨다.

3 관세 부과의 효과

관세(tariff)란 수입품에 부과되는 세금을 의미하는데 수입관세가 경제적 후생에 미치는 영향에 대해 알아보자. 어떤 재화에 수입관세를 부과하면 국제

거꾸로 배우는 경제학

가격은 불변인 상태에서 국내가격은 국제가격에 관세를 합한 것만큼 상승하게 된다. 수입관세를 부과했을 때 나타나는 효과를 [그림 3-12]를 통해 알아보자.

관세가 부과되기 전에는 국내가격과 국제가격이 같다. 따라서 소비자잉여는 $A+B+C+D+E+F$이며, 생산자잉여는 G이다. 자유무역 하에서 경제적 총잉여는 $A+B+C+D+E+F+G$가 된다. 정부가 관세를 부과하면, 국내가격은 국제가격보다 관세만큼 높아진다. 따라서 소비자잉여는 $A+B$, 생산자잉여는 $C+G$, 정부의 관세수입은 E가 된다. 따라서 관세부과 후의 총잉여는 $A+B+C+E+G$가 된다.

관세부과에 따른 경제적 후생의 변화는 총잉여가 $D+F$만큼 감소하였음을 알 수 있다. 결국 관세를 부과하면 국민전체의 총잉여가 감소하여 사회적 후생에 악영향을 미치게 된다는 것을 알 수 있다.

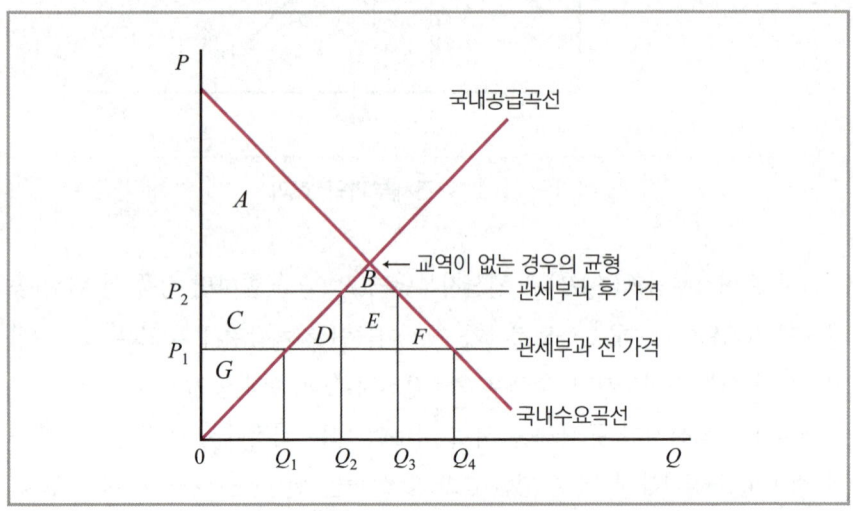

[그림 3-12] 관세의 효과

[표 3-2] 관세의 경제적 손실

구 분	관세부과 전	관세부과 후	변화
소비자잉여	$A+B+C+D+E+F$	$A+B$	$-(C+D+E+F)$
생산자잉여	G	$C+G$	$+C$
관세수입	없음	E	$+E$
총잉여	$A+B+C+D+E+F+G$	$A+B+C+E+G$	$-(D+F)$

단원별 연습문제

01. 탄력도에 관한 서술로서 옳은 것은?

① 공급곡선이 일직선이면 공급의 가격탄력도는 어느 가격에서나 1이다.
② 공급의 가격탄력도가 1보다 작고, 그 재화의 가격이 하락하면 소비자의 총지출이 증가한다.
③ 수요의 가격탄력도가 1보다 작고, 그 재화의 가격이 하락하면 기업의 총수입이 증가한다.
④ 수요의 가격탄력도가 1이면 소비자의 총지출이 극대가 된다.
⑤ 수요의 가격탄력도가 1보다 크면 기업의 총수입이 극대가 된다.

02. 영업용 택시요금이 인상될 때 나타날 수 있는 현상들은?

   A. 출근시간에 택시 잡기가 쉬워진다.
   B. 회사원 조병현 씨의 택시비 지출은 증가한다.
   C. 사업가 박태석 씨의 택시비 지출은 감소한다.
   D. 택시회사의 총수입은 변동하지 않는다.

① A ② AB ③ ABC
④ BCD ⑤ ABCD

03. 원유에 대한 수요의 가격탄력도는 단기보다 장기에 더 커진다. 이때 원유의 공급이 증가한다면 어떤 현상이 나타날 것인가?

① 가격의 하락폭은 단기가 장기보다 크다.
② 거래량의 증가폭은 단기가 장기보다 크다.
③ 가격의 하락폭은 장기가 단기보다 크다.
④ 거래량의 증가폭은 장기가 단기보다 크다.
⑤ ①과 ④

04. 다음과 같은 상품의 조합 중에서 교차탄력도가 음(−)인 것은?

① 쌀과 밀 ② 돼지고기와 소고기 ③ 커피와 설탕
④ 연필과 라면 ⑤ 철강과 볼펜

| 거꾸로 배우는 경제학 |

05. 자정을 넘어서면 택시요금은 일정액의 할증료가 추가되기 때문에 평소보다 비싸진다. 이것이 택시회사들에게 운송수입을 증가시킬 수 있는 정책으로 받아들여지고 있는 이유는?

① 자정을 넘긴 택시승객의 택시승차에 대한 수요의 가격탄력도가 1보다 크다.
② 자정을 넘긴 택시승객의 택시승차에 대한 수요의 가격탄력도가 1이다.
③ 자정을 넘긴 택시승객의 택시승차에 대한 수요의 가격탄력도가 1보다 작다.
④ 자정을 넘긴 택시승객의 택시승차에 대한 수요가 감소한다.
⑤ 자정을 넘긴 택시승객의 택시승차에 대한 선호가 감소한다.

06. 컴퓨터에 대한 수요가 가격탄력적인 경우 컴퓨터의 가격과 소비자의 총지출액에 관한 서술로서 옳은 것은?

① 컴퓨터의 가격이 상승하면 컴퓨터에 대한 소비자의 총지출액은 증가한다.
② 컴퓨터의 가격이 상승하면 컴퓨터에 대한 소비자의 총지출액은 불변이다.
③ 컴퓨터의 가격이 하락하면 컴퓨터에 대한 소비자의 총지출액은 증가한다.
④ 컴퓨터의 가격이 하락하면 컴퓨터에 대한 소비자의 총지출액은 감소한다.
⑤ 컴퓨터의 가격이 하락하면 컴퓨터에 대한 소비자의 총지출액은 불변이다.

07. 수요와 공급의 탄력도에 관한 다음의 서술 중 옳은 것은?

① 수요의 가격탄력도가 1이면 가계의 총지출액은 극대가 된다.
② 수요의 가격탄력도가 1보다 작고 그 상품의 가격이 하락하면 기업의 총수입액은 증가한다.
③ 수요의 가격탄력도가 무한대이면 가계의 총지출액은 극대가 된다.
④ 수요의 가격탄력도가 0이면 기업의 총수입액은 극대가 된다.
⑤ 공급곡선이 직선으로 그려지면 공급의 가격탄력도는 1이 된다.

08. 단기에 토지의 공급이 가격에 대하여 완전비탄력적인 경우에 토지에 대한 수요가 증가하면 균형가격과 균형거래량은 각각 어떻게 되는가?

① 하락, 감소　　　② 하락, 증가　　　③ 상승, 감소
④ 상승, 증가　　　⑤ 상승, 불변

제3장 ▎탄력성과 가격통제

09. 어떤 상품에 대한 소비자의 선호가 감소하여 수요가 줄어들더라도 가격이 일정 불변인 경우는?

① 수요의 가격탄력도가 무한대인 경우 ② 수요의 가격탄력도가 0인 경우
③ 수요의 가격탄력도가 1인 경우 ④ 공급의 가격탄력도가 무한대인 경우
⑤ 공급의 가격탄력도가 1인 경우

10. 가격통제에 대한 다음의 서술 중 가장 옳지 않은 것은?

① 주택임대료에 대해 설정되는 최고가격은 시장균형가격보다 낮은 수준에서 결정된다.
② 공공요금을 통제하는 것은 표면적으로 물가를 안정시키는 효과는 있지만 자원배분을 왜곡시키는 문제를 유발한다.
③ 농산물가격지지제는 농가의 영농의욕은 제고시키지만 농산물의 품질을 하락시키는 결과를 초래한다.
④ 최저임금제가 시행되면 일부 근로자의 임금은 인상되지만 비자발적 실업이 늘어나는 역효과가 나타난다.
⑤ 독과점상품에 대해 최고가격제를 실시하면 완전경쟁시장하에서의 자원배분과 유사한 결과를 얻을 수 있다.

11. 가격통제에 관한 다음의 서술 중 옳지 않은 것은?

① 최고가격제는 통제대상 상품의 공급을 증가시켜 인플레이션을 완화시킨다.
② 최고가격제하에서는 상품의 배분문제와 암시장형성의 부작용이 나타난다.
③ 최고가격제하에서는 상품의 초과수요가 발생한다.
④ 최저임금제하에서 설정되는 근로자의 최저임금은 노동시장의 균형임금수준보다 높은 수준에서 설정된다.
⑤ 이중가격제를 실시하는 경우 일반적으로 소비자잉여와 생산자잉여는 증가한다.

12. 추곡에 대하여 실시하는 이중곡가제에 대한 서술로서 옳지 않은 것은?

① 곡물가격의 급격한 변동을 완화시킨다.
② 도시소비자와 생산농가를 동시에 보호한다.
③ 소비자잉여와 생산자잉여를 증가시킨다.
④ 정부의 재정적자를 수반한다.
⑤ 농산물에 대한 시장거래를 활성화시킨다.

13. 농산물가격이 공산품가격에 비해 가격변동이 주기적으로 나타나는 이유는?
    ① 수요에 비해 공급이 가격비탄력적이기 때문이다.
    ② 공급에 비해 수요가 가격비탄력적이기 때문이다.
    ③ 수요와 공급이 모두 가격비탄력적이기 때문이다.
    ④ 수요와 공급이 모두 가격탄력적이기 때문이다.
    ⑤ 가격탄력도보다는 소득탄력도가 더 크기 때문이다.

14. 소비자잉여에 대한 설명으로 옳은 것은?
    ① 수요가 증가하여 가격이 상승한 경우 소비자잉여는 감소한다.
    ② 수요의 가격탄력성이 클수록 소비자잉여가 크다.
    ③ 공급이 감소하여 가격이 상승한 경우 소비자잉여는 감소한다.
    ④ 공급의 가격탄력성이 클수록 소비자잉여가 크다.
    ⑤ 소비자잉여를 늘리는 정책은 자원배분의 효율성도 제고한다.

15. 조세부과에 대한 설명으로 옳지 않은 것은?
    ① 수요자에게 조세를 부과하면 수요곡선이 왼쪽으로 이동한다.
    ② 수요의 가격탄력성이 클수록 생산자부담이 커진다.
    ③ 공급자에게 조세를 부과하면 공급곡선이 왼쪽으로 이동한다.
    ④ 공급자에게 조세를 부과하면 공급자가 조세를 전액 부담한다.
    ⑤ 조세부과로 거래량이 감소하므로 비효율성이 발생한다.

16. 단위당 동일한 종량세율로 소비자와 생산자에게 부과하는 조세에 관한 설명으로 옳지 않은 것은?
    ① 생산자에게 부과할 때와 소비자에게 부과할 때의 경제적 순손실은 같다.
    ② 조세부담의 귀착은 조세당국과 생산자 및 소비자 간의 협상능력에 의존한다.
    ③ 수요의 가격탄력성이 클수록 생산자의 조세부담이 커진다.
    ④ 수요의 가격탄력성이 공급의 가격탄력성보다 클수록 생산자의 조세부담분이 커진다.
    ⑤ 수요의 가격탄력성이 0인 재화에 조세를 부과해도 사회후생은 감소하지 않는다.

17. 최고가격제와 최저가격제에 대한 설명으로 옳지 않은 것은?
   ① 균형가격보다 낮은 수준에서 최고가격제를 실시하는 경우 초과수요가 발생하고, 암시장이 등장한다.
   ② 최고가격제의 사례로는 아파트 분양가 규제, 임대료 규제 등을 들 수 있다.
   ③ 균형가격보다 높은 수준에서 최저임금제를 실시하는 경우 비자발적 실업을 유발한다.
   ④ 최저가격제의 일종인 최저임금제는 노동수요가 탄력적일 때 노동자들의 총노동소득을 증가시킨다.

정답 및 해설

1. ④ 공급곡선이 원점을 출발해서 우상향하는 직선이어야 가격탄력도가 1이 된다.
   공급의 가격탄력도와 소비자의 총지출간에는 직접적인 관계가 없다.
   수요의 가격탄력도가 1보다 작고 그 재화의 가격이 하락하면 기업의 총수입 또는 소비자의 총지출은 감소한다.
   수요의 가격탄력도가 1인 경우에만 소비자의 총지출이 극대가 된다.
2. ④ 모두 영업용 택시요금이 인상되면 택시에 대한 수요량이 감소하는데 택시수요의 가격탄력도에 따라 택시승객들의 택시비 지출이나 택시회사의 수입은 증가, 불변 또는 감소할 수 있다.
3. ⑤
4. ③ 교차탄력도가 음(-)인 것은 두 상품이 보완관계에 있을 때이다.
5. ③ 자정을 넘긴 택시승객의 택시승차에 대한 수요의 가격탄력도가 비탄력적이기 때문에 택시요금의 심야할증은 택시회사의 운송수입을 증가시킨다.
6. ③ 컴퓨터에 대한 수요가 가격탄력적인 경우에 컴퓨터의 가격이 하락하면 가격하락율보다 수요량증가율이 더 크므로 소비자의 총지출액은 증가한다. 반면에 컴퓨터의 가격이 상승하면 가격상승률보다 수요량감소률이 더 크므로 소비자의 총지출액은 감소한다.
7. ①
8. ④
9. ④ 공급곡선이 수평선인 경우

거꾸로 배우는 경제학

10. ③ ①,② 최고가격제의 경우
    ③ 최저가격제의 하나인 농산물가격지지제는 농가의 영농의욕은 제고시키지만 농산물의 초과공급과 잉여농산물의 발생을 초래한다. 그러나 상품의 품질을 하락시키는 것은 최저가격제가 아닌 최고가격제의 문제점이다.
    ④ 최저임금제하에서 규제임금은 시장균형임금 위에서 설정되기 때문이다.
    ⑤ 독과점상품에 대해 최고가격제를 실시하면 가격이 하락하면서 독과점의 폐해가 어느 정도 시정될 수 있다.

11. ① ① 최고가격제는 통제대상 상품의 장기적인 공급부족을 유발한다.
    ④ 법정 최저임금은 시장균형임금수준보다 높게 설정되기 때문에 노동의 초과공급을 유발한다.
    ⑤ 이중가격제를 실시하면 소비자잉여와 생산자잉여는 모두 증가하지만 정부의 재정적자와 사회적 후생손실이 나타난다.

12. ⑤ 이중곡가제는 정부가 생산농가와 도시소비자를 동시에 보호할 목적으로 시장가격보다 높은 가격으로 매입하고 시장가격보다 낮은 가격으로 재판매하는 제도이다. 이중곡가제도가 농산물에 대한 시장거래를 활성화시키는 것은 아니다.

13. ③ 즉시 대량생산이 가능한 일반공산품에 비해 농산물은 일반적으로 생산기간이 길고 수요와 공급이 가격비탄력적이기 때문에 가격변동이 주기적으로 나타난다.

14. ③
    ① 수요가 증가하면 가격이 상승하고 거래량도 증가하기 때문에 소비자잉여의 변화는 불분명하다.
    ② 수요가 탄력적일수록 소비자의 최대지불용의금액이 낮아지므로 소비자잉여는 작아진다. 수요가 완전탄력적(수평선)이면 소비자잉여는 0이 된다.
    ④ 소비자잉여는 공급의 가격탄력성과 무관하다.
    ⑤ 보조금을 지급하거나 최고가격제를 실시하면 소비자잉여는 증가할 수도 있지만 사회적 후생손실이 발생하여 자원배분의 효율성은 감소하게 된다.

15. ④ 수요가 완전탄력적(수평선)이거나, 공급이 완전비탄력적(수직선)인 경우에만 공급자가 조세를 전부 부담한다.

16. ② 조세부과시 소비자와 생산자의 상대적 조세부담은 수요와 공급의 가격탄력성에 의해 결정된다.

17. ④ 최저임금제를 실시하면 임금이 균형임금보다 높아지는데, 노동수요가 탄력적이면 임금이 상승하는 것보다 고용량이 더 큰 폭으로 감소한다. 따라서 노동자들의 총노동소득은 감소한다.

연습문제

[문제 1] 수요의 가격탄력도를 결정하는 요인들이 변화했을 때 그 파급효과에 대하여 설명하라.

[문제 2] 수요의 가격탄력성이 2일 때 가격을 10% 인상하면 총수입은 어떻게 변화하는가?

[문제 3] 농산물의 수요의 가격탄력성은 매우 비탄력적이다. 풍년이 드는 것이 농민들이 기뻐할 일인가?

[문제 4] 어느 박물관이 총수입을 현재보다 증가시키려고 가격을 인상하였다. 어떤 경우에 이 박물관의 목적이 달성될 수 있는가?

[문제 5] 수요의 소득탄력성이 큰 산업의 예를 들어보라.

[문제 6] 공급의 가격탄력도를 결정하는 요인들이 변화했을 때 그 파급효과에 대하여 설명하라.

[문제 7] 강원도의 한파로 고랭지 배추에 대한 수확량이 감소하였다. 배추시장에서 소비자잉여, 생산자잉여, 총잉여는 어떻게 변화하는지 수요, 공급곡선을 이용하여 설명하라.

[문제 8] 최고가격제와 최저가격제의 예를 하나씩 들어보라.

[문제 9] 아파트 분양가격 규제 도입의 긍정적 효과와 문제점을 지적해 보라.

| 거꾸로 배우는 경제학 |

[문제 10] 최저임금제의 경제적 효과를 설명하라.

[문제 11] 세금부과시 세금 부담이 소비자와 판매자 사이에 어떻게 배분될지 결정하는 변수는 무엇인가? 그 이유를 설명하라.

제4장
가계의 소비

제1절 소비자의 선택
제2절 한계효용이론
제3절 무차별곡선
제4절 소비자의 최적선택
단원별 연습문제

시장경제체제에서 재화와 서비스의 생산은 자가소비가 목적이 아니라 시장에 판매하여 수익을 얻을 목적으로 생산을 한다. 그렇기 때문에 필요 또는 욕망에 따른 소비가 이루어질 수 없고, 값을 지불해야만 한다. 값을 지불하기 위해서는 소득이 있어야 가능한데 이 소득은 아무에게나 무한이 있는 것이 아니다. 그래서 선택의 문제에 직면하고, 모든 재화와 서비스를 욕망한다고 모두 소비할 수는 없는 것이다. 소비자는 주어진 소득(예산)을 고려하여 필요와 욕구를 가장 잘 충족시킬 수 있는 재화와 서비스를 선택해야 한다는 것이다.

본 장에서는 소비자가 무엇을 구입하고, 어떻게 구입을 결정하는지에 대한 이론을 살펴보고자 한다. 즉 소비자의 선택행위에 대해 초점을 맞추고자한다. 2장에서 살펴본 수요곡선은 어떤 재화와 서비스에 대한 소비자의 최대한 지불용의가 있는 가격 수준을 나타낸다고 이해하였다.

특히 본장에서는 우하향하는 수요곡선이 어떻게 도출되는지 확인하는 것이 더 큰 의미가 있다. 즉 상품에 대한 수요가 어떤 과정을 거쳐 형성되며, 가격이나 소득의 변화가 수요에 어떤 영향을 미치는지 인식하는 것이 소비자선택이론을 이해하는 중요한 목적이다.

소비자선택이론의 공부를 통하여 수요곡선이 함축하는 소비자의 행동원리를 이해함으로써 합리적인 소비자로서 어떻게 행동하는 것이 바람직한 것인가를 인식할 수 있게 될 것이다.

"가치는 각각 개인들이 자신의 욕구를 충족하기 위해 매기는 중요성에 의해서 결정된다."

-카를 멩거-

"값비싼 상품의 과시적 소비는 자신의 평판을 높이기 위한 것이다."

-소스타인 베블런-

제4장 ■ 가계의 소비

제1절 소비자의 선택

우리 사회는 수 많은 상품들이 하루를 멀다하고 생산되어 소비자들의 지갑을 유혹하고 있다. 자본주의 시장경제에서는 재화와 서비스의 생산은 자기 자신의 욕구충족을 위한 생산이 아니라 시장에 내다 팔아 수익을 얻을 목적으로 생산을 한다. 그렇기 때문에 그냥 공짜로 주어지는 상품은 없다. 소비자가 상품을 소비하기 위해서는 소득 또는 예산, 다시 말해 값을 지불해야만 어떤 상품으로부터의 만족감을 얻을 수 있다.

따라서 사람들은 필요 또는 욕망에 따른 소비가 이루어질 수 없고, 값을 지불해야만 한다. 값을 지불하기 위해서는 소득이 있어야 가능한데, 이 소득은 아무에게나 무한이 있는 것이 아니다. 자본주의사회에서 상품 선택의 자유가 주어진 계급계층은 특정 상품의 값을 지불할 경제적 여력이 충분히 있는 재벌가, 억만장자, 수많은 부동산이나 금융소득이 많은 자산가들이나 가능하다고 할 수 있다. 그러나 이들도 아무렇게나 상품을 선택하지는 않을 것이다.

소비자로서 각 개인은 자신의 소득을 어디에 사용할 것인가를 의사 결정할 때 무엇을 목표로 할까? 경제학에서는 일반적으로 만족의 극대화, 즉 효용극대화에 있다고 한다.

효용이란 소비자가 어떤 상품을 소비함으로써 얻는 주관적인 만족감을 의미한다.

소비자의 입장에서 보면 욕망하는 모든 것을 자유롭게 선택하여 소비할 때 효용이 극대화될 수 있을 것이다. 그러나 모든 사람들이 필요하고 원하는 모든 상품들을 소비할 수는 없다. 상품을 구입할 수 있는 소득이 무한대로 있는 것이 아니라 소득은 유한하기 때문이다. 재벌가, 억만장자 등 소득이 많은 사람들은 상품소비에 있어서 상대적으로 자유로울 수 있지만 대부분의 저소득계층은 원하는 모든 것을 소비한다는 것은 불가능한 일이다.

특히 경제학에서는 효용극대화를 설명함에 있어 부자의 소득과 빈자의 소득을 구분하지 않는다. 다만 부자든 빈자든 주어진 소득 범위 안에서 어떠한

거꾸로 배우는 경제학

소비조합을 선택할 때 만족이 극대화 되느냐에 관심이 있다. 다시 말해 효용 극대화란 소득이 허용하는 조건하에서 추구해야 하는 목표라는 의미를 가지고 있다. 그렇기 때문에 효용이 극대화된 상태라 하더라도 부자와 빈자의 만족감은 다를 수밖에 없는 것이다.

그렇지만 주류경제학에서는 합리적인 소비자라면 주어진 소득을 잘 배분하여 사용함으로써 만족을 극대화할 수 있다고 주장한다. 사실 소득제약으로 인하여 각 소비자의 선택범위가 제한되어 있기 때문에 합리적인 선택의 필요성이 오히려 요구되고 있다고 해도 과언이 아니다.

결국 소비자는 소득 또는 예산제약 때문에 합리적 선택의 문제에 직면하고, 모든 상품을 욕망한다고 모두 소비할 수는 없는 것이다. 소비자는 주어진 소득을 고려하여 필요와 욕구를 가장 잘 충족시킬 수 있는 상품을 선택하여 소비해야 한다는 것이다.

소비자는 합리적 선택의 원칙에 따라 어떤 상품을 얼마나 소비할지를 결정해야 한다. 소비자선택이론은 합리적 선택의 원칙이 무엇인지 이해하는 데 그 의미가 있다. 합리적 선택의 원칙을 알아야 개별 소비자가 시장에서 하는 행위를 이해할 수 있기 때문이다.

우리가 소비자의 합리적인 선택에 관심을 갖는 이유는 상품에 대한 수요가 어떻게 결정되는지를 좀 더 자세히 살펴보고자 하는데 있다. 우리는 수요이론에서 어떤 상품의 가격이나 소득 등이 변할 때, 즉 수요에 영향을 미치는 여러 요인들이 변화할 때 개별 소비자의 그 상품에 대한 수요량이나 수요가 어떻게 변하는지 살펴보았지만 왜 그렇게 변하는지는 설명하지 않았다. 이제 한계효용이론과 무차별곡선이론을 통하여 그 구체적인 해답을 찾아보자.

제2절 한계효용이론

소비자는 어떻게 자신이 소비할 상품을 선택하는가? 소비자의 선택은 상품을 소비하면서 얻을 수 있는 효용에 의해 결정된다. 효용의 성격과 효용을 극대화할 수 있는 상품 선택에 대해 살펴보자.

1 효용

세상에는 소비자가 선택할 수 있는 수많은 상품이 존재한다. 사람들은 대개 보다 좋은 물건을 더 많이 소비하기를 원하지만 원하는 모든 상품을 소비할 수는 없다. 소득이 일정한 수준에 머무르기 때문이다. 소비자가 두 상품, 즉 커피와 콜라만을 소비한다고 가정하자. 상품이나 서비스를 소비함으로써 얻는 만족감을 효용(utility)이라고 한다. 어떤 소비자가 자신의 소득으로 10잔의 커피와 5잔의 콜라를 소비하여 200의 효용을 얻고, 커피 5잔과 콜라 10잔에서는 300의 효용을 얻을 수 있다면, 자신의 소득으로 구입가능할 때 커피 5잔과 콜라 10잔을 선택하게 된다. 소비자는 자신의 소득으로 구입가능한 상품 묶음 중에서 가장 큰 만족을 주는 상품 묶음을 소비할 것이다.

2 한계효용

커피 소비량을 1잔씩 늘리면 총효용은 얼마나 증가하는가? 커피 소비량이 0에서 1잔으로 늘어날 때 효용이 10만큼 늘어나고, 1잔에서 2잔으로 늘어날 때 8, 2잔에서 3잔으로 늘어날 때는 6만큼 효용이 증가한다고 하자. 한계효용은 커피 소비량이 한 단위 증가할 때마다 효용이 얼마만큼씩 증가하는지를 나타낸다.

거꾸로 배우는 경제학

> 한계효용(marginal utility : MU)은 다른 상품들의 소비량이 일정한 경우, 어떤 상품을 한 단위 더 소비할 때 추가되는 효용의 증가분으로 나타난다.

[표 4-1]은 커피의 총효용과 한계효용을 보여준다.

[표 4-1] 총효용과 한계효용

커피 소비량(잔)	총효용(TU)	한계효용(MU)
0	0	-
1	10	10
2	18	8
3	24	6
4	28	4
5	30	2
6	30	0
7	28	-2

그리고 [표 4-1]을 [그림 4-1]로 그려 놓았듯이 한계효용의 크기는 커피의 소비량을 증가시킴에 따라 그 크기는 10, 8, 6, 4, 2, 0, -2 등으로 감소 추세를 보이고 있다.

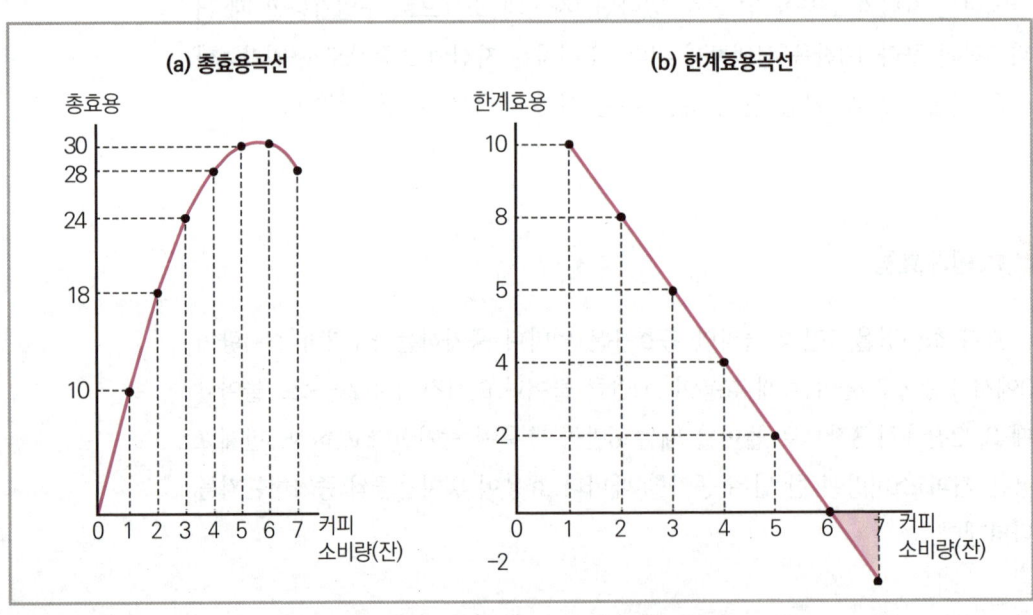

[그림 4-1] 총효용곡선과 한계효용곡선

상품의 소비량이 늘어날 때 한계효용은 점차 떨어지게 된다. 첫 번째 커피를 먹을 때 얻는 효용은 두 번째 커피를 먹을 때 얻는 효용과는 다르다. 위의 예와 같이 커피 1, 2, 3잔을 소비할 때, 추가되는 한계효용은 점점 떨어지는 것을 볼 수 있다.

> 어떤 상품의 소비량을 추가로 늘릴 때 만족의 절대량(총효용)은 증가하지만, 그 증가율이 점차로 작아지는 현상을 볼 수 있는데, 이를 한계효용체감의 법칙(law of diminishing marginal utility)이라고 한다.

예외적인 경우가 있으나 일반적으로 어떤 상품의 소비량을 증가시켜 나갈 때 추가되는 소비에서 오는 만족감, 즉 한계효용은 점차 줄어드는 경향이 있다. 우리가 뷔페에서 경험하는 것과 같이 몇 번 접시가 오가면 금방 포만감이 들어 더 이상 먹지 못하는 것은 한계효용체감의 법칙이 작용한 결과라 볼 수 있다.

3 소비자의 선택

지금까지는 콜라 소비량을 일정 수준에 묶어놓은 채 커피 소비량을 변화시키면서 한계효용을 추가하였다. 반대로 커피 소비량을 일정 수준에 고정해 놓고 콜라 소비량을 변화시키면서 콜라의 한계효용을 측정할 수도 있다.

커피와 콜라의 한계효용을 각각 MUx(커피)와 MUy(콜라)라고 하자. 소비자가 주어진 가격하에서 일정한 소득을 가지고 효용을 극대화하기 위해서는 다음과 같은 조건을 충족하는 커피와 콜라의 소비조합을 선택해야 한다.

$$\frac{MU_x}{P_x} = \frac{MU_y}{P_y}$$

즉 커피의 소비에 지출된 1원에서 나오는 한계효용이 콜라의 소비에 쓰인 1원에서 나오는 한계효용과 같은 선택을 할 때 소비자의 만족은 극대화된다. 위와 같은 조건이 충족되지 못할 경우 다음과 같은 관계가 성립할 수 있다.

거꾸로 배우는 경제학

$$\frac{MU_x}{P_x} > \frac{MU_y}{P_y}$$

$\frac{MU_x}{P_x}$(커피의 1원당 한계효용)이 10의 효용을 가져다 주고, $\frac{MU_y}{P_y}$(콜라의 1원당 한계효용)이 5의 효용을 가져다준다고 하자. 그렇다면 주어진 소득 내에서 지출의 내용을 바꾸기만 해도 소비자는 더 큰 효용을 누릴 수 있다. 커피에 대한 지출 1원을 늘리고, 콜라에 대한 지출 1원을 줄이면 총효용은 5만큼 증가한다. 결국 현재의 선택은 효용을 극대화시키지 못하고 있다는 것을 알 수 있다.

한 상품의 소비에 1원을 추가 지출하여 얻는 한계효용이 같아지도록 모든 상품에 소득을 배분하면 효용을 극대화할 수 있다. 이와 같은 효용극대화 조건을 한계효용균등의 법칙(law of equal marginal utility)이라고 부른다.

제4장 ▌가계의 소비

【Eco-톡】 »» 얻어먹는게 더 맛있는 `한계효용의 법칙`

늦은 밤 라면을 먹는 동생에게 '한 젓가락만 먹자'고 실랑이를 해본 경험이 한 번쯤은 있을 것이다. 쉬는 시간, 아이스크림을 먹고 있는 친구를 보면서 궁색하다는 생각을 하면서도 한 입만 달라는 말을 참지 못한 적도 있을 것이다. 자존심도 상하고, 눈치 보며 먹으니 '차라리 내가 하나 끓여 먹고 말지' '새로 한 개를 사 먹고 말지'라는 생각을 하면서도 한 입만 달라고 하고싶은 유혹을 뿌리치기가 쉽지 않다. 왜냐하면 내가 끓여 먹는 라면보다, 내가 사 먹는 아이스크림보다 동생에게 얻어먹는 라면 한 젓가락이, 친구에게 뺏어 먹는 아이스크림 한 입이 더 맛있기 때문이다. 그렇다면 왜 얻어 먹는 한 입이 더 맛있을까? 내 것보다 남의 것을 더 좋아하는 인간의 묘한 심리 때문일까? 경제학의 '한계효용'이라는 개념을 이해하고 나면 이 같은 엉뚱한 심리에 상당히 납득이 간다.

18세기 '경제학의 아버지'라고 불리는 애덤 스미스가 시장에서 거래되는 상품의 가격을 연구할 때는 한계효용 개념이 학문적으로 정립되지 않았다. 스미스는 인간의 생명과 직결되는 물은 거의 공짜인 데 비해 장신구 말고는 딱히 쓸모가 없는 다이아몬드 가격이 어마어마하게 비싼 이유를 설명하지 못했다. 결국 그는 이 같은 현상을 설명하기 위해 재화의 가치를 사용가치와 교환가치로 나누고 물은 사용가치는 높지만 교환가치가 낮아서 가격이 낮고, 다이아몬드는 사용가치는 낮지만 교환가치가 높아 높은 가격으로 거래된다고 설명했다. 그는 교환가치라는 개념을 사용해 다이아몬드 가격이 물보다 훨씬 더 비싼 이유를 설명했다. 그러나 스미스는 사용가치가 거의 없는 물건이 단순히 수량이 적어 교환가치가 높다고 해서 시장에서 비싸게 거래되는 이유가 명쾌하게 설명되지 않았는지 앞과 같은 현상을 '물과 다이아몬드의 역설'이라고 하면서 '역설'이라는 표현을 굳이 남겨두었다.

이러한 스미스의 퍼즐을 풀어준 이들이 바로 1870년대에 등장한 오스트리아의 한계효용학파다. 한계효용이란 소비를 더할 때마다 추가로 얻게 되는 효용을 말한다. 한계효용을 이해하기 위해 앞의 라면과 아이스크림 사례를 다시 생각해보자. 라면을 한 젓가락만 먹을 때와 온전한 1개를 먹을 때 얻는 전체적인 만족의 크기는 당연히 라면 한 개를 다 먹었을 때다. 그런데 라면을 딱 한 젓가락만 먹었을 때 얻는 만족도와 라면 한 개를 통째로 먹는 과정에서 마지막 젓가락을 먹을 때 만족도를 비교하면 어느 것이 더 클까? 대부분의 사람들에게는 허기질 때 처음 입안에 들어간 음식이 가장 맛있다.

그리고 먹는 양이 늘어날수록 추가로 얻는 만족은 처음 같지 않고 조금씩 감소하게 된다. 이처럼 소비가 진행될수록 추가로 얻는 효용의 크기가 감소하는 현상을 한계효용체감의 법칙이라고 한다.

오스트리아 경제학자들은 효용이라는 개념을 이용해 교환가치와 사용가치를 분리하지 않고도 물과 다이아몬드의 역설을 설명할 수 있게 되었다. 즉 지구상에 존재하는 물이라는 자원

115

거꾸로 배우는 경제학

이 우리에게 줄 수 있는 총효용은 다이아몬드의 총효용보다 크지만 평소 물을 많이 소비하고 있던 사람들에게 물을 추가로 소비할 때 얻게 되는 한계효용은 크지 않다. 그러나 다이아몬드는 평소 거의 소비를 하지 않기 때문에 어쩌다 한두 개의 다이아몬드를 갖게 됐을 때 얻는 한계효용은 굉장히 크다는 것이다. 즉 물의 총효용은 다이아몬드보다 크지만 물을 소비하는 매 순간 얻는 한계효용이 다이아몬드에 비해 작기 때문에 일반적인 소비 과정에서 거래되는 가격은 다이아몬드가 물보다 높다는 것이다.

이와 같은 한계효용의 적용 사례는 금융산업에서도 찾아볼 수 있다. 많은 사람이 좋아하는 돈 역시 소유하는 양이 증가할수록 한계효용은 감소한다. 즉 같은 1000만원의 금액이라도 처음 1000만원이 생겼을 때 얻는 기쁨이 두 번째 1000만원을 얻을 때 기쁨보다는 크다는 것이다. 이처럼 보유한 돈의 액수가 증가함에 따라 한계효용이 체감하는 현상은 불확실한 미래를 싫어하는 인간의 일반적인 성향과 밀접한 연관이 있다. 일반적인 사람들은 50만원이 될 수도 있고, 150만원이 될 수도 있는 불확실한 상황보다는 확실한 100만원을 더 선호한다. 이는 100만원을 기준으로 50만원이 감소했을 때 잃는 효용이 50만원을 추가로 얻었을 때 얻는 효용보다 더 크기 때문이다.

가령 어떤 사람이 50만원일 때 느끼는 총효용이 100이고, 100만원일 때 느끼는 총효용이 180, 150만원일 때 느끼는 효용이 210이라고 가정해보자. 이 사람은 앞에서 이야기한 것처럼 50만원, 100만원, 150만원으로 소유 금액이 증가할수록 총효용은 증가하지만 같은 50만원씩 증가할 때마다 추가로 얻는 한계효용은 100, 80, 60으로 체감하게 된다. 이처럼 대부분의 사람들은 돈에 대해서도 한계효용을 체감해 같은 금액이라면 돈을 잃을 때 느끼는 상실감이 돈을 얻을 때 느끼는 만족감보다 더 크기 때문에 위험을 싫어하는 경향이 있다. 보험산업은 이처럼 인간이 미래의 불확실성을 싫어하는 경향을 이용해 위험을 감소시켜주는 조건으로 보험료를 받아 이윤을 창출하는 금융 시스템이다. 만일 돈에 대한 인간의 한계효용이 증가한다면 100만원을 가진 사람이 50만원을 얻을 수도 있고, 50만원을 잃을 수도 있는 상황이 되면 50만원을 얻게 되었을 때의 한계효용이 잃을 때의 한계효용보다 더 크기 때문에 불확실한 상황을 더 즐기게 되므로 사람들은 보험을 들지 않을 것이다. 오히려 불확실성이 큰 도박이나 위험한 투자에 돈을 지불하고서라도 참가하려는 사람들이 생겨날 것이다.

출처 : 매일경제 2020.11.04.

제4장 ▍가계의 소비

【Eco-톡】 ≫ 마셜, 경제학에 진화론 접목해 `한계이론` 창안

'현대 미시경제학 이론적 체계를 정립한 경제학자.'

앨프리드 마셜은 자유방임적 자본주의의 고전학파와 한계효용개념을 종합해 현대 미시경제학의 기초를 다졌다.

후세에 마셜은 고전학파를 발전시킨 `신고전학파 창시자`로 추앙된다. 그로 인해 경제학은 사회과학의 여러 분야 중 가장 정밀한 학문으로 부상할 수 있었다.

1890년에 발간한 마셜의 `경제학 원리`에는 기본적으로 일반균형이론과 후생경제학을 제외한 오늘날 미시교과서의 거의 모든 이론과 개념들이 담겨 있다. 가위 모양의 수요공급곡선, 소비자잉여와 생산자잉여, 가격탄력성, 단기와 장기 개념, 외부효과, 준지대 등의 개념들은 모두 마셜이 창안한 것이다.

마셜은 당시 고전학파의 이론에 다윈의 진화론적 방식을 가미했다. 그가 새롭게 정립한 한계이론은 경제학에 적용한 진화론이라고 볼 수 있다. 기업가, 소비자, 정부 등 경제 주체의 움직임을 차근차근 분석해 간다. `적자 생존` 원칙이라는 다윈의 개념도 차용한다. 세상은 적응에 실패하면 도태될 수밖에 없다며 경쟁의 압력이 심해지면 과감하게 비용을 줄여서 살아남아야 한다고 마셜은 강조했다.

마셜은 또 현대경제학의 기반이 되는 기발한 분석체계를 창안해냈다. 다양한 변수가 작용하는 경제학에서 한 가지 요인을 검토하는 동안 다른 요인들은 모두 울타리 속에 고정시키는 분석을 시도한다. 그 이후 고정된 요인을 하나씩 끄집어내 분석하는 것이다. 마셜은 이 울타리를 `세테리스 패러버스(ceteris paribus)` 즉 `다른 사정이 같다면`이라고 불렀다.

거시경제학에 대해서는 깊은 연구를 하지 않은 마셜이지만 명목이자율과 실질이자율의 구분을 분명히 했다. 명목이자율에서 인플레이션을 제외한 실질이자율 개념을 부각시키면서 거시경제 발전의 토대를 만들었다. 그는 웅장한 경제적 이론을 제시했지만 항상 경제학이 실용적이어야 한다고 강조했다. 상아탑에서만 머물지 않고 현실 경제를 살리기 위한 방안에도 몰입했고 의회에서 정책 입안자들을 위한 강의도 거부하지 않았다.

출처 : 매일경제 2009.02.08.

■ 거꾸로 배우는 경제학 ■

제3절 무차별곡선

1 개념

서수적 효용의 개념을 이용하여 소비자의 선택행위를 분석할 수 있다. 즉 소비자들이 각 상품 묶음에서 얻는 효용의 크기를 구체적으로 표현하지 않고 선택행위를 분석할 수 있다. 소비자들에게 똑같은 크기의 효용을 주는 상품 묶음들의 조합을 모두 이으면 하나의 곡선이 된다. [표 4-2]에서 볼 수 있듯이 여러 상품의 묶음, 즉 커피와 콜라의 조합들이 소비자에게 동일한 효용을 준다고 하자. 이 상품 묶음들은 각각 하나의 점으로 나타낸 다음 모두 이으면 [그림 4-2]와 같은 무차별곡선을 얻는다.

> 무차별곡선(indifference curve)은 소비자에게 동일한 수준의 효용을 주는 상품과 서비스 묶음을 선으로 나타낸 것이다.

[표 4-2] 동일한 효용을 주는 커피와 콜라의 조합

상품 묶음	커피(잔)	콜라(잔)
a	10	20
b	20	12
c	30	8
d	40	6

2 무차별곡선의 성질

무차별곡선은 소비자의 선호를 표시하는데 다음과 같은 몇 가지 특성을 가지고 있다.

첫째, 두 상품이 정상재이면 우하향 한다. 무차별곡선의 기울기는 소비자가 만족 수준을 일정하게 유지하면서 한 상품을 다른 상품으로 대체할 때 교환되는 두 상품의 비율을 나타낸다. 그런데 대부분의 경우 두 상품 모두 만족을 준다. 따라서 한 상품의 소비량이 감소하면 동일한 만족을 유지하기 위해 다른 상품의 소비량이 증가해야 하기 때문에 무차별곡선은 우하향하게 된다.

둘째, 원점에서 멀리 떨어질수록 높은 만족도(효용)를 나타낸다. [그림 4-2]와 같이 소비량이 많을수록 소비자의 만족도는 높아진다. 즉 다다익선의 결과로 원점에서 멀리 떨어진 무차별곡선일수록 더 높은 효용수준을 나타내게 된다.

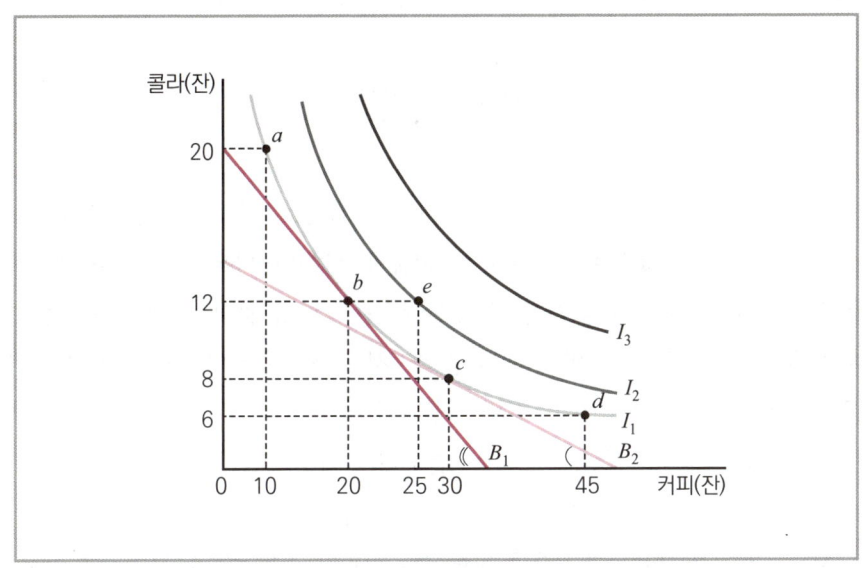

[그림 4-2] 커피와 콜라의 무차별곡선

셋째, 서로 교차하지 않는다. 만약 무차별곡선이 교차한다면 소비자가 적은 것 보다 많은 것을 선호한다는 가정과 모순되게 된다. 따라서 무차별곡선은 교차하지 않는다. 이는 소비자의 선호가 불변이라고 가정했기 때문에 가능한 것으로 만약 소비자의 선호가 변한다면 무차별곡선은 교차할 수 있다.

넷째, 원점에 대해서 볼록하다. 일반적으로 무차별곡선은 원점에 대해 볼록한 모양을 갖는데, 이 의미를 이해하기 위해서는 한계대체율이란 개념을 알아야 한다.

거꾸로 배우는 경제학

> 한계대체율(MRSxy : Marginal Rate of Substitution of X, Y)은 두 상품이 소비자의 효용에 아무런 변화를 주지 않으면서 서로 대체되는 비율을 의미하며, 무차별곡선 위 한 점의 접선의 기울기와 크기가 동일하다.

같은 무차별곡선상에 머물러 있기 위해서는 한 상품의 소비를 늘릴 때 반드시 다른 상품의 소비를 줄여야 한다. 이때 늘어나는 상품은 한계효용이 점차 감소하고 줄어드는 상품은 한계효용이 점차 증가한다.

커피와 콜라의 한계대체율은 다음과 같이 나타낼 수 있다.

$$MRS_{xy} = \frac{MU_x}{MU_y}$$

[그림 4-2]에서 b점의 한계대체율은 b점의 접선 B_1의 기울기를 나타낸다. 커피와 콜라 소비 묶음이 c점을 향해 이동할수록 늘어나는 커피의 한계효용은 감소하고, 줄어드는 콜라의 한계효용은 증가한다. 콜라가 점점 줄어들면 한계효용이 증가하고, 커피는 점점 많아져서 한계효용이 감소하게 된다. c점의 한계대체율은 c점의 접선 B_2의 기울기와 같다. 접선 B_2의 기울기는 접선 B_1의 기울기보다 작다. 이는 점 c는 점 b에 비해 더 적은 콜라와 더 많은 커피를 교환해야 동일한 효용수준에 머무를 수 있다는 것을 의미한다. 결국 c점에서는 b점에서보다 콜라 1잔과 교환되는 커피잔 수가 늘어나고 한계대체율은 작아진다.

3 무차별곡선의 특수한 형태

두 상품의 관계가 대체재일수록 무차별곡선은 완만한 기울기를 가지며, 완전대체재인 경우는 우하향하는 선형이 된다. 예를 들어 [그림 4-3]의 (a)와 같이 처음처럼과 참이슬 중 어느 것을 마셔도 관계없는 소비자가 있다면 이 소비자는 처음처럼을 마셨느냐 참이슬을 마셨느냐에 관계없이 몇 병을 마셨느냐에 의해서 효용수준이 결정된다. 이런 처음처럼과 참이슬의 관계는 완전대체재가 된다. 또 보완재일수록 무차별곡선은 가파르고, 완전보완재인 경우는 90도. 즉 L자형이 된다.

[그림 4-3]의 (b)에서 왼쪽신발과 오른쪽신발 같이 완전보완재인 경우는 오른쪽신발은 하나인데 왼쪽신발은 둘 있어봐야 왼쪽과 오른쪽신발이 하나씩인 경우의 효용수준과 다를 바 없다. 이와 같이 1:1 대응관계가 이루어지는 상품이 완전보완재이다.

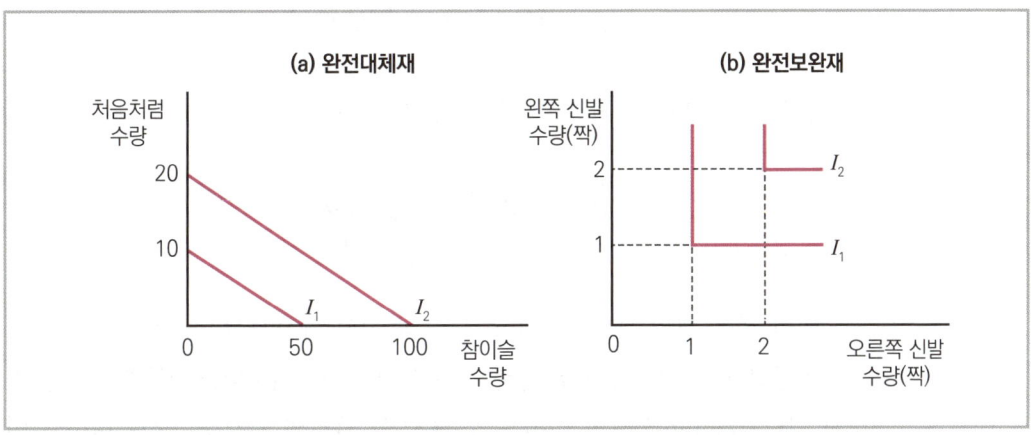

[그림 4-3] 완전대체재와 완전보완재의 무차별곡선

4 예산선

(1) 개념

무차별곡선이 소비자가 원하는 욕망, 즉 상품선호의 구성을 나타낸다면 예산선은 욕망을 달성하는 수단을 의미한다. 소비자는 상품 소비를 통해 가능한 한 큰 욕망을 달성하거나 큰 효용을 얻으려고 할 것이다. 하지만 소비자는 자신의 재정적 능력 범위 안에서만 욕망을 충족할 수 있다. 즉 소비자는 주어진 소득(M) 내에서 상품들을 구입해야 하는 예산제약(budget constraint)을 안고 있다.

> 예산선(budget line)은 소비자가 일정한 소득 또는 예산으로 구입할 수 있는 상품 묶음들을 이은 선이다.

거꾸로 배우는 경제학

커피와 콜라의 가격이 각각 Px와 Py로 주어져 있고, 커피와 콜라의 구입량을 X와 Y라 하고, 소비자의 한 달간 소득이 M이라고 하자. 예산제약은 커피와 콜라에 대한 지출의 합이 주어진 소득과 같아야 한다는 것을 의미한다. 이 예산제약을 수식으로 표현하면 다음과 같다.

$$M = Px \cdot X + Py \cdot Y$$

위의 식을 Y에 대해 정리하면 다음과 같다.

$$Y = \frac{Px}{Py} \cdot X + \frac{M}{Py}$$

위의 식을 그림으로 나타내면 [그림 4-4]의 예산선 B와 같다.

예산선 B의 기울기는 두 상품 간의 상대가격에 마이너스(-)부호를 붙인 것과 같다. 그리고 세로의 절편은 소득(M)을 콜라의 가격(Py)으로 나눈 값이 되는데, 절편의 높이는 소득(M) 전체를 가지고 소비자가 최대한으로 살 수 있는 콜라의 양을 의미한다.

가로축의 절편은 소득을 커피의 가격으로 나눈 값이며, 소득(M)으로 커피만 구입할 때 살 수 있는 커피의 양을 나타낸다. 예산선의 아랫부분은 소득(M)으로 살 수 있는 콜라와 커피의 수량 구성들이라고 할 수 있다.

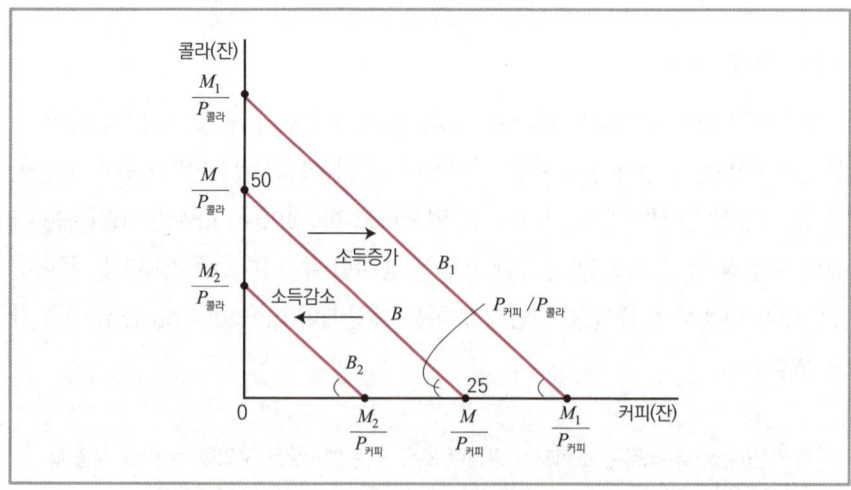

[그림 4-4] 커피와 콜라의 예산선

(2) 예산선의 이동

커피 1잔의 가격(Px)이 4,000원이고, 콜라 1잔의 가격(Py)이 2,000원이라고 하자. 그리고 소비자 철수의 소득이 10만원이라고 가정하자. 그러면 다음과 같이 나타낼 수 있다.

$$Y = \frac{4,000}{2,000} \cdot X + \frac{100,000}{2,000} = 50 - 2Y$$

위의 식은 커피 1잔 가격이 4,000원이고, 콜라 1잔 가격은 2,000원일 때 철수가 10만원의 예산으로 구입할 수 있는 커피의 수량(X)과 콜라의 수량(Y) 간의 관계를 나타낸다.

예산선의 평행이동 : 만약 예산이 M(10만원)에서 M_1(20만원)으로 늘어나면 예산선은 B에서 B_1으로 이동한다. 예산선 B_1에서는 B에서보다 더 많은 커피와 콜라를 소비할 수 있다.

만약 예산이 M(10만원)에서 M_2(5만원)로 줄어들면 예산선은 B에서 B_2로 이동하고 커피 소비량과 콜라 소비량은 절반으로 줄어든다. 커피가격과 콜라가격은 변하지 않으므로, 즉 예산선의 기울기는 변화가 없으므로 예산증가와 감소에 따른 두 상품 소비량은 예산에 비례해서 증가하거나 감소하게 된다.

예산선의 가격효과 : 예산선은 두 상품의 가격 비율(상대가격)을 나타낸다. 콜라 가격 등 다른 조건이 변하지 않을 때, 커피가격이 변하면 예산선의 기울기가 바뀌게 된다. [그림 4-5]에서 보면 커피가격이 $P_{커피}$에서 $P^1_{커피}$로 2,000원 하락하면 예산선은 B에서 B_1으로 이동하고, 전체 예산 M으로 살 수 있는 커피량은 25잔에서 50잔으로 늘어난다. 커피가격이 $P_{커피}$에서 $P^2_{커피}$로 8,000원 상승하면 예산선은 B_2로 이동하고, 예산 M으로 살 수 있는 거래량은 13.5잔으로 줄어든다.

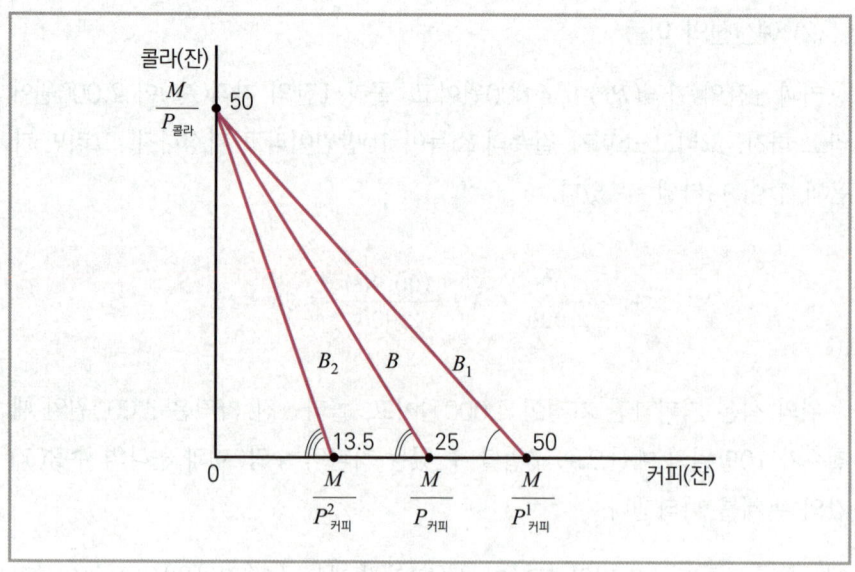

[그림 4-5] 예산선과 가격변화

제4장 ▌ 가계의 소비

제4절 소비자의 최적선택

1 소비자의 최적선택

　소비자의 예산제약이 허용하는 범위 안에서 효용을 가능한 한 크게 하려는 의도를 가지고 특정한 상품 묶음을 선택하게 된다. 예산제약 내에서만 선택가능하다는 것은 예산선상 또는 예산선 아래 삼각형 안의 어떤 점을 선택해야 함을 의미한다.

　[그림 4-6]은 소비자효용의 극대화를 나타낸다. 소비자의 예산을 나타내는 B선과 소비자의 소비욕구를 나타내는 무차별곡선 중 I와 접하는 E점에서 소비자효용은 극대화된다. 즉 최적선택점은 예산선과 무차별곡선의 접점과 일치한다.

　이는 예산선의 기울기($\frac{Px}{Py}$)와 무차별곡선의 기울기($\frac{MUx}{MUy}$)가 같을 때 성립한다.

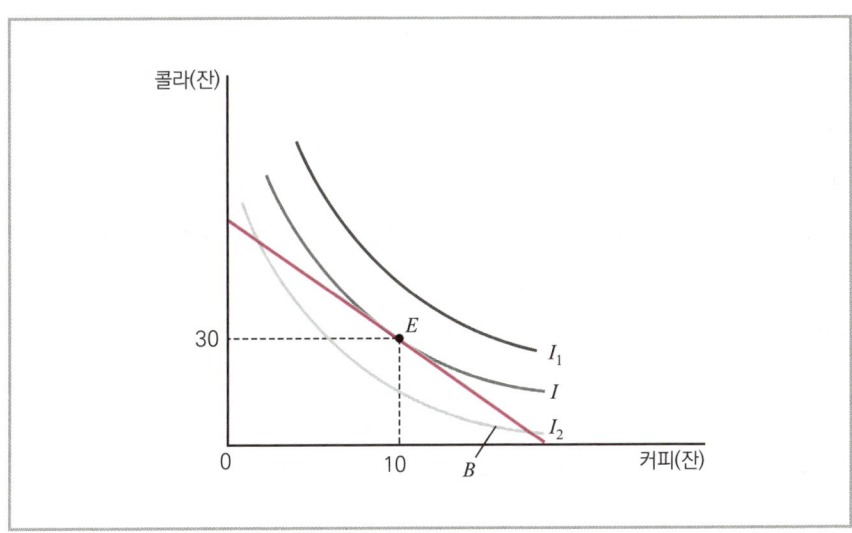

[그림 4-6] 소비자효용의 극대화

따라서 소비자가 효용을 극대화하기 위해서는 다음 조건을 충족해야 한다.

$$\frac{MUx}{MUy} = \frac{Px}{Py}$$

위의 식을 변형하면 다음과 같이 표현할 수 있다.

$$\frac{MUx}{Px} = \frac{MUy}{Py}$$

이 조건은 각 상품, 즉 커피와 콜라에 지출한 예산 1원당 한계효용이 같아지도록 선택함으로써 효용을 극대화할 수 있다는 것을 의미한다. I_1은 주어진 예산으로 도달할 수 없는 효용수준이며, I_2는 도달할 수 있는 효용수준 I보다 낮은 수준이므로 합리적인 소비자는 선택하지 않을 것이다.

2 소득효과와 가격효과

(1) 소득효과

상품의 가격이 변하지 않고 소비자의 소득만이 변하는 경우 어떤 현상이 발생하는가? 두 상품의 가격 비율이 일정할 경우, 예산선의 기울기는 변하지 않는다. 가격 비율이 변하지 않는 상태에서 소득(M)이 변하면 [그림 4-7]에서처럼 예산선은 B에서 B_1으로 이동하는 결과를 가져온다. 소비자효용을 극대화하는 점도 E에서 E_1으로 이동한다. E는 콜라 30잔과 커피 10잔을 구입할 수 있는 점이다. 소득이 10만원에서 12만원으로 증가하면 E_1에서 소득증가만큼 콜라 6잔과 커피 2잔이 늘어난 콜라 36잔과 커피 12잔을 구입할 수 있다.

> 소득효과(income effect)는 두 상품의 상대가격이 변하지 않은 상태에서 소득변화로 인해 해당 상품들의 소비량이 변하는 효과를 의미한다.

소득이 높아지면 콜라와 커피의 소비가 모두 전보다 늘어나게 되는데, 이를 소득효과라고 한다. 소득이 늘어날 때 콜라와 커피의 소비가 모두 늘어나기 때문에 두 상품 모두 정상재(normal goods)이다. 소득이 늘어날 때 소비가 줄어드는 상품을 열등재(inferior goods)라고 한다.

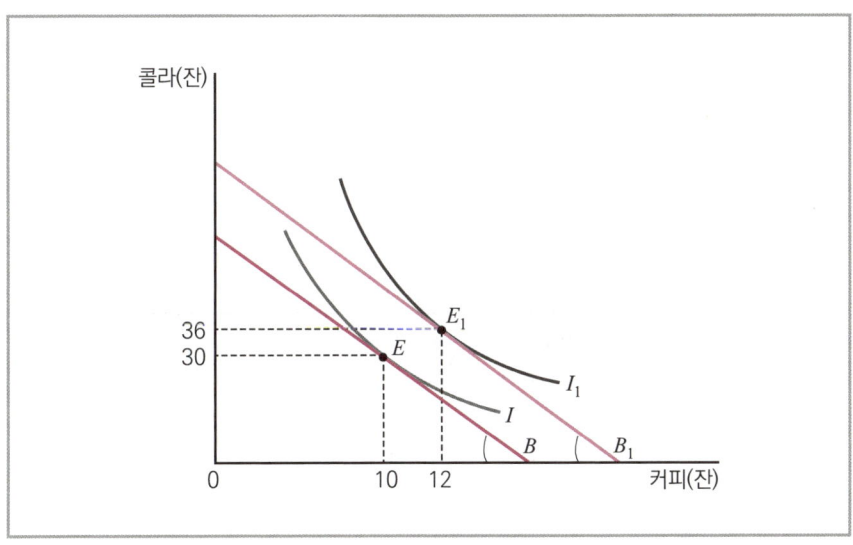

[그림 4-7] 소득효과

(2) 가격효과

> 상품의 가격변화가 수요량 변화에 미치는 효과를 가격변화(price effect)라고 한다.

[그림 4-8]은 가격효과를 나타내고 있다. 커피가격이 $P_{커피}$에서 $P^1_{커피}$로 하락하면, 예산선은 밖으로 회전하며 B에서 B_1으로 이동한다. 이때 예산선의 기울기는 작아진다. 예산선의 확대는 소비자가 더 높은 수준의 효용을 주는 무차별곡선 I_1에서 소비할 수 있도록 하고, 커피소비량은 $Q_{커피}$에서 $Q^1_{커피}$로 증가시킨다. 결국 상품가격 하락은 해당 상품을 더 많이 소비할 수 있도록 해준다. 가격효과는 대체효과와 소득효과로 나눌 수 있다.

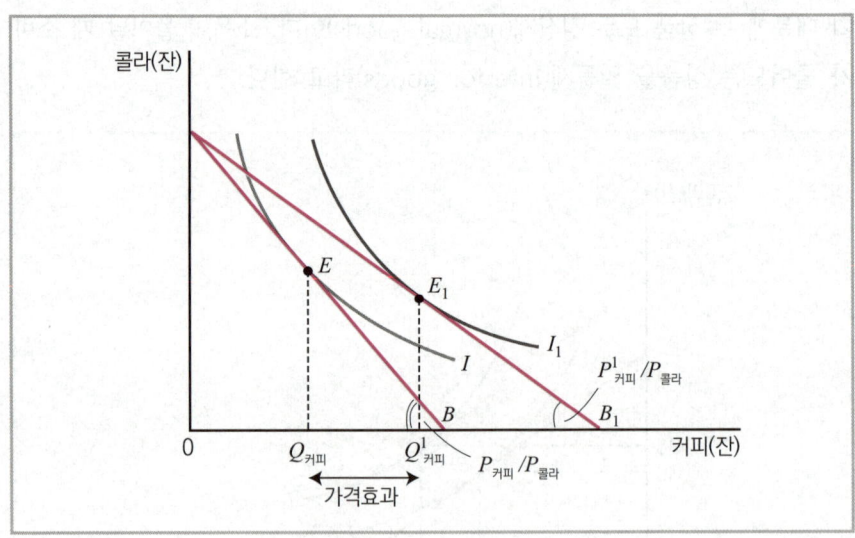

[그림 4-8] 가격효과

3 수요곡선의 도출

[그림 4-9] (a)에 따르면 커피의 가격이 $P_{커피}$에서 $P^1_{커피}$로 하락하면 예산선은 B에서 B_1으로 이동하고, 균형점은 E에서 E_1으로 변경된다. 이때 커피의 소비량은 $Q_{커피}$에서 $Q^1_{커피}$로 늘어난다. 커피 가격변화와 커피 수요량 변화의 관계는 [그림 4-9] (b)와 같이 수요곡선으로 나타낼 수 있다.

즉 커피가격이 $P_{커피}$일 때는 커피수요량이 $Q_{커피}$에서 결정(A)된다. 커피가격이 $P^1_{커피}$로 떨어지면, 커피수요량은 늘어나 $Q^1_{커피}$로 결정(B)된다. A점과 B점을 이으면 커피의 수요곡선(D)을 도출할 수 있다.

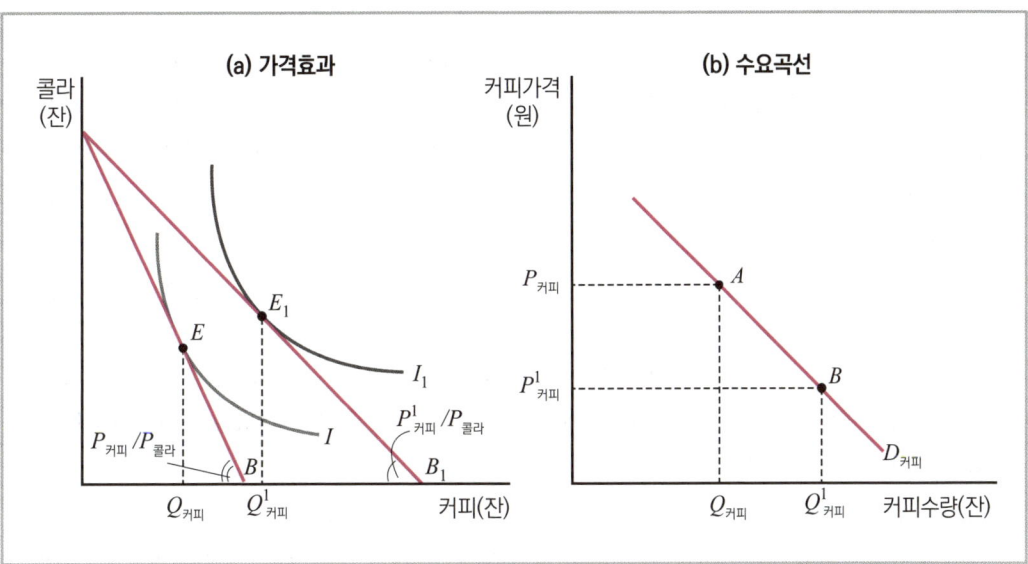

[그림 4-9] 수요곡선의 도출

【Eco-톡】 ≫ 수요법칙의 예외

1. 기펜의 역설 [Giffen's paradox]

한 재화의 가격 하락이 도리어 그 재화의 수요를 감소시키는 현상으로 보통 한 재화에 대한 가격이 하락하면 소비자의 실질소득이 높아진 것과 같은 효과가 나타나 그 재화의 수요를 증가시킨다(이것을 가격의 변화가 수요에 미치는 소득효과라고 한다).

그러나 마가린과 같은 특수한 재화, 즉 열등재(劣等財) 또는 하급재에서는 소비자가 부유해짐에 따라 마가린의 수요는 감소하고 마가린보다 우등재(優等財)·상급재의 관계에 있는 버터로 대체되어 버터의 수요가 증가된다. 이때 마가린의 가격이 하락하면 소득효과가 음(陰)으로 나타나기 때문에 마가린 수요의 감소를 가져오게 된다.

기펜의 역설은 일반적으로 한 재화의 가격이 하락하면 그 재화에 대한 수요는 증가한다는 수요법칙의 예외현상이라 할 수 있다. 이 명칭은 발견자인 영국의 경제학자 R.기펜에게서 유래하며, 마가린과 같은 재화를 기펜재(Giffen's goods)라고 한다.

2. 베블런효과 [veblen effect]

가격이 오르는 데도 일부 계층의 과시욕이나 허영심 등으로 인해 수요가 줄어들지 않는 현상.

거꾸로 배우는 경제학

미국의 사회학자이자 사회평론가인 베블런(Thorstein Bunde Veblen)이 1899년 출간한 저서 《유한계급론(有閑階級論)》에서 "상층계급의 두드러진 소비는 사회적 지위를 과시하기 위하여 자각 없이 행해진다"고 말한 데서 유래하였다. 베블런은 이 책에서 물질만능주의를 비판하면서 상류층 사람들은 자신의 성공을 과시하고, 허영심을 만족시키기 위해 사치를 일삼는다고 꼬집었다.

베블런효과는 상류층 소비자들에 의해 이루어지는 소비 행태로, 가격이 오르는 데도 수요가 줄어들지 않고, 오히려 증가하는 현상을 말한다. 예를 들어 값비싼 귀금속류나 고가의 가전제품, 고급 자동차 등은 경제상황이 악화되어도 수요가 줄어들지 않는 경향이 있다. 이는 꼭 필요해서 구입하는 경우도 있지만, 단지 자신의 부를 과시하거나 허영심을 채우기 위해 구입하는 사람들이 많기 때문이다.

더욱이 과시욕이나 허영심을 채우기 위해 고가의 물품을 구입하는 사람들의 경우, 값이 오르면 오를수록 수요가 증가하고, 값이 떨어지면 누구나 손쉽게 구입할 수 있다는 이유로 구매를 하지 않는 경향이 있다. 무조건 남의 소비 성향을 좇아 한다는 뜻에서 소비편승효과라고도 한다.

이런 점에서 다수의 소비자가 구매하는 제품을 꺼리는 소비현상으로, 남들이 구입하기 어려운 값비싼 상품을 보면 오히려 사고 싶어하는 속물근성에서 유래한 속물효과와 비슷하다. 한국에서는 대학생들 사이에 명품 소비 열풍이 일면서 일명 명품족으로 불리는 럭셔리제너레이션도 등장하였는데, 2000년대 이후에는 극소수의 상류층 고객만을 상대로 벌이는 마케팅 전략인 VVIP마케팅도 등장하였다.

3. 속물효과 [俗物效果, snob effect]

특정 상품에 대한 소비가 증가하면 그에 대한 수요가 줄어드는 소비현상으로 다수의 소비자가 구매하는 제품을 꺼리는 소비현상을 뜻하는 경제용어로, 남들이 구입하기 어려운 값비싼 상품을 보면 오히려 사고 싶어하는 속물근성에서 유래한다. 소비자가 제품을 구매할 때 자신은 남과 다르다는 생각을 갖는 것이 마치 백로같다고 하여 백로효과(白鷺效果)라고도 하며, 스놉효과(snob effect)라고도 한다.

특정 상품에 대한 어떤 사람의 수요가 다른 사람들의 수요에 의해 영향을 받는 네트워크효과의 하나로 1950년 미국의 하비 라이벤스타인(Harvey Leibenstein, 1922~1994)이 발표한 경제이론이다. 명품브랜드 소비에서 흔한 현상으로, 특정 상품을 소비하는 사람이 많아질수록 그 상품에 대한 수요는 줄어들고, 값이 오르면 오히려 매수심리가 올라간다. 이는 상품을 소비하는 사람이 많아질수록 수요도 증가하는 악대차효과(樂隊車效果)와는 반대되는 개념이다.

4. 밴드웨건효과 [樂隊車效果, band wagon effect]

유행에 따라 상품을 구입하는 소비현상으로 유행에 따라 상품을 구입하는 소비현상을 뜻하는 경제용어로, 곡예나 퍼레이드의 맨 앞에서 행렬을 선도하는 악대차(樂隊車)가 사람들의 관심을 끄는 효과를 내는 데에서 유래한다. 특정 상품에 대한 어떤 사람의 수요가 다른 사람들의 수요에 의해 영향을 받는 현상으로, 편승효과 또는 밴드웨건(band wagon)효과라고도 한다.

미국의 하비 라이벤스타인(Harvey Leibenstein, 1922~1994)이 1950년에 발표한 네트워크효과(network effect)의 일종으로, 서부개척시대의 역마차 밴드웨건에서 힌트를 얻은 것이다.

밴드웨건은 악대를 선두에 세우고 다니는 운송수단으로 요란한 음악을 연주하여 사람들을 모았으며, 금광이 발견되었다는 소식을 들으면 많은 사람들을 이끌고 몰려갔다. 이러한 현상을 기업에서는 충동구매를 유도하는 마케팅 활동으로 활용하고, 정치계에서는 특정 유력 후보를 위한 선전용으로 활용한다.

5. 네트워크효과 [network effect]

특정 상품에 대한 어떤 사람의 수요가 다른 사람들의 수요에 의해 영향을 받는 효과.

어느 특정 상품에 대한 수요가 다른 사람들에게 영향을 주는 효과를 말한다. 사람들이 네트워크를 형성해 다른 사람의 수요에 영향을 준다는 뜻에서 붙여진 경제현상으로, 1950년에 미국의 하비 라이벤스타인(Harvey Leibenstein, 1922~1994)이 이론의 기초를 세웠다. 네트워크외부성이라고도 하며, 악대차(樂隊車)효과와 속물(俗物)효과의 두 종류가 있다.

악대차효과는 어떤 사람들이 유행을 이끌면 다른 사람들이 그에 따라가는 현상을 말한다. 미국 서부개척시대에 악대를 끌고다니던 포장마차에서 유래하는 것으로, 악대가 소비심리를 충동하여 상품을 판매하는 것을 적용한 것이다. 밴드웨건효과(bandwagon effect) 또는 편승효과라고도 한다.

한편, 속물효과는 값이 비싸고 희소성이 있는 상품에 집착하는 사람의 속물적인 마음에서 붙여진 용어이다. 다수의 소비자가 구매하는 제품을 꺼리는 구매심리를 뜻한다. 소비자가 제품을 구매할 때 자신은 남과 다르다는 생각을 갖는 현상으로, 뭔가 고상한 듯 보이는 백로같다고 하여 백로효과(白鷺效果)라고도 하며, 스놉효과(snob effect)라고도 한다.

단원별 연습문제

01. 한계효용이론에 대한 다음의 서술 중 옳지 않은 것은?

① 가중된 한계효용균등의 법칙만으로 소비자균형을 도출할 수 있다.
② 아담 스미스의 가치의 역설은 결국 역설적인 현상이 아니다.
③ 한계효용곡선은 보통 우하향의 형태로 나타나지만 산봉우리형으로 나타날 수도 있다.
④ 어떤 상품을 포화점 이상으로 소비하면 한계효용은 음이 된다.
⑤ 소비자의 한계효용은 그 상품의 소비량과 궁극적으로 반비례한다.

02. 소비자선택이론과 관련된 다음의 서술 중 옳지 않은 것은?

① 총효용이 증가하면 한계효용은 증가 또는 감소할 수 있다.
② 수요곡선은 소비자의 소득으로 구입할 수 있는 재화의 최대수량을 나타낸다.
③ 자원의 희소성은 소비자에게 소득제약조건으로 나타난다.
④ '같은 값이면 다홍치마'라는 경제행위는 소비자의 합리적 행동을 반영한다.
⑤ 일반적으로 어떤 상품을 포화점까지 소비하는 것은 합리적인 소비자가 아니다.

03. 한계효용이론에 대한 다음의 서술 중 옳지 않은 것은?

① '많을수록 좋다'라는 말은 한계효용이 양(+)일 때만 성립한다.
② 벤담이 말한 '최대다수의 최대행복'은 기수적 효용개념에 입각한 것이다.
③ 상품의 완전가분성 가정이 성립하지 않으면 수요곡선은 곡선이 아니라 점들로 표시된다.
④ 사치품은 사용가치에 비하여 교환가치가 터무니없이 높으므로 사치품에 대해서는 높은 소비세를 부과해도 무방하다.
⑤ 공장매연과 폐수는 처음부터 총효용이 감소하는 품목이다.

04. 한계효용이론에 대한 다음의 서술 중 옳지 않은 것은?

① 한계효용이 음(-)으로 표시되면 총효용은 감소한다.
② 상품의 가격을 결정하는 것은 한계효용이다.
③ 두 소비자의 한계효용은 직접 비교할 수 없지만 한 소비자의 두 상품에 대한 한계효용의 비율은 두 상품의 상대가격과 같아진다.

④ 소비자의 효용을 양적으로 측정한다는 것은 이론적으로는 가능하지만 현실적으로는 매우 어려운 일이다.
⑤ 소비자가 효용을 극대화하기 위해서는 각 상품의 한계효용이 같아지도록 상품 소비를 결정해야 한다.

05. 아담 스미스의 다이아몬드와 물의 역설에 관한 한계효용학파의 이론이 아닌 것은?
① 상품의 가격과 밀접한 관련이 있는 것은 상품의 희소성이다.
② 상품의 가격과 밀접한 관련이 있는 것은 한계효용이다.
③ 상품의 가격은 객관적인 생산비보다 주관적인 효용에 의해서 결정된다.
④ 다이아몬드는 정상재이고 물은 열등재이다.
⑤ 다이아몬드와 물을 소비하는 소비자들은 합리적이다.

06. 어떤 소비자가 효용극대화를 추구할 때 적용되는 법칙은?
① 한계효용체감의 법칙   ② 가중된 한계효용균등의 법칙
③ 한계생산물체감의 법칙 ④ 기회비용체증의 법칙
⑤ ①과 ②

07. 소비자 이창호 씨가 지금 사과와 밀감을 소비하고 있다. 사과와 밀감의 가격은 각각 300원과 400원이고 사과소비와 밀감소비의 한계효용은 각각 600과 800이다. 이와 같은 상황에서 이창호 씨는 효용극대화를 위해 어떤 소비조정을 해야하는가?
① 사과와 밀감에 대한 현재의 소비량을 그대로 유지한다.
② 사과의 소비를 늘리고 밀감의 소비를 줄인다.
③ 사과의 소비를 줄이고 밀감의 소비를 늘린다.
④ 사과의 소비만 늘린다.
⑤ 밀감의 소비만 늘린다.

08. 백화점에서 한 벌에 20만원인 여성복의 가격을 50만원으로 인상하자 오히려 판매량이 증가하는 이상한 현상이 발생하였다. 다음 중에서 이러한 현상을 가장 적절히 설명할 수 있는 효과는?
① 동행효과   ② 과시효과   ③ 역행효과
④ 소득효과   ⑤ 대체효과

거꾸로 배우는 경제학

09. 술 소비자 갑의 주량은 소주 2병이고 술 소비자 을의 주량은 소주 1병이다. 한계효용 이론에 비추어 볼 때 술소비에 대한 서술 중 옳지 않은 것은?

① 술 소비자의 주량이란 총효용이 극대화되는 소주의 양을 의미한다.
② 술 소비자의 주량이란 한계효용이 0일 때를 의미한다.
③ 술 소비자 을이 소주 1병을 초과해서 마신 시점의 한계효용은 음(-)의 값을 가진다.
④ 술 소비자 갑과 을 모두 소주 반병씩 마셨다면 총효용은 갑보다 을이 더 클 수 있다.
⑤ 술 소비자 갑과 을의 소득이 동일하다면 갑은 을보다 항상 더 많은 양의 소주를 소비한다.

정답 및 해설

1. ① 소득제약조건이 추가되어야 한다.
2. ② 수요곡선은 소비자의 소득으로 '구입하고자' 하는 재화의 최대수량을 나타낸다.
3. ④ 시장가격의 왜곡현상이 발생하므로 바람직하지 않다.
4. ⑤ 소비자가 효용극대화를 달성하기 위해서는 가중된 한계효용균등의 법칙이 성립해야 한다.
5. ④ 아담 스미스의 다이아몬드와 물 사이의 가치의 역설은 한계효용학파에 의해 역설이 아닌 합리적인 현상으로 설명되었다.
6. ⑤ 주어진 소득과 상품가격하에서 한계효용체감의 법칙을 통해 가중된 한계효용균등의 법칙이 성립해야 소비자는 효용극대화를 누리게 된다.
7. ①
8. ① 가격상승시 소비자의 구매심리를 자극하여 오히려 수요가 증가하는 것을 과시효과 또는 베블렌 효과라고 한다.
9. ⑤ 갑과 을의 소득이 동일하다고 해도 소득수준 자체가 낮거나 또는 소주의 가격이 소득수준에 비해 상대적으로 비싼 편이라고 가정하자. 그러면 갑의 소주주량이 을의 소주주량보다 많다고 해도 반드시 갑의 소주소비량이 을의 그것보다 많지는 않을 것이다.

연습문제

[문제 1] 한계효용균등의 법칙을 이용하여 다이아몬드의 가격이 물의 가격보다 높은 이유를 설명하라.

[문제 2] 뷔페은 왜 손해를 보지 않고 영업을 계속할 수 있을까? 그 이유를 한계효용체감의 법칙을 이용하여 설명하라.

[문제 3] 건우는 축구 레슨을 한 번 받을 때마다 400단위의 한계효용을 얻는다고 한다. 새 축구복 1벌을 구일할 때 건우가 얻는 한계효용은 1,200단위라고 하자. 축구 레슨 가격은 1회에 100,000원이라고 한다. 건우은 현재 자신의 소득 전부를 지출하고 있으며, 최적 소비재 묶음(축구 레슨과 축구복)을 구매하고 있다. 축구복 1벌의 가격은 얼마인가?

[문제 4] 무차별곡선의 특징을 설명하라.

[문제 5] 어떤 소비자의 소득이 300,000원이다. 커피 한잔이 6,000원, 영화 1편에 12,000원일 때, 이 소비자의 예산선을 그리고, 예산선의 기울기는 얼마인가?

[문제 6] 어떤 상품의 소득과 가격이 변화하면 예산선은 어떻게 이동하는지 설명하라.

제5장
기업의 생산과 비용

제1절 기업이란 무엇인가?
제2절 기업의 생산과 생산함수
제3절 생산비
단원별 연습문제

기업이 가지고 있는 생산기술 중 가장 우수한 기술을 사용하여 각 생산요소의 다양한 결합으로 얻을 수 있는 최대생산량을 보여주는 것이 생산함수이다.

한 재화의 생산에 필요한 여러 가지 생산요소 중 적어도 한 요소의 투입량이 고정되어 있는 기간을 단기라 하고, 모든 요소의 투입량을 변경시킬 수 있는 기간을 장기라고 한다.

단기에는 수확체감의 법칙이 작용하고, 장기에는 규모에 대한 보수의 변화가 일어난다.

경제학에서 다루는 비용은 회계학적 비용이 아니라 기회비용이다.

주어진 생산물을 어떻게 하면 최소의 비용으로 생산할 수 있는가, 혹은 주어진 비용으로 어떻게 하면 최대의 생산량을 생산할 수 있는가에 대한 해답으로 최소비용의 원칙, 최대생산의 원칙을 공부한다.

이 장에서는 경제학자들이 기업의 비용을 측정하기 위해 사용하는 여러 변수를 살펴보고, 이 변수들이 서로 어떤 관계가 있는지 알아볼 것이다.

"기업가는 창조적 파괴를 통하여 새로운 제품 발명, 새로운 생산 방법 도입, 새로운 시장 개척 등의 새로운 결합을 창출하는 사람이며, 기업가 정신은 이러한 혁신을 가능케 하는 기업가의 재능 또는 역량이다."

-조지프 슘페터-

"기업을 경영하는 사람은 어떤 것에 대해 맹목적이거나 열광적인 믿음을 가져서는 안된다. 간절히 바라는 것 만으로는 그것이 실현되지 않는다는 점을 분명히 알아야 한다. 심지어 엄청난 노력을 쏟아 붓는다 해도 끝내 실현되지 않을 수 있다는 사실까지도 인지해야 한다."

-피터 드러커-

제5장 ❚ 기업의 생산과 비용

제1절 기업이란 무엇인가?

　재화와 서비스의 공급자인 기업(firm)이란 생산요소를 결합하여 재화를 생산, 판매하여 이윤을 얻는 경영조직이다. 기업은 자기자본과 타인자본을 투자하여 생산설비를 갖추고 노동력과 원료를 투입하여 재화를 생산한다.
　기업이 생산하는 재화는 쌀, 사과, 컴퓨터 등 매우 다양하며, 기업의 규모도 천차만별이다. 동네 구멍가게와 같은 영세기업부터 삼성전자나 GM(General Motors) 같은 거대기업까지 존재한다. 그리고 기업은 소유자의 숫자에 따라 개인기업(proprietorship), 합명회사(partnership), 주식회사(corporation) 등으로 구별된다.
　개인기업이란 한 사람이 소유하는 기업이며 주로 영세한 기업이 이 유형에 속한다. 합명회사는 두 사람 이상의 출자자가 소유하는 기업이며, 출자자는 공동 경영하고 회사의 부채에 대해서 무한책임을 진다. 합명회사는 중간규모의 기업에 적합한 형태이다. 주식회사는 많은 숫자의 주주들에 의해서 소유되며 지분의 양도와 취득은 자유롭다. 회사의 경영은 주주총회에서 선출된 이사회에 의해 이루어지며 경영실적에 대해 주주총회에 책임을 진다. 주주들은 회사의 부채에 대해서 출자분 만큼에 대해서 유한책임을 진다. 주식회사는 수많은 주주들로부터 자금을 조달할 수 있어서 오늘날 많은 기업들이 이 형태를 띠고 있다. 이 외에도 합자회사, 유한회사 등의 형태가 있다.
　기업의 목표는 무엇인가? 여러 가지 설이 있지만 가장 널리 인정되고 있는 것은 이윤극대화이다. 이윤(profit)이란 총수입(total revenue)에서 총비용(total cost)을 뺀 것이다.

$$이윤(\pi) = 총수입(TR) - 총비용(TC)$$

　총수입은 기업의 판매수입으로서 가격에 판매수량을 곱하여(가격×판매수량) 구할 수 있으며, 개별기업의 수요곡선 모양에 의해서 결정된다. 총수입에 대해서는 6장에서 더 설명하기로 하고 여기서는 총비용에 대해서 자세히 설명한다.

▍거꾸로 배우는 경제학 ▍

제2절 기업의 생산과 생산함수

기업은 재화를 생산하기 위해서 생산요소를 구입한다. 생산요소를 더 많이 투입하면 산출량(생산량)도 늘어나지만 동시에 생산비도 증가한다. 생산요소의 투입량과 재화의 산출량 사이에는 일정한 기술적 관계가 존재하며 이것을 생산함수(production function)라고 한다. 투입량과 산출량은 모두 일정기간 동안에 발생하는 수량이므로 유량변수이다. 여기서 설명의 편의를 위하여 생산설비(공장)의 규모를 변화시킬 수 없을 정도로 짧은 기간인 단기(short run)와 그것을 변화시킬 수 있을 정도로 긴 기간인 장기(long run)로 구별하며, 생산함수도 단기생산함수와 장기생산함수로 나눈다.

1 단기생산함수

단기에는 생산설비의 규모가 고정되어 있으므로 자본은 고정요소(fixed factor)이며, 투입량이 가변적인 노동과 원료 등은 가변요소(variable factor)이다. 여기서 생산요소는 자본(K)과 노동(L)이라고 단순화하여 투입량과 산출량의 관계를 다음과 같은 함수관계로 표현할 수 있다.

> Q(산출량) = f(K, L), K는 고정되어 있음
> K : 자본투입량, L : 노동투입량, K는 고정, L은 가변적

일정한 자본투입량에 노동투입량을 증가시키면 산출량은 증가하며, 노동 한 단위의 추가투입으로 인한 산출량의 증가분인 한계생산(marginal product)은 처음에는 증가할 수 있지만 나중에는 점점 줄어든다. 노동투입량의 증가에 따라 처음에는 분업의 효과로 한계생산이 증가하나 나중에는 자본투입량에 비해 노동투입이 너무 많아서 자본을 활용하기가 어렵게 되므로 한계생산이 감

소하는 것이다. 이것을 한계생산체감의 법칙(law of diminishing marginal product)이라고 한다. 평균생산(average product)이란 총생산(산출량)을 노동투입량으로 나눈 값이다.

$$총생산(TP) = Q = f(\overline{K}, L), \quad K는\ 고정되어\ 있음$$

$$한계생산(MP) = \frac{총생산의\ 변화분}{노동투입량의\ 변화분} = \frac{\Delta Q}{\Delta L}$$

$$평균생산(AP) = \frac{총생산}{노동투입량} = \frac{Q}{L}$$

가변요소인 노동량이 변화할 때 총생산(total product), 한계생산(marginal product), 평균생산(average product)의 변화를 표와 그림으로 나타낼 수 있다. [표 5-1]과 [그림 5-1]에서 노동투입의 증가에 따라 총생산은 계속 증가하지만, 한계생산과 평균생산은 처음에는 증가하다가 나중에는 감소하는 모양을 보여주고 있다. 가변요소가 어느 정도 이상 투입될 때 한계생산이 감소하는 현상이 바로 한계생산체감의 법칙이다.

[표 5-1] 총생산, 한계생산, 평균생산

노동투입	총생산	한계생산	평균생산
0	0	0	0
1	8	8	8
2	20	12	10
3	36	16	12
4	44	8	11
5	50	6	10

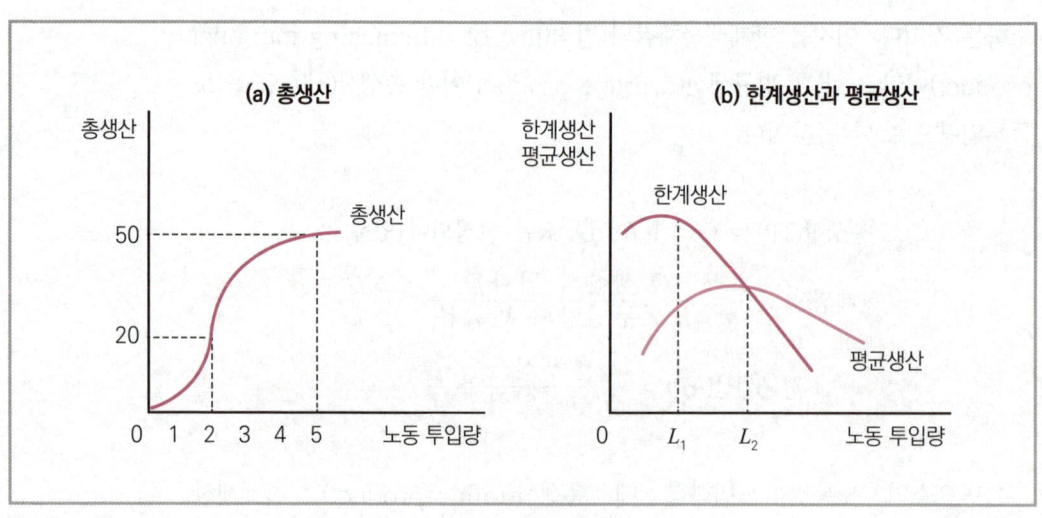

[그림 5-1] 총생산과 한계생산

2 장기생산함수

장기에는 고정요소가 존재하지 않으며 모든 생산요소가 가변요소이다. 수요가 증가하면 이에 대응해서 기업은 단기에는 노동과 원료 등 가변요소의 투입량을 증가시켜서 공급을 증가시킨다. 이 경우에 어느 정도까지는 공급을 증가시킬 수 있으나 그 한계가 지나면 한계생산체감의 법칙이 작용하여 가변요소의 투입량 증가에 의한 산출량의 증가에는 한계가 있고 총비용이 급격하게 증가한다. 그래서 기업은 장기적으로 생산설비를 확대하기 위하여 공장을 증설한다. 이렇게 하면 용이하게 공급을 증가시킬 수 있고 총비용도 그리 크게 증가 하지 않는다. 기업은 장기적으로는 생산설비의 규모를 조정할 수 있기 때문에 단기에서 보다 더 용이하게 그리고 비용면에서 더 유리하게 생산량을 조절할 수 있다. 장기생산함수는 다음과 같이 나타낼 수 있다.

> Q(산출량) = f(K, L), 자본과 노동 모두 가변적
> K : 자본투입량, L : 노동투입량, K, L는 가변적

이러한 장기생산함수를 그림으로 그리려면 3차원 공간이 필요하다. 왜냐하면 이 함수에 변수가 모두 세 개이기 때문이다. 그것을 평면에 그리기 위해서 등고선과 비슷한 등량곡선을 고안해 내었다. 등고선은 3차원인 지형의 높이

를 2차원 평면에 나타내고 있다. 노동(L)과 자본(K)을 일정량 투입하면 그것에 해당하는 산출량이 결정된다.

> 등량곡선(isoguant curve)이란 동일한 산출량을 생산할 수 있는 노동 투입량과 자본 투입량의 조합을 연결한 곡선이다.

등량곡선은 [그림 5-2]에서 보듯이 컴퓨터 100대를 생산할 수 있는 방법은 여러 가지가 있다. 노동집약적인 A점이 있고, 자본집약적인 B점도 있으며 그 가운데 여러 방법이 존재한다. 산출량을 달리함에 따라 무수히 많은 등량곡선이 존재한다.

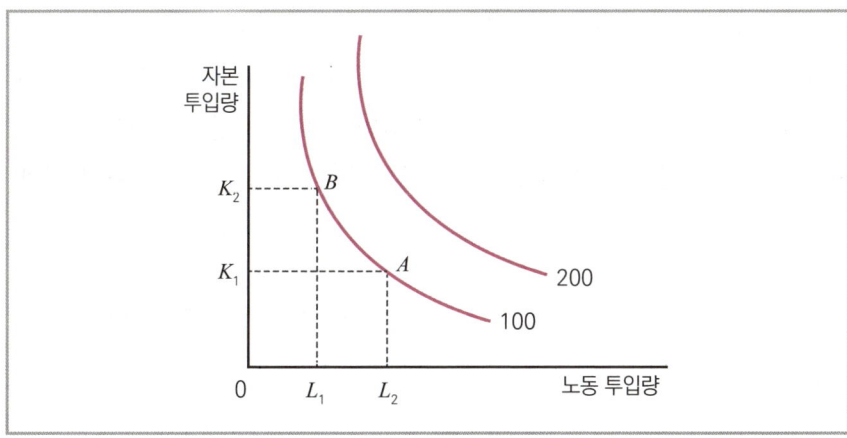

[그림 5-2] 등량곡선

제3절 생산비

1 경제학에서의 비용 개념

(1) 경제학적 비용과 회계학적 비용

경제학에서 사용되는 비용은 기회비용 개념이다. 기회비용이란 어떤 것을 얻기 위해서 포기된 것이다. 예를 들어, 자기자금 1,000만원을 투자하여 어린 양 4마리를 구입하여 1년 동안 키워 2,000만원에 팔았다고 하자. 1년 동안 사료 값으로 200만원, 노동은 스스로 하였고, 다른 비용은 없다고 하면 이 농부의 이윤은 얼마인가? 다음과 같은 방식으로 이윤을 계산하였다고 하자.

> 이윤 = 총수입(2,000만원)
>   − [어린 양 구입비(1,000만원) + 사료구입비(200만원)]
>   = 800만원(여기서 이윤은 회계학적 이윤)

여기에서 비용으로 간주된 것은 실제 지불이 발생한 명시적 비용(explicit cost)뿐이다. 그러나 자기자금 1,000만원을 1년 정기예금 했다면 50만원의 이자가 발생했을 것이고, 이 농부가 어린 양을 키우기 위해 투입한 노동시간에 다른 일을 했다면 300만원을 벌 수 있었다고 하면 '자기 자신이 소유한 생산요소의 기회비용'인 암묵적 비용(implicit cost)도 기회비용에 포함되어야 한다. 따라서 이 농부의 이윤은 450만원이다. 회계학에서는 명시적 비용만을 비용으로 간주하므로 명시적 비용을 회계학적 비용이라고 한다. 반면에 경제학에서는 명시적 비용뿐만 아니라 암묵적 비용을 합한 기회비용 전체를 비용으로 간주한다. 개인기업에서는 암묵적 비용에 자기 노동의 기회비용과 자기자본의 기회비용이 모두 포함되어 있지만, 주식회사에서는 자기 노동의 기회비용이 급여 형태로 실제 지불되므로 명시적 비용에 포함되고 자기자본의 기회비용만이 암묵적 비용에 포함된다.

경제학적 비용 = 기회비용 = 명시적 비용 + 암묵적 비용

(2) 경제학적 이윤과 회계학적 이윤

회계학에서는 실제로 들어온 수입과 지출된 비용만을 고려하므로, 총수입에서 명시적 비용을 차감한 값이 회계학적 이윤이고, 암묵적 비용까지 포함된 경제학적 비용을 차감한 값이 경제학적 이윤이다.

회계학적 이윤 = 총수입 − 명시적 비용
경제학적 이윤 = 총수입 − 명시적 비용 − 암묵적 비용

회계학적 이윤이 양의 값이라고 하더라도 자기자본의 기회비용을 차감한 경제학적 이윤은 음의 값을 가질 수도 있다. 기업에 출자한 주주는 회계학적 이윤이 아니라 경제학적 이윤을 기준으로 해서 추가로 출자할 것인지, 출자자금을 회수할 것인지를 결정한다.

회계학적 이윤과 경제학적 이윤을 정리하면 [그림 5-3]과 같다.

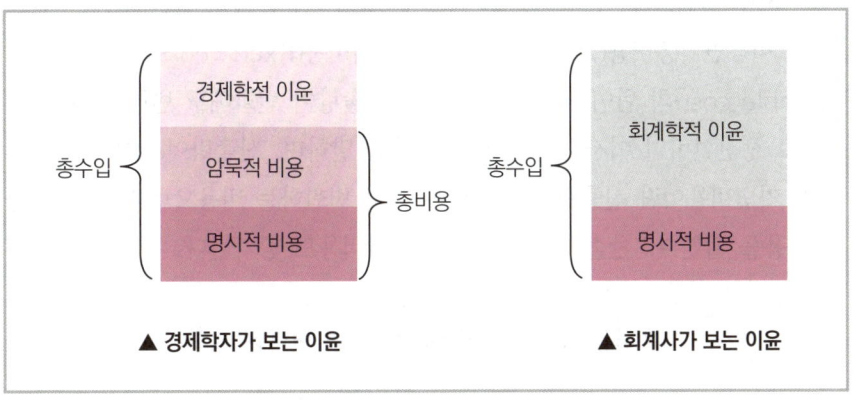

[그림 5-3] 회계학적 비용과 경제학적 비용

2 산출량과 생산비

산출량이 늘어나기 위해서는 생산요소의 투입량을 증가시켜야 하므로 생산요소의 구입비용인 생산비도 증가한다. 산출량과 생산비의 관계를 비용함수

(cost function)라고 하며, 총비용은 일정량의 재화를 생산하기 위해 투입되는 각 요소투입량에 요소의 가격을 곱하여 합산한 금액이다.

> 총비용 = 자본투입량(K) × 단위당 임대료 + 노동투입량(L) × 임금

생산요소 투입량과 산출량 그리고 생산비 사이에는 정(+)의 관계가 존재한다.

> 생산요소 투입량 증가 → 산출량의 증가
> 생산요소 투입량 증가 → 총생산비의 증가

그러므로 비용함수는 다음과 같은 함수식으로 나타낼 수 있다.

> 생산비 = f(산출량)
> TC = f(Q)

(1) 단기비용함수

단기에는 고정요소와 가변요소가 존재하므로, 생산에 투입된 모든 생산요소의 비용인 총비용(totral cost)은 고정비용(fixed cost)과 가변비용(variable cost)의 합이다. 고정비용이란 산출량이 변화해도 변하지 않는 비용으로 생산설비의 이자와 감가상각비 등을 말하며, 산출량이 0이라도 발생한다. 가변비용이란 산출량이 변화함에 따라 변화하는 비용으로 원료나 노동의 비용을 말한다. 산출량이 증가하면 가변비용도 증가한다.

> 총비용(TC) = 고정비용(FC) + 가변비용(VC)

산출량이 한 단위 추가될 때 총비용의 증가분을 한계비용(marginal cost)이라고 한다. 앞에서 살펴본 것처럼 한계생산이 체감하면 가변요소가 한 단위 증가할 때 추가되는 산출량이 적어지므로 산출량 한 단위당 가변요소 투입량이 증가하는 셈이다. 그러므로 산출량 한 단위의 증가에 따른 비용 즉 한계비용은 체증한다. 한계생산의 체감은 한계비용의 체증으로 나타난다.

제5장 | 기업의 생산과 비용

$$한계비용(MC) = \frac{총비용의\ 증가분}{산출량의\ 증가분} = \frac{\Delta TC}{\Delta Q}$$

총비용을 산출량으로 나눈 값은 산출량 한 단위당 비용, 즉 평균비용이다.

$$평균비용(AC) = \frac{총비용}{산출량} = \frac{고정비용}{산출량} + \frac{가변비용}{산출량}$$
$$= \frac{TC}{Q} = \frac{FC}{Q} + \frac{VC}{Q} = AFC + AVC$$

AFC = 평균고정비용, AVC = 평균가변비용

[표 5-2]에서 가상적인 제과점의 빵 생산량과 비용의 관계를 나타내어 설명한다.

[표 5-2] 빵 생산량과 여러 가지 비용

빵 생산량	고정비용	가변비용	총비용	한계비용	평균 고정비용	평균 가변비용	평균비용
0	100	0	100				
1	100	20	120	20	100	20	120
2	100	35	135	15	50	17.5	67.5
3	100	45	145	10	33.3	15	48.3
4	100	60	160	15	25	15	40
5	100	90	190	30	20	18	38
6	100	150	250	60	16.7	25	41.7
7	100	250	350	100	14.3	35.7	50
8	100	400	500	150	12.5	50	62.5

빵 생산량의 증가에 따라 총비용은 지속적으로 증가하며, [그림 5-4]가 이 관계를 보여주고 있다. 총비용곡선의 기울기를 보면 처음에는 점점 완만해지다가 어느 지점을 지나면 점점 가파르게 되는 것을 볼 수 있다. 이것은 바로 한계비용이 점점 감소하다가 어느 지점을 지나면서 다시 증가하는 것과 밀접하게 연관되어 있다.

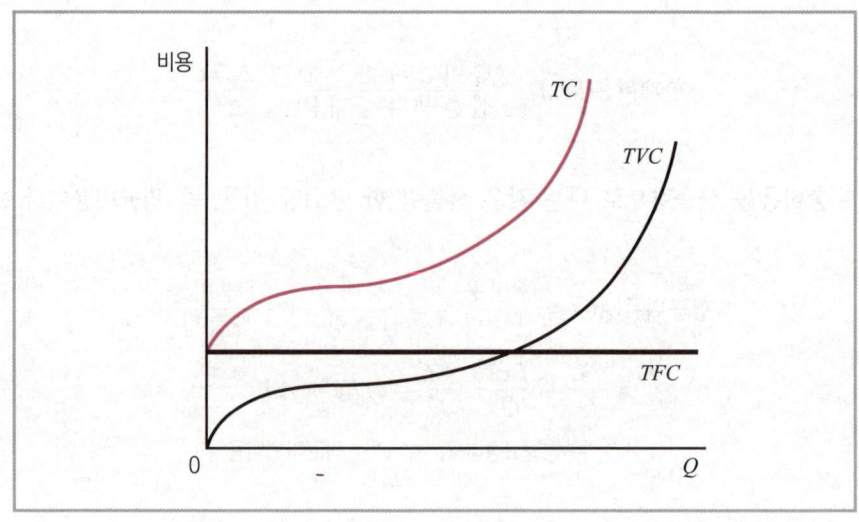

[그림 5-4] 총비용곡선

그러나 [그림 5-5]처럼 한계비용과 평균비용은 처음에는 감소하다가 나중에는 증가하여 U자 모양을 나타내고 있다.

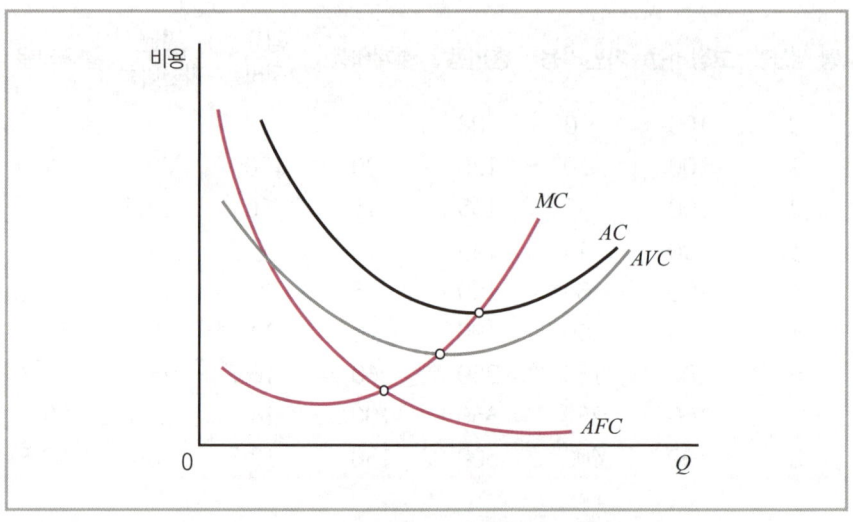

[그림 5-5] 여러 가지 비용곡선

평균비용은 산출량의 증가에 따라 계속 감소하는 평균고정비용과 처음에는 감소하다가 나중에 증가하는 평균가변비용의 합으로서, 평균비용 역시 처음에는 감소하다가 나중에 증가한다. 총비용곡선, 한계비용곡선, 평균비용곡선의 모양은 서로 긴밀하게 연관되어 있다.

(2) U자형 한계비용곡선과 평균비용곡선

한계비용곡선이 U자형을 보이는 것은 가변요소인 노동 투입의 증가에 따라 처음에는 분업의 효과로 인해 한계생산이 체증하지만, 노동 투입이 더 증가하면 고정요소에 비해 노동이 너무 많아서 고정요소에 접근하기조차 어려워서 한계생산이 체감하기 때문이다. 한계생산과 한계비용은 서로 반대방향으로 움직인다. 왜냐하면 생산성이 증가하면 일정한 비용으로 더 많이 생산하므로 생산물 한 단위당의 비용은 감소하기 때문이다. 같은 이유에 의해서 평균비용곡선과 평균가변비용곡선도 U자형을 그린다.

한계비용곡선과 평균비용곡선의 관계는 한계비용곡선이 평균비용곡선보다 아래에 있어서 한계비용이 평균비용보다 작으면 평균비용을 끌어내리는 역할을 하므로 평균비용곡선은 우하향하고, 한계비용곡선이 평균비용곡선보다 위에 있어서 한계비용이 평균비용보다 크면 평균비용을 끌어올리는 역할을 하므로 평균비용곡선은 우상향한다.

> 한계비용 〈 평균비용 → 평균비용은 체감 → 평균비용곡선은 우하향
> 한계비용 = 평균비용 → 평균비용은 불변 → 평균비용이 최하점에 도달
> 한계비용 〉 평균비용 → 평균비용은 체증 → 평균비용곡선은 우상향

예를 들어 40명의 학생으로 구성된 한 학급의 경제학 평균점수가 60점인데, 새로 전학 온 학생의 점수(한계점수)가 30점이면 학급 평균점수는 감소하고, 그 학생의 점수가 80점이면 학급 평균점수는 증가하는 것과 같은 이유이다. 그러므로 한계비용곡선과 평균비용곡선은 모두 U자형이면서, 한계비용곡선은 평균비용곡선의 최하점을 통과한다. 이런 관계는 한계비용곡선과 평균가변비용곡선 간에도 동일하게 적용된다.

(3) 장기비용함수

장기에는 고정요소가 없어지고 모든 생산요소가 가변요소이다. 단기에 고정되어 있던 생산설비의 규모가 축소될 수도 있고 확장될 수도 있다. 이론상으로는 어떤 산출량마다 생산비를 최소화할 수 있는 가장 알맞은 생산설비의 규모가 있고, 기업은 그 규모를 선택할 수 있다. 그러므로 모든 장기비용은 단기비용보다 더 적다. 다시 말하면 장기총비용곡선은 모든 단기총비용곡선과 접하거나 그 아래에 있다.

■ 거꾸로 배우는 경제학 ■

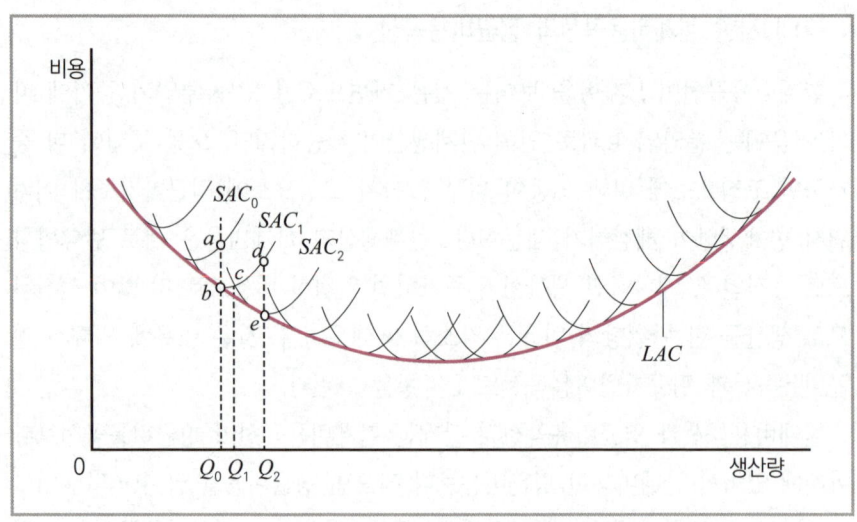

[그림 5-6] 장, 단기 평균비용곡선

[그림 5-6]은 시장 규모의 변화에 따른 기업의 시설규모가 어떻게 달라지는가를 보여주고 있다. 단기평균비용곡선(short-run average cost curve : SAC)이 오른쪽에 위치할수록 산출능력이 더 크기 때문에 SAC_2는 SAC_1보다 시설 규모가 더 크다는 것을 알 수 있다.

기업이 연간 판매할 수 있는 수량이 Q_0라면 기업은 SAC_1의 평균비용곡선을 갖는 시설 규모를 선택할 것이다. 왜냐하면 SAC_1은 SAC_0에 비해 재화 한 단위당 생산비인 평균비용이 ab만큼 작기 때문이다. 따라서 시장 규모가 협소하여 기업의 생산량이 적을 때는 대기업보다는 중소기업이 더 저렴한 비용으로 생산할 수 있다는 것을 알 수 있다. 시장 규모가 점점 커져 생산량이 Q_1에 도달하면 기업은 SAC_1이나 SAC_2의 시설 규모 중 어느 것을 선택해도 상관없다. 왜냐하면 두 시설 규모 모두 점 c에서 동일한 평균비용을 발생시키기 때문이다.

생산량이 Q_2에 이르면 기업은 SAC_1보다는 SAC_2의 시설 규모를 선택하려고 할 것이다. 그 이유는 SAC_2가 SAC_1에 비해 평균비용이 de만큼 작기 때문이다. 따라서 시장 규모가 확대될수록 대기업이 중소기업에 비해 절대적으로 유리한 입장에 놓이게 되며, 그동안 중소기업들이 개척해 놓은 기존의 시장에 대기업들이 진입하게 된다.

결론적으로 기업은 장기평균비용을 최소화시킬 수 있는 시설 규모를 선택하려고 하며, 이를 위해 시장 규모의 변화에 따라 기업의 시설 규모를 조정해

나간다. 그러므로 장기적으로 시설 규모를 아주 조금씩 늘려갈 수 있다고 가정한다면 [그림 5-6]과 같은 단기평균비용곡선들은 무수히 많이 존재하며, 이 곡선들을 감싸는 하나의 곡선이 장기평균비용곡선(long-run average cost curve : LAC)이다.

(4) 규모의 경제와 규모의 비경제

장기비용곡선은 기업의 생산규모가 변함에 따라 비용이 어떻게 변하는지를 알려준다.

> 규모의 경제(economies of scale)란 모든 생산요소들의 투입량을 증가시킬수록 장기평균생산비가 점차 감소하는 것을 말한다.

따라서 규모의 경제가 발생한다는 것은 생산량이 증가할수록 평균생산비가 [그림 5-7]의 장기평균비용곡선을 따라 아래쪽으로 이동하면서 점차 감소하는 것을 의미한다(A점의 왼쪽).

규모의 경제를 생산의 개념을 이용하여 정의하기도 하는데, 생산요소의 투입량 증가율보다 생산량 증가율이 더 크게 나타날 때 규모의 경제가 발생한다. 이러한 정의는 앞에서 설명한 바와 같이 생산량과 생산비 사이에 불가분의 관계가 존재하기 때문에 가능하다. 평균비용이 산출량과 관계없이 일정하면 규모에 대한 수익불변(constant returns to scale)이라고 말한다($A \sim B$사이).

거꾸로 배우는 경제학

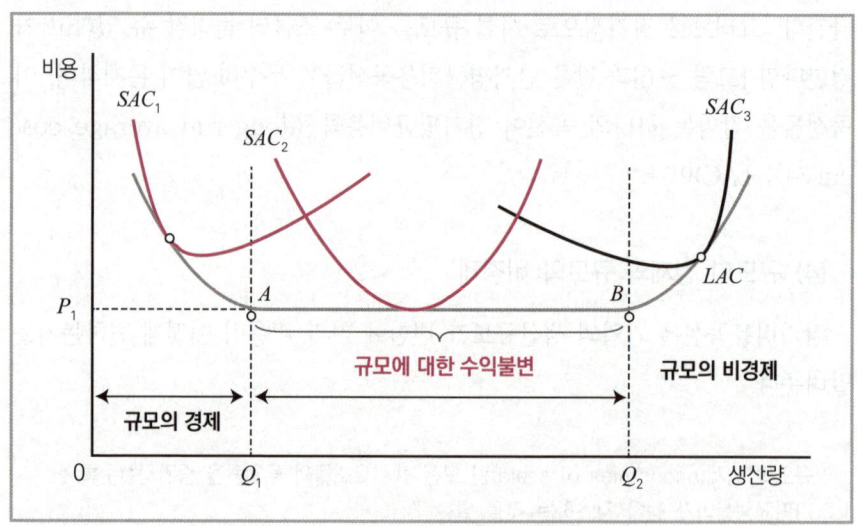

[그림 5-7] 장기평균비용과 규모의 경제

규모의 경제와 반대되는 개념으로서 규모의 비경제(diseconomies of scale)라는 말이 있다. 이것은 기업이 시설 규모를 지나치게 확대할 경우 장기평균생산비가 오히려 상승하는 것을 말하며 [그림 5-7] 장기평균비용곡선의 최저점인 B의 오른쪽 구간에 해당된다. 그러므로 모든 기업들은 가능한 최저비용으로 생산할 수 있는 시설 규모에 도달하려고 노력한다. 어떤 기업이 장기평균비용곡선의 최저점 Q_1에서 생산하고 있다면 이 기업은 최적조업도(optimal operation)를 달성하고 있다고 말한다.

단원별 연습문제

01. 한계생산물이 체감하는 일반적인 단기생산함수에서 노동의 평균생산물(APn)과 노동의 한계생산물(MPn)간의 관계를 옳게 설명한 것은?

① APn이 MPn보다 크면 APn은 계속 증가한다.
② APn이 증가하면서 MPn보다 크면 기업의 이윤은 증가한다.
③ 생산의 2단계는 MPn의 극대점부터 APn의 극대점까지의 구간이다.
④ MPn<0이더라도 APn>0이기만 하면 기업은 생산을 계속한다.
⑤ 기업의 최적생산은 APn의 극대점부터 MPn=0인 구간에서 결정된다.

02. 생산자선택의 이론에서 장기와 단기의 기본적인 차이는?

① 장기에는 수확체감의 법칙이 성립하지만, 단기에는 그것이 성립하지 않는다.
② 단기보다 장기에 고정비용이 생산자의 의사결정에 더 중요한 영향을 미친다.
③ 단기보다 장기에 가변비용이 생산자의 의사결정에 더 중요한 영향을 미친다.
④ 장기에는 모든 생산요소가 가변비용이지만, 단기에는 적어도 한 생산요소가 고정요소이다.
⑤ 단기에는 모든 생산요소가 고정요소이지만, 장기에는 모든 생산요소가 가변요소이다.

03. 단기에 수확체감구간에서 가변요소의 투입량을 한 단위 더 증가시킬 때 나타나는 현상은?

① 총생산물은 증가한다. ② 평균생산물은 감소한다.
③ 한계생산물은 증가한다.
④ 한계생산물은 감소하고 총생산물과 평균생산물은 증가한다.
⑤ 한계생산물은 감소하고 총생산물과 평균생산물은 증가할 수도 있고 감소할 수도 있다.

04. 단기와 장기의 비용함수에 대한 다음의 설명 중에서 옳지 않은 것은?

① 각 산출량수준에서 장기평균비용이 단기평균비용보다 큰 경우는 없다.
② 장기한계비용곡선과 단기한계비용곡선들은 포락선관계가 없다.
③ 단기평균비용곡선이 장기평균비용곡선과 접하는 산출량수준에서 단기와 장기의 한계비용은 같다.
④ 장기평균비용곡선이 수평선일 때 장기평균비용곡선은 장기한계비용곡선과 일치한다.
⑤ 장기평균비용곡선이 U자 형태를 취할 때 장기평균비용곡선은 단기평균비용곡선의 최저점들과 접한다.

거꾸로 배우는 경제학

05. 생산자선택의 이론과 관련된 다음의 서술 중 옳지 않은 것은?

① 수확체감의 법칙은 단기에 나타나는 현상이다.
② 규모에 대한 보수 불변은 장기에 나타나는 현상이다.
③ 단기에 노동의 한계생산물이 증가하면 한계비용은 감소한다.
④ 단기에 한계생산물이 평균생산물보다 크다면 평균생산물은 증가한다.
⑤ 단기에 한계비용이 증가하면 평균비용도 증가한다.

06. 생산비에 대한 다음의 서술 중 옳지 않은 것은?

① 단기에 평균고정비용은 평균비용에서 평균가변비용을 공제한 값이다.
② 산출량에 관계없이 단기평균비용은 장기평균비용보다 항상 크거나 같다.
③ 단기에 한계비용곡선은 평균고정비용곡선 및 평균가변비용곡선의 최저점을 통과한다.
④ 단기에 원점에서 출발한 우상향의 직선이 총비용곡선과 접하는 점에서 평균비용은 최소가 된다.
⑤ 단기에 총가변비용곡선상의 한 점에서의 접선의 기울기가 한계비용이다.

07. 단기비용곡선에 대한 서술로서 옳지 않은 것은?

① 단기평균비용곡선이 우하향하는 것은 한계비용이 평균비용보다 작기 때문이다.
② 단기평균비용곡선이 우상향하는 것은 한계비용이 평균비용보다 크기 때문이다.
③ 한계비용이 감소할 때 한계비용은 평균비용보다 작다.
④ 단기평균비용곡선이 우상향하는 것은 생산량 증가에 따라 규모의 비경제가 발생하기 때문이다.
⑤ 평균비용이 일정할 때 한계비용과 평균비용은 같다.

08. 평균비용과 한계비용에 대한 다음의 서술 중 옳지 않은 것은?

① 평균비용곡선이 수평이면 한계비용곡선과 평균비용곡선이 일치한다.
② 한계비용곡선은 평균비용곡선의 최저점을 통과한다.
③ 평균비용이 감소하면 한계비용곡선은 평균비용곡선 아래에 위치한다.
④ 총비용곡선이 수평이면 평균비용곡선과 한계비용곡선도 수평이 된다.
⑤ 평균비용곡선과 한계비용곡선은 일반적으로 U자 형태를 취한다.

09. 단기에서 평균가변비용곡선과 평균비용곡선의 위치에 대한 서술 중 옳은 것은?

① 평균가변비용곡선은 평균비용곡선 아래에 위치한다.
② 평균가변비용곡선은 평균비용곡선 위에 위치한다.
③ 가변요소의 가격변동에 따라 평균가변비용곡선은 평균비용곡선 아래 또는 위에 위치한다.
④ 생산량이 증가할수록 평균가변비용곡선과 평균비용곡선의 수직적인 차이가 확대된다.
⑤ 평균가변비용곡선과 평균비용곡선은 항상 일치한다.

10. 장기비용곡선과 단기비용곡선의 관계에 대한 서술로서 옳지 않은 것은?

① 장기총비용곡선은 각각의 단기총비용곡선들의 한 점과 만난다.
② 장기평균비용곡선은 각각의 단기평균비용곡선들의 한 점과 만난다.
③ 장기평균비용곡선은 각각의 단기평균비용곡선들의 최저점을 연결한 곡선이다.
④ 장기한계비용곡선은 각각의 단기한계비용곡선들의 포락선이 아니다.
⑤ 장기한계비용곡선은 각각의 단기한계비용곡선과 형태가 유사하다.

11. 단기비용함수와 장기비용함수가 서로 다른 가장 근본적인 이유는 무엇인가?

① 수확체감의 법칙
② 규모에 대한 보수
③ 한계비용의 체증
④ 기업의 목표생산량의 변화
⑤ 설비투자의 변화와 신규기업의 시장진입

12. 생산비이론에 대한 다음의 서술 중 옳지 않은 것은?

① 총수입에서 명시적 비용과 잠재적 비용을 뺀 것이 경제적 이윤이다.
② 회계적 비용이 경제학적 비용분석에서 문제가 되는 것은 생산자의 기회비용을 포함하지 않았기 때문이다.
③ 단기에서 한계비용이 평균비용과 일치하는 것은 평균비용이 최소일 경우이다.
④ 장기평균비용곡선이 우하향하는 것은 규모의 경제가 발생하기 때문이다.
⑤ 기업의 비용곡선들이 상방으로 이동한다면 그것은 해당 상품에 대한 수요가 증가하기 때문이다.

13. 비용곡선에 대한 다음의 서술 중 옳지 않은 것은?

① 단기에 평균가변비용곡선이 우상향하면 한계비용곡선은 반드시 우상향한다.
② 단기에 총생산물곡선이 우하향해도 총비용곡선은 우상향한다.
③ 장기평균비용곡선의 최저점은 반드시 단기평균비용곡선의 최저점과 일치한다.
④ 실증적으로 장기평균비용곡선이 L자 형태를 취하는 것은 규모에 대한 보수 불변이 발생하는 생산시설에서 더 이상 시설확대를 꾀하지 않기 때문이다.
⑤ 장기에 총비용곡선이 우상향하면 한계비용곡선도 우상향한다.

14. 다음 중에서 평균비용곡선과 한계비용곡선이 모두 하방으로 이동하는 경우가 아닌 것은?

① 기술진보
② 노동생산성의 향상
③ 생산요소가격의 하락
④ 정부의 생산보조금 지급
⑤ 이윤에 대한 소득세 감면

15. 장기평균비용곡선이 U자 형태로 표시될 때 나타날 수 있는 현상이 아닌 것은?

① 최적조업도에 의한 최적산출량은 여러 개가 된다.
② 최적시설규모에 의한 최적산출량은 하나이다.
③ 최소효율규모는 하나이다.
④ 최적시설규모는 여러 개가 된다.
⑤ 최소효율규모에서 규모에 대한 보수 불변이 나타난다.

제5장 기업의 생산과 비용

정답 및 해설

1. ⑤ 기업의 최적생산은 생산의 2단계에서 이루어지는데 그 구간은 AP_n의 극대점부터 $MP_n=0$이 되는 점 사이이다.
2. ④ 개별기업이 생산과정에서 직면하는 단기와 장기의 가장 기본적인 차이는 고정투입요소의 존재 여부이다.
3. ⑤
4. ⑤ 단기비용곡선의 최저점이 장기평균비용곡선과 접하는 것은 장기평균비용곡선의 최저점에서만 가능하다.
5. ⑤
6. ③
7. ④ 단기평균비용곡선이 우상향하는 것은 단기에 수확체감의 발생하여 한계비용이 증가하기 때문이다. 반면에 규모의 비경제는 장기평균비용곡선을 우상향하게 한다.
8. ④ 총비용곡선이 수평이면 평균비용곡선은 직각쌍곡선이 되고 한계비용곡선은 수평선이 되어 횡축과 같아진다.
9. ① 평균가변비용곡선을 평균고정비용만큼 수직으로 올려주면 평균비용곡선이 된다.
10. ③ 규모에 대한 보수 불변일 경우에만 성립한다.
11. ⑤ 단기와 장기의 구분은 생산자선택의 이론에서는 고정요소 및 고정비용의 존재유무, 생산물시장의 이론에서는 기업의 자유로운 시장진입과 퇴거 유무에 따라 결정된다.
12. ⑤ 기업의 비용곡선들이 상방으로 이동하는 것은 생산요소가격의 상승이나 판매세가 부과되어 생산비가 인상되었을 경우이다.
13. ⑤ 단위당 생산비와 가변비용이 낮아지므로 평균비용곡선과 한계비용곡선은 밑으로 이동한다. 그러나 이윤에 대한 소득세 감면은 고정비용을 감소시키므로 평균비용만 낮아질 뿐 한계비용은 불변이다.
14. ⑤ 단위당 생산비와 가변비용이 낮아지므로 평균비용곡선과 한계비용곡선은 밑으로 이동한다. 그러나 이윤에 대한 소득세 감면은 고정비용을 감소시키므로 평균비용만 낮아질 뿐 한계비용은 불변이다.
15. ④ 단기평균비용곡선의 최저점에서의 조업도를 최적조업도라 하고 이때의 산출량을 최적산출량이라고 한다. 한편 장기평균비용곡선의 최저점에서의 시설규모를 최적시설규모라 하며 이때의 산출량을 최적시설규모에 의한 최적산출량이라고 한다. 따라서 장기평균비용곡선이 U자형태로 표시되면 최적산출량은 여러 개, 최적시설규모는 하나, 그리고 최소효율규모도 하나가 된다. 단 최소효율규모는 최소의 평균비용으로 생산하는 최소의 규모를 뜻하므로 장기비용곡선이 U자형태를 취하든 L자형태를 취하든 하나가 된다.

연습문제

[문제 1] 주식회사의 특징과 장점은 무엇인가?

[문제 2] 한계생산물이란 무엇이고, 이것이 체감한다는 것은 무엇을 의미하는지 설명하라.

[문제 3] 수확체감의 법칙이란 무엇인지 설명하라.

[문제 4] 경제학적 비용과 회계학적 비용의 차이점은 무엇인가?

[문제 5] 경제학적 이윤이 회계학적 이윤보다 더 클 수 있는가? 왜 그런가?

[문제 6] 붕어빵 가게의 비용구조가 다음과 같다고 하자.

산출량	가변비용(원)	총비용(원)
0	0	600
1	200	800
2	500	1,100
3	900	1,500
4	1,400	2,000
5	2,000	2,600
6	2,700	3,300

각 산출량 수준에서 평균가변비용, 평균비용, 한계비용을 계산하라.

평균가변비용곡선, 평균비용곡선, 한계비용곡선을 그리고, 각 비용곡선 간에는 어떤 관계가 있는지 설명하라.

[문제 7] 단기에 평균비용과 한계비용이 U자형인 이유는 무엇인가?

[문제 8] 장기평균비용곡선이 U자형이라면, 이것은 무엇을 의미하는가?

[문제 9] 단기에 한계비용곡선이 평균비용곡선의 최하점을 지나는 이유는 무엇인지 설명하라.

[문제 10] 규모의 경제를 정의하고, 그 발생이유를 설명하라.

제6장
시장구조와 기업의 이윤극대화

제1절 시장구조
제2절 완전경쟁시장
단원별 연습문제

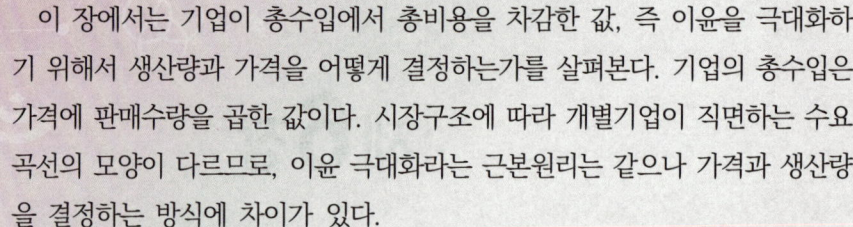

　이 장에서는 기업이 총수입에서 총비용을 차감한 값, 즉 이윤을 극대화하기 위해서 생산량과 가격을 어떻게 결정하는가를 살펴본다. 기업의 총수입은 가격에 판매수량을 곱한 값이다. 시장구조에 따라 개별기업이 직면하는 수요곡선의 모양이 다르므로, 이윤 극대화라는 근본원리는 같으나 가격과 생산량을 결정하는 방식에 차이가 있다.

한 기업이 속한 시장이 완전경쟁시장이라면, 그 기업은 시장에서 결정된 가격으로 자신이 원하는 수량만큼 판매할 수 있으나, 독점시장이라면 판매량을 늘리기 위해서는 가격을 인하해야 한다는 점에서 서로 다르다. 그러므로 기업의 총수입이 결정되는 원리를 보기에 앞서 시장구조에 대해서 알아 볼 필요가 있다. 본 장에서는 시장의 경쟁 정도에 따라 완전경쟁시장에서 이윤극대화 조건에 대하여 살펴보고자 한다.

"경쟁은 산업의 진화를 촉진시킵니다."
-헨리 포드-

"경제에서 경쟁은 전쟁이 아니라 서로 도움이 되는 라이벌 관계이다."
-에드윈 캐넌-

제6장 ■ 시장구조와 기업의 이윤극대화

제1절 시장구조

재화와 서비스는 서로 유사한 것이 많은데, 어디까지를 같은 시장에 속하는 재화로 볼 것인가? 이 문제는 산업분류와도 밀접한 관계에 놓여 있다. 산업(industry)이란 동질적이거나 아주 유사한 재화를 생산하는 기업들의 집합을 말하며, 산업은 농업, 공업, 서비스업 등으로 매우 크게 분류할 수도 있고, 쌀 산업, 보리 산업, 자동차 산업 등으로 매우 좁게 분류할 수도 있다. 같은 산업에 속하는 기업들이 바로 시장의 공급자들이다.

한 산업의 시장구조는 경쟁의 정도에 의해서 완전경쟁시장, 독점시장, 독점적 경쟁시장, 과점시장으로 분류되는데, 시장구조를 분류하는 기준은 다음과 같다.

> 수요자와 공급자의 수 : 수요자는 대부분 다수이므로, 공급자의 수가 몇 개인가?
> 재화의 질 : 각 기업이 공급하는 재화가 동질적인가, 차별적인가?
> 진입의 자유 : 경쟁기업의 진입이나 기존기업의 탈퇴가 자유로운가?

이러한 기준에 따라 시장구조는 [표 6-1]과 같이 분류할 수 있다.

[표 6-1] 시장구조와 특징

구분	완전경쟁시장	독점시장	독점적 경쟁시장	과점시장
공급자의 수	다수	하나	다수	소수
재화의 질적 차이	동질	한 종류	차별적	동질 혹은 차별적
진입의 자유	자유	불가	자유	제한적

제2절 완전경쟁시장

1 완전경쟁시장의 조건

완전경쟁시장(perfectly competitive market)이란 다음과 같은 특성을 가진 시장을 말한다.

수요자와 공급자의 수 : 완전경쟁시장에서는 수요자와 공급자가 아주 많다. 각 기업들은 시장의 공급량에 비해서 아주 적은 수량을 공급하고 있어서 어떤 공급자도 시장가격에 영향을 미칠 수 없다. 따라서 각 기업은 시장에서 결정된 가격을 그대로 수용하는 가격수용자(price-taker)이며, 기업이 당면하는 수요곡선은 시장에서 결정된 가격에서 수평으로 그어지는 수평선의 모양을 띠며 완전탄력적이다.

완전경쟁기업은 주어진 가격에서 원하는 수량만큼 판매할 수 있기 때문에 더 많이 팔기 위해서 가격을 내릴 필요가 없다. 그리고 가격을 조금이라도 올리면 수요량은 0으로 감소하므로 기업은 시장에서 결정된 가격을 그대로 수용한다.

재화의 질 : 각 기업들이 공급하는 재화는 서로 완전히 동질적(homogeneous)이다. 상표 없이 거래되는 농산물이 그 예이다.

진입과 퇴출의 자유(freedom of entry and exit) : 장기에 이윤이 존재하면 새로운 기업의 진입이 있고, 손실이 발생하면 퇴출이 발생하는데, 진입과 퇴출에 어떠한 장벽도 없이 자유롭게 이루어진다.

완전정보(perfect information) : 수요자와 공급자가 시장에 존재하는 모든 상품의 질과 각 공급자가 요구하는 가격에 대해서 완전한 정보를 가진다.

이러한 조건이 성립되는 시장을 완전경쟁시장이라고 한다. 위의 조건을 모두 갖춘 시장을 현실에서 찾아보기는 어려우나 이상적인 시장형태로서 중요한 의의가 있으며, 브랜드 없이 거래되는 농산물시장이 완전경쟁시장에 매우 가깝다.

2 완전경쟁기업의 수요곡선과 총수입

완전경쟁기업의 산출량은 시장공급에 비해서 아주 미미하므로, 완전경쟁기업이 산출량을 변화시켜도 시장가격은 전혀 영향을 받지 않는다. 그러므로 완전경쟁기업은 시장에서 결정된 가격을 그대로 수용하므로 기업의 수요곡선은 [그림 6-1] (a)처럼 수평선이다. 완전경쟁기업은 이 가격으로 자신이 원하는 수량만큼 판매할 수 있다.

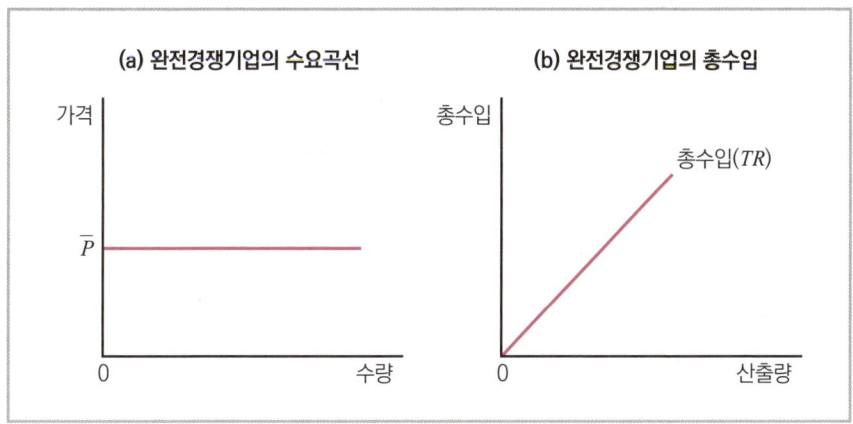

[그림 6-1] 완전경쟁기업의 수요곡선과 총수입

완전경쟁기업의 경우에 가격은 시장에서 이미 결정되어 있으므로 산출량만 결정하면 된다. 이 기업의 총수입(total revenue)은 이미 정해진 가격에 산출량을 곱하여 구해진다. 그러므로 총수입곡선은 [그림 6-1] (b)처럼 원점을 지나는 직선 모양이다.

$$총수입(TR) = 정해진\ 가격(\overline{P}) \times 산출량(Q)$$

총수입을 산출량으로 나누면 산출량 한 단위당 평균수입(average revenue)이 구해진다. 평균수입이란 평균적으로 한 단위의 판매를 통해 얼마의 수입을 얻고 있는가를 보여주며, 시장가격과 같다.

$$평균수입(AR) = \frac{총수입(TR)}{산출량(Q)} = 정해진\ 시장가격(\overline{P})$$

거꾸로 배우는 경제학

산출량 한 단위를 추가로 판매하여 얻는 총수입의 증가분을 한계수입(marginal revenue)이라고 한다. 여기서 가격은 고정되어 있으므로 한계수입도 일정하다.

$$한계수입(MR) = \frac{총수입의\ 증가분(\Delta TR)}{산출량의\ 증가분(\Delta Q)} = 정해진\ 시장가격(\overline{P})$$

따라서 평균수입과 한계수입, 그리고 시장가격이 모두 일치한다. [그림 6-2]는 평균수입과 한계수입이 완전경쟁기업의 수요곡선과 일치함을 보여준다.

$$평균수입(AR) = 한계수입(MR) = 시장가격(\overline{P}) = 수요(D)$$

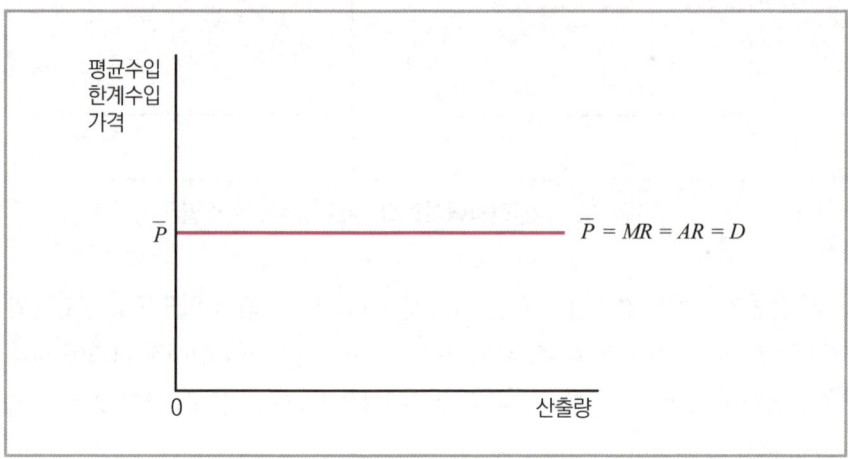

[그림 6-2] 완전경쟁기업의 평균수입과 한계수입

3 완전경쟁기업의 이윤극대화 : 단기균형

단기에 완전경쟁기업은 어떻게 이윤을 극대화하는가? 이윤은 총수입에서 총비용을 뺀 값이다. 이윤식(이윤=총수입(TR)-총비용(TC))을 미분하면 이윤극대화 조건이 한계수입과 한계비용이 일치하는 것임을 수학적으로 곧 알 수 있지만, 한계수입과 한계비용을 비교함으로써도 이윤극대화 조건을 구할 수 있다.

재화 한 단위를 추가 생산하여 판매함으로써 얻는 추가 수입인 한계수입이 추가 비용인 한계비용보다 크면, 추가 생산에서 얻는 한계이익(marginal profit : 한계수입-한계비용=한계이윤)이 0보다 크므로 산출량을 증가시키는 것이 이윤을 증가시키는 길이다. 반면에 한계수입이 한계비용보다 적다면 한계이윤이 0보다 적으므로 산출량을 줄이는 것이 이윤을 증가시키는 방법이다. 언제 이윤이 극대화되는가 하면 바로 한계수입과 한계비용이 일치할 때이다. 이 때에는 이윤이 극대화되어 산출량을 줄일 필요도 없고 늘릴 필요도 없다. 한계수입과 한계비용이 일치할 때 이윤이 극대화되는 것은 완전경쟁시장뿐 아니라 모든 시장구조에서 다 적용된다.

기업의 모든 의사결정은 한계수입과 한계비용을 비교하여 한계수입이 한계비용보다 더 크면 그것을 선택한다. 예를 들어 기업이 광고를 한 시간 늘릴까 말까를 결정할 때도 한계수입과 한계비용을 비교하여 전자가 더 크면 늘린다. 언제까지 하느냐 하면 한계수입과 한계비용이 일치할 때까지 이다.

> 한계수입(MR) 〉 한계비용(MC) → 산출량 증가시에 이윤 증가
> 한계수입(MR) 〈 한계비용(MC) → 산출량 감소시에 이윤 증가
> 한계수입(MR) = 한계비용(MC) → 이윤이 극대화

[그림 6-3]은 단기에 완전경쟁기업이 이윤을 극대화하고 있는 상태를 보여주고 있다. 수평선의 한계수입곡선과 우상향하는 한계비용곡선이 교차하는 점에서 이윤이 극대화되고 이때 산출량은 Q_0이고, 가격은 시장에서 수요, 공급에 의해 결정된 가격 $\bar{P}$ 이다. 이윤은 총수입에서 총비용을 차감한 금액으로 빗금으로 표시된 면적이다.

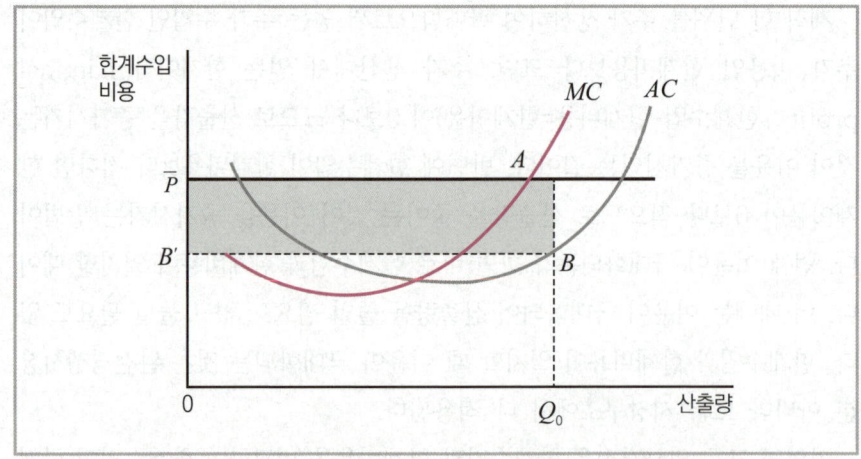

[그림 6-3] 완전경쟁기업의 이윤극대화 : 단기균형

단기에 완전경쟁기업이 항상 이윤을 얻는 것은 아니며, 이윤이 0일 수도 있고 0보다 적어서 손실을 볼 수도 있다. 단기균형에서 시장가격보다 평균비용이 더 낮을 경우에 기업이 이윤을 얻을 수 있는 것이다. 그러므로 완전경쟁기업이 이윤을 얻기 위해서 힘써야 할 것은 비용을 감소시키기 위해서 기술진보와 경영효율화를 추구하는 것이다.

4 완전경쟁기업의 단기공급곡선

[그림 6-3]과 같이 완전경쟁기업은 수평선인 한계수입곡선과 우상향의 한계비용곡선이 만나는 점에서 이윤을 극대화하거나 손실을 극소화하므로, 한계수입과 한계비용이 일치하는 점에서 기업에 가장 유리한 산출량을 선택하는 셈이다. 완전경쟁기업의 단기균형에서 다음과 같은 식이 성립한다.

$$한계수입(MR) = 가격(P) = 한계비용(MC)$$

시장가격이 점점 상승하면 수평선인 한계수입곡선이 위로 이동하므로 산출량은 한계비용곡선을 따라서 증가한다. 따라서 한계비용곡선이 가격에 대응한 기업의 공급곡선이 된다. 가격이 점점 내려가면 한계비용곡선을 따라 산출량이 감소하고 기업의 이윤도 감소하며, 가격이 평균비용곡선의 최하점보다 더 떨어지면 손실이 발생한다. 손실이 발생하면 기업은 생산을 중단할까? 기업은 손실이 발생한다고 해서 곧 생산을 중단하지는 않는다. 손실이 발생해도 손실의 크기가 고정비용보다 적다면 생산을 계속하는 것이 유리하다. 왜냐하면 생산을 중단해도 고정비용만큼의 손실은 발생하므로 손실이 고정비용보다 적은 한에서는 생산을 계속하는 것이 손실을 줄이는 방법이다.

예를 들어 매월 200만원의 임대료를 지급하는 조건으로 상가를 2년간 빌려서 빵을 만드는 업자의 경우를 생각해 보자. 빵의 가격이 내려서 매월 100만원의 손실을 볼 경우에 생산을 중단하면 가변비용은 0이지만, 고정비용인 200만원의 임대료는 계약기간까지 계속 지불해야 하므로 손실은 200만원이다. 그러나 생산을 계속하면 손실은 100만원이므로 이 업자는 생산을 계속하는 것이 유리하다. 그러면 가격이 어느 정도 이하로 떨어지면 생산을 중단하는 것이 유리한가? 그것은 손실이 고정비용보다 더 큰 경우이다. 다음의 식을 보면서 생각해 보자.

$$손실 = [총비용(TC) - 총수입(TR)] > 고정비용(FC)$$
$$[(FC+VC) - TR] > FC$$
$$TR < VC$$

위의 식의 양변을 산출량 Q로 나누면,

$$P < 평균가변비용(AVC)$$

그러므로 가격이 평균가변비용(AVC) 이하로 내려가면 생산을 중단하는 것이 더 유리하다. 가격이 평균가변비용 이하로 내려간다는 것은 총수입이 가변비용보다도 더 적으므로 손실이 불가피하게 발생하는 고정비용보다 더 크다는 뜻이다. 그러므로 이 경우에는 생산을 중단하는 것이 낫다. 따라서 완전경쟁기업의 단기공급곡선은 평균가변비용곡선(AVC) 위에 있는 한계비용곡선이다. [그림 6-4]에서 보면, 가격이 평균가변비용의 최하점과 일치하는 P_0이하로 내려가면 공급량은 0이 되고 그 이상으로 상승하면 공급량은 한계비용곡선(MC)을 따라 증가한다. 개별기업의 단기공급곡선을 모두 수평으로 합계하면 시장공급곡선이 된다.

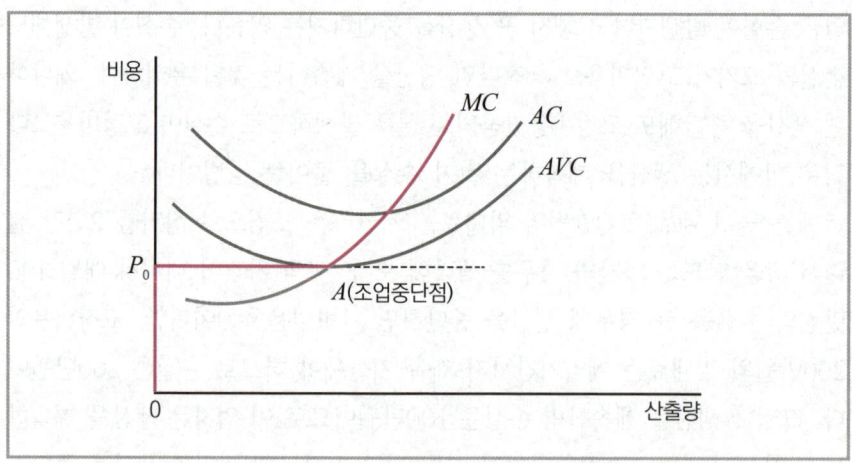

[그림 6-4] 완전경쟁기업의 단기공급곡선

5 완전경쟁기업의 이윤극대화 : 장기균형

앞의 빵가게 예에서 장기에는 가게 임대계약이 끝나므로 고정비용이 발생하지 않는다. 그러므로 손실이 계속 발생할 경우에 빵가게 주인은 임대계약을 해지하고 사업에서 손을 뗀다. 즉 퇴출이 발생한다. 반면에 이 가게의 이윤이 매우 크고 그것이 알려진다면 이웃에 빵 가게가 새로 들어선다. 경쟁기업이 진입하는 것이다. 완전경쟁기업이 단기에 이윤을 얻으면 새로운 경쟁기업이 진입하고 손실이 생기면 기존기업들이 퇴출한다. 이윤이 0보다 크면 경쟁기업이 진입하여 공급이 증가하고 가격이 하락하므로 이윤은 감소하며, 이윤이 0이 될 때까지 경쟁기업이 진입한다. 반대로 손실이 발생하면 손실이 0이 될 때까지 퇴출이 발생한다. 따라서 완전경쟁기업의 장기균형에서 이윤은 0이 되는 것이다.

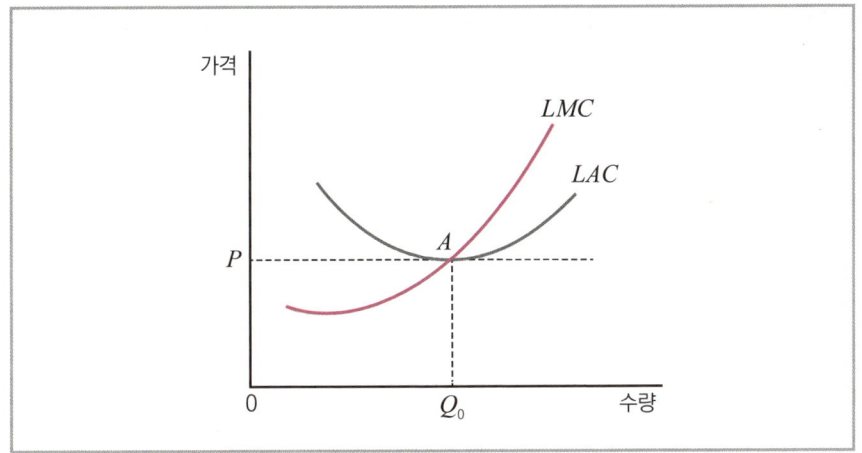

[그림 6-5] 완전경쟁기업의 이윤극대화 : 장기균형

[그림 6-5]에서 보면, 완전경쟁기업의 장기균형(A점)에서는 가격과 장기평균비용(LAC)의 최소, 그리고 장기한계비용(LMC)이 모두 일치한다.

> 가격(P) = 장기평균비용(LAC)의 최소 = 장기한계비용(LMC)

위의 조건이 성립한다는 것은 두 가지 점에서 중요한 의미가 있다.

첫째, 가격 즉 한계수입이 장기한계비용과 일치하므로 기업은 이윤극대화 조건을 충족시키고 있어서 최적의 산출량을 생산하고 있다.

둘째, 가격이 장기평균비용의 최하점과 일치하기 때문에 이만큼의 산출량을 최소의 비용으로 생산한다. 사회적으로 생산비를 최소화하므로 생산에 있어서 효율성을 달성하고 있다. 그 결과로 수요자는 현재의 생산 여건 하에서 가장 저렴한 가격으로 재화를 구입할 수 있다. 이렇게 될 수 있는 것은 재화의 질이 동질적이고 기업들의 진입과 퇴출을 통해 자유롭게 경쟁이 이루어지기 때문이다. 이것이 완전경쟁시장의 장점이다.

[그림 6-6]은 완전경쟁기업과 완전경쟁시장의 장기공급곡선을 보여주고 있다. 완전경쟁기업의 장기공급곡선은 장기평균비용곡선 위에 있는 장기한계비용곡선이다. 가격이 장기평균비용곡선의 최하점보다 내려가면 기업은 퇴출하므로 개별기업의 공급량은 0이 된다. 가격이 상승하면 개별기업의 공급량은 장기한계비용곡선을 따라 증가하고 이윤이 발생한다. 그러면 새로운 기업이 진입하여 공급량이 증가하므로 가격은 다시 원래의 가격으로 복귀한다. 그러므로 시장의 장기공급곡선(LS곡선)은 장기평균비용의 최하점과 같은 수준의

수평선이다. 가격이 조금이라도 오르면 새로운 기업이 진입하여 공급량은 증가하고 가격은 다시 원래의 수준으로 돌아간다.

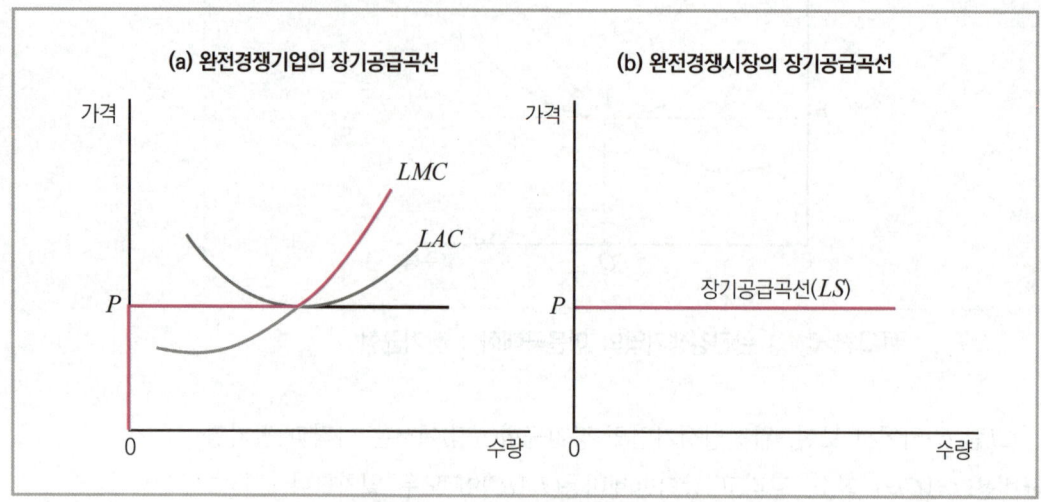

[그림 6-6] 완전경쟁기업의 장기공급곡선과 시장공급곡선

그러나 만일 이 산업의 공급량이 증가하여 여기에 투입되는 생산요소의 가격이 오른다면 시장의 장기공급곡선은 우상향하기 시작한다. 예를 들어서 이 산업에 투입되는 생산요소 가운데 특수한 재능을 필요로 하는 노동 등의 매우 희소한 요소가 있다면, 공급량이 증가하면 희소한 요소의 가격이 상승하여 장기평균비용이 상승하므로 장기공급곡선도 산출량의 증가에 따라 우상향하게 된다.

여기서 완전경쟁기업의 이윤이 장기적으로 0이라고 해도 총수입이 기회비용과 일치하므로 기업의 소유주는 자신의 자본을 다른 곳에 투입하였을 때 얻을 수 있는 만큼의 사회적 평균이윤은 얻고 있는 것이다.

지금까지 모든 기업들의 비용조건이 동일하다는 가정 하에서 설명하였는데, 만일 기업들간의 비용조건이 다르다면 비용이 낮은 기업은 장기에도 이윤을 얻을 수 있다. 그러므로 완전경쟁기업이 이윤을 얻는 방법은 비용을 줄이는 것이다.

단원별 연습문제

01. 단기에 있어서 기업이 공급곡선에 관하여 서술한 것 중 맞는 것은?

① 기업의 한계비용 곡선 전부가 공급곡선이다.
② 기업의 한계비용곡선 중 평균가변비용곡선 위에 위치한 부분만 공급 곡선이 된다.
③ 기업의 한계비용곡선 중 평균고정비용선 위에 위치한 부분만 공급곡선이 된다.
④ 기업의 한계비용곡선 중 평균비용 곡선 위에 위치한 부분만 공급곡선이 된다.
⑤ 기업의 평균비용곡선 전부가 공급곡선이다.

02. 완전경쟁하의 개별기업의 단기균형과 단기공급곡선에 대한 설명으로 옳지 않은 것은?

① 경쟁기업의 이윤극대화 공급량은 가격과 한계생산비가 일치하는 수준에서 결정된다.
② 가격이 평균가변비용보다 낮은 경우, 경쟁기업의 공급량은 0이다.
③ 경쟁기업의 초과이윤은 0이 된다.
④ 가격이 평균가변비용 이상인 경우, 경쟁기업의 단기공급곡선은 한계비용곡선과 일치한다.
⑤ 시장공급곡선은 개별기업이 단기공급곡선의 수평합으로 주어진다.

03. 완전경쟁기업이 경제적 이윤이 영이라는 사실이 의미하는 것은?

① 이 기업은 단기적으로는 효율적으로 조업하고 있으나 장기적으로는 퇴출될 것이다.
② 이 기업의 현재 생산 활동에 대한 기회비용은 0이다.
③ 이 기업의 회계학적 이윤은 양이다.
④ 이 기업은 이윤극대화를 하고 있지 않다.
⑤ 이 기업은 고정비용의 일부 또는 전부를 회수하지 못하고 있다.

04. 완전경쟁시장에서 나타나는 특징을 설명한 것 중 가장 옳지 않은 것은?

① 시장균형가격이 한계비용과 일치한다.
② 장기균형에서 시장가격은 평균비용보다 약간 높은 수준에서 결정된다.
③ 장기균형에서 생산량은 평균비용이 최소화되는 수준에서 결정된다.
④ 장기균형에서 기업들은 초과이윤을 전혀 얻지 못한다.
⑤ 균형생산량은 한계비용과 한계수입이 같아지는 수준에서 결정된다.

05. 완전경쟁시장에서 기업이 이윤을 극대화하기 위한 필요조건이 아닌 것은?

① 한계비용 = 한계수입 ② 한계비용 = 생산물의 시장가격
③ 실질임금 = 노동의 한계생산 ④ 한계이윤 = 0
⑤ 총수입 〉총비용

06. 완전 경쟁적 산업에 종사하고 있는 기업들이 현재 양(+)의 경제적 이윤을 얻고 있다고 가정하자. 이 상황에서 이 산업에는 기업들의 진입이 계속될 것이다. 어느 시점까지 기업들이 진입하겠는가?

① 경제적 이윤이 감소하여 0으로 될 때까지
② 이 산업의 공급곡선이 완전비탄력적일 때까지
③ 평균비용이 최소화될 때까지
④ 위의 ①,③ 모두 해당됨
⑤ 위의 ①,②,③ 모두 해당됨

07. 생산물 시장 중 완전경쟁시장에 대한 설명이다. 맞지 않는 것은?

① 수많은 수요자와 공급자가 존재하고 개별경제주체는 시장가격의 영향을 주지 못한다.
② 완전경쟁시장에서 거래되는 상품은 질적인 면에서 동일하다.
③ 기업이 해당 산업에 자유롭게 진입, 탈퇴할 수 있고 생산요소의 진입, 탈퇴도 자유롭다.
④ 완전경쟁시장에서는 한 상품에 수많은 가격이 존재한다.
⑤ 완전경쟁시장은 완전정보를 가정한다.

08. 고객이 매우 적은 겨울철 휴양지에서 일부 숙박업소와 음식점이 적자임에도 불구하고 영업을 계속하는 것을 볼 수 있다. 이 현상을 가장 올바르게 설명한 것은?

① 이윤극대화를 하지 않기 때문이다.
② 비용극소화를 하지 않기 때문이다.
③ 진입과 탈퇴가 자유롭기 때문이다.
④ 효용극대화를 하지 않기 때문이다.
⑤ 기업 간에 가격경쟁이 치열하기 때문이다.

정답 및 해설

1. ② AVC의 최저점(조업중단점) 이상이 공급곡선
2. ③ 완전경쟁시장에서 단기에도 초과이윤은 얻을 수 있습니다.
3. ③ 경제적 이윤은 총수입에서 경제적 비용을 뺀 것으로, 회계적 이윤을 기준으로 보면 양(+)가 됩니다.
4. ② 장기균형의 시장가격은 장기평균비용이 최소화되는 수준에서 결정된다.
5. ⑤
6. ④ 완전경쟁시장의 장기균형 상태에서 새로운 기업의 진입과 퇴출이 없게 됩니다. 이때는 경제적 이윤이 0이 되는 그러나 정상이윤을 얻는 상태이고, 평균비용(LAC)이 최소화되는 수준입니다.
7. ④ 일물일가의 법칙이 성립하네요.
8. ③ 시장이론에서 장기는 신규기업의 진입과 퇴출이 자유로운지의 여부를 통해 판단합니다.

연습문제

[문제 1] 시장의 종류와 특성을 설명하라.

[문제 2] 완전경쟁시장의 조건을 설명하라.

[문제 3] 완전경쟁기업의 이윤극대화 조건을 설명하라.

[문제 4] 완전경쟁시장에서 이윤을 극대화하는 기업이 현재 100개를 생산하고 있다. 평균수입은 100원이고, 평균총비용은 80원이다. 고정비용은 2,000원이다.

1. 이윤은 얼마인가?
2. 한계비용은 얼마인가?
3. 평균가변비용은 얼마인가?
4. 이 기업의 효율적 생산량은 1,000보다 큰가, 작은가, 일치하는가?

[문제 5] 방배상사의 비용 구조는 다음과 같다.

수량	0	1	2	3	4	5
총고정비용	1,000	1,000	1,000	1,000	1,000	1,000
총가변비용	0	500	700	900	1,400	2,000

① 이 회사의 평균고정비용, 평균가변비용, 평균총비용, 한계비용을 계산하라.

② 방배상사의 제품 단위당 가격은 500원이다. 이윤을 낼 수 없다는 사실을 발견한 이 회사의 사장은 조업을 중단하기로 했다. 이 기업의 손실은 얼마인가? 이 결정은 현명한 결정인가?

③ 경제학원론 시간의 기억을 더듬어 이 회사의 재무 담당 임원이 사장에게 제품을 한 단위 생산하면 한계수입과 한계비용이 일치하기 때문에 생산하는 것이 좋다고 건의했다. 한 단위 생산하는 경우 이윤 혹은 손실은 얼마인가? 이것은 최선의 결정인가? 그 이유는?

[문제 6] 완전경쟁시장의 장기균형이 이루어지기 위해 충족되어야 하는 조건을 설명하라.

제7장
불완전경쟁시장

제1절 독점시장
제2절 독점적 경쟁시장
제3절 과점시장
단원별 연습문제

제6장에서 시장구조와 완전경쟁시장의 이윤극대화 조건에 대하여 살펴보았다.

이 장에서는 시장은 경쟁의 정도에 따라 불완전경쟁시장에 해당하는 독점시장의 특징과 이윤극대화, 정부의 독점규제 정책, 가격차별, 독점적 경쟁시장의 이윤극대화, 과점시장의 특징과 균형에 대하여 살펴보고자 한다.

"비협조적인 경쟁관계에서도 균형은 이루어질 수 있다."

-존 내쉬-

"나쁜 규제는 실제로 경제 성장을 크게 악화시키고 많은 문제를 만들어낼 수 있어요. 하지만 우리는 더 나은 규제를 촉진할 수 있는' 규칙'을 고안해내야 합니다. 경제학자로서 우리가 할 일은 더 나은, 더 효율적인 규제를 촉진하는 것이죠."

-티롤-

제1절 독점시장

1 독점시장의 특징과 원인

완전경쟁시장이 아닌 모든 시장구조를 불완전경쟁시장(imperfectly competitive market)이라고 하며, 그 가운데 하나가 바로 독점시장이다.

독점시장이란 한 시장에 공급자가 단 하나인 시장을 말하며, 이런 공급자를 독점기업이라고 한다. 독점기업이 존재하려면 어떤 요인에 의해서 경쟁기업의 진입이 저지되어야 하며, 이런 요인을 진입장벽(entry barriers)라고 한다. 진입장벽에는 어떤 것들이 있는가?

자연독점(natural monopoly) : 시장수요에 비추어 규모의 경제가 매우 크게 작용하면 한 기업이 생산할 때 두 개 이상의 기업이 생산할 때보다 더 적은 비용으로 생산할 수 있다. 이런 경우에는 새로운 기업이 진입하기가 매우 어렵다. 만일 새로운 기업이 진입하려면 기존기업보다 더 큰 규모로 진입해야 비용면에서 경쟁력이 생기며, 기존기업과 생사를 건 경쟁이 생기고 결국에는 한 기업만 존재하게 된다. 그러므로 이런 위험을 감수하고 새로운 기업이 진입하는 경우는 거의 없다. 수도, 전기, 가스 등의 공익사업이 대부분 자연독점에 해당된다.

[그림 7-1]은 시장수요곡선(D)에 비해서 한 기업의 규모의 경제가 크게 나타나 이 시장에 한 기업만 존재하게 되는 상황을 보여주고 있다.

특허제도 : 새로운 발명을 촉진하기 위해서 정부가 일정기간 동안 발명자에게 생산을 독점할 수 있는 권리를 부여하는 제도가 특허제도이다.

예를 들어 엄청난 개발비를 투입하여 획기적인 신약을 개발한 제약회사는 이러한 독점권이 부여되지 않으면 비용을 회수할 수 없기 때문에 정부는 특허권을 부여한다. 그리고 저서나 음반 등에 대해서도 지적재산권을 주어 독점을 허용한다.

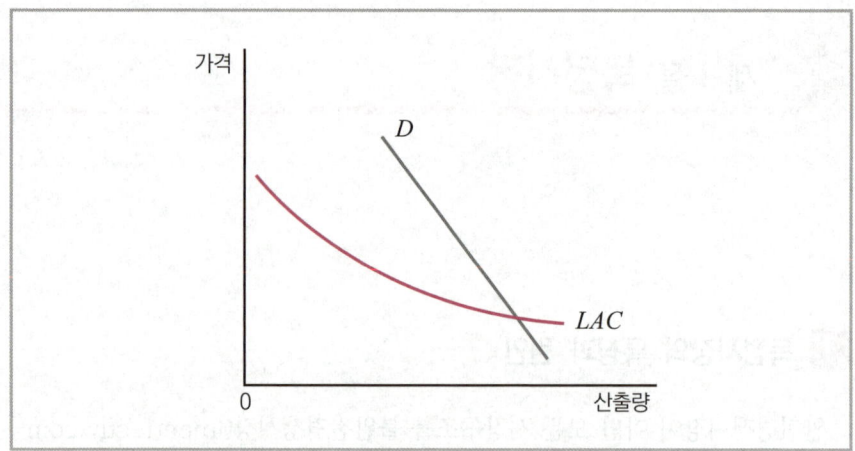

[그림 7-1] 규모의 경제와 자연독점

정부의 인허가 : 정부의 인가 혹은 허가권에 의하여 한 기업에게만 사업권을 부여하는 경우에 독점이 발생한다.

예를 들어 우편사업은 과학기술정보통신부가 독점하는 것을 들 수 있다. 과거에 전력은 한국전력이 독점적으로 공급했으나 지금은 몇 개의 기업이 공급하고 있다.

희소한 생산요소의 독점 : 재화의 생산에 필수적인 요소를 한 회사가 독점적으로 소유하고 있다면 다른 기업이 진입할 수 없다. 다이아몬드의 경우 드비어스(DeBeers)가 세계 다이아몬드 광산의 대부분을 소유하고 있어서 다른 기업이 다이아몬드를 생산하기가 매우 어렵다.

기술적 우위 : 한 기업이 다른 기업에 비해 비교할 수 없을 만큼 기술적으로 우위에 있어서 다른 기업이 진입할 수 없는 경우에 독점이 생긴다. 과거에 IBM이 컴퓨터 분야에서 누렸던 우위 혹은 MS의 운영체제의 우위를 예로 들 수 있다. MS의 운영체제는 선점을 통해서 이미 대규모 망을 구축하였기 때문에 경쟁기업의 진입이 더욱 어렵다.

2 독점기업의 수요곡선과 총수입

독점기업은 시장의 유일한 공급자이므로 시장수요곡선이 바로 독점기업의 수요곡선이다. 그러므로 완전경쟁기업의 수요곡선이 수평선인 것과는 달리 독점기업의 수요곡선은 우하향하는 곡선이다. 독점기업의 산출량 변화에 따라 시장가격이 변화한다. 완전경쟁기업은 시장가격을 그대로 수용하고 자신에게 가장 유리한 산출량을 결정하는데 반해 독점기업은 시장의 유일한 공급자이기 때문에 산출량을 조절하여 시장가격에 영향을 미칠 수 있는 가격결정자(price maker)이다.

독점기업의 총수입이 가격과 산출량의 곱인 점에서는 완전경쟁기업과 같으나 가격이 일정하지 않고 변화한다는 점에서 완전경쟁기업과 다르다. 독점기업이 더 많이 판매하기 위해서는 가격을 인하해야 한다.

> 독점기업의 총수입(TR) = 가격(P) × 산출량(Q)

[그림 7-2]는 독점기업의 수요곡선이 우하향하며, 총수입은 산출량이 증가함에 따라 처음에는 증가하나, 어느 정도 이상으로 산출량이 증가하면 총수입이 감소하는 것을 보여준다.

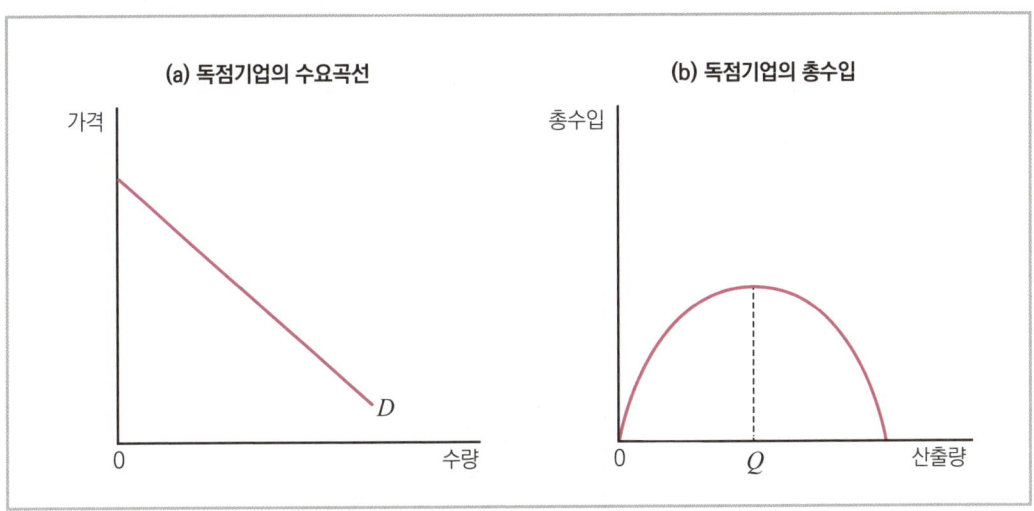

[그림 7-2] 독점기업의 수요곡선과 총수입

총수입을 산출량으로 나누면 산출량 한 단위당 평균수입을 구할 수 있다. 평균수입이란 재화 한 단위의 판매를 통해서 평균적으로 얼마의 수입을 얻는가를 나타내며 시장가격과 같다. 따라서 평균수입곡선은 독점기업의 수요곡선과 일치한다.

$$\text{독점기업의 평균수입}(AR) = \frac{\text{총수입}(TR)}{\text{산출량}(Q)} = \text{가격}(P)$$

산출량 한 단위를 추가로 판매하여 얻는 총수입의 증가분인 한계수입은 평균수입보다 적다. 왜냐하면 한 단위를 추가로 판매하기 위해서 가격을 인하해야 하기 때문이다.

예를 들어 사과 10개를 1,000원에 판매하는 독점기업의 총수입은 10,000원이다. 사과 11개를 판매하기 위해서 가격을 950원으로 인하하면 총수입은 10,450원이다. 이때 평균수입은 가격과 같은 950원이지만 한계수입은 450원에 불과하다. 사과 한 개를 더 팔기 위해서 기존에 팔던 10개의 가격도 인하하였기 때문이다.

$$\text{독점기업의 한계수입}(MR) = \frac{\text{총수입의 증가분}(\Delta TR)}{\text{산출량의 증가분}(\Delta Q)}$$

[그림 7-3]은 독점기업의 한계수입곡선은 수요곡선, 곧 평균수입곡선의 아래에 위치한다.

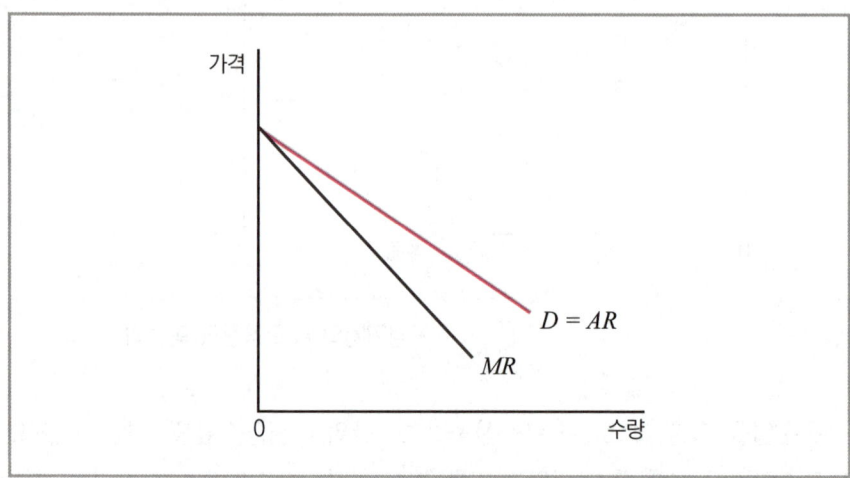

[그림 7-3] 독점기업의 수요곡선과 한계수입곡선

3 독점기업의 이윤극대화

독점기업의 이윤극대화 조건도 완전경쟁기업의 경우와 마찬가지로 한계수입과 한계비용이 일치하는 것이다($MR = MC$). 비용측면에서는 완전경쟁기업과 유사하게 독점기업의 평균비용곡선과 한계비용곡선은 U자형이다. 그러나 독점기업의 수요곡선과 한계수입곡선은 우하향한다는 점에서 완전경쟁기업과 다르다. [그림 7-4]에서 보는 것과 같이 수요곡선 아래에 있는 우하향하는 한계수입곡선과 우상향하는 한계비용곡선이 교차하는 A점에서 이윤을 극대화하는 산출량이 결정된다. 그리고 A점에서 수직으로 수요곡선과 만나는 B점에서 가격이 결정된다.

이윤극대화 산출량을 시장에 공급하면 수요곡선과 만나는 점에서 가격이 결정되는 것이다. 독점기업은 자신의 이윤을 극대화하기 위해서 산출량을 줄이고 가격을 인상할 수 있는 시장지배력을 가지고 있다.

독점기업은 총수입에서 총비용을 차감한 빗금 부분만큼의 이윤을 얻는다. 독점기업이라고 해서 항상 이윤을 얻을까? 그렇지 않다. 독점기업의 경우에도 평균비용이 너무 높아서 수요곡선 위에 있다면 가격보다 평균비용이 더 높아서 손실이 발생할 수도 있다. 이러한 현상은 수요가 감소하거나 비용이 증가하면 나타날 수 있는 현상이다. 단기에 손실이 고정비용보다도 적다면 독점기업은 생산을 계속하는 것이 유리하다.

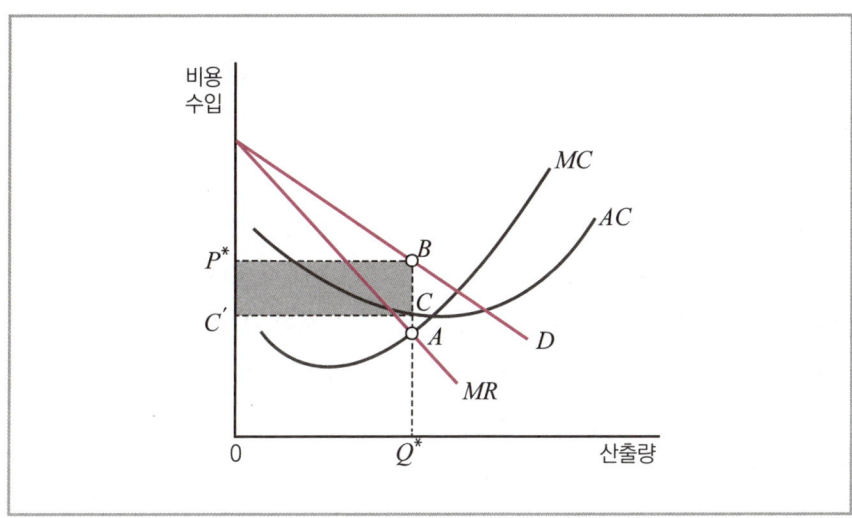

[그림 7-4] 독점기업의 이윤극대화

독점기업이라고 해서 가격을 무제한적으로 인상할 수 있을까? 그렇지 않다. 독점기업의 수요곡선이 우하향하므로 가격을 인상하면 수요량이 감소하기 때문에 지나친 가격 인상은 이윤극대화에 불리할 수도 있다.

독점기업은 장기에도 이윤을 계속 얻을 수 있다. 왜냐하면 이윤이 존재해도 경쟁기업의 진입이 봉쇄되어 있어서 독점을 계속 유지할 수 있기 때문이다. 그러므로 완전경쟁시장에서는 평균비용과 가격이 최소화되는데 반해 독점에서는 그렇지 않다. 그래서 생산의 효율성과 소비자의 만족이 달성되지 못한다.

4 정부의 독점규제 정책

독점시장은 일반적으로 자원을 효율적으로 배분하지 못하며 또한 산출량 감소와 가격인상을 통해서 소비자를 희생시키면서 자신의 이윤을 증가시키는 면에서 형평성에서도 문제가 있다. 그래서 많은 나라의 정부가 독점을 규제하기 위해서 시장에 개입한다. 정부의 독점규제 정책에는 어떤 것들이 있는가?

독점금지 및 기업분할 : 정부는 독점의 폐해를 원칙적으로 봉쇄하기 위해서 기업의 합병과 카르텔을 금지하기도 한다. 합병이란 두 기업 이상이 한 기업으로 통합하는 것을 말하며 카르텔은 기업들이 독립성을 유지하면서도 산출량이나 가격에서 공동행위를 하는 것을 말한다. 기업들은 이런 행위를 통해서 시장을 독점하려고 하므로 정부가 이것을 금지하는 것이다. 때로는 기존의 독점기업을 몇 개의 기업으로 분할하기도 하는데, 미국의 전화회사인 AT&T가 여러 개의 기업으로 분할된 적이 있다.

가격통제 : 규모의 경제가 있는 자연독점일 경우에는 독점기업이 비용면에서 완전경쟁기업보다 유리하므로 독점을 허용하고 그 대신 정부가 가격으로 통제하는 방안을 선택하기도 한다. 가격통제가 이루어지면 가격이 하락하고 산출량은 증가하여 소비자잉여가 증가하고 효율성이 증대될 수 있다.

조세 : 소비자를 희생시켜서 얻은 독점이윤의 일부를 정부가 조세로 흡수함으로써 형평성을 높이려는 것이 조세 부과 의도이다. 조세 부과는 분배의 형평을 높일 수 있으나 자원배분의 비효율성을 시정하지는 못한다.

국유화 : 자원배분의 효율성을 높이고 소비자의 이익을 보호하기 위해서 정부는 국유화의 방법을 사용하기도 한다. 특히 대중교통, 수도, 우편 등 규모

의 경제가 크게 나타나는 자연독점의 경우에 정부가 직접 혹은 국영기업 형태로 독점기업을 경영하는 경우가 있다. 국유화는 독점의 폐해를 시정하는 반면, 방만하고 무책임한 경영으로 비용이 상승하는 비효율이 생기기도 한다.

5 가격차별

독점기업은 시장지배력을 이용해서 동일한 상품에 대해 구매자에 따라 다른 가격을 부과하기도 하는데, 이를 가격차별(price discrimination)이라고 한다.

가격차별은 완전경쟁시장에서는 발생하지 않는다. 왜냐하면 한 기업이 비싼 가격을 부과하면, 그 수요자는 다른 경쟁기업의 제품을 구매할 것이기 때문에 완전경쟁시장 이외의 시장에서 이러한 현상이 생길 수 있으나, 일반적으로 독점시장에서 발생한다. 기업이 가격차별을 하는 이유는 이윤을 더 증가시킬 수 있기 때문이다. 어떤 경우에 가격차별을 하는 것이 기업에 더 유리한가?

소비자 집단 간에 수요의 가격탄력성 차이 : 소비자 집단 사이에 수요의 가격탄력성이 다를 경우에 가격차별이 발생한다.

예를 들어 전력시장에서 산업용 수요의 가격탄력성은 크지만, 가정용 수요의 가격탄력성은 작다. 백화점에서 판매하는 상품에 대한 고소득층의 수요의 가격탄력성은 작지만, 중산층과 저소득층의 수요의 가격탄력성은 크다.

시장의 분리와 재판매 불가 : 어떤 소비자가 수요의 가격탄력성이 큰 집단에 속하는지 작은 집단에 속하는지를 구별할 수 있어야 하고, 집단 간에 재판매(전매)가 이루어질 수 없어야 한다. 어떤 소비자가 싸게 사서 비싸게 재판매한다면 가격차별은 이루어질 수 없다.

이상의 조건이 성립할 때 기업은 분리된 시장별로 한계수입과 한계비용이 일치하도록 하면($MR_1=MR_2=MC$), 기업의 이윤은 더 증가된다. 그 결과로 수요의 가격탄력성이 작은 소비자 집단에게는 더 높은 가격이 부과되고 수요의 가격탄력성이 큰 소비자 집단에게는 보다 낮은 가격이 부과된다. 이 말은 가격이 올라도 여전히 구매하는 비탄력적인 소비자에게는 비싸게 팔고, 가격이 오르면 구매를 대폭 줄이는 탄력적인 소비자에게는 싸게 판다는 뜻이다.

거꾸로 배우는 경제학

가격차별은 소비자잉여의 일부를 생산자잉여로 전환시키므로 소비자의 희생하에 기업의 이윤이 증가된다.

이론상으로는 수요곡선을 따라 상품 단위마다 가격을 차별하는 것이 가능한데, 이 경우에는 소비자잉여 전부가 생산자잉여로 전환된다. 가격차별의 예로 우리 주변에서 관찰되는 것은 다음과 같다.

전통시장의 에누리 : 전통시장에서는 정찰제가 아니라 흥정이 이루어지는 것을 볼 수 있다. 상인들은 높은 가격을 부르고 소비자들은 에누리를 한다. 왜 정찰제를 하지 않고 흥정을 할까? 그것은 상인들이 비싼 가격을 지불하고도 상품을 구입하고자 하는 사람에게는 비싸게 팔고, 싼 가격이 아니면 구매하지 않을 사람에게는 싸게 파는 가격차별 전략을 사용하여 이윤을 증가시키기 위함이다. 이 판매방식의 문제점은 거래의 비용이 많이 든다는 점이다.

극장표 : 극장은 어린이와 청소년에게는 가격할인을 해 준다. 왜냐하면 이들은 소득은 적고 시간은 많아서 조금이라도 싼 대체재를 찾기 때문에 수요의 가격탄력성이 크며, 극장은 가격할인을 통해서 많은 극장표를 판매할 수 있기 때문이다.

백화점의 할인행사 : 백화점의 상품가격은 대체로 비싸다. 그런데 백화점은 정기적으로 세일을 한다. 고소득층은 세일을 기다리지 않고 비싼 가격이라도 구매하는 수요의 가격탄력성이 작은 집단이지만, 서민들은 소득은 상대적으로 적고 시간은 많아서 시장정보 수집에 시간을 할애할 수 있으므로 세일 시기를 파악하여 가격이 낮아질 때까지 기다리는 수요의 가격탄력성이 높은 집단이다. 백화점은 수요의 가격탄력성이 작은 소비 집단에게는 비싼 가격으로 판매하고, 수요의 가격탄력성이 높은 소비 집단에게는 가격할인을 통해서 많은 수량을 판매할 수 있어서 이윤을 증가시킬 수 있다.

할인쿠폰 : 신문이나 잡지 혹은 광고지에 할인쿠폰이 인쇄되어 있어서 그것을 몇 장 오려 오면 기업들이 가격을 할인해주는 것을 볼 수 있다. 왜 모든 구매자들에게 가격을 할인해주지 않고 굳이 쿠폰을 오려오는 소비자들에게만 할인해줄까? 이것도 기업의 가격차별의 예이다.

가격에 민감한 소비자들은 가격탄력성이 큰 소비자로 시간을 들여서 쿠폰을 가지고 가서 가격할인을 받는다. 반면에 가격탄력성이 작은 소비자들은 비싼 가격을 매겨도 팔리므로 기업들은 가격할인을 해주지 않는 것이다.

제2절 독점적 경쟁시장

1 독점적 경쟁시장의 조건

독점적 경쟁시장(monopolistic competition)은 다음과 같은 조건을 갖춘 시장을 말한다.

다수의 수요자와 공급자 : 수요자와 공급자가 모두 다수라는 점에서는 완전경쟁시장과 동일하다. 공급자가 다수이므로 서로를 의식할 필요 없이 독자적으로 행동한다.

재화의 차별성 : 각 기업이 공급하는 재화마다 조금씩 다르다. 서로 밀접한 대체재이기는 하나 소비자들은 질적 차이를 인식하고 있다. 그러므로 개별 기업들은 어느 정도의 시장지배력을 가지고 있기 때문에 가격을 조절할 수 있는 힘을 지닌다.

진입과 퇴출의 자유 : 진입장벽이 없기 때문에 장기에 새로운 기업의 진입이나 기존기업의 퇴출이 자유롭게 이루어진다.

독점적 경쟁시장의 예는 매우 많다. 거리에 나가면 보이는 식당, 카페, 약국, 의원, 안경점, 커피전문점 등이 모두 독점적 경쟁시장에 해당한다. 많은 기업으로부터 공급되는 제품이 거의 비슷하지만 조금씩 다른 것이다. 브랜드화된 쌀, 곡류 등도 이에 해당 된다.

2 독점적 경쟁기업의 수요곡선과 총수입

[그림 7-5]는 독점적 경쟁기업의 수요곡선과 한계수입곡선을 보여주고 있다. 독점적 경쟁시장에서는 제품 차별화가 이루어지기 때문에 개별기업은 어느 정도의 시장지배력을 가지며, 독점적 경쟁기업의 수요곡선은 매우 탄력적인 우하향의 곡선이 된다. 각 기업들의 제품은 서로 밀접한 대체재이므로 개

별기업이 가격을 변화시키면 수요량이 민감하게 반응하는 것이다. 완전경쟁기업의 수요곡선이 수평선이고, 독점기업의 수요곡선이 비탄력적인 가파른 우하향곡선인데 반해, 독점적 경쟁기업의 수요곡선은 매우 탄력적인 완만한 우하향곡선이다. 그러므로 독점적 경쟁기업은 수요곡선이 매우 완만하다는 점 이외에는 독점기업과 매우 유사하게 자신에게 가장 유리한 산출량과 가격을 결정할 수 있다.

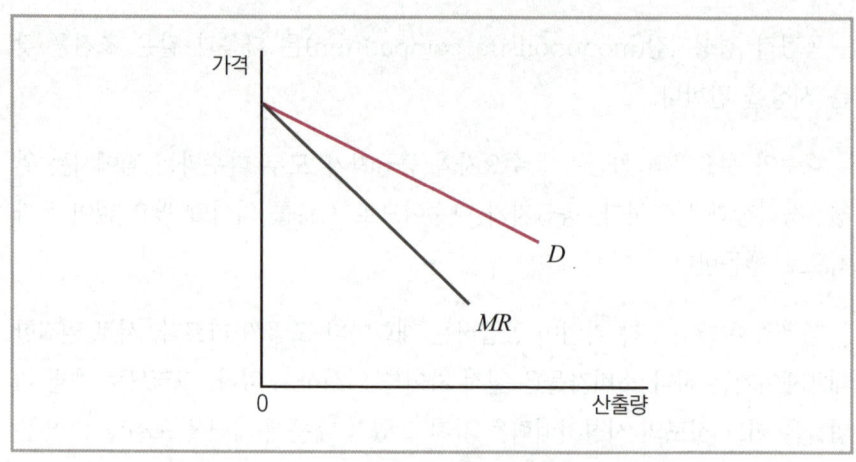

[그림 7-5] 독점적 경쟁기업의 수요곡선과 총수입

독점적 경쟁기업의 총수입과 평균수입, 한계수입은 독점기업의 경우와 마찬가지로 다음과 같은 식으로 구해진다.

$$총수입(TR) = 가격(P) \times 산출량(Q)$$

$$평균수입(AR) = \frac{총수입(TR)}{산출량(Q)} = 가격(P)$$

$$한계수입(MR) = \frac{총수입의\ 증가분(\Delta TR)}{산출량의\ 증가분(\Delta Q)}$$

독점적 경쟁기업도 독점기업과 마찬가지로 더 많은 수량을 판매하기 위해서는 가격을 인하해야 하므로 산출량과 가격은 모두 가변적이다.

3 독점적 경쟁기업의 이윤극대화 : 단기균형

[그림 7-6]은 단기에 있어서 독점적 경쟁기업의 이윤극대화를 보여주고 있다. 단기에 독점적 경쟁기업은 독점기업과 마찬가지로 우하향하는 수요곡선과 한계수입곡선, U자형의 평균비용곡선과 한계비용곡선이라는 조건 가운데 이윤을 극대화하는 생산량과 가격을 결정한다.

우하향하는 한계수입곡선과 우상향의 한계비용곡선이 만나는 A점(MR=MC)에서 산출량이 결정되며 이 수량에서 수직으로 수요곡선과 만나는 B점에서 가격이 결정된다. 이때 총수입에서 총비용을 차감한 부분이 바로 이윤이며, 그림에서 빗금 부분이다. 독점적 경쟁기업의 이윤극대화는 수요곡선과 한계수입곡선이 완만하다는 점 이외에는 독점기업의 이윤극대화와 동일하다.

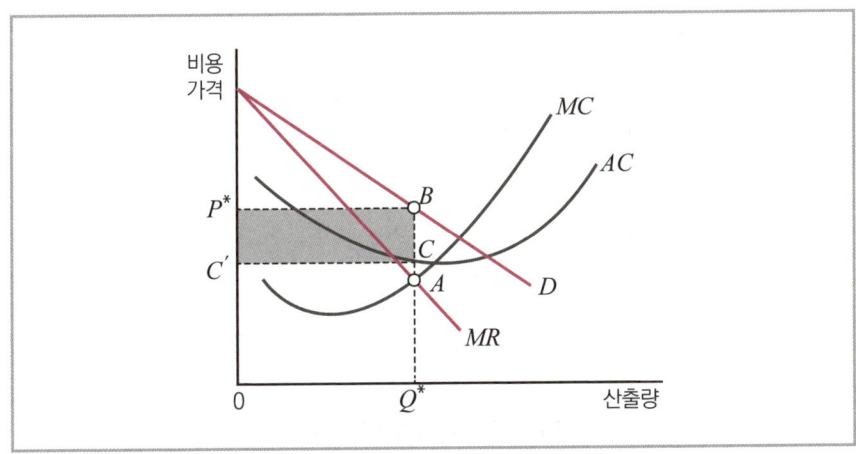

[그림 7-6] 독점적 경쟁기업의 이윤극대화 : 단기균형

단기에 독점적 경쟁기업은 이윤을 얻을 수도 있고, 손실을 볼 수도 있는데, 그것은 수요곡선과 비용곡선의 위치에 달려 있다. 균형산출량에서 평균비용곡선이 수요곡선보다 아래에 있으면 이윤이 발생하고 위에 있으면 손실이 발생한다. 물론 이윤이 0일 때도 있다. 단기에는 비용조건을 변화시키기가 어려우므로 수요를 얼마나 확보하는가가 이윤획득의 관건이다. 수요 확보를 위해서 독점적 경쟁기업은 제품 차별화와 광고 경쟁을 치열하게 전개한다.

4 독점적 경쟁기업의 이윤극대화 : 장기균형

독점적 경쟁기업이 단기에 이윤을 얻으면 새로운 기업이 진입하여 기존 기업들의 수요가 감소하여 수요곡선이 왼쪽으로 이동한다. 반면에 단기에 기업들이 손실을 기록하면 퇴출이 생기고 잔존기업들의 수요가 증가하여 수요곡선은 오른쪽으로 이동한다. 그래서 [그림 7-7]과 같이 기업의 수요곡선이 장기평균비용곡선과 접하는 B점에서 장기균형이 이루어지고 더 이상의 진입과 퇴출은 없다. 장기균형에서는 한계수입과 한계비용이 일치하는 A점에서 산출량이 결정되고 수직으로 올라가면 가격과 장기평균비용이 일치하여 이윤은 0이 된다.

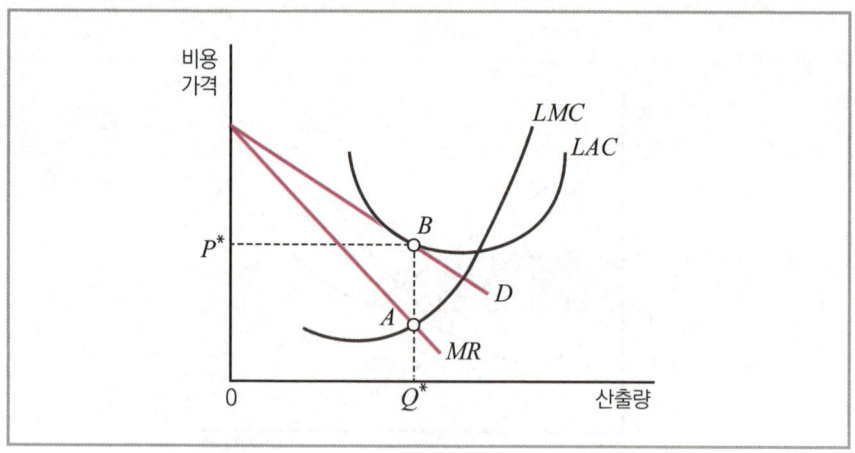

[그림 7-7] 독점적 경쟁기업의 이윤극대화 : 장기균형

독점적 경쟁기업의 장기균형에서 평균비용이 최소가 되는 최적규모를 달성하지 못하고 그 이하의 규모에서 생산하여 평균비용이 완전경쟁기업의 장기균형일 때보다 더 높게 된다. 즉 생산비가 최소화되지 못하고, 가격도 더 높아져서 소비자의 부담이 증가한다. 그 이유는 제품의 차별화로 인해서 수요곡선이 우하향하기 때문이다. 소비자들은 다양한 재화를 소비할 수 있게 된 대가로 비싼 가격을 지불하지 않으면 안 된다.

장기에 독점적 경쟁기업은 제품 차별화와 광고로 수요를 확대하고, 기술변화와 경영합리화로 비용절감을 하여 이윤을 증대시키기 위해 노력한다.

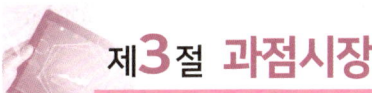
제3절 과점시장

1 과점시장의 개념

과점(oligopoly)시장이란 소수의 공급자들이 유사한 재화를 생산하여 같은 시장에서 상호 경쟁하는 시장 형태를 말한다. 현실에서 가장 많이 관찰할 수 있는 시장 형태가 바로 과점시장이다. 이동통신, 자동차, 가전제품, 석유화학 등 우리 실생활에 사용되어지는 주요 상품들이 거의 모두 과점시장에서 거래되고 있다. 이와 같은 상황은 우리 뿐만 아니라 세계의 거의 모든 나라에서 볼 수 있는 현상이다.

2 과점시장의 특징

(1) 기업 간의 상호 의존성

과점시장에서는 기업의 수가 소수이므로 어떤 한 기업이 가격이나 생산량을 변화시키면 다른 기업들에게 큰 영향을 미친다. 그래서 과점기업들은 서로 다른 기업의 반응을 감안하면서 가격과 생산량을 결정한다.

(2) 치열한 비가격경쟁과 가격의 경직성

과점기업 간에는 상호의존관계가 밀접하기 때문에 한 기업이 가격을 인하하게 되면, 다른 기업들도 가격경쟁을 초래하게 되어 결국에는 모든 기업들의 이윤이 감소하게 된다. 그래서 과점기업들은 가격경쟁을 회피하고 광고나 상품 차별화 등 비가격경쟁을 하게 된다. 그 결과 과점시장의 제품가격은 다른 시장에서처럼 자주 바뀌지 않고 경직적인 현상을 보인다.

(3) 비경쟁행위

가격경쟁을 하면 서로 손해라는 인식 아래 과점기업들은 상호간에 협조적인 행동을 한다. 그래서 카르텔(cartel), 기업합동(trust), 담합(collusion) 등 공동행위를 한다.

(4) 진입장벽

진입장벽이 독점기업과 같이 완벽하지는 않지만 독점적 경쟁기업보다는 훨씬 높다. 그러므로 과점시장에서는 상당히 높은 진입장벽이 존재한다.

3 과점시장의 균형

과점기업들의 균형은 상대 기업과의 관계가 어떻게 설정되느냐에 따라 다양하게 나타날 수 있다. 두 과점기업이 서로 치열하게 가격경쟁을 한다면, 이런 과점시장의 균형은 완전경쟁시장의 균형과 비슷하게 될 것이다. 반면에 두 기업이 서로 협조적으로 담합을 한다면 이런 과점의 균형은 독점시장의 균형처럼 될 것이다. 만약 치열하게 경쟁하지도 않고 협조적인 담합도 하지 않는다면 이런 과점의 균형은 독점시장의 균형과 완전경쟁시장의 균형 중간 정도에서 결정될 것이다.

[그림 7-8]에서는 과점시장의 시장수요곡선이 D와 같이 주어졌을 때 그 과점의 균형이 어떻게 나타날 수 있는지를 보여 주고 있다(생산비 = 0 즉, 한계비용곡선이 Q축과 일치한다고 가정한다).

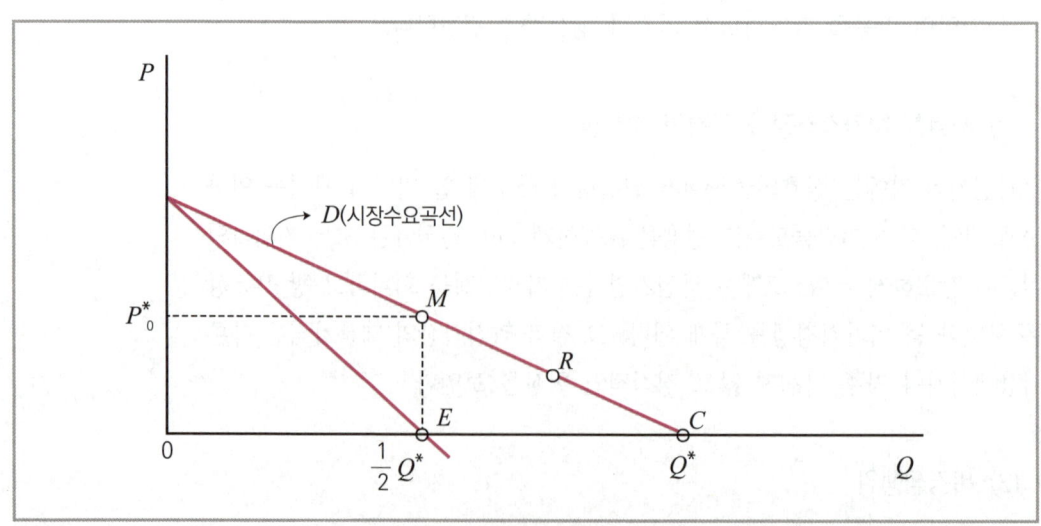

[그림 7-8] 과점시장의 균형

과점기업들이 서로 치열하게 가격경쟁을 할 경우 각 기업들은 상대 기업보다 가격을 낮추어 가면서 시장을 확장하게 될 것이다. 이런 과정에서 가격경쟁이 심화되면서 결국 가격은 생산비 수준까지 낮아지게 된다. [그림 7-8]에서 과점의 균형은 C점에서 정해지고, 가격은 0에서 시장거래량은 Q^*가 되어 완전경쟁시장의 균형과 일치하게 된다.

만약 과점기업들이 담합을 하게 되면 이들 기업들은 하나의 독점기업처럼 행동하게 된다. 이렇게 되면 이윤극대화를 위해 MR=MC가 되는 E점에서 생산량을 결정할 것이다. 과점기업들은 서로 경쟁할 때 보다 생산량을 $\frac{1}{2}Q^*$로 줄이면서 가격을 P_0까지 올려 이윤을 극대화하려고 할 것이다. 이때 시장균형은 M이 되며, 이 균형은 독점시장의 균형과 동일하게 된다.

경쟁하지도 서로 담합하지도 않는다면 이런 과점시장의 균형은 독점시장의 균형과 완전경쟁시장의 균형의 중간이 되는 점(R)에서 정해지게 된다. 실제 과점시장에서의 균형은 대부분이 완전경쟁시장의 균형과 독점시장의 균형 중간이 많다고 볼 수 있다.

단원별 연습문제

<독점>

01. 국내에만 자동차를 생산하는 독점기업이 국내시장과 해외시장에서 자동차를 판매하고 있다. 옳은 설명을 모두 고른 것은?

가. 소비자가 어느 한 시장에서 구입하여 다른 시장으로 운송하는 비용이 두 시장의 가격차이보다 더 커야 한다는 것은 독점기업이 가격차별화를 시도 할 수 있는 필요조건이다.
나. 두 시장에서 수요의 가격 탄력도가 동일하고, 이 기업이 자동차를 운송하는 비용이 양(+)이면, 해외시장에서 자동차의 가격이 더 높다.
다. 이 기업 자동차를 운송하는 비용은 없고, 해외시장 자동차 수요의 가격탄력도가 국내시장보다 높으면, 해외시장에서 자동차의 가격이 더 낮다.

① 가   ② 가, 나   ③ 가, 다   ④ 나, 다   ⑤ 가, 나, 다

02. 자연독점에 대한 설명으로 가장 적절한 것은?

① 생산량이 증가할수록 자연독점기업의 평균비용은 증가한다.
② 자연독점기업이 부과할 가격을 한계비용과 일치하도록 규제한다면, 이 독점기업은 양(+)의 이윤을 얻고, 경제적 효율성을 달성한다.
③ 자연독점기업이 부과할 가격을 평균비용과 일치하도록 규제한다면, 이 독점기업의 이윤은 영이 되고, 자원배분의 비효율성이 초래된다.
④ 자연독점기업이란 생산에 필요한 자연자원을 독점하는 기업을 말한다.
⑤ 규제완화정책으로 자연독점시장에 여러 기업이 진입하여 서로 경쟁하도록 하면 개별기업의 평균비용은 하락하게 된다.

03. 가격차별에 관한 다음 설명 중 옳은 것은?

① 1급가격차별과 완전가격차별은 서로 다른 개념이다.
② 2급 가격차별의 경우, 어느 두 구매자가 서로 상당히 다른 양을 산다하더라도 그들이 지불하는 단위당 가격은 항상 동일하다.
③ 3급 가격차별의 경우, 한 구매자가 지불하는 단위당 가격은 그가 얼마를 사느냐에 따라 언제나 달라진다.
④ 3급 가격차별의 경우, 수요의 가격탄력성이 높은 소비자는 수요의 가격탄력성이 낮은 소비자에 비해 더 낮은 가격을 지불한다.
⑤ 1급 가격차별의 경우, 그 시장에서 발생하는 소비자 잉여는 극대화되지만, 생산자 잉여는 항상 0이 된다.

제7장 ▎불완전경쟁시장

04. 독점시장에 관한 다음 사항 중 옳지 않은 것은?
① 시장진입이 제한된 시장일수록 독점력이 높아지는 경향이 있다.
② 완전경쟁시장에서는 가격과 한계비용이 같으므로 독점도는 0이다.
③ 독점시장 균형에서 가격과 한계수입의 차가 클수록 독점도는 커진다.
④ 가격탄력성이 클수록 독점도는 커진다.
⑤ 독점도를 나타내는 지표로는 Lerner 독점도 지수, Hicks 독점도 지수 등이 있다.

05. 독점자가 가격차별을 실시하여 이윤극대화를 추구할 경우 다음 설명 중 가장 옳지 않은 것은?
① 수요의 소득탄력성과 가격탄력성에 따라 가격을 차별한다.
② 수요가 가격에 탄력적인 고객에게는 가격을 낮춰 수익을 증가시킨다.
③ 가격탄력성이 높은 수요자는 가격이 인상되면 수요량을 대폭 감소시킨다.
④ 수요가 가격에 비탄력적인 고객에게는 가격을 높여 수익을 증가시킨다.
⑤ 가격변동에 상관없이 독점자가 공급하는 상품에 애착을 갖고 구매하는 소비자에게는 높은 가격을 받고, 그렇지 않은 소비자에게는 낮은 가격을 받는 역설적인 현상이라 할 수 있다.

06. 독점규제를 위한 한계비용가격설정이 현실적으로 적용되기 어려운 이유로 가장 타당한 것은?
① 독점기업이 가격차별을 실시하기 때문에
② 한계비용가격설정이 독점의 X-비효율성을 증개시키기 때문에
③ 한계비용가격설정을 실시해도 독점에 의한 사회적 후생손실이 줄어들지 않기 때문에
④ 독점기업은 한계비용으로 가격을 설정해도 독점이윤이 발생하기 때문에
⑤ 규모의 경제가 존재하는 자연독점의 경우 한계비용으로 가격을 설정하면 손실이 발생하기 때문에

07. 독점기업에 관한 다음 설명 중 옳은 것은?

① 한계수입=0일 때에 총수입은 극대화가 되며 독점이윤역시 최대가 된다.
② 총수입을 극대화하려면 독점기업은 수요의 가격 탄력성이 1인 점에서 생산하면 된다.
③ 독점기업은 시장지배력을 갖고 있기 때문에 제품가격과 공급량을 각각 원하는 수준으로 결정할 수 있다.
④ 우하향의 수요곡선을 갖는 독점기업의 경우, 가격=한계수입의 관계가 성립된다.
⑤ 현실적으로 독점기업이 시장수요곡선의 정확한 위치를 모르는 경우, 한계비용에 적정마진을 더하여 가격을 결정하는데, 이것을 마크업(mare-up)가격 설정이라고 한다.

08. 국내 독점시장에서의 가격차별에 대한 다음 설명 중 가장 옳지 않은 것은?

① 1급 가격차별은 완전가격차별이다.
② 2급 가격차별은 구간가격차별이다.
③ 3급 가격차별에서는 수요의 가격탄력성이 높은 시장에서 수요의 가격탄력성이 낮은 시장에 비해 상대적으로 비싸게 판매한다.
④ 1급 가격차별은 완전경쟁과 동일한 생산의 효율성을 달성케 한다.
⑤ 가격차별을 하면 소비자 잉여가 생산자 잉여로 재분배된다.

09. 다음 중 독점에 관한 설명으로 옳지 않은 것은?

① 독점기업의 공급곡선은 평균가변비용곡선의 최저점보다 위에 있는 한계비용곡선이다.
② 독점의 장기균형을 완전경쟁의 장기균형과 비교하면 독점기업은 완전경쟁기업에 비해 과잉시설을 보유하며 생산에 참여한다.
③ 독점기업은 가격차별이 가능한 경우 상대적으로 더 탄력적 시장에 낮은 가격을 부과함으로써 이윤을 극대화할 수 있다.
④ 독점기업도 이윤을 극대화하기 위하여 한계비용과 한계수입이 일치하는 점에서 생산량을 결정한다.
⑤ 독점 시장은 완전경쟁시장보다 비효율적이다.

10. 한국전력이 심야시간대와 주간의 요금을 다르게 책정하는 것을 가격차별이라 한다. 이에 대한 설명 중 틀린 것은?

   ① 수요의 가격탄력성이 주간에는 비탄력적이고, 야간에는 탄력적이기 때문에 가능하다.
   ② 한국전력이 전기의 공급을 독점하고 있기 때문에 가능하다.
   ③ 소비자가 싼 심야전기를 저장하여서 주간에 비싸게 파는 것이 불가능하기 때문에 가능하다.
   ④ 한국전력은 가격차별로 인해 전기생산량을 줄여야 한다.
   ⑤ 한국전력은 가격차별을 이용하여 이윤을 증대시킬 수 있다.

11. 단기의 독점기업에 대한 설명 중 옳지 않은 것은?

   ① 균형은 한계비용과 한계수입이 일치하는 곳에서 이루어진다.
   ② 제품공급량과 제품가격을 동시에 자기가 원하는 수준으로 결정할 수 있다.
   ③ 손실을 입을 수도 있다.
   ④ 첫 단위 제품을 제외하고는 항상 가격이 한계수입보다 더 크다.
   ⑤ 가격 탄력적인 영역에서 이윤극대화 산출량 수준이 결정된다.

12. 시내 전화사업은 공기업에 의해 독점 되거나 정부의 규제를 받는다. 시내전화사업의 어떤 특성이 이러한 독점이나 규제의 경제적 근거인가?

   ① 도덕적 해이가 발생할 가능성이 크다.
   ② 비배제성으로 인해 무임승차가 가능하다.
   ③ 규모의 경제가 발생한다.
   ④ 생산비용에 비해 거래비용이 크다.
   ⑤ 초기 고정투입 비용이 가변비용에 비해서 상대적으로 작다.

13. 다음 중 가격차별이 아닌 것은?

   ① 대량 구입시 할인을 해준다.
   ② 기본 요금이 있다.
   ③ 비선형 요금체계를 사용한다.
   ④ 비행기의 1등석 요금이 2등석 요금보다 비싸다.
   ⑤ 학생에게는 할인을 해준다.

거꾸로 배우는 경제학

<독점적경쟁과 과점>

14. 독점적 경쟁시장에 관한 다음 설명 중 적절하지 않은 것은?

① 상품차별화에 의해 발생한다.
② 산업에 대한 진입·퇴출이 자유롭다.
③ 균형에서 가격이 한계비용보다 높다.
④ 단기균형에서 초과이윤이 발생할 수 있다.
⑤ 장기균형에서 평균비용이 최소가 되는 수준에서 생산이 이루어진다.

15. 다음 독점적 경쟁에 대한 설명 중 잘못된 것은?

① 독점적 경쟁 산업의 각 기업은 차별화된 상품을 생산하여 독점력을 갖고 있으며 수요곡선이 우하향한다.
② 장기적으로 기업의 진입과 퇴출이 자유롭다.
③ 단기적으로는 이윤을 얻을 수 있지만, 장기에는 한계수입곡선이 평균비용곡선에 접하여 이윤이 0된다.
④ 단기나 장기 모두 한계비용이 한계수입과 같은 점에서 생산한다.
⑤ 장기적으로 평균비용이 초저가 되는 점보다 더 적게 생산한다.

16. 다음 설명 중 옳은 것은?

① 자연독점의 경우, 한계수입과 한계비용이 일치하는 곳에서 생산하고 있다면 파레토 비효율성이 전혀 없다.
② 자연독점기업이 가격과 평균비용이 일치하는 곳에서 생산량을 정하도록 정부가 규제하는 경우 파레토비효율성이 존재할 수 있다.
③ 독점적 경쟁의 경우, 각 기업의 가격과 생산량은 그 기업이 직면하고 있는 수요곡선과 그 기업의 한계비용곡선이 접하는 점에서 결정된다.
④ 독점적 경쟁시장에서 기업들은 모두 동질의 상품만을 생산한다.
⑤ 자연독점은 독점적 경쟁시장에서 정부의 규제가 과도할 때 발생한다.

17. 독점적 경쟁기업이 이윤극대화 장기균형에서 초과시설을 갖게 되는 이유는?

① 기업의 자유로운 진입과 퇴거
② X비효율성
③ 대체재 가격의 반응
④ 상품의 이질성
⑤ 동질적인 재화 거래

18. 독점적 경쟁시장의 특징이 아닌 것은?

① 제품이 차별화되어 있다.
② 개별기업이 직면하는 수요곡선은 우하향한다.
③ 장기이윤은 0이다.
④ 진입장벽이 있다.
⑤ 수요자는 가격순응자이다.

19. 독점적 경쟁시장의 장기균형에 대한 설명 중 잘못된 것은?

① 진입퇴거가 자유롭다.
② 초과설비(초과생산능력)가 존재한다.
③ 균형가격이 완전경쟁의 균형가격보다 높다.
④ 제품차별화 등으로 개별기업이 음(-)의 기울기를 갖는 수요곡선에 직면한다.
⑤ 한계수입곡선은 수평곡선으로 그 자체가 시장가격을 의미한다.

20. 과점에 대한 다음의 서술 중 옳지 않은 것은?

① 완전경쟁기업은 수평의 수요곡선에 직면하지만 과점기업은 우하향의 수요곡선에 직면한다.
② 과점기업이 장기에 초과이윤을 누린다면 시장가격이 장기평균비용곡선의 최소점과 같을 수 없다.
③ 과점기업들은 가격의 경직성 때문에 한계비용이 상승하면 항상 손해를 본다.
④ 상품차별화나 규모의 경제가 진입장벽이 된다.
⑤ 과점기업들이 서로 담합하여 생산을 줄이면 시장가격을 올릴 수 있다.

21. 과점기업들 사이에 담합이 성공적으로 이루어질 수 있는 경우는?

① 경기가 침체했을 때
② 기업간 상품차별화의 정도가 아주 클 때
③ 시장진입장벽이 아주 낮을 때
④ 정부의 규제가 강력할 때
⑤ 담합위반시 다른 기업들로부터 보복을 당할 가능성이 클 때

거꾸로 배우는 경제학

정답 및 해설

1. ⑤ 가격차별은 우선 재정차익이 불가능해야 하고, 자동차 운송비용과 (수요의) 가격탄력성에 의해서 국내시장(A시장)과 해외시장(B시장) 간의 가격이 결정되겠네요. 당근 해외시장에 판매를 하는 경우 운송비가 크다.

2. ③ 자연독점은 규모의 경제가 존재하는 경우로 AC가 하락하는 형태를 보입니다. 이때 MC=P 가격설정은 손실을 초래하게 되고, 그 결과 AC=P 가격설정방식을 허용할 수 있는데 이때는 손실은 제거되지만 비효율성이 발생하게 된다.

3. ④ 1급가격차별은 완전가격차별이라고도 하고, 소비자가 지불하려고 하는 모든 금액을 다 뺏어가기 때문에, 소비자 잉여는 0가 되고, 생산자 잉여가 극대가 됩니다. 3급 가격차별은 탄력성에 따라서 가격을 부과하는 것으로 (수요의)가격탄력성이 크게 되면, 소비자가 힘이 쎈 경우에 속하기 때문에 가격을 높게 부과할 수 없다.

4. ④ (수요의) 가격탄력성이 크다는 말은 소비자의 힘이 쎄다는 말이므로 독점기업의 힘은 당근 작다.

5. ① 가격차별은 가격에 민감한 정도에 따라서 동일한 상품에 차별적인 가격을 부과하는 것이다. 따라서 소득탄력성과는 직접관련성이 없다.

6. ⑤ 독점의 경우 중에서 규모의 경제가 존재하는 경우는 한계비용에 가격을 맞추어 설정하면 손실이 발생하게 되는 문제가 있다.

7. ② 이윤극대화는 MR=MC에서 결정되지만 총수입극대화는 MR=0에서 결정된다.
   ③ 시장지배력이 있다고 가격을 콜라하나에 100만원에 책정할 수 없다.
   ④ 우하향하는 수요곡선이므로 가격 〉 한계수입의 관계가 되고, 수요곡선보다 한계수입곡선이 2배 가파른 기울기를 가진다.
   ⑤의 마크업 가격설정은 평균비용에 약간의 마진을 붙이는 것이다.

8. ③

9. ① 독점시장에서 공급곡선은 존재하지 않기 때문에 한계비용곡선을 대용으로 적용한다.

10. ④ 가격차별을 하는 경우 생산량은 독점일 때보다는 증가하네요. 완전가격차별의 경우는 완전경쟁시장의 경우와 동일한 수준까지 증가한다.

11. ② 독점기업일지라도 가격을 맘대로 결정할 수는 없고, 소비자(수요)의 눈치를 봐서 최대한 지불할 의사를 고려한다.

12. ③ 규모의 경제가 존재하는 경우 독점이 될 가능성이 높습니다. 이때 한계비용가결설정을 하게 되면 손실을 보게 되고, 그 결과정부는 다른 보조 수단을 적용하는 것이다.

13. ④ 동일한 재화(서비스)에 대해서 가격을 차별적으로 부과한다는 것이 가격차별인데 비행기의 1등석과 2등석은 동일한 재화(서비스)라고 하기는 좀 그렇다.

14. ⑤ 독점적 경쟁시장에서 장기의 경우, 평균비용(AC)의 왼쪽에서 수요곡선과 접하는 부분에서 균형 산출량이 이루어지네요. 단기에는 초과이윤이 존재할 수도 있지만, 장기로 가면 진입과 퇴출이 자유로워 초과이윤은 없어지고 정상이윤만 누리게 된다.

15. ③ 이윤이 0이 되는 것은 평균수입과 평균비용이 접하는 경우다.

16. ② ① 효율성이 충족되기 위해서는 한계비용가격설정방식을 채택해야하고, 이것은 P(=AR)=MC가 됩니다. ③ 독점적 경쟁의 경우도 MR=MC에서 최적산출량 수준이 결정된다. ④독점적 경쟁의 가장 큰 특징은 차별적인 상품으로 인해서 어느 정도 시장지배력을 보유하고 있다는 의미입니다. ⑤자연독점은 규모의 경제가 존재하는 경우 발생한다.

17. ④ 독점적 경쟁의 특징은 재화의 이질성과 차별화로 인해 어느 정도 시장지배력을 확보하고 있다는 점이 중요합니다. 그로 인해서 최소효율규모보다 작은 수준에서 산출량이 결정된다.
18. ④ 독점적 경쟁시장은 단기에는 독점적인 특성이, 장기에는 경쟁적인 특성이 있는 두 시장의 혼합형입니다. 따라서 단기라는 전제조건이 있으면 진입장벽이 있다고 볼 수 있다.
19. ⑤ 독점적 경쟁시장의 경우 시장수요곡선이 우하향하기 때문에 장기일지라도 한계수입곡선이 우하향하게 된다.
20. ③
    ① 가격수용자(완전경쟁기업)와 가격결정자(과점기업)의 차이이다.
    ② 장기에는 초과이윤을 누리기 위해서는 P〉LAC이어야 한다.
    ③ P〉MC의 범위에 있기 때문에 MC가 상승해도 P〉AC의 조건만 유지된다면 손해는 보지 않는다.
    ⑤ 생산을 줄이면 우하향의 시장수요곡선을 따라 왼쪽으로 이동하므로 시장가격을 올릴 수 있다.
21. ⑤ 어떤 기업이 담합을 위반했을 때 다른 기업들로부터 보복을 당할 가능성이 크다면 협정준수를 위해 노력하게 된다.

연습문제

[문제 1] 독점이란 무엇이고, 독점의 발생 원인을 설명하라.

[문제 2] 자연독점을 정의하고, 한 산업이 자연독점인 것과 시장의 크기는 어떤 관계가 있는지 설명하라.

[문제 3] 독점기업의 이윤극대화 조건을 설명하라.

[문제 4] 독점기업의 한계수입이 판매가격보다 낮은 이유는 무엇이며, 독점기업의 한계수입이 0보다 작을 수 있을까? 설명하라.

[문제 5] 가격차별의 예를 두 가지 들라. 각각의 경우에 왜 독점기업이 이러한 전략을 택했는지 설명하라.

[문제 6] 독점적 경쟁기업의 이윤이 장기적으로 0이 되는 이유를 설명하라.

[문제 7] 독점적 경쟁기업의 특징인 상품의 차별화가 소비자의 후생에 긍정적인 효과를 미치는지의 여부에 대해 설명하라.

[문제 8] 과점이란 무엇이며, 그 특성을 설명하라.

제8장
생산요소시장과 소득불평등

제1절 생산요소시장
제2절 소득불평등과 빈곤
단원별 연습문제

생산요소를 제공하는 생산에 참가한 가계는 그 대가로 소득을 분배 받는다. 노동을 제공한 사람은 임금을 받고, 토지를 제공한 사람은 지대를 받는다. 그리고 자본을 제공한 사람은 이자나 이윤을 얻는다. 생산요소는 모두 가계가 소유하고 있으면서 기업에게 제공한다. 이 과정에서 어떤 가계의 소득은 굉장히 많은데 반해, 다른 가계의 소득은 아주 적은 불평등 현상과 빈곤이 나타나기도 한다. 소득의 분배를 결정하는 두 가지 핵심적인 요인은 생산요소 소유권의 분배와 생산요소 가격의 결정이다.

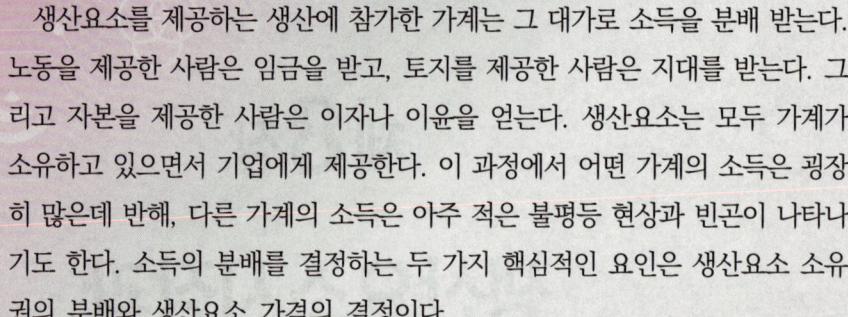

"자본주의의 본질적인 결점은 축복을 불공평하게 배분한다."
-윈스턴 처칠-

"사회주의의 본질적인 결점은 고통을 공평하게 배분한다."
-그레고릭 맨큐-

"보다 높은 성장을 목표로 한다면 무엇을, 어떻게 성장시키려는 것인지를 명확하게 밝혀야 한다."
-사이먼 쿠즈네츠-

"사람은 평생에 걸쳐 자신에게 투자해야 한다."
-게리 베커-

"오늘날의 성별 임금 격차가 '성별 직종분리'에서 비롯됐다고 설명했다. 의사-간호사, 교수-교사처럼 소득이 높은 직종에는 주로 남성이 종사한다는 것이다."
-클라우디아 골딘-

제1절 생산요소시장

1 노동시장과 임금

(1) 노동에 대한 수요

기업은 상품과 서비스를 생산하기 위해 노동, 자본, 천연자원과 같은 생산요소(factors of production)를 사용한다. 영국 프리미어리그의 토트넘 구단은 축구경기를 생산하기 위해 노동(선수), 자본(경기장), 천연자원(경기장 토지)을 사용한다. 기업이 이윤을 극대화하기 위해서는 노동과 다른 생산요소를 얼마나 사용할지를 결정해야 한다.

기업의 노동에 대한 수요와 가계의 노동에 대한 공급 간의 상호작용이 균형임금을 결정한다. 노동의 유형이 다양하므로 노동시장도 다양한 형태를 갖는다. 노동의 유형과 노동시장에 따라 임금도 차이가 발생한다.

노동에 대한 수요는 노동을 사용하여 생산하는 재화에 대한 수요에 의해 결정된다. 기업의 노동에 대한 수요는 노동자 1명을 더 고용했을 때 추가로 생산할 수 있는 재화의 양과 추가 생산한 재화를 판매해서 얻을 수 있는 추가 수입 등에 의해 결정된다.

1) 노동의 한계생산물수입

노동의 한계생산물(marginal product of labor : MP_L)은 기업이 노동자 1명을 추가로 고용하여 추가로 생산할 수 있는 생산량으로 다음과 같이 계산한다.

$$MP_L = \triangle TP / \triangle L$$

노동자 1명을 추가로 고용하면 얻을 수 있는 총생산량의 변화를 의미한다. 한계생산물체감의 법칙 또는 수확체감의 법칙(law of diminishing return)

은 기업이 노동자를 추가로 고용할 때마다 노동의 한계생산물은 감소한다는 것을 의미한다.

기업은 생산량이 증가하면 추가수입을 얻게 된다. 노동자 1명을 더 고용하거나 노동시간을 늘리면 수입은 한계생산물(MP)×한계수입(MR), 즉 한계생산물수입(marginal revenue of labor : MRP)만큼 증가한다. 재화시장이 경쟁적이면 MR=P이므로

$$MRP = MP \times MR = MP \times P$$

가 된다.

재화시장이 경쟁적일 때 한계생산물수입($MRP = MP \times P$)을 한계생산물가치(value of maraginal product : VMP)라고 한다.

기업은 주어진 한계생산물수입(MRP)을 근거로 합리적인 노동시간을 선택해야 한다. 즉 노동시간 한 단위를 추가하는 데 드는 한계요소비용(marginal factor cost : MFC)이 한계생산물수입보다 작다면($MFC < MRP$), 노동자의 노동시간을 늘려서 이윤을 증가시킬 수 있다. 반대로 한계요소비용이 한계생산물수입보다 크다면($MFC > MRP$), 노동시간을 줄일 것이다. 노동시간이 경쟁적이면 노동의 한계요소비용이 노동시장에서 결정되는 가격인 명목임금(W)과 동일하므로 기업은 한계생산물가치가 임금과 같아지는 수준에서 고용량을 결정하게 된다.

$$VMP = MP \times P = W$$

[표 8-1] 노동의 한계생산물수입, 임금 및 고용의 관계

노동의 한계생산물수입($MP_L \times P$), 임금(W)	고용
한계생산물수입 〉 임금	증가
한계생산물수입 〈 임금	감소
한계생산물수입 = 임금	유지

2) 노동수요곡선

상품가격(P)이 일정할 때 노동자 임금(W)이 하락하면 $VMP = MP_L \times P > W$가 된다.

$VMP = MP_L \times P = W$를 유지하기 위해 노동자를 추가로 고용하거나 노동시간을 늘린다. 결과적으로 노동의 한계생산물(MP_L)이 체감하게 된다. 노동자의 수요곡선은 [그림 8-1]과 같이 우하향하는 모양, 즉 마이너스(-) 기울기를 갖는다. 임금이 상승하면 노동수요량이 감소하고, 임금이 하락하면 노동수요량이 증가하는 관계를 나타낸다. 이는 노동수요곡선상의 변화로 나타난다.

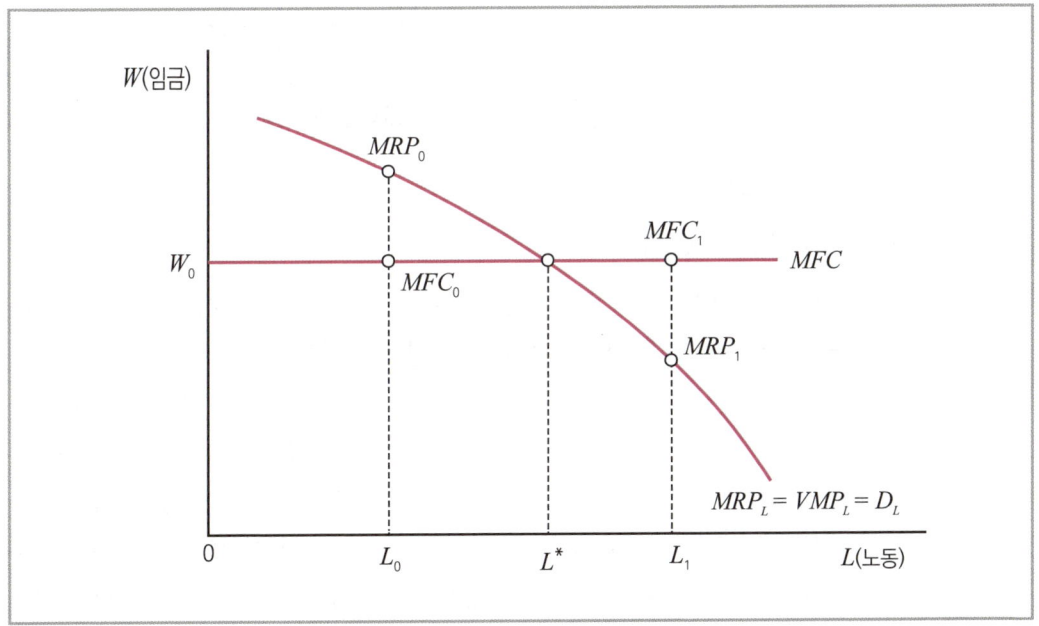

[그림 8-1] **노동수요곡선**

3) 노동수요곡선의 이동

노동수요곡선은 임금 이외 변수가 모두 일정하다고 가정하였다. 즉 임금과 노동수요량의 관계를 나타내며, 노동수요곡선상의 이동을 의미한다. 만약 임금이 고정되어 있을 때 다른 변수가 변하면, [그림 8-2]와 같이 노동수요곡선 전체가 이동하게 된다. 노동시장의 노동수요곡선을 이동시키는 중요한 변수는 다음과 같다. 즉 인적자본, 기술, 상품가격, 노동 이외 생산요소 투입량, 시장 참여기업 수 등이다.

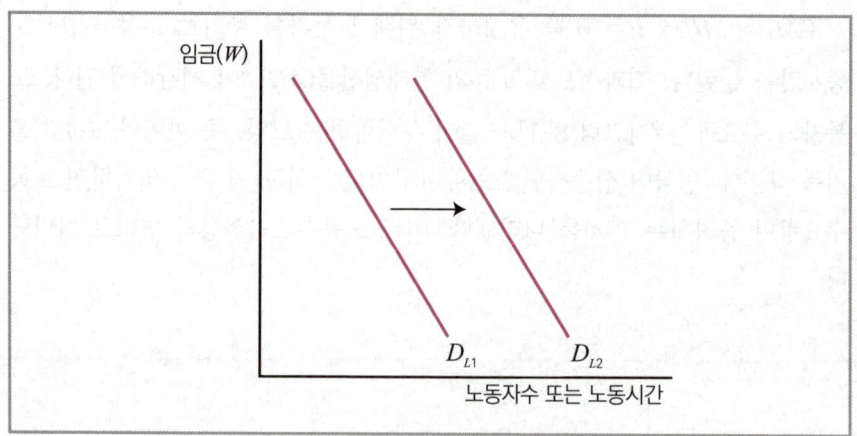

[그림 8-2] 노동수요곡선의 이동

(2) 노동공급

1) 개인의 노동공급곡선

노동자가 얼마나 일할지를 결정하는 기준은 무엇인가? 사람들은 누구나 하루 24시간을 가지고 있다. 하루 24시간은 노동과 여가로 배분된다. SNS를 하거나 해변이나 숲 속을 걷기도 하고 다른 형태의 여가를 즐기는 데 시간을 사용한다면 그만큼 일하는 시간은 줄어들게 된다. 한 시간을 여가로 사용하기 위해서는 한 시간 동안 일해서 벌 수 있는 수입을 포기해야 한다. 즉 여가의 기회비용은 임금이라고 할 수 있고, 임금이 높을수록 여가의 기회비용은 더욱 커진다. 대부분 사람들은 임금이 높을수록 여가를 줄이고 일을 더 많이 하게 된다. [그림 8-3]은 노동공급곡선이 우상향하는 모양을 보여주고 있다. 즉 임금과 노동공급량은 정(+)의 상관관계를 갖는다.

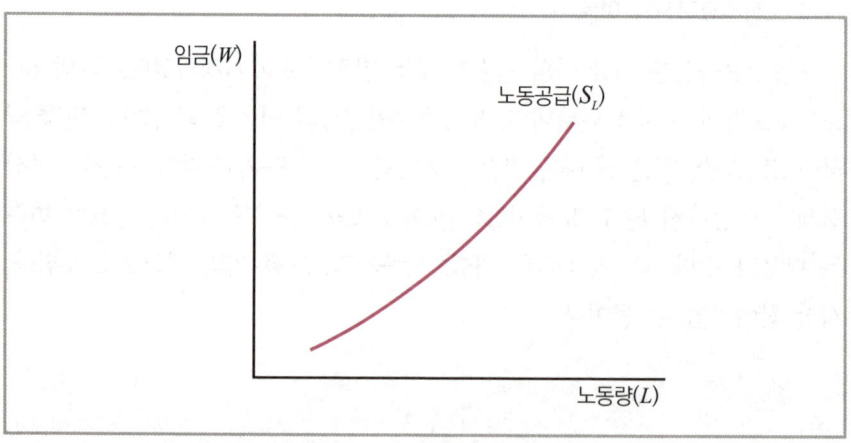

[그림 8-3] 노동공급곡선

개인의 노동공급곡선은 일반적으로 우상향하고 있지만, 높은 임금수준에서는 [그림 8-4]와 같이 후방굴절(backward bending)하는 모습을 가진다.

즉 높은 임금은 실제로 노동공급을 감소시킬 수 있다. 회계사의 경우 처음에는 보수가 많아질수록 노동시간을 늘려가지만, 보수수준이 매우 높아지면 노동시간을 줄이고 여가시간을 늘려가게 되는 것을 의미한다. 그러한 이유는 대체효과(substitution effect)와 소득효과(income effect)를 통해서 설명할 수 있는데, 임금변화의 대체효과는 임금상승이 여가의 기회비용을 증가시키므로 노동자가 노동시간을 늘리고 여가시간을 줄이도록 한다.

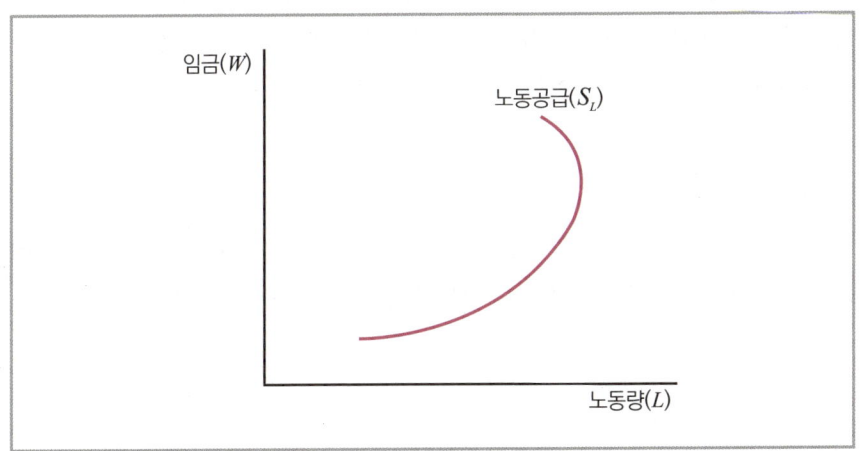

[그림 8-4] 후방굴절 노동공급곡선

임금상승은 일정한 노동시간을 가지는 노동자의 구매력을 증가시킨다. 여가는 정상재이므로 임금상승의 소득효과는 노동자가 일을 적게 하고 여가를 더 많이 즐기도록 한다. 결국 임금상승의 대체효과는 노동자가 노동공급을 늘리도록 하지만, 임금상승의 소득효과는 노동공급을 줄이도록 한다. 임금이 상승할 때 노동자가 노동시간을 늘릴지 줄일지는 대체효과가 소득효과보다 큰지 작은지에 달려 있다. [그림 8-4]는 낮은 임금수준에서는 대체효과가 소득효과보다 커서 임금상승으로 노동자가 노동공급을 늘리고, 높은 임금수준에서는 소득효과가 대체효과보다 커서 임금상승은 노동자가 노동공급을 줄이도록 하는 현상을 보여주고 있다.

유명한 회계사는 크게 성공해서 의뢰인에게 매우 높은 감사보수를 부과할 수 있다고 하자. 회계사가 여름 휴가를 더 오랫동안 즐기려고 고객의 요청을 거절하면 높은 기회비용을 부담해야 한다. 하지만 회계사의 소득은 매우 높은 수준이기 때문에 여가를 더 많이 즐기기 위해 추가소득을 포기할 수도 있다. 고수입 회계사로서 소득효과가 대체효과보다 크다면 임금상승은 노동공급을 줄이도록 만든다.

2) 시장 노동공급곡선의 이동

노동의 시장공급곡선은 재화시장과 마찬가지로 노동시장에서 노동을 공급하는 노동자들의 노동공급량을 더하여 구할 수 있다. 이때 임금 이외 노동자의 노동공급의사에 영향을 줄 수 있는 모든 변수는 일정하다고 가정한다. 일정하다고 가정했던 임금 이외의 변수가 변화하면, 노동의 시장공급곡선 전체가 이동할 것이다. 노동의 시장공급곡선을 이동시키는 변수는 인구변화, 인구구성(연령, 성, 인종 등), 이직 가능성(산업 간 노동이동 등) 등이 있다.

(3) 노동시장의 균형

노동시장의 균형임금과 균형고용량 변화를 분석하기 위해 수요곡선과 공급곡선을 사용할 수 있다. [그림 8-5]는 노동시장의 균형을 나타내고 있다.

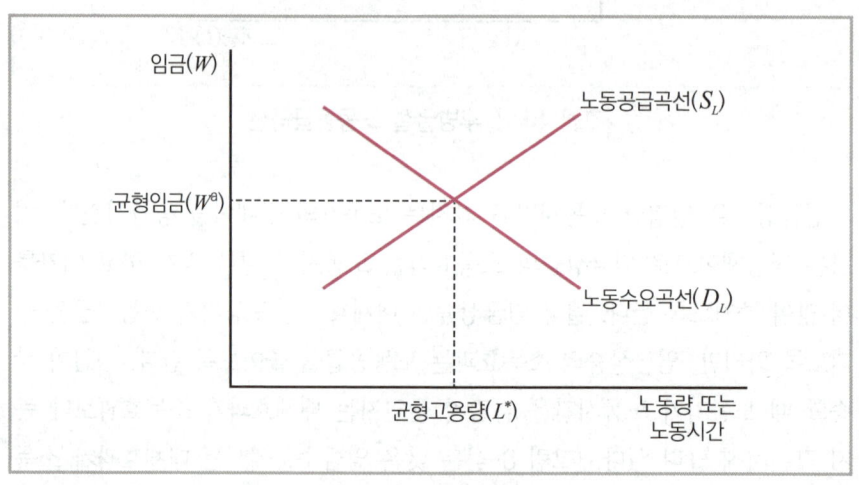

[그림 8-5] **노동시장의 균형**

노동시장의 수요곡선과 공급곡선 이동요인은 노동시장의 균형임금과 균형고용량을 변화시킬 수 있다. 4차 산업혁명으로 사물인터넷과 관련된 기술이 발전하여 이와 관련된 기술인력에 대한 수요가 늘어나면 노동수요곡선은 오른쪽으로 이동하고, 균형임금과 균형고용량은 증가하게 된다. 출산율의 저하로 인구가 감소하면 노동공급곡선이 왼쪽으로 이동하고, 균형임금은 높아지고 균형고용량은 줄어들게 된다.

(4) 임금차이의 원인

노동시장이 경쟁적이라면 동종의 노동에 대해 동일한 임금이 지불되어야 한다. 경쟁시장에서는 더 높은 보수를 지급하는 일자리로 노동력이 즉시 자유롭게 이동할 수 있기 때문이다. 하지만 현실적으로는 노동시장이 완전한 경쟁상태를 유지하기가 어렵고 경쟁상태에 있더라도 임금이 개인특성이나 직종, 지역 등에 따라 차이가 나고 있다. 임금차이의 원인은 한계생산물수입, 보상, 차별, 노동시장의 이중구조, 노동조합 등에서 찾을 수 있다.

1) 한계생산물수입 차이와 보상

노동시장의 균형임금은 노동의 한계생산물수입($MP_L \times P$)과 같은 수준에서 결정되었다. 따라서 노동자의 한계생산물(MP_L)이 많아지고, 노동자가 생산한 재화의 가격(P)이 높아질수록 임금수준은 높아질 것이다. 프리미어리그의 축구선수와 K리그의 축구선수의 임금차이는 한계생산물수입의 차이에서 발생한다.

기업은 상대적으로 더욱 힘들거나 위험한 일을 하는 노동자에게 높은 임금을 추가적으로 지불하며 보상한다. 노동자들이 동일한 특성과 조건을 가졌다면, 화약공장에서 일하는 노동자는 식품공장에서 일하는 노동자보다 더 높은 임금을 받는다. 화약공장 노동자는 더 위험하고 덜 선호되는 일을 하기 때문에 보상임금을 받을 수 있다. 보상임금은 일종의 위험가격이라고 할 수 있다.

2) 차별

노동시장에는 성, 인종, 편견, 정보부족, 연고주의 등과 같은 비효율적인 특성에 의한 차별 때문에 임금차이가 발생할 수 있다. 성이나 인종과 같은 비효율적인 특성에 따라 낮은 임금을 주거나 직업, 직무에서 배제하는 것을 경제적 차별(economic discrimination)이라고 한다.

소수민족에 대한 차별과 출신지역이나 대학에 따른 차별도 중요한 사회문제의 하나로 대두되고 있다. 비슷한 능력을 가지고 있는데도 임금을 낮게 주거나 고용계약을 불공정하게 하면 노동시장 차별이 된다. 보다 안정적이고 보수가 좋은 직업에 대한 취업 기회를 제한하는 형태로 차별이 나타나기도 한다. 차별대상집단은 취업을 하기가 어려워 열악한 취업조건을 받아들이거나 매우 낮은 임금을 받고서라도 취업할 수 밖에 없다.

차별이 발생하는 원인은 다음과 같다.

첫째, 편견을 꼽을 수 있다. 어떤 집단에 속한 근로자는 게으르고 생산성이 떨어진다든지 하는 근거 없는 편견이 차별을 낳는다.

둘째, 정보의 부족도 차별의 원인이 될 수 있다. 기업이 정보를 충분히 갖지 못한 상태에서 우수한 인력을 선별하여 채용하려 할 때 특정 집단에 대해 차별할 수 있다. 일류대학 출신만을 채용하는 전략은 지방대학 등 다른 대학 출신자의 취업 기회를 박탈하게 된다. 동일한 집단에 소속되었더라도 개인의 생산성은 다를 수 있으므로 집단별로 차별하는 것은 효율성 측면에서 바람직하지 않다. 차별의 혜택을 보는 집단에 소속된 사람들은 해당 집단에 들어간 이후 최선을 다하지 않을 수 있으므로 비효율성은 더욱 증대될 수 있다.

셋째, 연고주의가 차별의 원인이 될 수 있다. 능력보다는 지연, 혈연, 학연에 근거하여 인력관리정책을 펴나가는 기업들이 다수 존재하는 것이 사실이다. 연고주의에 의한 차별은 기업과 국가에 비효율을 가져다주는 주요한 요인이 되고 있다.

그러나 경제학자들은 차별에 의한 임금격차는 크지 않다고 생각한다. 백인 남성과 흑인 남성 또는 남성과 여성 간의 임금차별은 크지 않으며 다른 요인 때문에 발생한다고 판단한다. 즉 임금차이는 교육수준, 경험, 일자리 선호 등 요인의 차이에 따라 설명할 수 있다는 것이다.

3) 노동시장의 이중구조와 노동조합

많은 국가에서는 노동시장의 이중구조(dual structure) 때문에 부문 간 임금차이가 발생하고 있다. 이중구조는 농업과 공업, 대기업과 중소기업, 전통산업과 첨단산업 등에서 존재한다. 노동자들은 노동조합(labor union)에 가입해 있는 내부자인가, 가입하지 않은 외부자인가에 따라 임금수준이 다를 수 있다. 노동조합 가입자는 파업을 통해 권리를 주장할 수 있기 때문에 상대적으로 높은 임금을 받을 수 있다. 고용주와 임금, 근로조건에 대해 서로 합법적으로 협상을 할 수 있다.

【Eco-톡】 》 '성경' 속에서 만나는 경제학

'성경'에 기록되어 있는 경제적 사고에 관한 구절을 일일이 나열하려면 책 한 권을 새로 써야 할 정도다. '성경'은 토지, 노동, 자본 등에 대해서도 자주 언급하고 있다. 여기에서는 그 중 일부만 살펴보고자 한다.

우선 '성경'은 인간에게 신이 맡긴 것을 최상으로 이용해야 할 책임이 있다고 본다. 이는 오늘날의 경제적 사고방식과도 정확히 일치한다. 또한 노동은 좋은 것이므로 아담에게도 땅을 경작하고 돌보도록 요구했다.

'성경'에는 재물과 그 책임에 대한 구절이 2,300개가 넘는다고 한다. 예수가 든 비유 38가지 가운데 16가지가 돈에 대한 비유일 정도로 돈에 대한 이야기는 '성경'에 빈번하게 등장한다. 사람들은 어쩔 수 없이 재물에 마음을 두게 마련이라는 점을 인정하고 있는 것이다. "너희의 재물이 있는 곳에 너희의 마음도 있다."(마태복음 6장 21절)

예수는 이를 책망하기보다는 탐욕이 아니라 하나님의 뜻대로 벌고 쓰도록 권장했다. 그렇게 하면 더 많은 것으로 채워주겠다는 약속도 빼놓지 않았다. 다만 아무리 생산을 해도 무한한 욕구는 채워지지 않으므로 희소성 문제를 해결하기 위해서는 생산을 촉진하기보다 욕구를 제한하라고 '구약성경'은 밝히고 있다.

"돈을 사랑하는 사람치고 돈으로 만족하는 사람이 없다. 욕심 부린다고 더 생기는 것도 아니다. 그러니 이 또한 헛된 일이다."(전도서 5장 9절)

'성경'이 모든 부를 부정적으로 본 것은 아니다. 신의 명령에 따른 결과로 발생하는 부는 정당한 부로 간주했으며, 부정한 방법으로 축적하는 부를 비난한 것이다. 이스라엘 사람들에게는 민족을 돌보고 정당하게 행동하기만 한다면 사업 활동에 힘쓰도록 장려했다.

반면에 이자를 받으며 돈을 빌려주는 행위는 부정한 방법으로 보고 금했다. 이자를 받는 행위는 사람들이 생존을 위해 없어서는 안 되는 음식, 옷, 난방 등의 필수재를 빼앗는 정의롭지 못한 행위라고 꾸짖었다.

"너희 가운데 누가 어렵게 사는 나의 백성에게 돈을 꾸어주게 되거든 그에게 채권자 행세를 하거나 이자를 받지 마라. 너희가 이웃에게서 겉옷을 담보로 잡거든 해가 지기 전에 반드시 돌려주어야 한다."(출애굽기 22장 24~25절)

"같은 동족에게 변리를 놓지 못한다. 돈 변리든 장리 변리든 그 밖에 무슨 변리든 놓지 못한다."(신명기 23장 20절)

'성경'은 결코 가난함이 자랑이 아님을 강조하면서 게으른 자를 동물에 비유해 탓하고 있다. 개미 같은 하찮은 곤충도 추운 겨울에 대비해 여름에 땀을 흘려 열심히 저장하는데, 하물며 사람이 개미보다 못해서야 되겠느냐는 것이다. 게으름이야말로 가난의 원인이며, 노년을 대비해 젊었을 때 열심히 저축해야 한다고 '성경'은 전한다.

거꾸로 배우는 경제학

"게으른 자는 개미에게 가서 그 사는 모습을 보고 지혜를 깨쳐라. 개미는 우두머리도 없고 지휘관이나 감독관이 없어도 여름 동안 양식을 장만하고 추수철에 먹이를 모아들인다. 그런데 너 게으른 자야, 언제까지 잠만 자겠느냐? 언제 잠에서 깨어 일어나겠느냐?" "조금만 더 자야지, 조금만 더 눈을 붙여야지, 조금만 더 일손을 쉬어야지!" 하겠느냐? 그러면 가난이 부랑배처럼 들이닥치고 빈곤이 거지처럼 달려든다."(잠언 6장 6~11절)

출처 : 한진수 경제학 에세이

2 토지시장과 지대의 결정

토지가 있어야 경작을 하거나 공장을 지을 수 있으므로 기업은 토지 없이는 생산활동을 할 수 없다. 기업이 토지를 생산에 투입하기 위해서 택할 수 있는 방법에는 토지를 빌리는(임차) 방법과 토지를 매입하는 방법 두 가지가 있다. 임차하는 경우에는 토지 임차료, 즉 지대(rent)를 지급하고, 매입하는 경우에는 매입자금에 대한 이자를 지불해야 한다. 토지시장은 임대시장과 매입시장으로 나눌 수 있다. 현실에서는 토지를 매매시장에서 매입하여 사용하는 경우가 대부분이지만 설명의 편의와 일관성을 위해서 토지를 임차한다고 가정하고 토지시장을 설명한다.

[그림 8-6]은 토지임대시장의 균형을 보여주고 있다. 토지수요도 노동수요와 마찬가지로 토지의 추가 사용에 의해 발생하는 토지의 한계수입(한계생산가치라고도 함)과 토지의 한계비용을 비교하여 양자가 일치할 때까지 토지를 수요한다. 그러므로 토지의 한계수입곡선이 토지수요곡선이 된다. 그리고 토지 사용면적이 증가할수록 토지의 한계생산이 체감하기 때문에 토지수요곡선은 우하향한다. 즉 지대가 하락할수록 토지수요량은 증가한다.

토지공급은 토지 전체를 대상으로 보면 공급이 완전히 고정되어 있다. 그러나 한 용도의 관점에서 보면 토지공급은 어느 정도 가변적일 수 있기 때문에 지대의 상승에 따라 증가하지만, 토지공급곡선은 일반적으로 매우 비탄력적이다.

균형지대는 토지임대시장에서 토지수요곡선과 토지공급곡선이 만나는 점에서 결정된다. [그림 8-6]에서 지대와 토지사용면적은 두 곡선이 교차하는 점에서 결정된다.

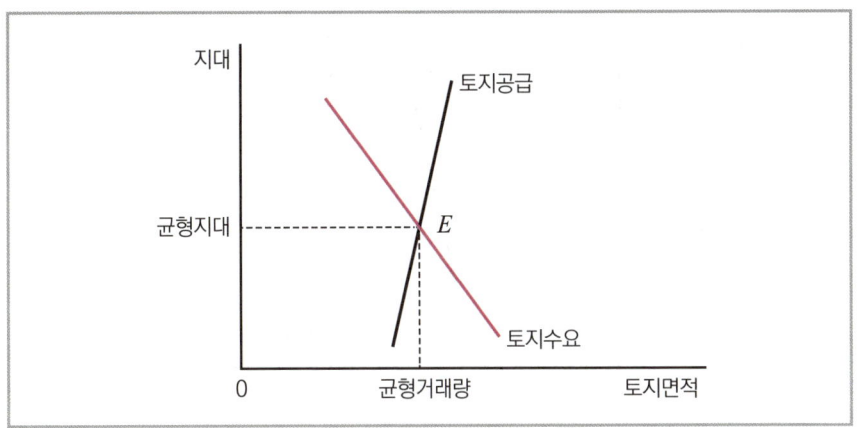

[그림 8-6] **토지임대시장의 지대결정**

토지의 위치가 고정되어 있어서 이동이 불가능하다. 즉 한 지역의 토지수요가 크게 증가하여 지대가 급등해도 다른 지역의 토지가 급등지역으로 이동해 갈 수 없는 것이다. 그래서 토지시장은 지역에 따라 세분화된다. 인구가 집중되어 있는 대도시 및 상공업이 발전한 지역과 농촌이나 산지의 지대는 엄청난 차이가 있다. 정부는 토지의 효율적 이용을 위하여 특정한 지역의 토지용도를 지정하기도 하는데, 토지용도가 농업지역에서 주거지역 혹은 상공업지역으로 바뀌면 지대가 크게 증가한다. 그리고 어떤 지역을 개발하기 위해서 도로나 항만, 교량 등 사회기반시설이 건설되면 그 지역의 지대가 증가한다. 토지는 공급이 거의 고정되어 있기 때문에 지대는 수요 요인에 의해서 결정된다. 인구가 증가하고 경제가 발전하면 토지수요는 증가하기 때문에 지대는 지속적으로 증가하는 경향을 보인다.

[그림 8-7]은 토지매매시장의 균형을 설명하고 있다. 토지매매가격, 즉 지가는 토지매매시장에서 결정되는데, 토지임대가격인 지대와 밀접한 관계를 갖는다.

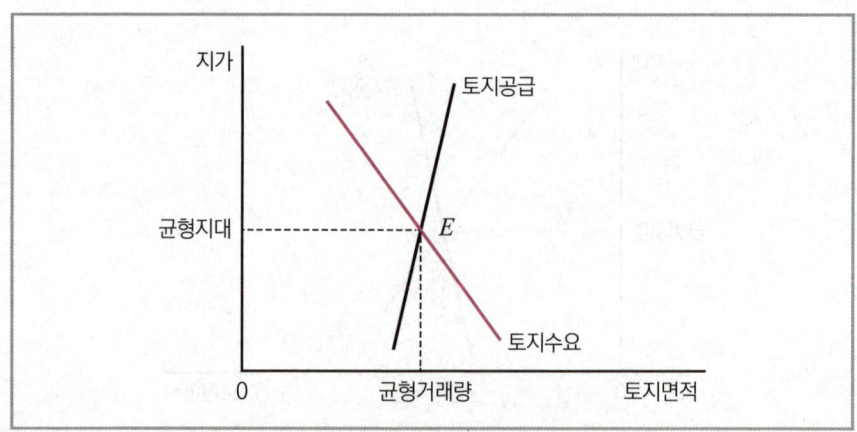

[그림 8-7] 토지매매시장의 지가결정

어떤 토지의 지가는 그 토지에서 현재부터 영속적으로 발생하는 모든 예상 지대를 현재가치로 환산한 가치이다. 현재의 지대가 높거나 개발이 예상되어 미래 지대가 높게 예상되는 토지의 지가는 높은 수준에서 결정된다. 지가가 오를 것으로 예상되는 토지에는 매매차익을 노리는 투기적 수요가 발생하여 지가를 더 높이는 결과를 초래한다. 지가 상승에 의한 매매차익, 즉 양도소득은 생산에 대한 기여 없이 받는 이익이라는 점에서 정당성이 의문시되어 그 가운데 상당한 부분을 조세로 환수하기도 한다. 지가가 지나치게 오르면 기업의 토지매입비용이 상승하여 기업경쟁력을 떨어뜨리고 무주택자의 주거 생활을 어렵게 만든다. 그리고 거품(bubble)의 붕괴로 경제전체를 침체에 몰아넣기도 하므로 정부는 지가가 지나치게 급등하는 것을 금융정책과 조세정책에 의해 사전에 방지하고자 애쓴다.

그리고 토지는 인간에 의해서 생산되지 않고 자연적으로 주어진 요소이며, 공급이 고정되어 있기 때문에 토지사유제를 시행하는 나라에서도 토지에 대해 어느 정도의 공공성을 인정하여 국가가 토지이용에 대한 규제를 가하기도 하고 토지에서 발생하는 수익에 대해서 다른 자산소득보다 세율을 좀더 높게 하기도 한다. 아파트 등의 주택가격의 대부분이 토지가격이므로 주택에 대해서 비교적 높은 보유세가 부과되기도 한다.

3 자본시장과 이자 및 이윤

기업이 생산에 필요한 기계와 건물 등의 자본재를 조달하는 방법에도 임차하는 방법과 매입하는 방법 두 가지가 있다. 기업이 자본재를 임차할 경우에는 임차료를 지급하고 매입할 경우에는 매입비용의 이자를 지급한다. 현실에서는 대부분의 경우에 기업이 자본재를 매입하여 생산에 투입하지만 여기서는 설명의 편의와 일관성을 위해서 우선 임차하는 것으로 가정하고 설명을 시작한다. [그림 8-8]에 자본재 임대시장의 균형을 보여주고 있다.

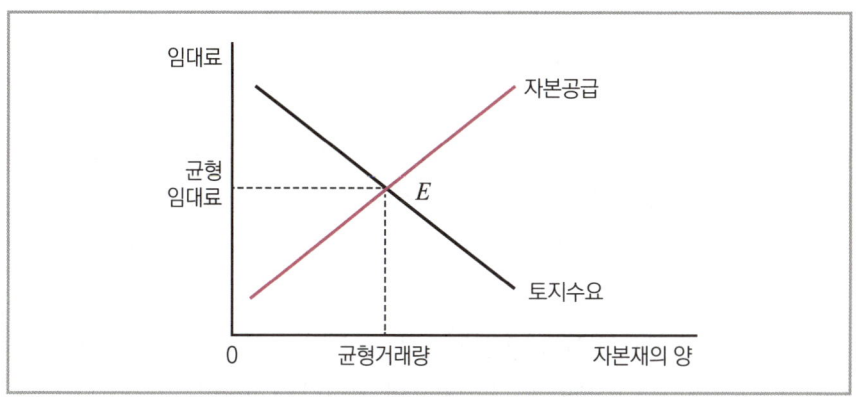

[그림 8-8] **자본재 임대시장의 임대료 결정**

기업의 자본수요도 역시 자본의 한계수입(자본의 한계생산가치라고도 함)에 의해 결정된다. 그 원리는 노동이나 토지의 경우와 동일하다. 즉 자본의 한계수입곡선이 자본의 수요곡선이 된다. 따라서 자본수요는 임대료가 하락할수록 자본수요곡선은 우하향곡선이다.

자본의 공급은 기존의 자본재와 신규로 생산되는 자본재의 합으로서 임대료가 상승하면 공급량이 증가한다. 균형임대료와 자본의 사용량은 자본수요곡선과 자본공급곡선이 교차하는 점에서 결정된다.

대부분의 경우 기업은 자본재를 임차하는 방법 대신 먼저 자금을 조달한 후 자본재를 구입하여 생산에 투입한다. 기업이 자금을 조달하는 방법에는 주식을 발행하여 매각함으로써 출자금을 획득하는 방법과 자금시장에서 차입하는 방법이 있다. 차입금에 대해서는 이자가 지급되고 출자금에 대해서는 배당이 지급된다. 먼저 대부자금시장에서 이자율이 결정되는 과정을 살펴보자.

기업의 자금수요, 즉 차입자금수요는 투자로부터 예상되는 수익률과 이자율의 비교에 의해서 결정된다. 어떤 투자계획의 예상투자수익률이 자금의 비용인 이자율보다 높다면 그 투자는 하는 것이 기업에 유리하다. 예를 들어서 가게에 커피 자동판매기를 하나 설치하고자 하는데 예상투자수익률이 10%이

거꾸로 배우는 경제학

고 이자율은 6%라면 4%의 이윤을 얻을 수 있으므로 자동판매기를 설치하는 것이 기업에 유리하다. 예상투자수익률과 이자율이 같아질 때까지 투자가 이루어지므로 예상투자수익률곡선이 바로 자금수요곡선이 된다. 자금수요는 이자율이 하락할수록 증가하므로 자금수요곡선은 우하향한다.

자금공급은 주로 소득 가운데 소비되지 않는 부분인 저축에서 나오며 일부는 은행조직이 결정하는 통화량 증가에서 나오기도 한다. 자금제공의 대가인 이자율이 상승할수록 자금공급은 증가하므로 자금공급곡선은 우상향곡선이다.

[그림 8-9]에서 보는 바와 같이 이자율은 자금수요곡선과 자금공급곡선이 교차하는 점에서 결정된다. 일반적으로 저축이 많은데 비해 투자가 부진한 선진국에서 자금의 가격인 이자율이 낮다. 반면에 저축은 부족하고 투자가 왕성한 개발도상국에서 이자율은 높게 결정된다.

기업의 총수입에서 명시적 비용과 자기자본의 기회비용인 암묵적 비용까지 차감한 금액이 바로 이윤인데, 자기자본의 기회비용(정상이윤이라고도 함)을 초과하는 이윤이라는 뜻에서 초과이윤이라고 부르기도 한다. 이윤은 원칙적으로 출자자에게 분배되지만, 일부는 경영진이나 노동자에게 성과급으로 지급되기도 한다. 출자자에게 이윤이 분배되는 방식은 배당금으로 직접주기도 하고, 자사주를 매입하여 소각함으로써 주가 상승을 통해서 출자자에게 이익을 주기도 한다. 그리고 기업에 사내 유보하여 투자함으로써 그 수익을 출자자에게 나중에 돌려주기도 한다. 이 모든 것을 합하여 출자자에게 분배되는 이익 중에서 자기자본의 기회비용에 해당하는 부분과 초과이윤 부분이 포함되어 있다.

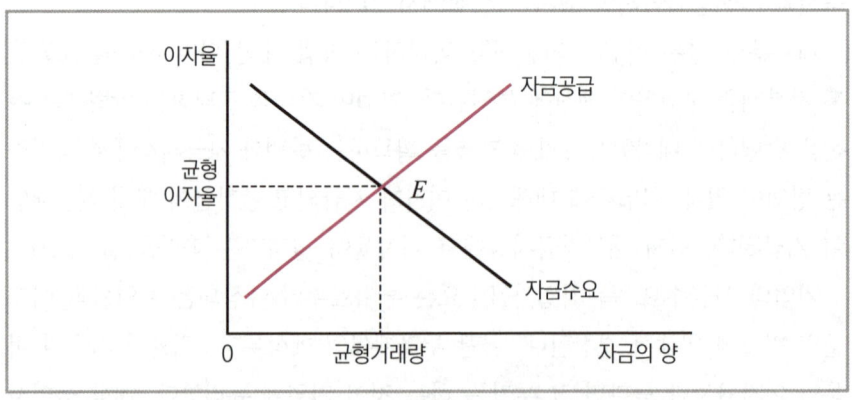

[그림 8-9] **자금시장의 이자율 결정**

【Eco-톡】 ▶▶▶ 슘페터의 기업가 정신

오스트리아 출신 미국의 경제학자 슘페터(Joseph Schumpeter)에 의하면 기업가가 혁신을 적극 추진함으로써 기업이 발전하는데, 이윤이란 기업가의 혁신에 대한 보상이라는 것이다.

기업의 혁신(innovation)이란 새로운 상품의 생산, 새로운 생산방식의 도입, 새로운 시장의 개척, 새로운 자원의 사용 혹은 발견, 새로운 경영기법의 도입 등을 뜻한다.

슘페터는 혁신을 이윤발생의 원천이자 경제발전의 원동력으로 중시하였다. 기업가가 혁신을 통하여 생산력을 비약적으로 향상시켜 나가는 과정을 창조적 파괴의 과정(process of creative destruction)이라고 불렀다. 이러한 창조적 파괴의 과정에서 이윤이 발생하고 이 이윤동기가 경제성장을 촉진한다는 것이다.

거꾸로 배우는 경제학

제2절 소득불평등과 빈곤

1 소득불평등

한 사회의 경제활동에 참여한 개인은 사회의 고유한 분배원리에 따라 생산물을 나누어 갖는다. 사회구성원들 간의 분배가 공평한지를 판단하는 객관적인 기준은 분명하지 않다. 개인이 경제활동에 기여한 만큼 보상을 받는 문제는 중요하다. 하지만 최소한의 인간다운 삶을 보장하는 절대빈곤선 이상의 생활을 보장하는 문제를 소홀히 할 수 없다.

한편 소득분배가 얼마나 공평하게 이루어져 있는지, 일부계층에 얼마나 집중되어 있는지를 파악하는 문제도 큰 의미가 있다. 소득분포 정도를 파악하기 위해서는 먼저 국가경제 전체의 인구를 소득수준이 낮은 사람부터 높은 사람 순서대로 나열한다. 전체 인구는 순서에 따라 10%씩 나누면, 상위 10% 또는 20%가 국민소득이나 부의 몇 %를 가지고 있는지를 파악하거나, 하위 10%나 20%가 국민소득의 몇 %를 가지고 있는지를 파악함으로써 소득분포나 분배의 정도를 알 수 있다.

(1) 10분위분배율

한 나라 전체 가구를 소득수준에 따라 저소득에서 고소득으로 배열한다고 하자. 이 때 첫 번째 10%를 제1십분위, 다음 10%를 제2십분위,……라 한다. 10분위분배율은 이러한 계층별 소득분포자료에서 최하위 40% 소득계층의 소득점유율을 최상위 20% 소득계층의 소득점유율로 나눈 값을 말한다.

$$10분위분배율 = \frac{최하위\ 40\%\ 소득계층의\ 소득점유율}{최상위\ 20\%\ 소득계층의\ 소득점유율}$$

10분위분배율은 측정하기가 간단하면서도 소득분배정책의 주 대상이 되는 하위 40% 계층의 소득분배상태를 직접 나타낼 수 있고, 또 이를 상위계층의 소득분배상태와 비교할 수 있다는 점에서 큰 장점이 있다. 이 때문에 10분위분배율은 세계적으로 가장 널리 사용되는 소득분배 측정방법이다. 10분위분배율은 이론적으로 0과 2사이의 값을 갖는데 그 값이 클수록 소득분배가 평등하다는 것을 나타낸다. 현실적으로는 1이하이다. 구체적으로 10분위분배율이 0.45 이상이면 소득분배가 양호하고 0.35 이하이면 상당히 나쁜 것으로 평가한다.

근래에는 최상위 20% 계층과 최하위 20% 계층의 소득격차가 얼마나 되는가를 알아보기 위해 5분위배율이라는 지표도 자주 사용된다.

$$5분위배율 = \frac{최하위\ 20\%\ 소득계층의\ 소득점유율}{최상위\ 20\%\ 소득계층의\ 소득점유율}$$

5분위배율은 10분위분배율과 달리 값이 클수록 소득분배가 불평등한 것을 나타낸다. 10분위분배율이 현저히 낮아지거나 5분위배율이 현저히 높아지고 중간계층의 소득점유율이 현저히 낮아지면 양극화가 심하된다고 말할 수 있다.

(2) 로렌츠곡선

소득불평등 정도는 소득수준별 집단이 차지하는 소득 비율을 측정하거나 그래프를 이용하여 나타낸다. 대표적인 방법이 로렌츠곡선을 이용한 분석방법이다.

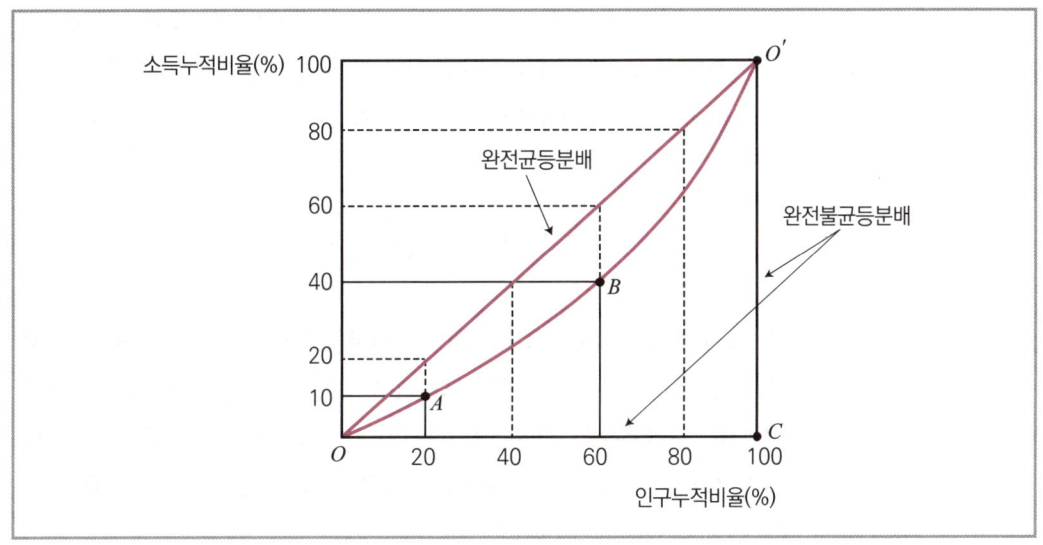

[그림 8-10] 로렌츠곡선

■ 거꾸로 배우는 경제학 ■

　로렌츠곡선은 소득수준이 가장 낮은 사람부터 높은 순서로 배열한 인구를 %단위로 환산하여 가로축으로 삼는다. 가로축의 각 점을 기준으로 왼쪽에 위치한 모든 사람들의 소득이 전체 국민소득에서 차지하는 비율을 그래프로 나타낸 곡선을 로렌츠곡선(lorenz curve)이라고 한다. [그림 8-10]에 따르면 점 A는 하위소득 20%집단의 소득이 전체 국민소득의 10%임을 보여준다.

　로렌츠곡선은 가로축의 점이 오른쪽으로 이동할수록 더 급격한 기울기를 갖는다. 새롭게 포함되는 사람의 소득이 이전에 포함된 사람의 소득보다 크기 때문이다.

　예를 들어 설명하면 B점은 하위소득 60%집단의 소득이 전체 국민소득의 40%를 차지하고, 최하소득 20%집단보다 두 배가 더 늘어난 소득 60%집단의 소득은 10%에서 40%로 세배가 더 늘어났다. 즉 인구누적 비율이 높아질수록 소득누적 비율은 급격하게 높아진다.

　만약 소득분포가 균일하다면, 즉 소득 10%집단이 총소득의 10%를 가지고 소득 20%집단이 20%의 소득을 갖는다면, 로렌츠곡선은 OO'를 잇는 대각선이 된다. 반면 모든 소득을 한 사람이 독점한다면 로렌츠곡선은 OCO'와 같은 직각의 모양을 갖는다. 현실적으로 소득분배는 완전균등분배도 아니고, 1인 독점분배도 아니므로 OO'선과 OCO'선의 중간 형태인 $OABO'$와 같은 선으로 나타난다.

(3) 지니계수

　로렌츠곡선의 위치가 대각선 OO'로부터 멀리 떨어져 있을수록 소득은 일부계층에 편중되어 있다고 볼 수 있다. 소득분배의 편중도를 수량적 지표로 나타내면 다음과 같은 지니계수를 구할 수 있다.

$$\text{지니계수} = \frac{OABO' \text{면적}}{OCO' \text{면적}}$$

　지니계수(gini's coefficient)의 값은 완전균등분배일 때 0의 값을 가지고 한 사람이 모든 소득을 차지할 때는 1의 값을 갖는다. 로렌츠곡선이 대각선에서 멀어질수록 지니계수의 값은 커진다. 지니계수는 0이상 1이하의 값으로 결정되는데, 0에 가까울수록 소득분배가 더욱 균등하고, 1에 가까울수록 불균등 정도가 심한 것을 의미한다.

제8장 ■ 생산요소시장과 소득불평등

[표 8-2] 우리나라의 지니계수

년도	2016년	2017년	2018년	2019년	2020년
지니계수	0.355	0.354	0.345	0.339	0.331

출처 : 통계청, 가계금융복지조사, 소득분배지표 각 연도

【Eco-톡】 ≫ 지니계수

　지니계수는 국민의 소득불평등 정도를 보여주는 가장 대표적인 지표이다. 소득불평등의 심화는 경기활성화와 경제성장을 저해하고 더 나아가 사회적 갈등과 불안을 야기할 수 있기 때문에 소득불평등의 정도와 추이를 파악하는 것은 매우 중요하다. 여러 국가들의 지니계수를 비교함으로써 소득불평등의 국가 간 차이를 파악할 수 있고, 한 국가의 지니계수 변화를 살펴봄으로써 소득불평등의 추이를 관찰할 수 있다. 세전(시장)소득과 세후(처분가능)소득 기준으로 산출된 지니계수를 비교함으로써 정부의 소득재분배 정책 효과도 파악할 수 있다.

　한국의 소득분배 지표는 2014년까지「가계동향조사」자료로 작성되었으나 2015년부터는 고소득층 표본 대표성이 더 높은「가계금융복지조사」자료로 작성되고 있다. 또한「가계금융복지조사」자료를 국세청, 보건복지부 등의 행정자료와 결합함으로써 통계의 정확도를 높이게 되었다. 이러한 변화로 2015년과 2016년 지니계수는 이전「가계동향조사」자료로 작성되던 것에 비해 더 악화된 모습을 보이고 있다. 가구원수를 고려한 균등화 처분가능소득으로 작성된 지니계수를 살펴보면, 2016년 전체 가구(전국, 1인가구 및 농가 포함) 기준으로「가계동향조사」자료는 0.304, 행정자료로 보완한 「가계금융복지조사」자료는 0.355로서 더 크게 나타난다. 두 자료 모두 2011년 이후 지니계수가 조금씩 낮아지다가 2016년에 약간 반등하는 추이를 보인다.

　세전소득인 시장소득과 세후소득인 처분가능소득(시장소득+공적이전소득-공적이전지출)의 지니계수를 비교하면 세금을 통한 정부의 소득재분배 정책 효과를 가늠할 수 있다. 2011년과 2016년 시장소득 지니계수는 각각 0.418과 0.402인데, 같은 해 처분가능소득 지니계수는 0.388과 0.355로 낮아진다. 이를 통해 정부의 재분배 정책에 의한 소득불평등 개선 효과를 확인할 수 있다.

　한국과 주요 국가들의 지니계수(2018년 처분가능소득 기준)를 비교하면, 한국(0.345)은 미국(0.390), 영국(0.366)보다는 낮고 스웨덴(0.275), 폴란드(0.281), 헝가리(0.313), 독일(0.289), 프랑스(0.301), 캐나다(0.303), 이탈리아(0.334), 호주(0.325), 일본(0.339) 등의 국가들보다는 높다.

(4) 쿠즈네츠의 U자가설

미국의 경제학자 쿠즈네츠(Simon Kuznets)는 미국, 영국 등 일부 선진국의 20세기 소득통계자료를 이용하여, 소득분배의 평등도가 경제발전의 초기단계에는 점점 떨어지다가, 경제발전이 성숙단계에 들어서면 다시 높아지는 현상을 발견하였다. 이러한 현상을 소득분배의 평등도를 종축에 표시하고 경제발전단계(또는 1인당 국민소득)를 횡축에 표시하는 직각좌표에 나타내면 [그림 8-11]에서 보는 바와 같이 U자 형태가 된다. 이를 쿠즈네츠의 U자가설이라고 한다.

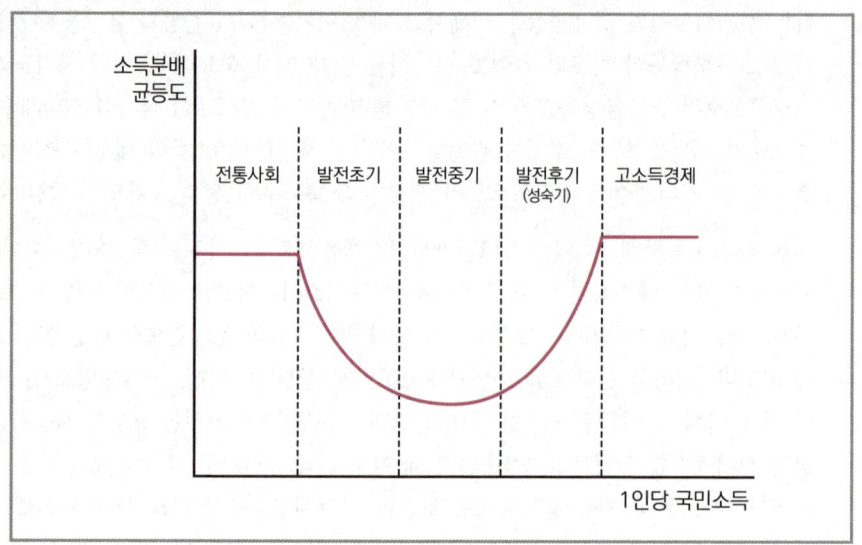

[그림 8-11] **쿠즈네츠의 U자가설**

[그림 8-11]에서 종축에 평등도 대신 불평등도를 표시하면 경제발전에 따른 소득분배 변화는 역U자를 그리게 되기 때문에 U자가설을 역U자가설이라고도 한다.

쿠즈네츠의 가설이 일부 선진국과 개발도상국에 성립하는 것은 크게 두 가지 이유 때문이다.

첫째, 경제발전의 초기단계에는 농업과 같이 생산성이 낮은 전통부문에서 생산성이 높은 제조업 부문으로 일부 노동력만 이동함으로써 소득 격차가 커진다. 그러나 발전의 후기단계에는 대부분의 노동력이 생산성이 높은 제조업과 각종 서비스산업으로 이동하여 소득 격차가 줄어든다.

제8장 ▌생산요소시장과 소득불평등

둘째, 경제발전의 초기단계에는 자본축적의 부족 때문에 정부가 선택가 집중 방식으로 불균형성장을 추구한다. 그러다가 발전의 후기단계에는 정부가 불균형 성장을 완화하고 소득재분배정책과 고용보험, 연금제도, 의료보험제도, 최저임금제도 등 각종 사회보장제도를 확충한다.

【Eco-톡】 》》 피케티의 소득분배 악화 가설

프랑스의 경제학자 토마 피케티(Thomas Piketty)는 21세기에 들어와 쿠즈네츠의 가설에 안주해 온 경제학계에 일대 충격을 가하면서 소득분배에 관해 세계적인 관심을 촉발시켰다. 피케티(2014)는 2세기가 넘는 장기에 걸쳐 미국, 영국, 프랑스 등 선진국의 소득집중도를 연구하였다. 지니계수가 소득분배에 관한 전반적인 상황을 개괄적, 추상적으로 보여 주는 반면에 소득집중도는 상위 10%는 물론 5%, 1%, 0.1%, 심지어 상위 0.01%, 0.001% 등 극소수 최상위계층의 소득점유율을 보여줌으로써 일반 국민과 정치인들이 소득분배의 실상을 구체적으로 이해하게 만들었다.

쿠즈네츠가 20세기 초부터 1950년대까지를 분석한 데 비해 피케티는 19세기까지 거슬러 올라가는 한편 2010년대까지 분석기간을 넓혔다. 그 결과 쿠즈네츠의 역U자곡선은 쿠즈네츠가 살펴본 20세기 초부터 중엽까지만 잘 들어맞고 다른 기간은 소득 불평등이 오히려 심화되었다는 것을 실증적으로 보였다.

피케티의 저서 '21세기 자본'에 의하면 쿠즈네츠가 다루지 않은 19세기에 서구 자본주의국가의 소득 불평등이 높아져 20세기 초(1910~1920년대)에 가장 불평등이 높았다. 그 후 1950년대까지 30~40년 동안은 소득분배가 크게 개선되었다. 1970년대까지 안정적이었던 소득분배는 1980년대부터 급격하게 악화되어 서구 자본주의사회에서 2010년대의 소득분배는 20세기 초의 불평등 수준까지 다시 높아졌다. 앞으로 특단의 정책을 쓰지 않으면 소득분배는 더 악화될 전망이다.

1920년대부터 1950년대까지 소득 불평등이 감소한 주요인은 두 차례 세계대전으로 인한 생산시설의 파괴, 고인플레이션과 대공황으로 인한 금융자본 가치의 멸실, 전비 조달을 위해 최고세율이 90%까지 오른 누진 소득세, 복지국가의 출현 등 과격한 정치적, 경제적 충격과 그에 따른 정책대응 때문이다. 이 때문에 300여 년의 자본주의 역사상 예외적으로 소득분배가 현저히 개선된 것이다. 이런 요인들이 약화되자 1980년대부터 소득분배는 급격히 약화되기 시작했다.

피케티는 자본주의 발전과정에서 1910~1970년대를 제외하고는 일반적으로 자본수익률이 경제성장률을 상회해 왔고, 이것이 소득분배를 약화시킨 경제적 요인이라고 보았다. 자본수익률이 경제성장률을 상회하면 장기에 임금상승률이 경제성장률을 초과할 수 없기 때문에 자

거꾸로 배우는 경제학

본소득이 임금소득을 상회하여 기능별 소득분배가 악화하고 개인별 소득분배도 악화한다. 피케티에 의하면 자본주의 경제가 발전함에 따라 일반적으로 소득분배가 악화한다.

피케티는 소득뿐 아니라 부의 분배도 18세기까지 거슬러 올라가 조사하여 소득분배와 유사한 결과를 얻었다. 선진국의 부의 분배가 18세기 이후 계속 악화하여 1910년대에 가장 불평등하였다. 그 후 1940년대까지 급속하게 개선되고 1960년대까지 안정적이었다. 그러다가 1970년대부터 다시 악화하기 시작하여 2010년대에는 불평등수준이 1910년대에 근접하고 있다.

피케티의 연구 결과가 시사하는 바는 다음과 같다.

첫째, 시장경제를 분배 면에서 낙관적으로 본 쿠즈네츠의 전망은 틀렸다는 사실이다. 300년의 자본주의 역사를 전체적으로 볼 때 경제가 발전함에 따라 소득분배가 저절로 개선된다는 명제는 성립하지 않는다.

둘째, 소득과 부의 불평등은 경제적 요인에 의해서만 결정되는 것이 아니다. 정치적, 경제적, 사회적 요인들과 정책이 결합되어 일어나는 현상이다. 따라서 불평등은 정책으로 해결하는 것이 바람직하다.

2 빈곤

한 국가의 평균소득수준이 낮거나 소득이 상당히 불평등하게 분배되어 있으면, 빈곤이 발생한다. 빈민들은 생계유지가 어렵고 질병과 무지 가운데 살아가게 된다. 아프리카와 서아시아 및 남아시아 등에 있는 최빈국들에서는 국민 대다수가 빈곤에 허덕인다. 빈곤에는 절대적 빈곤과 상대적 빈곤이 있다.

(1) 절대적 빈곤

가구소득이 최저생계비, 즉 최소한의 인간다운 생활을 하는데 필요한 금액에 미치지 못하는 상태를 절대적 빈곤(absolute poverty)이라고 한다. 최저생계비를 빈곤선이라고 하는 데, 빈곤선 이하에 있는 인구 비율을 절대빈곤율이라고 하고, 경제발전과 물가상승에 따라 매년 상향 조정된다.

우리나라에서는 매년 보건복지부장관의 책임하에 최저생계비, 즉 빈곤선을 정하는데, 2023년 1인가구 최저생계비는 1,246,735원이고 4인가구의 빈곤선은 3,2240,578원이다. 우리나라의 절대빈곤율은 2006년 이후 10% 선에서 조금씩 증가하고 있다. 이것은 2008년 이후의 세계금융위기와 양극화 현상의 결과로 추정된다.

(2) 상대적 빈곤

전체 가구를 소득계층으로 나눌 때, 상대적으로 하위에 있는 상태를 상대적 빈곤(relative poverty)이라고 한다. 소득분배가 불평등할수록 상대적 빈곤율은 증가한다. 상대적 빈곤은 보통 중위소득의 50%에 미치지 못하는 상태를 말하며, 그 인구비율을 상대적 빈곤율이라고 한다. 2020년 우리나라의 상대적 빈곤율은 [표 8-3]과 같다.

[표 8-3] 우리나라의 상대적 빈곤율

년도	2016년	2017년	2018년	2019년	2020년
상대적 빈곤율	17.6	17.3	16.7	16.3	15.3

출처 : 통계청, 가계금융복지조사, 소득분배지표 각 연도
상대적 빈곤율은 균등화 중위소득의 50% 이하에 해당하는 가국의 비율임

어떤 사람들이 빈곤한가? 먼저 장애인과 노인 등 노동능력이 없는 사람들이 빈곤하다. 그리고 교육과 훈련을 받지 못한 미숙련노동자들과 일자리를 얻지 못한 실업자들이 빈곤하다. 또한 이혼이나 사별로 인해 여성이 가구주인 가계도 빈곤에 떨어지기 쉽다. 빈곤율은 1인당 국민소득이 낮은 개발도상국과 소득분배가 매우 불평등한 나라에서 높게 나타난다. 빈곤을 해결하기 위해서는 경제발전과 일자리 창출이 필요하고 경제발전의 과실이 비교적 골고루 분배되도록 하는 소득재분배정책이 필요하다.

3 소득재분배정책

시장에서 이루어지는 소득분배를 그대로 두면 소득분배가 매우 불평등하고 많은 사람이 빈곤선 이하에서 고통스럽게 살게 된다. 불평등과 빈곤에 대해서 정부가 어느 정도 개입할 것인가에 대해서는 다양한 견해가 있다.

거꾸로 배우는 경제학

자유지상주의(libertarianism)는 소득분배과정이 타인의 권리를 침해하지 않는 정당한 방법으로 이루어졌다면 결과가 아무리 불평등해도 그 분배는 공정하다고 주장한다. 여기서 말하는 정당한 방법이란 쌍방의 자유로운 동의의 과정으로서 자발적 교환, 증여, 상속 등을 포함한다. 따라서 시장에서 자유로운 거래 과정에 의해 이루어진 소득분배는 그 결과가 어떠하든 대부분 정당화된다. 반면에 진보주의(liberalism)는 빈곤층의 처지를 개선하지 않는 불평등은 정당성이 없다고 주장하고 정부가 적극적으로 빈곤 해결에 나설 것을 주장한다. 이 견해는 시장에서 이루어진 소득분배가 심한 불평등과 빈곤을 초래할 경우에 그것은 정당성이 결여되어 있다고 보는 것이다.

이런 논란이 있으나 지나친 소득불평등과 빈곤은 범죄의 확산, 생존의 불안, 빈민촌의 형성, 교육 거부 등 많은 경제, 사회적 문제를 야기하고, 심한 경우에는 소요나 내란이 발생하기도 한다. 그래서 소득불평등과 빈곤을 방치하면 빈민들만 고통스러운 것이 아니라 다른 사람들도 어려움이 발생할 수 있기 때문에 많은 나라에서는 소득재분배를 위해서 정부가 적극적으로 개입한다. 소득재분배와 최저생계비 보장에 가장 적극적인 국가들이 복지국가(welfare state)이다. 지나친 소득재분배정책은 배분적 비효율과 경제활동 의욕의 약화를 초래한다는 비판이 있어서 적절한 개입의 정도를 선택하는 것이 매우 중요하다. 정부는 어떤 방식으로 개입하는가?

(1) 누진세

소득세, 재산세, 상속세 등에서 과세대상금액이 증가할수록 세율이 상승하는 것을 누진세(progressive tax)라고 한다. 이 제도는 조세수입을 증가시키고 소득불평등도를 낮추는 효과가 있다. 반면에 지나치게 가파른 누진세율은 노동, 저축, 투자, 경영 등 모든 경제활동의 동기를 약화시켜 비효율을 초래할 수 있다. 이런 부작용을 감안하여 산업화 초기에 경제학자들은 비례세를 제시하였다. 그러나 자본주의 사회에 소득불평등과 빈곤이 심각해지고 소득재분배의 필요성이 보편적으로 인식되면서 누진세제가 확립되었다.

서유럽 및 북유럽 국가들은 매우 높은 누진세율을 적용하다가 비효율성을 초래함을 경험하고 세율을 낮춘 경우도 있었다. 따라서 각국의 상황에 가장 적합하고 적절한 누진세율을 찾아내는 것이 매우 중요하다.

(2) 사회보험

사회보험(social insurance)은 민간보험과 달리 법률에 의해 해당하는 사람은 가입이 의무화되어 있으며, 소득에 비례한 보험료에 정부의 재정지원이 합쳐진 재원으로 운영되는데 납부한 보험료 금액에 큰 차이가 나도 가입자에게 동일한 혜택이나 차이가 크지 않는 혜택을 되돌려 준다.

예를 들어 국민건강보험의 경우에 모든 국민이 가입하고 소득에 비례한 보험료를 납부하지만 의료비 혜택은 동일하게 받는다. 사회보험에는 실업에 대비한 고용보험, 질병에 대비한 건강보험, 노령에 대비한 국민연금, 산업재해에 대비한 산업재해보상보험이 있으며 소득재분배와 빈곤방지의 효과가 있다.

(3) 공적부조

중앙정부 및 지방정부의 재정에 의해 빈곤계층의 최저생활을 보장하고 자활을 돕는 제도를 공적부조(public assistance)라고 한다. 우리나라에서는 1999년 이전부터 시행되던 생활보호정책을 확대 개편하여 2000년부터 국민기초생활보장제도가 시행되어 최저생계비를 보장하고 있다. 2014년부터 시행된 기초연금제도는 65세 이상 소득수준 하위 70%의 노인에게 기초연금이라는 이름으로 2023년 현재 단독가구 매월 최대 323,180원, 부부가구 월 517,080원을 지급하고 있다. 수혜자는 따로 부담하는 것이 없다는 점에서 4대보험의 연금과는 다른 공적부조이다.

(4) 근로소득장려세제

근로소득장려세제(errned income tax credit : EITC)란 일한 만큼 추가로 정부가 지원해 주는 근로연계형 소득지원제도이다. 열심히 일은 하지만 생활이 어려운 근로자 가구와 사업자가구에 대해 근로장려금을 지급함으로써 근로를 장려하고 소득을 지원한다.

근로장려금은 거주자를 포함한 1세대의 가구원 구성에 따라 정한 부부합산 총급여액 등을 기준으로 지급되며, 2023년 기준 연간 최대 지급액은 단독가구 165만원, 홑벌이가구 285만원, 맞벌이가구 330만원이다.

단원별 연습문제

01. 완전경쟁적인 노동시장에서 노동의 한계생산(marginal product of labor)을 증가시키는 기술진보와 함께 보다 많은 노동자들이 노동시장에 참여하는 변화가 발생하였다. 노동시장에서 일어나게 되는 변화에 대한 설명으로 가장 옳은 것은?

① 균형노동고용량은 반드시 증가하지만 균형임금의 변화는 불명확하다.
② 균형임금은 반드시 상승하지만 균형노동고용량의 변화는 불명확하다.
③ 임금과 균형노동고용량 모두 반드시 증가한다.
④ 임금과 균형노동고용량의 변화는 모두 불명확하다.

02. 다음은 각 나라의 지니계수를 보여주고 있다. 옳은 설명을 모두 고른 것은?

A국가 : 0.75   B국가 : 0.28   C국가 : 0.45   D국가 : 0.92   E국가 : 0.15

가. D국가의 소득이 가장 균등하게 분배되어 있다.
나. E국가의 로렌츠곡선은 A국아에 비해서 완전균등 분배선에 근접해 있다.
다. B국가와 C국가의 로렌츠 곡선은 서로 교차할 수 있다.

① 가, 나   ② 가, 다   ③ 가, 나, 다
④ 다   ⑤ 나, 다

03. 다음의 소득분배에 관련된 설명 중 가장 옳지 않은 것은?

① 10분위분배율의 값이 클수록 소득분배가 더 불균등하다는 것을 의미한다.
② 지니계수가 높을수록 소득분배가 더 불균등하다는 것을 의미한다.
③ 소득분배의 불균등도가 높을수록 로렌츠곡선은 대각선의 아래로 더 늘어지는 형태가 된다.
④ 지니계수는 기수적인 평가방법이다.
⑤ 엣킨슨지수가 높을수록 소득분배가 더 불균등하다는 것을 의미한다.

04. 소득분배에 관한 다음 설명 중 옳지 않은 것은?

① 소득의 계층적 분배문제는 시장 기구에 의해 해결하기 힘들다.
② 생산성의 변화는 소득의 기능적 분배에 영향을 준다.
③ 임금이 상승하면 노동의 분배 몫은 항상 증가한다.
④ 지니 계수의 값이 증가했다는 것은 소득의 계층별 분배가 악화되었음을 나타낸다.
⑤ 엣킨슨 지수에는 상대적 불평등 기피도가 명시적으로 도입되었다.

05. 소득불평등도를 분석하는 방법에 대한 설명 중 가장 옳지 않은 것은?

① 로렌츠 곡선은 저소득자로부터 누적가계들이 전체 소득의 몇 %를 차지하는가를 나타내는 곡선이다.
② 로렌츠곡선이 대각선에 가까울수록 평등한 소득분배에 접근하게 된다.
③ 지니계수는 대각선과 로렌츠 곡선 사이의 면적을 대각선 아래 삼각형의 면적으로 나눈 비율이다.
④ 로렌츠곡서은 서수적 평가방법이고, 지니계수는 기수적 평가방법이다.
⑤ 로렌츠곡선은 서로 교차하지 않는다.

06. 소득분배의 불평등도를 측정하는 지표들에 대한 설명 중 옳은 것을 모두 고르면?

ㄱ. 로렌츠 곡선은 한 국가의 모든 가계를 가장 저소득층으로부터 배열했을 경우의 누적 인구비율과 누적 소득의 점유비율을 그래프로 그린 것이다.
ㄴ. 지니계수는 0에 가까울수록 불평등의 정도가 심한 것으로 평가된다.
ㄷ. 두 국가의 로렌츠곡선이 서로 다르더라도 지니계수가 동일해질 수도 있기 때문에 추가적으로 십분위분배율이나 빈곤지수들이 이용된다.

① ㄱ   ② ㄱ, ㄴ   ③ ㄴ, ㄷ   ④ ㄱ, ㄷ   ⑤ ㄱ, ㄴ, ㄷ

07. 지니계수에 대한 설명으로 옳지 않은 것은?

① 소득분배의 불평등정도를 나타낸다.
② 0과 1 사이의 값을 가진다.
③ 0에 가까울수록 소득분배가 균등하다.
④ 로렌츠곡선으로부터 계산할 수 있다.
⑤ 경제성장률과 항상 반비례의 관계를 갖는다.

거꾸로 배우는 경제학

08. 다음 중 소득불평등의 원인이 아닌 것은?
① 노동생산성의 차이 ② 노동의 질적 차이 ③ 인적자본투자의 차이
④ 행운 ⑤ 위험회피에 대한 노력

09. 계층별 소득분배를 개선하는 것이 아닌 것은?
① 누진소득세 ② 부가가치세 ③ 농산물에 대한 최저가격제
④ 종합소득세 ⑤ 실업급여

10. 소득분배지수에 대한 설명으로 옳지 않은 것은?
① 지니계수는 0과 1 사이의 값을 가지며 값이 작아질수록 소득분배가 평등해진다.
② 로렌츠곡선이 겹치면 비교할 수 없다.
③ 십분위분배율은 0과 2 사이의 값을 가지며 값이 커질수록 소득분배가 평등해진다.
④ 십분위분배율은 사회전체의 소득분배 상태를 나타낸다.
⑤ 로렌츠곡선이 원점을 잇는 대각선이면 완전평등한 상태를 나타낸다.

11. 쿠즈네츠의 역U자 가설에 대한 서술로서 옳은 것은?
① 경제발전 초기에는 농촌의 잠재실업인구가 도시의 공업부문으로 유입되면서 소득분배의 불균등이 개선된다.
② 경제발전 초기에는 저소득층의 비중이 증가하지만 소득분배상태에 큰 영향을 미치지는 않는다.
③ 경제발전 초기에는 소득분배상태가 악화되다가 경제발전이 후기에 들어서면 소득분배상태가 개선된다.
④ 경제발전 후기단계에는 고소득층이 자본축적을 주도하게 되어 경제집중화 현상이 일어나고 소득분배상태가 악화된다.
⑤ 경제발전 초기에는 소득분배상태가 불균등한 것이 경제발전을 촉진하는 역할을 한다.

12. 소득분배에 대한 다음의 서술 중 옳지 않은 것은?

① 공정한 출발과 공정한 경쟁을 한 결과로 발생하는 불균등분배의 경우에는 정부의 재분배정책의 대상이 되기 어렵다.
② 소득분배불균등이 경제성장에 필요악이라고 보는 견해와 절대악이라고 보는 견해가 대립되어 있지만 현실적으로는 [선 성장 후 분배]의 논리가 설득력이 있다.
③ 쿠즈네츠의 U자 가설에서 소득분배가 악화되다가 개선되는 전환점은 발전중기에 나타난다.
④ 온건한 공리주의와 롤즈는 소득재분배정책을 지지하지만 급진적 자유주의는 소득재분배정책보다는 소득형성과정에서의 기회평등을 더 중시하고 있다.
⑤ 소득가능곡선을 이용하여 소득재분배의 효과를 측정하면 소득재분배는 자원배분의 효율성을 높이는 것으로 나타난다.

13. 노동시장에서의 임금격차에 관한 설명으로 옳지 않은 것은?

① 임금격차는 인적자본의 차이에 따라 발생할 수 있다.
② 임금격차는 작업조건이 다르면 발생할 수 있다.
③ 임금격차는 각 개인의 능력과 노력 정도의 차이에 따라 발생할 수 있다.
④ 임금격차는 노동시장에 대한 정보가 완전해도 발생할 수 있다.
⑤ 임금격차는 차별이 없으면 발생하지 않는다.

14. 임금의 보상격차(compensating differential)에 관한 설명으로 옳지 않은 것은?

① 근무조건이 좋지 않은 곳으로 전출되면 임금이 상승한다.
② 성별 임금격차도 일종의 보상격차이다.
③ 비금전적 측면에서 매력적인 일자리는 임금이 상대적으로 낮다.
④ 물가가 높은 곳에서 근무하면 임금이 상승한다.
⑤ 더 높은 비용이 소요되는 훈련을 요구하는 직종의 임금이 상대적으로 높다.

거꾸로 배우는 경제학

정답 및 해설

1. ①
   - 완전경쟁기업의 노동수요곡선은 VMP_L곡선이고 $VMP_L = MP_L \times P$ 이므로 노동의 한계생산(MP_L)을 증가시키는 기술진보가 이루어지면 노동수요곡선이 우측으로 이동한다.
   - 보다 많은 노동자들이 노동시장에 참여하면 노동공급곡선이 우측으로 이동한다.
   - 노동수요곡선과 노동공급곡선이 모두 우측으로 이동하면 균형고용량은 반드시 증가하지만 균형임금은 노동수요곡선과 노동공급곡선의 이동폭에 따라 달라지므로 불분명하다.
2. ⑤ '불평등을 지닌 에킨슨'에 의거하여, 지니계수가 0에 가까울수록 소득분포가 평등하다는 의미이고 이때는 로렌츠 곡선은 대각선에 근접하게 된다. 로렌츠 곡선의 교차로 인한 한계를 극복하기 위해서 면적으로 나타낸 것이 지니계수인데, 지니계수의 크기로 로렌츠 곡선이 교차했는지를 알 수는 없다.
3. ① 10분위분배율의 값이 작을수록 소득분배가 불균등해진다.
4. ③ 임금이 상승했는데, 노동량이 크게 감소하는 탄력적인 경우에는 노동의 분배 몫은 감소할 수 있다.
5. ⑤ 로렌츠곡선은 교차하는 경우도 있고, 이때는 소득불평등도에 대한 판단이 어렵다. 그래서 지니계수가 등장하는 것이다.
6. ④ 지니계수는 0에 가까울수록 평등해진다.
7. ⑤ 경제성장률과 계층적 소득분배를 나타내는 지니계수와는 아무런 관계가 없다.
8. ⑤ 위험회피에 대한 노력은 기대소득을 일정하게 유지시켜 준다는 점에서 소득불평등과 직결된 것은 아니다.
9. ② 부가가치세는 소득이 높을수록 조세부담률이 오히려 낮아지는 역진성을 가지고 있다.
10. ④ 십분위분배율은 하위 40% 계층의 소득점유율을 상위 20% 계층의 소득점유율로 나눈 값으로, 이를 통해 소득분배 상태의 불평등 정도를 파악할 수 있으나, 사회 구성원 전체의 소득분배 상태를 나타내지는 못한다.
11. ③ 쿠즈네츠의 역U자 가설은 경제발전단계와 소득분배의 불균등도와의 관계를 곡선으로 표시한 것이다.
12. ⑤ 소득가능곡선을 이용하여 소득재분배의 효과를 측정하면, 소득재분배의 결과 형평성을 높아지지만 효율성은 낮아지는 것으로 나타난다.
13. ⑤ 노동시장에 대한 정보가 완전하고 차별이 없어도 노동자의 생산성 격차, 근로조건의 차이 등에 의해 임금격차가 발생할 수 있다.
14. ② 보상적 임금격차란 작업환경(쾌적성, 위험성)의 차이, 노동의 난이도의 차이, 고용의 불안정성의 존재 여부, 교육, 훈련비용의 차이, 직업에 대한 사회적 평판의 차이 등에 의해 발생하는 임금격차를 말한다. 상대적으로 근무조건이 열악하거나, 물가가 높은 지역에서 근무하거나, 다른 직업에 비해 더 높은 훈련비용이 소요될 경우 보상적 임금이 양(+)의 값을 갖지만, 비금전적 측면에서 매우 매력적인 직업의 경우에는 보상적 임금이 음(−)의 값을 갖는다. 그러나 성별 임금격차나 인종별 임금격차는 보상적 임금격차가 아니라 일종의 차별이다.

연습문제

[문제 1] 노동자의 임금은 어떻게 결정되는지 설명하라.

[문제 2] 변호사, 회계사, 의사 등의 전문직의 소득이나 임금은 청소부 등의 단순직 임금보다 매우 높다. 그 이유를 경제학적으로 설명하라.

[문제 3] 경제학에서 각 생산요소가 생산에 기여한 만큼만 보수를 받으면 그 결과로 나타나는 소득분배는 공평하다고 주장한다. 이에 대하여 설명하라.

[문제 4] 한 국가의 소득불평등도는 어떻게 측정하는지 설명하라.

[문제 5] 지난 20년간 한국의 지니계수 지속적으로 상승해왔다. 한국의 소득불평등이 증가해온 원인은 무엇인가?

[문제 6] 우리사회는 소득 양극화가 심화, 확대되는 추세에 있다. 그 원인과 대책에 대해 설명하라.

[문제 7] 우리나라에서 실시하고 있는 국민기초생활보장제도에 대하여 살펴보고, 문제점이 무엇인지 설명하라.

제9장

외부효과와 공공재

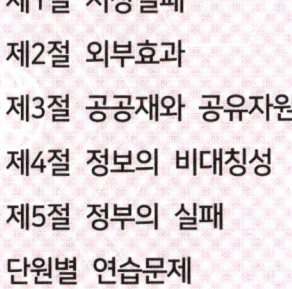

제1절 시장실패
제2절 외부효과
제3절 공공재와 공유자원
제4절 정보의 비대칭성
제5절 정부의 실패
단원별 연습문제

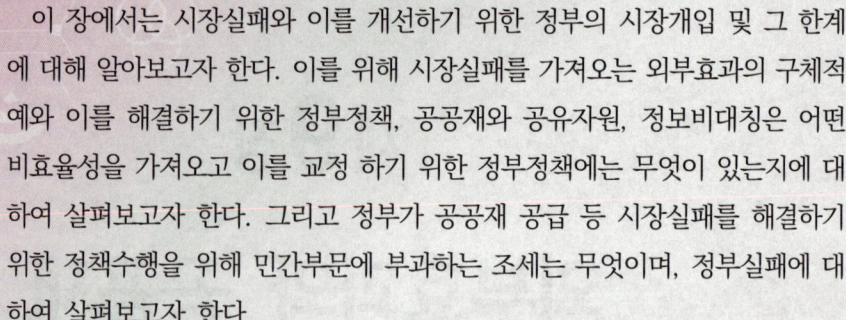

　이 장에서는 시장실패와 이를 개선하기 위한 정부의 시장개입 및 그 한계에 대해 알아보고자 한다. 이를 위해 시장실패를 가져오는 외부효과의 구체적 예와 이를 해결하기 위한 정부정책, 공공재와 공유자원, 정보비대칭은 어떤 비효율성을 가져오고 이를 교정 하기 위한 정부정책에는 무엇이 있는지에 대하여 살펴보고자 한다. 그리고 정부가 공공재 공급 등 시장실패를 해결하기 위한 정책수행을 위해 민간부문에 부과하는 조세는 무엇이며, 정부실패에 대하여 살펴보고자 한다.

"일반적으로 사업가들은 개인적으로 얻는 수익과 사업의 결과물에만 관심을 갖는다."

-아서 피구-

"만약 당신이 연방(중앙) 정부에 사하라 사막의 관리를 맡긴다면, 5년 내로 모래가 부족하게 될 것입니다."

-밀턴 프리드먼-

제9장 ▎외부효과와 공공재

제1절 시장실패

시장은 일반적으로 자원을 효율적으로 배분한다. 모든 시장은 가격조정을 통해 수요와 공급이 일치하면서 균형을 이룰 수 있다. 수요곡선은 개별소비자의 효용극대화 과정을 거쳐서 구해지며, 공급곡선은 기업 또는 생산자의 이윤극대화 과정을 통해 얻어진다. 수요곡선은 상품을 소비하면서 얻을 수 있는 한계적 이익가치 즉 한계편익(marginal benefit)이며, 공급곡선은 상품을 생산하는 데 드는 한계비용(marginal cost)을 나타낸다. 수요곡선과 공급곡선이 교차하는 점에서는 한계편익과 한계비용이 같아지며, 순편익도 최대화 된다. 일반적으로 소비자와 기업이 각자 순편익을 최대화하면 사회 전체의 순편익도 최대화 된다.

사회 전체의 경제활동에서 순편익이 최대로 될 때 경제학자들은 자원이 효율적으로 배분되었다고 한다. 경제학자들이 추구하는 시장경제에서는 자원이 효율적으로 배분된다. 따라서 시장경제가 원만히 작동한다면 정부가 경제에 개입할 여지는 없다고 할 수 있다.

그러나 소비자나 기업이 자신의 순편익을 최대로 하더라도 사회 전체의 순편익이 최대가 되지 않는 경우가 현실경제에서 자주 나타난다. 사회 전체의 순편익이 최대로 되지 않았을 때 경제학자들은 자원이 비효율적으로 배분되었다고 하고 사회 전체로 볼 때 희소한 자원을 사용하여 얻을 수 있는 최대편익을 얻지 못하고 있음을 의미한다. 시장이 사회 전체의 순편익을 최대로 하지 못하고 자원이 비효율적으로 배분되는 현상을 시장실패(market failure)라고 한다.

왜 시장실패가 발생할까? 완전경쟁상황에서도 비효율적인 자원배분을 가져오는 외부효과, 공공재, 불공정한 경쟁, 정보의 비대칭 등이 시장의 실패를 초래하는 중요한 요인으로 알려져 있다. 여러 시장실패 요인들이 작용하는 의사결정에서는 시장이 실패하고 자원이 비효율적으로 배분된다. 이는 정부가 시장에 개입할 수 있는 근거를 제공한다.

거꾸로 배우는 경제학

제2절 외부효과

1 외부효과의 정의

시장은 경쟁상태에 있더라도 수요와 공급이 일치하는 균형수준에 도달하지 못할 수 있다. 즉 어떤 상품은 수요에 비해 지나치게 많이 공급하고, 다른 상품은 너무 적게 공급할 수 있다. 수요와 공급이 일치하지 않는 중요한 이유 중의 하나는 외부효과(externalities)가 존재하기 때문이다.

외부효과는 한 경제주체의 경제활동 결과가 의도하지 않게 시장 외부에 있는 다른 경제주체의 후생에 영향을 주는 현상을 의미한다. 외부효과는 의도되지 않고 부수적으로 발생할 수 있다. 특히 시장 외부를 통해 개인이나 기업이 다른 경제주체에게 영향을 주는 행동을 하면서도 정당한 보상을 주고받지 않을 때 발생할 수 있다. 외부효과는 다른 사람에게 외부편익(external benefit)을 주는 긍정적 외부효과(positive externalities)와 다른 사람에게 외부비용(external cost)을 초래하는 부정적 외부효과(negative externalities)로 나누어 볼 수 있다.

긍정적 외부효과는 과수원 농부가 양봉업자에게 이득을 주는 과정에서 발생한다. 과수원을 경영하는 농부는 과실을 생산하여 이익을 얻으려고 노력하지만 의도하지 않게 가까이 있는 양봉업자가 꿀생산량을 늘리는 데 기여한다. 하지만 양봉업자는 과수원 농부에게 꿀생산량 증가의 대가를 지불하지는 않는다.

부정적 외부효과는 가죽생산공장에서 나오는 폐수가 수질과 대기를 오염시킬 때 나타난다. 가죽생산업자는 가죽생산으로 이익을 얻지만 가죽공장 주변의 주민들은 환경오염에 따른 손실을 입게 된다.

외부효과는 과실이나 가죽과 같은 상품 생산과정에서 발생할 수 있지만 담배, 자동차, 공원, 교육과 같은 상품과 서비스를 소비하는 과정에서도 일어날 수 있다.

2 외부효과의 유형

(1) 긍정적 외부효과

긍정적 외부효과는 한 경제주체의 경제행위가 직접 거래에 참가하지 않는 다른 경제주체에게 편익을 제공할 때 발생한다. 긍정적 외부효과는 수요함수로 사적편익과 사회적 편익 간의 차이가 생기게 한다. 사회적 편익은 수요자의 사적편익(개인수요함수)과 외부 한계편익의 합으로 나타내는 사회적 수요함수로 표시된다.

대학교육 수요결정과정을 통해 긍정적 외부효과를 분석할 수 있다. 대학교육을 받으면 편익이 발생하며 수요함수로 나타낼 수 있다. 대학교육을 받기 위해서는 등록금뿐만 아니라 직장 월급을 포기하는 데 따른 기회비용이 발생한다. 일반적으로 한 지역이나 국가에서 대학교육을 받은 사람들이 많아질수록 경제가 발전하고, 다른 사람들을 위한 일자리창출 및 임금상승과 같은 긍정적 외부효과를 가져온다. 외부효과는 시장효율성에 어떤 영향을 주는가?

어떤 경제활동은 다른 사람에게 이득을 준다. 대학교육에서 생기는 편익은 대부분 개인에게 돌아간다. 대학교육을 받은 노동자는 생산성이 더 높아지고, 높은 임금을 받게 되면서 대학교육 편익 대부분을 차지하게 된다. 하지만 대학교육은 직접 교육을 받은 개인의 사적편익을 넘어 다른 사람에게도 긍정적 외부효과를 가져다 준다. 국민들이 대학교육을 많이 받을수록 현명한 투표를 통해 모두에게 이익을 주는 정부를 선택할 수 있다. 또 대학교육은 범죄율을 낮추고, 기술발전을 통해 생산성과 임금을 올려줄 수 있다. 대학교육의 긍정적 외부효과로 인해 사람들은 대학교육을 받으려 하고, 교육수준이 높은 사람들을 가까이 하려고 할 것이다.

[그림 9-1]은 대학교육의 긍정적 외부효과를 나타내고 있다. 긍정적 외부효과를 제공하는 재화의 수요곡선은 그 재화의 사회적 가치를 충분히 반영하지 못한다. 대학교육의 사회적 가치는 사적가치보다 크기 때문에 사회적 한계편익곡선은 수요곡선(사적한계편익)보다 위에 있다. 대학교육의 최적생산량($Q_{최적}$)은 사회적 한계편익곡선이 사적한계비용을 나타내는 대학교육 공급곡선과 만나는 점에서 결정된다. 따라서 사회적으로 바람직한 대학교육생산량은 시장에서 결정되는 균형거래량($Q_{시장}$)보다 많다.

정부는 대학교육 시장 참여자들에 대해 외부효과의 내부화(internalizing an externality)를 유도하여 시장실패를 바로 잡을 수 있다. 긍정적 외부효과의 해결방안은 시장균형을 최적상태로 만들기 위해 긍정적 외부효과에 대해 보조금을 지급하는 것이다. 정부는 대학교 운영과 국가장학금 지급 등을 통해 대학교육에 많은 보조금을 지급하고 있다. 정부보조금은 대학교육 최적생산량이 시장균형거래량을 초과하도록 해준다.

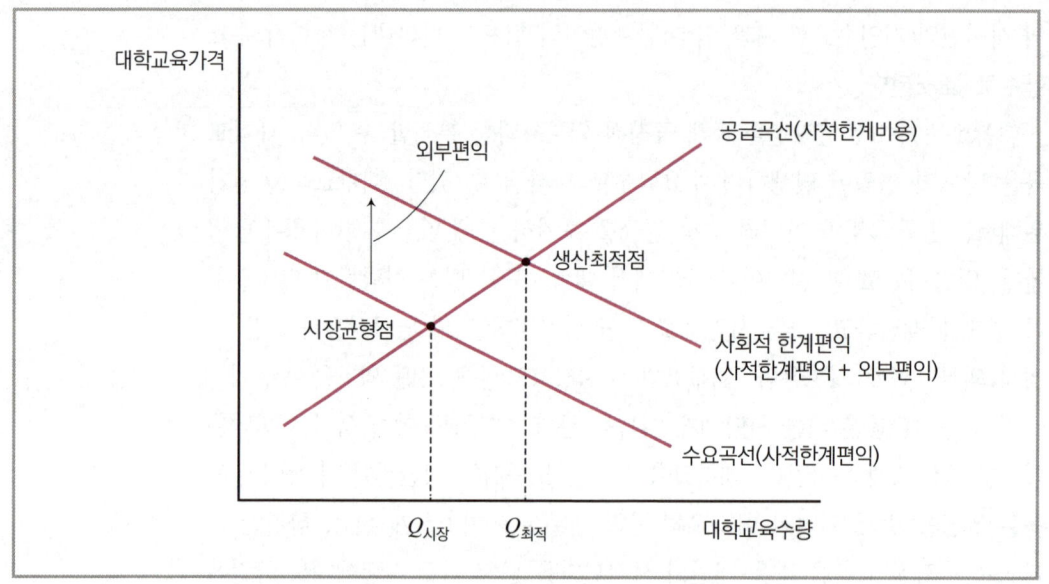

[그림 9-1] **긍정적 외부효과 : 대학교육**

(2) 부정적 외부효과

화력발전을 통해 전력 한 단위를 생산하면 일정한 분량의 오염물질이 대기 중에 방출된다. 오염물질은 환경오염을 초래하고 국민건강을 해치므로 부정적 효과를 가져온다. 부정적 외부효과는 시장효율성에 어떤 영향을 주는가?

외부효과가 있으면 전력생산을 위해 사회가 치르는 비용은 전력회사가 지불하는 사적비용보다 크다. 전력 한 단위를 생산하기 의해 치르는 사회적 한계비용은 사적한계비용에 다른 사람이 부담하는 외부비용을 합한 금액이다. [그림 9-2]는 전력생산의 사회적 한계비용을 나타내고 있다. 사회적 한계비용 곡선이 공급곡선보다 위에 있는 이유는 전력생산회사들이 생산과정에서 초래하는 외부비용을 추가하였기 때문이다. 두 곡선의 높이 차이는 환경오염으로 인한 사회적 비용의 크기를 나타낸다. 그렇다면 전력은 얼마나 생산해야 하는가? 답은 전력시장에서 창출되는 총잉여, 즉 소비자가 얻는 총편익에서 총비용을 뺀 나머지를 극대화할 수 있는 만큼 전력을 생산해야 한다. 그리고 전력 생산비용에 환경오염에 따른 외부비용을 추가해야 한다.

사회적으로 전력 최적생산량($Q_{최적}$)은 수요곡선과 사회적 한계비용곡선이 교차하는 생산최적점에서 결정된다. 실제 전력생산량이 최적생산량보다 적으면 소비자가 누리는 전력의 가치(사적한계편익=수요곡선의 높이)는 전력의 사회적 생산비용(사회적 한계비용=사회적 비용곡선 높이)보다 크고, 실제생산량보다 크면 소비자가 누리는 전력가치가 사회적 한계비용보다 작기 때문이다.

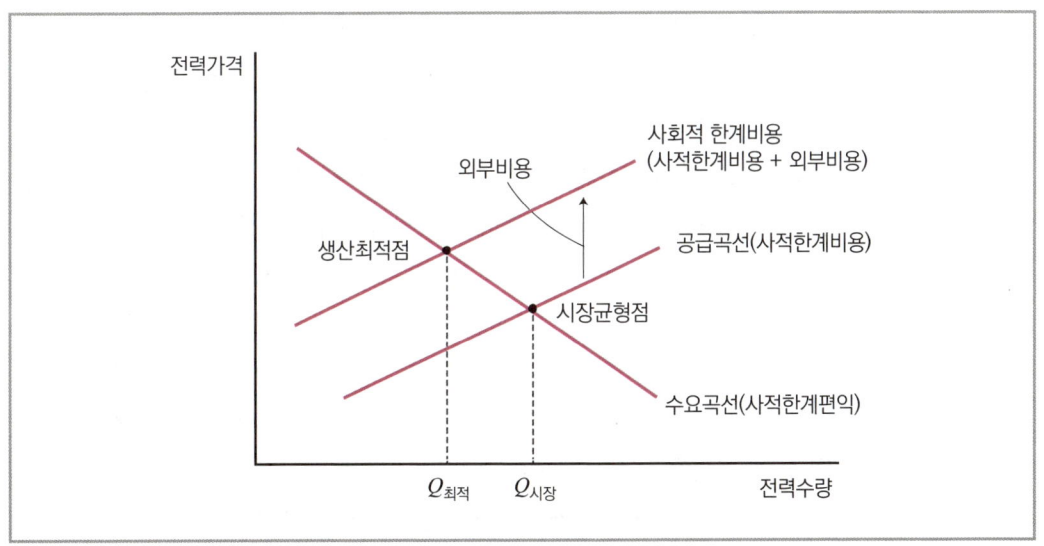

[그림 9-2] **부정적 외부효과 : 전력생산**

전력 최적생산량은 시장균형생산량보다 적다. 시장균형은 사적비용만을 반영하기 때문에 외부효과가 있으면 시장비효율이 발생한다. 시장균형점에서 소비자가 누리는 한계가치(사적한계편익)는 사회적 한계비용보다 작다. 즉 시장균형거래량에서는 수요곡선이 사회적 한계비용곡선 아래쪽에 위치한다. 따라서 전력생산량과 소비량을 시장균형거래량이하로 줄이면 경제적 후생은 증가한다.

어떻게 하면 전력의 최적생산량을 달성할 수 있을까? 전력생산회사에게 생산량에 비례하여 세금을 부과하는 방법이 있다. 세금을 부과하면 공급곡선은 세금만큼 위쪽으로 이동한다. 세금이 환경오염에 따른 사회적 비용(외부비용)

과 똑같은 크기로 부과되면 위쪽으로 이동한 새로운 공급곡선은 사회적 한계비용곡선과 일치하게 된다. 따라서 새로운 시장균형점에서 전력생산량은 사회적 최적생산량과 같아진다. 세금을 부과하여 시장성과를 개선하는 행위를 외부효과의 내부화(internalizing an externlity)라고 한다. 세금이 부과되면 전력공급자와 수요자는 전력생산과 소비과정에서 발생하는 외부효과를 의사결정과정에 반영하여야 한다. 전력회사는 지금까지는 환경오염을 초래하고도 외부비용을 부담하지 않았지만 환경오염에 세금이 부과되면 직접 부담해야 한다. 따라서 생산량을 결정할 때 환경오염의 외부효과 비용을 고려해야 할 것이다. 시장가격은 전력생산자에게 부과되는 세금만큼 인상되므로 전력소비자들도 전력소비량을 줄일 것이다.

수질오염의 외부효과와 시장의 비효율성이 발생하는 이유는 전력회사가 환경오염비용을 지불하지 않기 때문에 발생하고, 전력생산기업은 인건비, 연료비, 자본비용 등과 같은 사적비용만을 지불 한다.

전력회사는 시장에서 발생하는 오염 때문에 사회가 부담해야 하는 비용은 고려하지 않는다. 현실에서는 오염을 발생시킨 전력회사가 외부비용을 부담하도록 요구받기도 한다. 결국 부정적 외부효과가 존재할 때 시장생산량은 효율적 수준보다 더 많아진다. 전력을 생산하는 실제 한계비용은 전력회사의 사적한계비용과 오염에 따른 외부한계비용을 모두 포함한다. 만약 시장에 있는 전력회사가 사적한계비용과 외부한계비용을 모두 지불해야 한다면 시장은 더 적은 양의 전력을 생산하게 될 것이다.

부정적인 외부효과는 가격체계의 작동을 불완전하게 한다. 쓰레기를 몰래 버리는 사람은 쓰레기 처리비용을 부담하지 않으며, 매연을 뿜어내는 차의 소유자도 매연에 대한 배상을 하지 않는다. 결국 사회 전체가 오염의 부정적인 외부효과비용을 부담한다고 할 수 있다. 만약 오염을 발생시키는 사람이 대가를 부담한다면, 당사자는 환경오염을 적게 발생시키는 방법을 찾기 위해 노력할 것이다.

외부비용을 줄이는 방안 중의 하나가 피구세(pigouvia tax)를 부과하는 것이다. 환경오염을 발생시키는 전력생산에 세금을 부과한다고 하자. 이때 전력 한 단위를 더 생산하는 비용에는 한계생산비용과 세금이 포함된다. 만일 세금이 정확하게 책정되었다면 세금은 외부한계비용과 일치하게 될 것이다.

전력회사는 전력 한 단위을 더 생산하기 위해 오염물질배출허가권을 구입해야 한다면 허가권을 구입하기 위해 드는 비용은 피구세와 같은 역할을 한다. 허가권을 구입하는 비용은 생산자들이 생산결정과정에서 고려하게 되므로 외부비용을 내부화하는 결과를 가져온다. 긍정적 외부효과와 부정적 외부효과를 정리하면, 긍정적 외부효과가 있으면 시장균형생산량이 사회적 최적 생산량보다 적게 되고, 부정적 외부효과가 있으면 시장균형생산량이 사회적으로 바람직한 생산량보다 많게 된다. 정부는 외부효과의 문제를 해결하기 위해서 긍정적 외부효과를 창출하는 재화에 대해 보조금을 지불하고, 부정적 외부효과를 초래하는 재화에 대해 세금을 부과하여 외부효과를 내부화할 수 있다.

【Eco-톡】 » 시장에서 거래되는 이색 상품-오염배출권

미국의 시카고 선물거래소에서는 밀, 콩, 원유, 석탄 등 갖가지 상품들이 거래되고 있다. 그런데 이 시장에서 거래되고 있는 상품 가운데 '오염배출권(pollution permits)'이라는 매우 이색적인 것이 끼어 있어 우리의 관심을 끈다. 이 배출권을 산 사람이나 기업은 아황산가스 같은 오염물질을 배출할 수 있는 권리를 갖게 된다. 정부가 공급하는 이 배출권의 주요한 수요자는 화력발전을 위해 석탄을 대량으로 사용하는 전력회사들이라고 한다.

오염물질을 배출할 수 있는 권리를 사고판다는 것은 실질적으로 오염물질을 사고판다는 것을 뜻한다. 그렇다면 그것을 소비할 때 만족감을 주기는커녕 오히려 고통을 주는 오염물질이 상품으로 거래의 대상이 되고 있다는 말이다. '상품'이라고 하면 사람들은 으레 쌀이나 옷 혹은 자동차 같은 것들을 연상하는데, 오염물질도 일종의 상품이라고 하면 의아해 할 사람들이 많을 것이다. 그러나 오염물질처럼 바람직하지 않은 것이라 해도 사람들이 이에 대한 거래를 원하는 이상 상품이 되는 데 아무 문제가 없다.

시장에서 상품을 자유롭게 사고팔 수 있을 때 효율성이 극대화될 수 있다. 바로 이와 같은 효과를 기대하고 오염물질을 배출할 수 있는 권리를 상품으로 사고파는 제도를 도입한 것이다. 다시 말해 오염배출권의 자유로운 거래를 허용함으로써 환경보존의 목표를 효율적으로 달성하려는 의도에서 이 제도가 도입되었다는 뜻이다. 정부는 환경을 보존하기 위해 오염물질 배출행위를 직접 규제하거나 환경세를 부과하는 등 몇 가지 정책수단을 사용할 수 있다. 오염배출권도 그 가운데 하나인데 다른 것에 비해 한층 더 효과적인 정책수단이 될 수 있다.

출처 : 이준구, '새 열린경제학'

거꾸로 배우는 경제학

【Eco-톡】 ❯❯ 환경보호를 위한 '피구세', 현실적으로 이론적 발상에 불과할 수도

세계 여러 나라가 환경보호의 움직임에 동참하고 있다. 경제학자들은 환경오염 물질 배출에 대해 직접적 규제보다는 교정적 조세를 선호하며 그중 환경문제를 해결하기 위한 조세정책인 '피구세'가 있다.

'피구세'는 정부가 조세정책을 통해 외부효과에 의한 사회적 비용을 경제주체들이 내도록 하는 조세제도이다.

외부효과는 경제활동을 하면서 의도치 않게 다른 사람에게 이익이나 손해를 입히는 것을 말하는데 본래 경제주체는 이 외부효과에 대한 비용이나 보상을 지불할 의무가 없다. 예를 들어 기업이 경제활동을 하면서 온실가스를 배출해 지구 온난화를 일으켜 국민에게 피해를 줘도 아무런 대가를 치르지 않는 것이 외부효과의 원리이다.

그런데 외부효과의 결과가 심각하게 되면 정부가 경제주체에 피구세를 부담하게 해 문제를 해소하는 것이다.

대표적인 것이 저탄소차협력금제도로 자동차 수요를 저탄소, 친환경차로 이전하여 자동차 부문의 석유 소비와 온실가스를 줄이고 국내 자동차 소비문화를 개선하기 위한 정책이다. 이산화탄소 배출량이 적은 자동차를 사는 소비자에게는 보조금을 지급하는 반면, 이산화탄소 배출량이 많은 자동차를 살 때는 부담금을 내도록 하는 제도다.

피구세는 20세기 초 영국의 대표적인 경제학자인 피구(Pigou)의 <후생경제학>에서 제안되었다. 환경재에 대해서는 시장이 형성되어 있지 않기 때문에 환경재를 어떤 특정 용도에 과다하게 이용한 결과 다른 용도에 현저한 지장을 초래하더라도 이에 대해서 대가를 치르게 할 방법이 없게 되어 있다.

이에 환경재의 남용을 막기 위해 그에 상응하는 환경재 이용에 대가를 치르게 함으로써 인위적으로 적정가격을 설정한다. 환경재에 적정가격을 설정하는 것은 환경재의 사회적 적정이용을 유도함으로써 사회적 적정환경오염 수준을 달성하고 환경재를 포함한 모든 자원의 효율적인 이용을 달성하려는 취지다.

사회적 적정오염 수준을 유도하기 위한 최적화 배출 부과금의 요율은 환경의 이용에 대한 적정가격 또는 환경재의 적정가격은 한계환경편익곡선과 한계오염피해곡선이 만나는 점에서 결정된다. 오염원인자의 환경편익과 오염피해자의 오염피해가 일치하게 되는 상태에서의 환경편익 또는 오염피해가 곧 부과금 요율, 달리 말하면 환경재의 가격이 된다.

정부는 모든 오염인자로 하여금 오염물질을 한 단위씩 배출할 때마다 이 가격을 치르게 함으로써 사회적 적정오염 수준을 달성할 수 있게 되는 것이다. 정부가 환경오염을 사회적 적정 수준으로 통제한다는 점에서 취지는 좋지만 목표를 달성하기 위해서는 한계오염피해곡선과

한계환경편익곡선을 정확히 알아내지 않으면 안 된다는 문제가 있다.

- 전문가들은 현실적으로 한계환경편익곡선을 알기는 매우 어렵기 때문에 '피구세'는 사실상 현실성이 없는 이론적 발상에 불과할 수도 있다고 말한다. 배출부과금을 징수하는데 있어서도 환경을 오염시키는 요인이 천차만별이므로 많은 문제점이 존재하는 것도 사실이지만 환경오염을 줄이기 위한 인간의 노력은 계속되어야 할 것이다.

출처 : 시선뉴스 2020.04.21.

3 외부효과와 정부정책

외부효과가 있을 때 정부는 자원의 효율적 배분을 위해서 어떤 정책으로 대응하는가?

(1) 보조금(subsidy)

먼저 대학교육과 같이 소비에 있어서 외부경제가 있을 경우를 살펴보자. [그림 9-1]이 보여주듯이, 이 경우에는 사회적 효용곡선이 사적 효용곡선 위에 있어서 재화가 사회적 최적수량보다 과소 생산되고 있다. 따라서 정부는 이런 재화의 소비에 대해서 외부적 편익(external benefit)만큼 보조금을 지불한다. 외부적 편익이란 사적 편익 이외에 제3자에게 주는 이익을 말한다. 그만큼의 보조금이 지불되면 사적 효용곡선이 위로 이동하여 사회적 효용곡선과 일치하게 되어 효율적인 자원배분이 이루어져서 사회적 최적수량만큼 생산된다.

(2) 조세(tax)

전력생산과 같이 생산에 있어서 외부불경제가 있는 경우에는 정부가 외부적 비용(external cost) 만큼 조세를 부과한다. 외부적 비용이란 사적비용 이외에 기업이 제3자에게 주는 피해를 말한다. 전력생산이 공해를 유발하는 경우에 정부가 외부적 비용만큼 조세를 부과하면 사적 비용과 사회적 비용이 일치하여 철강 수량은 사회적 최적 수준에서 결정된다. [그림 9-2]가 외부불경제로 인한 비효율을 조세에 의해 교정하는 것을 보여준다.

(3) 직접규제(direct control)

때로는 정부가 외부불경제를 초래하는 행위를 금지하고 위반할 시에는 형사처벌을 하는 것이 직접규제이다. 일정 수준 이상의 소음을 규제하고, 공장의 오염물질 배출도 일정 수준을 초과하면 규제한다. 직접규제의 기준이 적정한 수준에서 결정되고 그것이 제대로 시행되기가 쉽지 않은 문제점이 있다.

(4) 정부의 설득(government persuasion)

외부적 비용이 발생하는 것은 사람들이 타인에게 미치는 피해를 의식하지 않고 무시해 버리기 때문이다. 정부가 시민들에게 쓰레기를 버리는 행위, 교통규칙을 지키지 않는 행위가 제3자에게 피해를 준다는 사실을 환기시키고 그들을 배려하도록 지속적으로 설득하면 외부적 비용이 내부화되어 사적 비용과 사회적 비용이 일치하는 방향으로 변화가 일어날 수 있다. 말하자면 자신만이 아니라 사회전체를 고려하는 방향으로 행동하게 만드는 노력이 바로 정부의 설득이다. 이러한 설득은 정부만이 할 수 있는 것이 아니라 민간의 캠페인과 학교의 공중도덕교육에 의해서도 이루어질 수 있다.

4 외부효과의 사적 해결

정부가 개입하지 않아도 민간부문이 외부효과의 문제를 해결할 수 있을까? 어떤 결과가 비효율적일 때에도 사람들의 후생을 증가시킬 수 있는 거래가 존재한다. 경제학자 로널드 코즈(Ronald Coase)는 민간부문이 모든 외부효과를 해결할 수 있다고 주장하였다. 코즈의 정리(coase's theorem)는 외부효과가 존재하더라도 거래를 성사시키는 데 드는 비용, 즉 거래비용(transaction cost)이 작으면 경제는 언제나 효율적인 해결책을 찾을 수 있다고 한다.

코즈의 정리에 따르면 외부효과는 반드시 비효율적인 결과를 초래하지는 않는다. 거래에 참여하는 개인들은 서로에게 유익한 거래를 할 동기를 가지므로 거래를 성사하는 과정에서 외부효과를 고려하게 된다. 거래당사자가 의사결정을 할 때 외부효과를 고려하는 것을 외부효과를 내부화한다고 한다. 결국 외부효과를 완전히 내부화할 수 있다면, 정부의 개입 없이 효율적인 결과를 얻을 수 있을 것이다.

그렇다면 왜 외부효과를 내부화하는 것은 언제나 어려운 문제일까? 외부효과는 대부분 거래비용이 발생하기 때문에 효율적인 거래가 성립하기 어렵다. 거래비용에는 의사소통비용, 법적 구속력을 갖는 계약서 작성비용, 협상지연에 따른 손실 등이다.

코즈의 정리는 다음과 같은 전제조건을 필요로 한다.

첫째, 협상당사자들 간 협상 및 계약체결비용 등 거래비용이 낮은 수준이어야 한다.

둘째, 협상당사자들이 외부효과로 인한 편익과 비용에 대한 완전한 정보를 가지고 있어야 한다.

셋째, 모든 협상당사자들이 합리적인 결과를 받아들여야 한다.

이러한 전제조건은 코즈의 정리를 실제로 현실에 적용할 수 있는 가능성을 떨어뜨린다. 일반적으로 협상과정에서 거래비용이 많이 발생하고 편익과 비용에 대한 정보가 불완전하기 때문이다.

【Eco-톡】 ≫ 로널드 코즈의 '코즈 정리'…자유교환 가능하고 거래비용 없다면 효율적 자원사용 가능

재산권이란 본질적으로 다른 사람을 배제할 수 있는 권리다. 내 재산에 대해 다른 사람은 사용할 수 없다. 원래 누군가 어떤 자원을 소비하면 다른 사람이 더 잘 활용할 수 있는 기회를 빼앗는 셈이 된다. 하지만 재산권이 존재하면 그런 일이 발생하지 않으며, 자원을 가장 잘 사용할 수 있는 사람이 결국 그 자원을 사용하게 된다.

사과가 하나 있다고 치자. 재산권이 없다면 먼저 본 사람이 이를 먹어치우고 말 것이다. 다른 사람이 사과의 소비로 어떤 이익을 얻을지 고려하지 않는다. 하지만 사과에 대한 재산권이 존재하며, 사과를 내가 소유하고 있다고 하자. 이때 내가 항상 그 사과를 소비하는 것은 아니다. 누군가 나보다 사과의 가치를 잘 활용해 큰 이익을 볼 수 있다면 그 사람은 나에게 그 사과를 팔라고 할 것이다. 그러면 나는 직접 소비하였을 때와 팔 때를 비교할 것이다. 즉 재산권이 존재하면 내 소유의 자원을 사용할 때 다른 사람이 평가하는 가치를 고려하게 된다는 것이다. 이것을 흔히 외부효과의 내부화라고 한다. 내가 소비해서 얻는 이익보다 더 많은 보상을 제시하면 사과를 팔 것이다. 나보다 사과를 잘 활용할 수 있다면 당연히 내가 얻을 이익보다 높은 대가를 지급하고자 할 것이다. 결국 사과를 가장 잘 활용해 가장 높은 가치로 평가하는 사람이 그 사과를 소비하게 된다. 시장거래가 효율적인 것은 시장가격이 다른 사람이 평가하는 자원의 가치를 잘 반영하고 있기 때문이다.

거꾸로 배우는 경제학

1991년 노벨경제학상을 받은 로널드 코즈의 '코즈 정리'는 자유로운 교환이 가능하고, 교환에 거래 비용이 들지 않으면 재산권이 어떻게 주어져 있든 사회적으로 가장 효율적인 방법으로 자원이 사용될 것이라고 말하고 있다. 개인들이 자발적 협상을 통해 그러한 결과에 도달할 수 있다는 것이다. 따라서 거래비용이 적어서 시장거래가 이뤄지는 자원에 대해 정부가 재산권에 개입할 여지는 거의 없다.

물론 현실적으로 거래비용이 존재하고 있으며 시장거래가 이뤄지기 힘든 자원도 존재한다. 그때는 재산권의 범위를 정하는 것이 대단히 중요하다.

하지만 이런 경우에도 정부는 거래가 가능하도록 재산권을 정하거나, 거래비용이 없었다면 당사자들이 거래에 이르도록 재산권을 정하는 것이 바람직하다. 거래에 따른 이익은 누구보다 당사자들이 가장 잘 알기 때문이다.

출처 : 한국경제 2013.10.11.

【Eco-톡】 》》 RE100

1. 'RE100'이란?

'RE100'은 재생에너지(Renewable Energy) 100%라는 의미로, 2050년까지 기업들이 필요한 전력을 전량 재생에너지로 구매 또는 자가생산하여 조달하겠다는 자발적 캠페인이다. 여기서 재생에너지란 태양광, 태양열, 풍력, 수력 등 화석연료를 대체하는 환경친화적 에너지를 의미한다.

국제 비영리 환경단체 The Climate Group과 CDP가 연합해 2014년 뉴욕 기후주간에 처음 발족했으며, 2014년 파리 협정 성공을 위한 캠페인의 일환으로 시작되었으며, RE100에 가입하기 위해서는 연간 전력소비량이 100GWh 이상을 소비하거나 포춘(Fortune) 1,000대 기업에 포함되는 등의 조건을 충족해야 하는 것으로 알려져 있다. RE100에 참여하는 기업은 2050년까지 100% 재생에너지 사용을 목표로 삼되 연도별 목표는 기업의 자율성에 맡기고 있다. 단, 2030년 60%, 2040년 90% 이상의 실적을 달성하도록 권고하고 있다.

2. 'RE100' 이행 현황과 기대 효과

RE100이 새로운 글로벌 무역 기준으로 자리 잡으면서 IT, 통신, 제조 등 다양한 산업 분야의 407개(23년 5월 기준) 기업이 RE100에 가입한 것으로 나타났다. 구글, 애플, 마이크로소프트, 인텔, BMW 등이 대표적인 사례이고, 우리나라에서도 SK, 수자원공사, KB금융그룹, 카카오 등 다양한 기업이 RE100에 동참하고 있다.

통계에 따르면 RE100에 가입하는 기업들이 점차 늘어나고 있는 것은 물론 일부 기업들은 이미 RE100을 달성한 것으로 알려져 있다. 이처럼 기업들의 적극적인 RE100 참여로 재생에너지 사용 비중이 늘어나면서 탄소중립 실현이 한 걸음 더 가까워지고 있다고 많은 전문가들은 분석하고 있다.

3. 우리나라의 'RE100' 현황은?

국제적으로 RE100에 동참하는 기업들이 늘면서 국내에서도 실정에 맞춘 한국형 RE100 제도를 도입했다. 전기소비자가 기존 전기요금과 별도로 녹색 프리미엄을 납부해 재생에너지 전기를 구매하는 '녹색프리미엄', 한국전력의 중개로 전기소비자와 재생에너지 발전사업자가 계약을 통해 재생에너지 전기를 구매하는 '제3자 PPA' 등의 방법을 통해 RE100을 지원하고 있다.

기업 뿐 아니라 지자체와 공공기관에서도 RE100을 이행하기 위한 다양한 노력들을 이어가고 있는데, 최근에는 경기도가 2030년까지 신재생에너지 발전 비중을 30%까지 높이고, 온실가스 배출량을 40% 감축한다는 내용의 '경기 RE100 비전'을 선포해 화제를 모으기도 했다.

기업들이 뜻을 모아 온실가스 배출을 줄이기 위한 노력을 기울이면 기후위기 극복도 충분히 이뤄낼 수 있다는 희망을 품게 되는데, 우리도 일상에서 온실가스 배출을 위한 노력을 더한다면 더욱 희망적인 미래가 있지 않을까 싶다.

출처 : 대한민국 정책브리핑, RE100 정보 플랫폼, 임팩트온, 한스경제, 전기저널, 한국에너지공단, 한국가스공사, 연합뉴스TV

제3절 공공재와 공유자원

1 재화의 유형

시장이 한 재화를 얼마나 효율적으로 공급하는가는 재화의 유형에 달려 있다. 재화를 구분하는 기준은 경합성과 배제성이다.

경합성(rivalry)은 어떤 사람이 특정 재화 한 단위를 소비하면 다른 사람이 같은 재화의 동일한 단위를 소비할 수 없는 것을 의미한다. 당신이 피자 한 조각을 먹으면, 아무도 당신이 소비한 피자조각을 먹을 수 없다.

배제성(excludability)은 어떤 사람이 특정 재화를 소비할 수 없도록 배제하는 것을 의미한다. 피자가게는 당신이 피자가격을 지불하지 않으면 피자를 소비할 수 없도록 배제할 수 있다. 결국 피자 소비는 경합성과 배제성을 가지고 있다.

어떤 재화는 비경합적이거나 비배제적 특성을 가질 수도 있다. 비경합적(nonrival) 재화는 한 사람의 소비가 다른 사람의 소비를 방해하지 않는 재화를 의미한다.

비배제적(nonexcludable) 재화는 어떤 사람의 특정 재화 소비에 관계 없이 다른 사람의 해당 재화 소비를 못하도록 막을 수 없는 재화를 말한다. 두 기준에 따라 재화는 네 가지 유형으로 나눌 수 있다.

(1) 사유재

사유재(private goods)는 배제성과 경합성을 모두 가지고 있는 재화이다. 식품, 의류, 자동차, 이발 등 많은 재화가 여기에 포함된다. 어떤 사람이 한 재화의 한 단위를 소비하면 다른 사람은 이미 소비한 해당 재화를 소비할 수 없다. 또 가격을 지불하지 않으면 해당 재화를 구매할 수 없고 일단 구매하고 나면 재화에서 나오는 편익을 혼자 차지한다. 대부분 재화는 사유재이며, 수요와 공급의 법칙을 설명할 때는 모든 재화가 사유재라고 가정하였다.

[표 9-1] 재화의 유형

		배제성 있음	배제성 없음
경합성	있음	**사유재** • 피자 • 자동차 • 막히는 유료도로	**공유자원** • 바닷속 물고기 • 환경 • 막히는 무료도로
경합성	없음	**준공공재** • 케이블 TV • 소방서비스 • 막히지 않는 유료도로	**공공재** • 국방 • 사법제도 • 막히지 않는 무료도로

(2) 공공재

공공재(public goods)는 배제성과 경합성을 모두 가지고 있지 않은 재화를 말한다. 공공재는 어떤 사람들이 해당 재화를 소비하지 못하도록 막을 수 없으며, 한 사람의 소비가 다른 사람의 소비를 방해하지 않는 재화를 의미한다. 대표적인 공공재는 국방서비스이다. 어떤 사람이 누리는 국방서비스는 다른 사람이 소비하는 국방서비스를 방해하지 않는다. 또 어떤 사람을 국방서비스에 대한 가격지불 여부에 관계없이 국방서비스 소비에서 배제할 수 없다.

가격을 지불하지 않는 사람을 국방서비스 소비에서 배제할 수 없기 때문에 민간기업은 국방서비스를 공급하려고 하지 않을 것이다. 왜냐하면 대가를 지불하지 않고도 해당 재화의 혜택을 받을 수 있기 때문이다. 따라서 공공재 소비에는 가격을 지불하지 않고도 혜택을 보는 무임승차(free riding)문제가 발생한다.

(3) 준공공재

준공공재(quasi-public goods) 배제성은 가지고 있지만 경합성은 가지지 않는 재화를 말한다. 케이블TV와 유료도로가 예이다. 요금을 내지 않는 사람은 케이블TV를 시청할 수 없다. 하지만 어떤 사람이 케이블TV를 시청하더라도 다른 사람이 시청할 수 있는 양에는 영향을 주지 않는다. 마찬가지로 요금을 내지 않는 사람은 유료도로에 진입할 수 없지만, 도로가 지나치게 혼잡하지 않으면 한 사람의 도로 사용이 다른 사람의 도로사용을 방해하지 않는다.

(4) 공유자원

공유자원(common resources) 경합성은 있지만 배제성은 없는 재화이다. 바닷속의 물고기나 후진국 숲속의 나무도 공유자원이라고 할 수 있다. 한 사람이 물고기를 잡으면, 다른 사람이 잡을 수 있는 물고기 수는 줄어든다. 하지만 바다는 너무 넓어서 어부들이 물고기를 잡지 못하도록 막을 수 없으므로 바닷속 물고기는 배제성을 가지지 않는 재화라고 할 수 있다. 가난한 나라 숲속의 나무도 한 사람이 나무를 베면 다른 사람이 같은 나무를 사용할 수 없다. 하지만 아무도 숲에 대한 사유재산권을 가지고 있지 않기 때문에 다른 사람이 숲의 나무를 사용하지 못하도록 배제할 수 없다. 따라서 사람들은 공유자원을 과다하게 사용하게 된다.

2 공공재의 특성

국방이나 경찰서비스 같은 공공재는 비경합성과 배재불가능성을 가지고 있어서 가격을 결정하기 어렵다. 따라서 사람들은 공공재 서비스의 혜택을 누리면서도 공공재생산에 드는 비용을 부담하거나 생산에 참여하지는 않으려고 한다. 무임승차자문제 때문에 공공재의 공급을 시장에 맡기면 공공재는 사회적 수요에 못 미치는 현상이 발생할 수 있다.

정부는 조세납부와 병역의무를 통해 공공재를 생산하여 배분한다. 정부가 생산해야 하는 공공재의 적정수준은 얼마인가? 정부는 국민의 선호를 정확하게 파악하여 어떤 공공재를 얼마나 생산할지를 결정하게 된다.

공공재는 사유재와 달리 사람들이 사용에 따른 대가를 지불하지 않더라도 소비할 수 있는 무임승차자의 문제를 지니고 있어 민간기업이 생산할 수 없다. 따라서 공공재생산은 정부의 역할 가운데 하나라고 할 수 있다.

어떤 상품이나 서비스는 일단 생산되어 공급되면 많은 사람이 공동으로 소비할 수 있다. 바로 공공재가 여기에 해당한다. 공공재는 사유재와 대비되는 개념으로 일반적으로 다음과 같은 두 가지 특성을 갖고 있다.

첫째, 비배제성(nonexclusiveness)이다. 비배제성은 공공재를 소비하기 위한 비용을 지불하지 않은 사람을 소비하지 못하도록 배제할 수 없다는 것이다.

둘째, 비경합성(nonrivalry)이다. 비경합성은 공공재는 일단 공급이 되면 기존소비자 외에 추가로 한 명의 소비자가 더 소비하더라도 그에 따라 추가되는 한계비용이 없다는 것을 의미한다.

이에 비해 사유재는 사용에 따른 비용을 지불하지 않은 사람은 그 상품을 사용할 수 없으며, 한 명이 추가로 더 소비하는 데 따르는 한계비용이 0보다 크다. 대표적인 공공재인 국방서비스는 일단 제공되면 대가를 지불하지 않은 사람이라 하더라도 국방서비스를 소비하지 못하도록 할 수 없다. 특정인이 국방서비스 사용료를 지불하지 않는다고 해서 정부가 그 특정인을 국방서비스의 혜택을 받지 못하도록 배제할 수 있는 방법이 없다. 극단적으로 병역기피자를 감옥에 가두더라도 감옥이 한국 영토 안에 있는 한 병역기피자도 여전히 국방서비스를 소비하게 된다. 또 국방서비스는 어떤 사람이 추가로 소비하더라도 추가비용이 들지 않아 한계비용이 0이다. 한국 인구가 한 명 늘어나면 새로운 국방서비스를 추가 소비하게 되지만, 그 사람 때문에 국방서비스의 비용이 증가하지는 않기 때문이다.

【Eco-톡】 ≫ 의료는 공공재인가?

미국 경제학자 폴 사무엘슨이 제창한 공공재(公共財, public goods)는 비경합적이며 비배제적인 재화 또는 용역 서비스를 의미한다. 다소 난해한 용어지만 단어 속에 함재되어 있는 의미는 간결하다. 비경합성과 비배제성은 시간, 지역, 경제적 상황이나 정부 정책에 영향을 받는다. 일테면 이렇다. 도로, 철도, 교량, 항만, 수도, 전기, 건강보험 등은 대표적 공공재로서 이에 해당한다. 글을 읽는 독자들의 이해를 돕기 위해 예를 든다면 국민의 세금으로 운영, 관리되는 도로는 공공재이다. 도로에 다니는 차들이 없다면 별문제가 없겠지만 만일 교통량이 늘어난다면 이를 이용하는 시민들 간에 경합성이 생긴다. 반대로 도로에 이용료를 부과하면 배제성이 생기는 식이다.

공공재 생산에는 반드시 무임승차자의 문제가 결부되어서 소비자들이 공공재에 대해 대가를 지불하지 않고 편익만 취할 경우 적정 수준의 공공재가 생산되지 않는다. 고속도로 이용료가 그렇다. 이 상황에서 특히 문제가 되는 점은, 소비자들이 자신이 선호하는 수요량을 정직하게 표출하지 않는다는 것이다. 따라서 원칙적으로 공공재는 정부에서 적정량을 생산하고 공급하는 것이 바람직하며, 이에 대한 재원조달은 세금으로 이루어지는 경우가 대부분이다. 우리나라뿐 아니라 세계 각국이 그렇다.

공공재와 반대로 사적재는 일반적인 재화로 값을 치른 사람만이 물건을 소유하고 서비스를 제공받는 재화이다. 백화점에서 옷을 사거나 놀이공원에 입장하려면 값을 치러야만 하고, 대가를 지불한 사람만이 독점적으로 사용할 수 있다. 이런 특성을 소비의 배제성이라고 한다. 한편, 내가 상품의 일정 물량을 소비하게 되면 다른 사람은 내가 소비하고 남은 물량만큼만 소비할 수 있다. 이처럼 여러 사람이 나누어 쓰면 한 사람 한 사람의 몫은 줄어들기 마련인

거꾸로 배우는 경제학

데, 이를 경합성이라고 한다. 그러기에 사적재는 배제성과 경합성을 동시에 지닌다. 공공재인 의료 서비스가 사적재의 개념을 포함하는 이유이다. 종합병원 입원이 경합성으로 인해 어려운 상황을 대입하면 될 것이다.

현실에서 보이는 많은 재화 중에서 정확하게 공공재라고 부를만한 것은 많지 않다. 오히려 경합성+비배제성'인 재화나, '비경합성+배제성'인 재화가 더 많을 것이다. 무료입장이 가능하지만 한적한 국립공원은 비경합성과 비배제성이 있는 공공재지만, 만약 사람들이 붐빈다면 경합성이 발생해서 순수한 공공재로 보기 어려워질 수 있다는 것이다.

공공재의 생산은 막대한 비용이 소요되지만 그 편익은 절대적 가치가 있어야 한다. 일테면, 천문학적인 비용을 들여 국민 모두가 누릴 수 있는 국방 서비스와 같은 공공재는 오로지 정부의 역할만으로 가능하다. 공공재는 다수가 동시에 누릴 수 있는 재화와 서비스임에도 불구하고, 시장에서 자율적으로 생산되지 않는다. 다시 말해 사회적으로 꼭 필요한 곳에 배분되고 있지 않는 경우가 생길 수 있다. 이런 의미에서 시장의 실패가 나타난다고 할 수 있다. 이처럼 공공재의 비배제성 때문에 공짜로 이용하려는 무임승차 문제가 발생하는데, 이는 시장실패로 볼 수 있다. 의료의 예를 들어보자. 질환 진단에 있어 값비싼 진단 기기로 알려져 있던 CT와 MRI의 건강보험 적용으로 접근이 쉬워지면서 오히려 건강보험 재정 압박은 커졌다. 그 부담은 고스란히 국민 몫이다. 이런 경우 의료는 공공재의 특성과 사적재의 특성을 포괄한다.

정부와 의사단체 간에 갈등이 불거질 때마다 전가의 보도처럼 차용되는 '의사는 공공재'란 주장은 일부는 맞고 일부는 틀렸다. 의료는 공공재이기도 하지만 사적재이기도 하다. 모든 국민들이 공동으로 이용할 수 있는 의료 서비스지만 수가는 정해져있고 치열한 경합을 전제로 한다. 의사도 그렇고 의료소비자인 국민도 그렇다. 정부의 주장대로 의사가 공공재라면 국민들에게 공공재를 적재적소에 공급하는 역할에 충실하지 못했다는 비판에서 정부는 자유롭지 못할 것이다.

저출산 고령화 시대에 접어든 한국이 인구 소멸 지역에 의사를 구하지 못해 사회적 문제로 야기되는 작금의 상황은 그간 정부가 주장하던 공공재 의사를 충분히 공급하지 않았기 때문이다. 구급차 안에서 환자가 사망하는 상황이 비일비재하게 벌어지는 오늘의 한국 사회 의료 환경은 외상외과, 흉부외과, 소아과, 산부인과, 감염내과, 응급의학과 등의 전문의와 역학조사관 등을 충분히 확보하는 의료정책을 정부가 공급하지 않았기 때문이다. 재원을 투입해 적정한 처우를 제공했다면 공급은 부족하지 않을 것이다. 사적재의 특성도 지닌 의료 서비스에 대한 정부의 인식 전환이 필요한 배경이다. 의사를 구하지 못해 날로 열악해지는 지역 의료 서비스 환경 속에 환자들은 대도시로 향한다. 이런 현상은 앞으로 더 심화될 것이다. 이런대도 공공재로서 의사의 헌신과 공익적 역할만 주장할 것인가.

출처 : 쿠키뉴스 2023.06.09.

3 공유자원과 소유권

공기가 심하게 오염되는 현상, 바다의 생선이 남획되는 현상, 공원의 화장실이 항상 지저분한 현상, 공공도서관 책에 찢겨진 부분이 많은 현상 등은 모두 공유재산의 비극을 보여주는 예이다. 공유재산의 비극은 개인 소유권이 없기 때문에 발생할 수 있다. 경제학자들은 공유재산을 보호하기 위한 해결책으로 공유재산에 개인 소유권을 부여하는 방안을 제시하고 있다. 시장경제가 자원의 효율적인 배분을 달성하려면 다음과 같은 두 가지 특성을 지닌 개인 소유권이 필요하다.

우선 개인 소유권이 개인에게 배타적으로 주어져 다른 사람이 그 자원을 사용할 수 없도록 소유주가 막을 수 있어야 한다. 그리고 소유주가 자신의 자원을 다른 사람에게 팔거나 임대할 수 있도록 개인 소유권 이전이 가능해야 한다. 그러나 현실적으로 모든 공유재산에 개인 소유권을 부여할 수 없으며, 공유재산의 문제를 완전히 해결하지 못하는 원인이 되고 있다. 예를 들어 한강이나 고속도로 또는 바다의 물고기에 대해 어떻게 개인 소유권을 부여할 수 있겠는가?

개인 소유권을 부여하기 어려울 때는 정부가 규제를 통해 공유재산의 남용을 예방할 수 있다. 고속도로에 쓰레기를 버리거나 한강에 오폐수를 흘려보내는 사람을 감시하고 처벌한다. 바다의 물고기는 포획할 수 있는 생선의 크기, 양, 시기 등을 정하여 보호할 수 있다. 하지만 정부규제는 많은 비용을 수반하고 또다른 부작용을 초래할 수 있다는 점에서 완전한 대책이라고 말하기 어렵다.

【Eco-톡】 »» 공유지의 비극과 인구 절벽

미국의 생물학자 개릿 하딘은 날로 증가하는 인구와는 달리 지구의 자원은 유한하다고 보았다. 따라서 인류가 공공재인 천연자원을 남용한다면 지구에 엄청난 재앙이 일어날 수 있다고 생각했다.

1968년 12월 13일 학술지 <사이언스>에 발표된 논문 <공유지의 비극>은 '목초지의 비극'이었다. 공유자원은 강제규칙이 없을 경우 사람들의 무임 승차로 인해 파괴된다는 이론이다. 개인 땅에는 양들이 먹을 풀을 감안하여 더 이상 양을 늘리지 않지만, 마을 주민들의 공유지

거꾸로 배우는 경제학

에는 앞다투어 더 많은 양들을 방목했다.

결국 목초지는 양들로 붐비게 됐고, 풀이 자라는 속도보다 양이 풀을 뜯는 속도가 더 빨라졌다. 그 결과 목초지는 풀이 거의 없는 황무지로 변했다.

공유지의 비극이론은 개인의 사리사욕을 극대화하면 공동체나 사회 전체는 물론 자연까지 파괴할 수 있다는 사실을 경고한다. 이 이론의 밑바탕에는 공유자원을 자신이 사용하지 않더라도 누군가 다른 사람이 남용하면 결국 사용하지 않은 자신만 손해를 볼 수 있다는 '타인에 대한 불신감'이 깔려 있다. 공유 자원의 남용 책임이 불특정 다수에게 분산되기 때문에 자기 하나쯤은 상관없다는 '이기심'도 자리하고 있다. 그밖에 도로 이용료가 없다면 무분별하게 차를 가지고 나와서 교통지옥을 만든다. 대기오염도 피할 수 없게 된다.

2022년 11월 15일부로 세계 인구가 80억 명을 돌파했다. 20년 전 60억 인구에서 엄청 늘었지만, 2070년에는 103억 명까지 늘어날 것으로 예상된다.

반면 우리나라는 저출산의 비극으로 총인구가 2022년 5200만 명→2070년 3800만 명, 생산연령인구 구성비 73.4→46.1%가 될 것으로 예상된다. 한국의 생산연령인구 100명이 65세 이상 노인 인구 116.8명을 부양하는 것으로 나타나 부양 부담이 세계 1위가 된다.

더욱 충격적인 사실은 미국 투자은행 골드만삭스의 보고서는 국내총생산(GDP) 기준으로 한국의 경제 규모는 2075년에 말레이시아·나이지리아에 뒤지며 세계 15위권 밖으로 밀려날 것으로 예측됐다(현재 12위). 2040년대 한국의 실질 GDP 성장률은 0.8%로 비교 대상 24개국 중 23위(일본이 0.7%로 24위)가 된다고 적혀 있다. 한국의 예상 경제성장률 수치는 끔찍하다. 2050년대 0.3%, 2060년대 -0.1%, 2070년대 -0.2%. 주요 국가 중 40년 뒤 마이너스(-) 성장을 할 것으로 진단된 나라는 한국이 유일하다.

이 암울한 예측의 원인은 인구 절벽이다. 한국인이 게을러져서도 아니고, 전쟁이 나서도 아니다. 지난해 한국의 합계 출산율은 0.81로 전 세계 최하위다. 좁은 국토에 인구가 주는 것도 괜찮다는 이들도 있겠지만, 저출산 문제는 사회·경제적으로 큰 영향을 끼친다.

학생 감소에 따른 대학 존립, 징병제 존속 위기, 필수 노동력 부족 등의 충격이 뒤 따른다. 특히 인구의 급격한 감소는 노동공급 감소로 이어지면서 생산과 소비 위축 그리고 수요를 줄이고 잠재성장률을 끌어내릴 수밖에 없다.

출산은 엄연히 개인의 선택이고 권리다. 젊은 세대에게 출산을 권장하던 과거의 행태에서 벗어나야 한다. 오히려 젊은이들이 결혼과 출산을 합리적인 선택이라고 판단할 수 있도록 사회 변화를 이끌어내고 생애 전반에 걸친 인구정책을 펼쳐야 한다. 생애 주기별로 공감과 촘촘하게 짜인 인구정책이 필요하다.

출처 : 파이낸셜리뷰 2023.03.13.

제4절 정보의 비대칭성

정보의 비대칭성이란 쉽게 말해서 두 사람이 있을 때 서로 알고 있는 정보의 양이 다르다는 것이다. 이러한 비대칭적 정보(asymmetric information)의 존재는 전통적인 경제이론에 심각한 문제를 제기한다. 특히 지금까지의 논의와는 달리 경쟁시장에서도 수요자와 공급자 간 정보의 비대칭성이 존재할 경우 자원배분의 비효율성이 나타날 수 밖에 없다. 이하에서는 보험시장과 노동시장, 중고매매시장, 금융시장에서 정보의 비대칭성이 어떤 비효율성을 가져오고 그 해결책이 무엇인지 살펴보고자 한다.

1 보험시장의 정보비대칭성

화재보험 가입자가 보험가입 후 부주의해져서 화재예방을 게을리한다고 하자. 그러면 당연히 보험을 가입하기 이전보다 가입자 주변에서 화재사고가 발생할 확률이 높아질 것이고, 그 결과 보험회사의 기대이윤은 작아진다. 이는 결국 보험회사가 보험가입자의 행동을 관찰할 수 없기 때문에 발생하는 은폐된 행동(hidden action)의 결과이다. 이처럼 보험가입 후 가입자의 행동이 보험회사의 입장에서 볼 때 더 악화되는 현상을 도덕적 해이(moral hazard)라 한다.

이때 보험회사가 보험료를 인상하면 도덕적 해이의 문제가 해결될 수 있을까? 그렇지 않다. 이 경우 또 다른 문제가 발생하기 때문이다. 사람들은 자신들의 경험, 지식 등을 이용해서 자신에게 불행한 일이 일어날 확률과 그에 따른 피해액 등을 개략적으로 파악한 후 가입 여부를 결정할 것이다. 이 때 보험료가 높아도 보험에 가입할 사람들은 위험 확률이 높은 부류일 것이다. 따라서 보험료가 극단적인 수준으로 치솟으면 결국 세상에서 가장 높은 위험을 가진 사람만이 보험가입자로 남거나 가입자가 아예 없을 것이고, 보험회사는 결국 파산할 것이다.

그렇다면 이러한 일은 왜 발생할까? 보험회사가 보험에 가입하려는 사람들의 위험 확률을 사전에 알 수 없기 때문이다. 보험가입자는 자신의 위험을 가능하면 낮게 말해서 보다 낮은 보험료로 보험에 가입하려 하기 때문에 보험가입자들의 위험 특성은 은폐된다. 이것을 감추어진 정보(hidden information)의 문제라고 한다. 보험회사는 도덕적 해이를 방지하고 보다 건전한 보험가입자들에게 보험을 판매하려 하였으나, 이것이 오히려 낮은 위험을 지닌 보험가입자들을 배제하고 보다 높은 위험을 지닌 사람들만 보험을 들게 하는 결과를 가져온다. 이와 같은 현상을 역선택(adverse selection)이라 하는데, 이는 보험의 역설(insurance paradox)이 아닐 수 없다.

때때로 역선택 문제는 보험회사들이 특정한 사람들의 보험가입을 거부하도록 한다. 치명적이거나 만성적인 병이 있는 사람들은 개인적인 의료보험 또는 생명보험에 가입하기 힘들 것이다. 그리고 방화범이 자주 나타나는 지역에 살고 있는 주택 보유자는 화재보험에 가입하기 힘들 것이다. 이런 사람들에게는 매우 높은 보험료를 책정하는 것이 유일한 대안이다. 그러나 보험료가 매우 높아지면 보험혜택을 확실하게 받을 수 있는 위험한 사람만 보험상품을 구매할 것이기 때문에 역선택의 문제는 더 악화된다.

도덕적 해이와 역선택의 문제는 어떻게 해결할 수 있을까? 바로 도덕적 해이가 나타날 가능성이 높은 경제주체들에게 유인(incentive)을 제공함으로써 해결할 수 있다. 예를 들어 화재가 발생하였을 때 손실의 일부만 보상해 주는 공동보험제도를 채택하는 방법이 있다. 가령 피해액의 70%만 보상해 주기로 약정한다면 나머지 30%의 손실은 보험가입자가 부담해야 하므로 화재예방을 위한 노력을 게을리하지 않을 것이다.

한편 역선택의 문제를 줄이기 위해서는 보험회사가 가입자에 대한 정보를 많이 수집해야 한다. 예를 들어 생명보험 가입신청자에 대해 병적 기록을 확인한다든지 흡연 여부를 파악하여 사망위험이 높은 사람에 대해서는 할증보험료를 적용할 수 있다. 또한 보험회사들이 혈액검사 같은 자체 의료검사를 시행할 수도 있다.

2 노동시장의 정보비대칭성

대규모 주식회사의 경우 주주들이 기업을 소유하지만 회사 운영은 전문 경영진에 의해 이루어진다. 이렇게 소유와 경영이 분리되었을 때 경영진은 기업을 소유하는 것이 아니기 때문에 값비싼 휴양지에서 경영자회의를 여는 등 기업이윤을 저하시킬 유인이 있다. 이와 같이 경영자의 이익과 주주의 이익 사이에서 발생하는 주인-대리인 문제(principal-agent problem)라고 한다. 즉 대리인(기업 CEO)이 그를 고용한 주인(주식회사의 주주)의 이익보다는 자신의 이익을 추구할 수 있다. 이러한 주인-대리인 문제는 회사 경영자와 노동자 사이에서도 발생한다. 경영자가 노동자들이 얼마나 열심히 일하는지를 정확히 알지 못하는 상황에서는 노동자들이 일단 고용되고 나면 열심히 일할 유인이 없어지는 도덕적 해이 문제가 나타나기 때문이다.

주인-대리인 문제를 해결하기 위해 이윤의 일정 비율을 대리인에게 보너스로 지급하는 계약을 통해 대리인이 주인의 이익에 반하는 행동을 할 가능성을 줄일 수 있다. 하지만 이런 유인체계가 작동하지 않는 경우도 있는데, 그럴 때 사용할 수 있는 또 다른 수단은 은폐된 행동을 할 개연성이 있는 대리인에 대한 감시(monitoring)를 강화하는 것이다. 주식회사에서 감사(auditor)가 경영진을 감시, 감독하는 것이 그 예이다.

한편 노동자의 도덕적 해이를 부분적으로나마 방지하기 위해서는 노동자에게 직장에서 하는 일이 다른 직업에 비해 더 높은 가치를 갖는다는 확신을 주어야 한다. 노동자들이 열심히 일할 유인을 제공하기 위해서다. 현재 직업이 다른 직업에 비해 가치가 더 있다면 노동의욕은 감소하지 않을 것이다.

구체적으로 만약 어떤 기업이 임금을 노동시장의 균형임금 수준보다 높게 제시한다면, 노동자는 그 직업이 가치 있는 일이라고 생각할 것이고 그 직장을 떠날 가능성도 낮아질 것이다. 이와 같이 균형임금보다 높은 수준에서 노동자들에게 더 열심히 일할 동기를 부여할 수 있는 임금을 효율성임금(efficiency wage)이라 한다. 이 밖에 기업에서 오랜 기간 동안 일을 한 노동자들에게 더 높은 임금과 추가 복지혜택을 주는 연공서열제도(seniority system)도 효율성임금과 마찬가지로 노동자들이 더 열심히 일하게 하는 인센티브가 된다. 하지만 이러한 유인체계가 잘 작동하지 않을 경우에는 노동자들이 일하는 것을 감시하는 것도 하나의 방법이 될 수 있다.

3 중고매매시장의 정보비대칭성

중고매매시장에서는 우량품과 불량품이 함께 거래되기 마련이다. 그런데 중고품을 내놓는 사람, 특히 불량품을 내놓는 사람은 상대방이 불량품인지 모르기 때문에 우량품이라고 속일 유인을 갖게 된다. 그러나 소비자가 불량품을 우량품인 줄 알고 속아 사는 경우가 여러 번 반복되면 우량품 역시 제값을 받지 못하게 된다. 이러한 역선택 문제는 결국 거래당사자 간에 사전적으로 정보의 양이 동등하지 않기 때문에 발생한다.

역선택을 해결하기 위해서 거래자들은 상대방에게 정확한 정보를 전달하는 신호를 발송(signaling)하거나 우량품과 불량품을 구별하는 선별장치(screening device)를 마련한다. 이를테면, 중고매매시장에서 우량품을 내놓는 사람은 보증서(warranty) 등을 발행하여 판매 후 소비자가 불량품이라고 항의하면 이를 보상해 주겠다는 신용을 제공함으로써 자신의 제품과 불량 중고품을 구별하는 신호를 보낸다.

4 금융시장의 정보비대칭성

금융시장에서의 역선택과 도덕적 해이는 구체적으로 주식시장과 채권시장에서 투자자와 기업 사이의 문제를 낳는다. 먼저 역선택의 문제를 알아보자. 많은 기업들은 주식과 채권을 팔아서 자금을 조달한다. 그런데 대부분의 잠재적 투자자들은 건실한 기업과 부실한 기업을 구분하는 것이 쉽지 않기 때문에 대외적으로 거래량이 많지 않은 중소기업의 주식과 채권 구입을 꺼리게 된다. 대신에 투자자들은 대외적으로 거래량이 많고 이용 가능한 정보도 많은 대기업의 주식이나 채권 매입을 선호하게 된다. 그 결과 대기업은 채권과 주식을 팔아 자금을 조달할 수 있는 반면에 중소기업은 그렇게 할 수 없다. 기업과 투자자 간 비대칭적 정보는 왜 대기업만이 금융시장에서 주식과 채권 발행을 통해 자금을 조달할 수 있는지에 대해 잘 설명해 준다. 이 같은 문제를 줄이기 위해서는 정보공시를 확대하고 예금자, 투자자 등 금융이용자에 의한 시장 감시기능을 강화해야 한다.

일단 기업이 투자자들에게 채권과 주식을 팔아 자금을 조달하면, 투자자들은 기업이 자금운용을 잘못하여 자신들에게 손실을 입힐 가능성을 걱정한다.

즉, 정보의 비대칭성 하에서 투자자들은 기업의 도덕적 해이를 걱정하는 것이다. 실제로 기업들은 금융시장에서 조달한 자금을 회사 경영자들의 연봉인상에 사용하기도 한다.

역사적으로 볼 때 대공황(Great Depression)의 주요 원인이 되었던 1929년 주식가격 폭락에 대해 미국의 일부 투자자들은 기업들이 자신들에게 정확한 금융정보를 제공하지 않았던 것을 불평했다. 이에 미국 연방의회는 1934년 증권거래협회(Securities and Exchange Commission : SEC)를 설립하여 주식시장과 채권시장을 규제하기 시작하였다. SEC는 기업들이 주식 또는 채권을 팔기 위해 우선 SEC에 등록하도록 하였다. 그리고 기업들은 반드시 잠재적 투자자들에게 모든 금융정보가 담긴 기업 안내문을 통해 정보를 제공하도록 하였다. 이 정책은 주식시장과 채권시장에서 역선택과 도덕적 해이 문제를 감소시킴으로써 이전보다 더 많은 기업들이 주식 또는 채권 발행을 통해 자금을 조달하는 것을 가능하게 하였다.

그러나 2000년대 들어 에너지 기업 엔론(Enron) 등 몇몇 기업의 경영자들은 기업의 재무상태에 대해 다른 투자자들보다 더 많이 알고 있다는 점을 악용하였다. 이익을 얻기 위해 재무제표를 조작하여 투자자를 유혹한 것이다. 결국 이들 기업이 이윤을 부풀려 보고한 것과 관련된 여러 스캔들이 드러나고 기업의 재무제표에 대한 신뢰가 떨어지면서, 이 사건은 2002년 여름 미국 주식시장의 폭락에 영향을 미쳤다. 이러한 스캔들은 투자자들이 금융시장에서 역선택과 도덕적 해이 문제를 극복하기 어렵다는 것을 재확인시켜 주고 있다.

거꾸로 배우는 경제학

【Eco-톡】 >> 레몬마켓 오명 벗나… 문턱 낮춘 중고차시장

신맛이 강해 먹기 힘든 레몬은 미국 속어로 불량품을 뜻한다. 그런 물건이 판치는 시장은 '레몬마켓'이라 일컫는다. 미국의 경제학자 조지 애컬로프는 정보 불균형과 비대칭으로 인한 수요·공급 모순이 시장실패로 귀결된다는 '레몬이론'으로 2001년 노벨 경제학상을 받았다.

레몬이론의 대표 예가 중고차 시장이다. 예컨대 판매자는 차량 결함을 알고 있지만 소비자에겐 절대 함구한다. 겉만 보고 상태를 알 리가 없는 소비자는 결국 판매자의 권유대로 불량 중고차를 고를 가능성이 높다.

국내 중고차시장도 마찬가지였지만, 최근 완성차 대기업의 진입이 허용돼 레몬마켓의 오명을 벗으리란 기대가 커지고 있다. 반면, 시장을 빼앗길 위기에 처한 중고차업계는 강하게 반발하고 있다.

중고차 매매업은 2013년 '중소기업 적합업종'으로 지정돼 대기업 진출이 제한됐다. 그러나 수입차업계는 규제 바깥에서 인증 중고차사업을 벌이고 있어 역차별 논란이 제기됐다. 2019년 기한이 만료되자 중고차업계는 재지정을 신청했다. 그러나 사전심의를 맡은 동반성장위는 받아들이지 않았다.

이로써 대기업의 진출 길이 열렸지만 코로나19 확산으로 심의위가 2년 넘게 열리지 못해 최종결정이 미뤄졌다. 업계 협의도 공전했다. 완성차업계는 시장점유율을 자체 제한하겠다고 제안했지만, 중고차업계는 독과점을 우려하며 거부했다.

결국 완성차업계의 맏형 격인 현대차가 지난해 말 중고차시장 진출을 전격 선언했다. 구매 후 5년, 주행거리 10만km 이내의 인증 중고차만 판매한단 구체적 계획까지 공개했다.

3년을 끌어온 논란은 3월 17일 열린 중소벤처기업부 심의위에서 종지부를 찍었다. 심의위는 중고차 판매업을 생계형 적합업종으로 지정하지 않기로 결정했다.

심의위는 "중고차 판매업은 다른 업종 대비 소상공인 비중이 작고 매출액도 많으며, 무급 가족종사자 비중이 작아 지정요건 중 '규모의 영세성'에 부합하지 않는다"며 "완성차업계의 진출로 제품의 신뢰성 확보, 선택의 폭 확대 등 소비자 후생을 증진하는 효과 등을 종합적으로 고려했다"고 밝혔다.

현대차와 기아는 이번 결정에 대해 구체적 언급을 삼갔다. 현대차는 앞서 3월 초 정밀 성능검사와 수리를 거친 자사 인증 중고차 출시, 시장점유율의 자체적 제한 등을 통한 상생방안이 담긴 큰 틀의 사업 방향을 공개한 바 있다.

한국GM과 르노코리아자동차, 쌍용차는 중고차시장 진출 계획을 모색하겠단 입장이다. 업계 관계자는 "수입차만 허용하고 국내차는 막아놓은 역차별이 해소됐다"며 "시장 개방으로 고객 폭이 확대되고, 고객이 누릴 혜택도 커질 것"이라고 말했다.

소비자도 환영하고 있다. 한국소비자연맹이 지난해 말 중고차 구매경험이 있는 소비자 1천 명을 대상으로 조사한 결과 66.0%가 대기업의 시장 진입에 긍정적 응답을 했다. 이유로는 '성능·상태의 투명한 공개'(34.4%), '허위·미끼 매물의 감소'(33.3%) 등이 꼽혔다. 80.5%는 중고차시장이 여전히 불투명하고 낙후됐다고 답했다.

중고차업계는 자금력과 브랜드 파워를 갖춘 대기업이 들어오면 시장을 독점할 뿐만 아니라 가격상승도 초래해 결국 소비자 후생에 악영향을 끼칠 것이라고 주장한다.

조병규 전국자동차매매사업조합 전남조합장은 "대기업의 독과점과 그로 인한 영세종사자들의 몰락 및 고객 피해가 우려된다"며 "시장점유율을 일정 수준으로 제한하겠다는 대기업들의 말도 믿을 수 없다"고 지적했다.

전문가들은 대기업 진출 허용이 바람직하다는 입장이다. 김필수 대림대 자동차학과 교수는 "우리나라 외엔 중고차 시장을 규제하는 국가가 없고, 대기업 진출을 소비자가 요구했기에 이런 결정이 나온 듯하다"며 "가격이 5%가량 인상되겠지만 품질이 보증된 차를 사기 위해 소비자도 감수할 것"이라고 설명했다.

이호근 대덕대 자동차학과 교수도 "한국 중고차시장은 신차시장의 1.3배에 불과하지만, 선진국들은 2.6배 정도 된다"며 "대기업이 들어와 선진화되고 투명한 플랫폼을 선보이면 중고차에 대한 신뢰가 높아져 전체 파이도 커질 것"이라고 전망했다.

일각에선 2013년부터 사업권을 보장받은 중고차업계가 허위 매물 등의 병폐 개선에 실패한 게 결국 대기업 진출을 허용하는 결과를 초래했단 해석도 나왔다. 전경련 류성원 산업전략팀장은 "적합업종의 취지는 중소기업이 대기업과 경쟁할 수 있게 준비기간을 주는 것"이라며 "대기업이 배제된 지난 9년간 중고차업계는 경쟁력 강화에 투자하지 않았다"고 지적했다.

다만, 이번 결정으로 중소 업체의 피해가 불가피한 만큼 대기업의 시장 진입비율 조정 등 상생안 마련이 필요하단 주장도 제기된다. 매년 3, 5, 7, 10%의 비율로 완성차업계의 진출 비율을 제한하는 방안이 대표적이다. 심의위도 "중소기업과 소상공인의 피해가 충분히 예상된다"며 "향후 중소기업사업조정심의회에서 적정한 조치가 필요하다"는 부대의견을 제시했다.

출처 : 월간 Midas 2022.03.25.

┃ 거꾸로 배우는 경제학 ┃

제5절 정부의 실패

시장의 독과점과 외부효과, 공공재가 존재하기 때문에 시장은 완전하지 않다. 그래서 시장에 맡겨두면 독점기업이 소비자의 이익을 줄여 독점이윤을 증가시킨다. 그리고 기업들은 공해를 배출하여 산천이 병들어 가기도 하고, 국방이나 치안과 같은 필수적인 서비스가 제공되지 않거나 과소 공급된다. 그래서 정부가 개입하여 자원배분의 효율성을 높인다.

그러나 정부가 시장에 개입하여도 시장실패를 시정하지 못하고 오히려 더 악화시키는 정부의 실패(goverment failure)가 발생하기도 한다. 정부는 왜 시장실패를 해결하지 못하는가?

첫째, 정부의 관료집단이나 정치가들이 자신들의 이익을 더 추구한다는 것이다. 관료들은 정부의 역할을 확대하여 자신들의 이익을 얻으려고 하며, 정치가들은 재선이 목표이므로 정부의 영향력을 팽창시키고자 하는 유인이 작용한다는 것이다.

둘째, 선거일정에 맞추어 경기를 호경기로 만들려고 여러 가지 선심성 정책을 제시하므로 만성적인 재정적자를 초래한다.

셋째, 정부의 의사결정과정에서 여러 이익집단들이 집단이기주의적 입장에서 로비를 통해 정책을 왜곡시키기도 한다.

넷째, 정부가 충분한 정보를 가지지 못하고 근시안적인 결정을 내리기도 한다.

시장의 보이지 않는 손에 결함이 있듯이 정부의 보이는 손도 결함이 있다. 그래서 어느 하나를 온전히 신뢰할 수 없다. 그러나 정부가 시장의 실패를 어느 정도는 해결해 왔다. 다만 정부의 기능이 지나치게 비대해지지 않도록 경계할 필요가 있다.

단원별 연습문제

01. 시장의 실패에 대한 설명 중 옳지 않은 것은?

① 생산과정에서 음(-)의 외부효과가 있는 경우, 생산을 금지시키는 것이 사회적으로 최적이다.
② 생산과정에서 음(-)의 외부효과가 있는 경우, 기업이 외부비용을 지불하지 않는다면, 시장에서는 과잉생산이 발생하여 사회적 손실이 발생한다.
③ 생산과정에서 음(-)의 외부효과가 있는 경우, 생산물 단위당 일정액의 피구세를 부과하면 시장균형생산량은 감소하며 가격은 상승한다.
④ 주인과 대리인 사이의 정보 비대칭성에서 유발되는 도덕적 해이는 시장의 실패를 야기할 수 있다.
⑤ 공공재는 비경합성과 비배제성을 갖는다.

02. 외부효과로 인한 비효율적 자원배분을 개선하는 방법으로 가장 적절하지 않은 것은?

① 정부가 교육기관에 보조금을 지급하거나 민간인이 교육기관에 기부금을 낸다.
② 양(+)의 외부효과를 초래하는 새로운 기술에 대해 특허권을 제공함으로써 기술개발자에게 법적으로 유효한 재산권을 인정해 준다.
③ 과수원과 양봉업자의 경우에서와 같이 외부효과를 주고 받는 두 기업이 합병을 한다.
④ 외부효과에 관련된 당사자가 많고 거래비용이 클 경우에는 정부가 개입하지 않고 자발적인 협상을 하도록 한다.
⑤ 정부가 오염배출권을 경매를 통해 팔고, 오염배출 기업들 사이에 이를 거래할 수 있게 한다.

03. 공공재와 공유자원에 대한 옳은 설명을 모두 고른 것은?

가. 공공재는 비배제적이고 비경합적이며, 공유자원은 비배제적이지만 경합적이다.
나. 공유자원이 과다하게 사용되어 고갈되는 공유자원의 비극은 음(-)의 외부효과로 인해 발생할 수 있다.
다. 무임승차자 문제는 공공재의 시장공급량을 효율적 수준보다 작게 하는 결과를 초래한다.

① 가　　　② 가, 나　　　③ 가, 나, 다
④ 가, 다　　⑤ 다

04. 외부성 또는 외부효과에 관한 다음 설명 중 옳은 것은?

① 소비외부성이란 한 기업의 생산물이 다른 기업의 생산물과 결합되어야만 소비재로서의 구실을 하게 되는 상황을 일컫는다.
② 강 상류에 제철소가 있고 하류에 양어장이 있다. 따라서 제철소에서 배출되는 공해물질로 인하여 양어장의 생산비용이 동일한 생산량을 공해물질이 없는 상황에서 생산할 때와 비교하여 증가한다. 그렇다면 이는 생산외부성이 존재하는 상황이다.
③ 생산외부성은 한 기업의 최종생산물이 다른 기업의 중요생산투입물이 되는 상황을 일컫는다.
④ 음의 생산외부성이 존재하는 경우 관련 기업들 모두는 항상 사회적 관점에서 효율적인 생산수준보다 더 적은 생산량을 생산한다.
⑤ 생산 외부성이 존재하는 경우, 언제나 관련 기업들 모두를 한 사람이 소유하게 되면 전체 이윤은 오히려 서로 다른 사람들이 소유할 때보다 감소한다.

05. 외부성에 관한 코즈 정리의 설명 중 옳지 않은 것은?

① 거래비용의 중요성을 강조하고 있다.
② 시장실패를 교정하기 위해 정부가 반드시 개입할 필요는 없음을 시사한다.
③ 거래비용이 없다면 재산권을 누구에게 귀속시키는가에 따라 자원배분의 효율성이 달라진다.
④ 협상을 통해서 외부성을 내부화시킬 수 있다.
⑤ 소비외부성과 생산외부성에 모두 적용될 수 있다.

06. 다음은 외부성에 관한 서술이다. 가장 적절한 답안은?

(a) 생산에서 외부불경제가 존재할 경우, 시장기능만에 의한 균형에서 사회적 한계비용은 사적한계비용보다 크다.
(b) 생산에서 외부경제가 존재할 경우, 시장기능만에 의한 균형에서 사회적 한계비용이 사회적 한계편익보다 크다.
(c) 코우즈의 정리는 외부성이 존재할 경우 이해 당사자들간의 자율적인 협상에 의한 효율성 개선이 어려우므로 정부의 개입이 불가피하다는 것을 설명하는 것이다.

① (a)와 (b)가 옳은 설명이다. ② (a)와 (c)가 옳은 설명이다.
③ (b)와 (c)가 옳은 설명이다. ④ (a), (b), (c)가 모두 옳은 설명이다.
⑤ (a), (b), (c) 중 하나만 옳은 설명이다.

07. 재화에 대한 다음 설명 중 사실과 가장 거리가 먼 것은?

① 일반적으로 공유자원과 관련된 외부효과는 긍정적이다.
② 교육은 긍정적 외부효과를 갖고 있지만, 사적 재화이다.
③ 혼잡하지 않은 시내도로는 공공재이다.
④ 공공재의 사회적 가치는 사적가치보다 크다.
⑤ 국방은 공공재이다.

08. 다음은 공공재에 관한 설명이다. 관련이 없는 것은?

① 비용을 부담하지 않으면서 소비에는 참여하고 싶어하는 경향이 있다.
② 공공재는 경합성과 배제성이 큰 재화이다.
③ 공공재의 시장수요곡선은 개별수요곡선을 수직으로 합하여 도출한다.
④ 공유지의 비극이 나타난다.
⑤ 민간부문도 공공재를 생산한다.

09. A기업의 생산 활동이 B기업의 생산 활동에 나쁜 영향을 주는 생산의 외부성이 존재한다. 생산은 가격과 사적 한계비용이 같은 점에서 이루어진다. 다음 중 맞는 것은? (단, 소비의 외부성은 배제한다.)

① A기업의 사적한계비용은 사회적 한계편익보다 크다.
② A기업은 사회적으로 바람직한 수준보다 많이 생산하게 된다.
③ A기업의 사적한계편익은 사회적 한계편익보다 작다.
④ A기업의 사회적 한계비용과 사회적 한계편익은 같다.
⑤ A기업의 생산을 한 단위 줄이면 사회순편익은 감소한다.

10. 다음 중 시장의 실패로 볼 수 없는 것은?

① 독점의 횡포　　　　　　② 기업간 경쟁의 심화
③ 양의 외부효과　　　　　④ 음의 외부효과
⑤ 공공재에서 발생하는 무임승차 문제

거꾸로 배우는 경제학

11. 다음 여러 행동 중 시장을 통해 결정된 행동의 수준이 사회적으로 바람직한 수준보다 더 클 것으로 예상되는 것은?

    ① 고씨는 최근 새 차를 구입하여 출퇴근하기로 결정했다.
    ② 노씨는 돈을 들여 자신의 앞마당을 아름답게 꾸미기로 했다.
    ③ 도씨는 과수원 주변에서 양봉을 하기로 결정했다.
    ④ 박씨는 독감 예방주사를 맞기로 결정했다.
    ⑤ 마씨는 최근 집 앞길을 포장하기로 결정했다.

12. 어떤 재화의 생산에 대한 외부경제로 인한 비효율이 존재할 때 다른 조건이 동일하다는 가정 하에서 정부는 어떤 조치를 통하여 효율성을 높일 수 있는가?

    ① 그 재화의 과다생산을 시정하기 위해 조세부과를 실시한다.
    ② 그 재화의 과소생산을 시정하기 위해 보조금 정책을 취한다.
    ③ 그 재화의 과다생산을 시정하기 위해 보조금 정책을 취한다.
    ④ 그 재화의 과소생산을 시정하기 위해 배출부과금을 부과한다.
    ⑤ 그 재화는 적정수준으로 생산되므로 정부는 개입하지 않아야 한다.

13. 완전경쟁시장에서도 자원의 최적배분에 실패하는 요인 중의 하나로 외부효과를 들 수 있다. 외부효과에 대한 설명으로 옳지 않은 것은?

    ① 외부경제의 예로 과수원과 인접한 양봉업자의 관계를 들 수 있다.
    ② 외부불경제의 예로 폐수를 바다로 무단방류하는 화학공장과 인근의 연근해 양식업자와의 관계를 들 수 있다.
    ③ 외부효과가 존재할 때 사적한계비용과 사회적 한계비용은 일치하기 마련이다.
    ④ 외부불경제가 존재하는 경우 기업은 사회적 기준에서 볼 때 과다생산을 한다.
    ⑤ 외부경제가 존재하는 경우 기업은 사회적 기준에서 볼때 과소생산을 한다.

14. 다음 중 공공재에 관한 설명으로 가장 적절하지 않은 것은?

    ① 공공재에 대한 시장수요함수는 개별 수요함수를 수직으로 합하여 얻어진다.
    ② 체증(congestion)이 있을 경우 비배제성은 만족하지 않으나 비경합성은 만족한다.
    ③ 정부가 공공재를 공급하면 누구나 공급총량과 동일한 양을 균등하게 소비한다.
    ④ 공공재는 특정 소비자를 소비로부터 배제할 수 없다.
    ⑤ 최적 공공재 생산조건은 개별소비자의 한계대체율의 총합을 공공재 생산의 한계변환율과 일치하도록하는 것이다.

15. 비대칭 정보하에서 발생하는 현상에 대한 설명 중 옳지 않은 것은?

① 역선택 현상이 발생할 수 있다.
② 정보를 가진 사람은 이를 이용하여 자기의 이득을 증가시킬 수 있고, 이는 정보가 없는 사람에게 피해를 줄 수 있다.
③ 시장에서 거래가 위축되는 현상이 발생할 수 있다.
④ 정보를 많이 갖고 있는 사람은 정보를 덜 갖고 있는 사람에 비하여 항상 피해의 규모가 작다.
⑤ 사고 운전자에 대한 보험료 할증은 도덕적 해이를 완화시킬 수 있다.

16. 역선택에 관한 설명으로 옳지 않은 것은?

① 자격증은 역선택의 해결 방안이다.
② 중고차시장에서 나쁜 품질의 중고차만 거래되는 것은 역선택의 예이다.
③ 보험회사에서 기초공제제도를 실시하는 것은 역선택을 해결하기 위해서이다.
④ 정보의 비대칭성 때문에 역선택이 발생한다.
⑤ 감추어진 특성으로 인해 역선택이 발생한다.

17. 도덕적 해이 문제를 해결하거나 완화시키는 방안으로 가장 적절하지 않은 것은?

① 보험회사가 사고시 보험가입자에게 손실의 일부만을 보상해 주는 공동보험(co-insurance)제도를 채택한다.
② 고용주가 근로자에게 시장균형임금보다 높은 임금을 지급한다.
③ 보험회사가 손실액 중 일정금액까지는 보험가입자에게 부담시키는 기초공제 제도를 도입한다.
④ 임금지급방식을 고정급에서 성과급으로 전환한다.
⑤ 생명보험회사가 소정의 건강검진을 통과한 사람에게만 보험 상품을 판매한다.

18. 다음 중 도덕적 해이와 관계가 가장 먼 것은?

① 성과급 제도를 실시한 후 노동자의 근로의욕이 고취되었다.
② 자동차 보험에 가입한 자는 운전시 주의를 덜 기울인다.
③ 경영자가 기업의 가치를 극대화하기보다 개인적 이득을 추구한다.
④ 신입사원 채용시 회사측은 입사지원자에게 외부 추천서를 제출하도록 요구한다.
⑤ 병원뿐 아니라 담당의사도 의료사고 책임을 지도록 해야 의료사고를 줄일 수 있다.

거꾸로 배우는 경제학

19. 시장실패와 정부실패에 대한 다음의 서술 중 옳지 않은 것은?

   ① 시장실패시 정부가 개입해도 반드시 효율적인 자원배분을 가져오는 것은 아니다.
   ② 서구의 시장경제에서 정부가 시장에 개입하기 시작한 것은 1930년대의 대공황 이후부터이다.
   ③ 정부의 개입은 정부실패가 시장실패보다 크지 않은 범위내에서 이루어져야 한다.
   ④ 정부실패는 시장실패를 더 악화시킨다.
   ⑤ 여러시장에서 시장실패가 발생할 때 그 중 일부시장에서 시장실패가 교정되면 사회후생은 증가한다.

20. 정부실패의 원인으로 볼 수 없는 것은?

   ① 의사결정에 필요한 정보의 불완전성
   ② 정치적 이해관계 조정의 어려움
   ③ 형평성을 중시하는 정책기조
   ④ 관료조직에 대한 통제의 불완전성
   ⑤ 정부개입에 대한 민간부문의 반응을 예측하기 어려운 점

정답 및 해설

1. ① 환경오염 같은 음(-)의 외부성이 존재한다고 오염의 수준을 0로 만드는 것이 최적은 아니다.
2. ④ 코즈의 이론이 적용되기 위해서는 관련 당사자들이 적고, 거래비용이 작아야 자발적인 협상을 하는데 지장이 없다.
3. ③ 모두 맞는 표현입니다. 공유자원은 경합적이라는 점에 유의. 왜냐하면 공유지의 비극이 존재하기 때문. 무임승차문제는 공공재의 비배제성으로 인해 발생하는 것으로 과소공급의 원인이 된다.
4. ② ①의 경우 결합된 상품과 결합한 상품간에 의도하지 않은 편익이 증가되었다면 간접적 외부성이 존재한다고 할 수 있다. 그러나 그런 표현이 여기에는 없다. ③의 경우도 마찬가지이다. 단순히 중요한 투입요소라는 것에서는 외부성의 내용을 찾아볼 수 없다. ④의 항상, 모두 ⑤ 언제나 등은 항상 주의 깊게 보세요.

5. ③ 코즈는 재산권이 확립되어 있지 않기 때문에 외부성의 문제가 발생함을 지적하면서, 재산권이 누구에게 귀속되는지는 상관없이 외부성은 해결될 수 있다고 주장합니다. 물론 이것은 자원배분의 효율성 측면에서만 의미할 뿐 계층별 소득분배의 문제는 발생할 수 있다.

6. ⑤ 보기 지문이 예술이네요. (a)만 옳은 표현이구요. (b)는 반대로 되었고, (c)는 자발적인 협상에 의해서 당사자들 간에 외부성이 해결가능하다는 측면에서 정부의 개입을 반대하는 주장.

7. ① 공유자원은 공유지의 비극을 생각하시면 외부효과가 부정적이라는 점을 알 수 있습니다. 교육과 같이 사적재이지만 긍정적인 외부성이 존재하는 것을 가치재라고 합니다.

8. ② 공공재는 비경합성과 비배제성이 존재하는 재화네요.

9. ② 나쁜 영향을 주는 부정적인 외부성은 (하지 말라고 해도 더 많이 생산하므로) 사회적인 최적 수준보다 과다공급되는 특성이 있네요.

10. ② 경쟁이 심화되면 오히려 완전경쟁시장과 같은 효율성이 달성될 수 있겠죠? 경쟁의 이면의 어두운 그림자 이런 부분까지 고민하여 제2의 파급효과까지 논의하면 안됩니다. 그리고 소득 분배 같은 점도 시장실패일 수 있지만 광의의 개념일 때로 보셔야 합니다.

11. ① 부정적인 외부성의 경우 사회적 최적 수준보다 과다 공급되고, 긍정적인 외부성은 과소 공급되는 특성이 있네요.

12. ② 외부경제는 좋은 것이므로, 사회적인 최적 수준보가 과소 공급될 수 있네요. 따라서 정부는 보조금 지급 같은 유인책을 사용해야 합니다.

13. ③ 외부효과가 존재하면 사회적인 한계비용과 사적인 한계비용이 차이가 발생하게 되고, 그 결과 비효율성이 발생하는 시장실패를 보이게 되네요.

14. ② 체증은 혼잡한 클럽이나 도로와 같이 정체가 존재하는 경우이고, 이것은 경합성이 있다는 것을 의미합니다.

15. ④ 정보의 비대칭성하에서 정보를 많이 갖고 있는 사람이 덜 갖고 있는 사람에 비해 항상 피해 규모가 작다는 보장은 없다.

16. ③ 역선택이란 정보의 비대칭성하에서 정보를 갖지 못한 측이 가방 바람직하지 않은 상대방(정보를 갖고 있는 측)과 거래할 가능성이 높아지는 현상을 말한다. 기초공제제도는 역선택이 아니라, 도덕적 해이의 해결 방안에 해당한다.

17. ⑤ 계약을 체결하기 이전에는 역선택 문제가, 그리고 이후에는 도덕적 해이 문제가 야기된다.

18. ④ 역선택과 도덕적 해이를 구별하는 문제.

19. ⑤ 차선의 일반이론에 따르면 단지 일부시장에서 시장실패가 교정되면 사회후생은 오히려 감소할 수도 있다.

20. ③ 정부실패란 시장실패를 교정하기 위한 정부개입이 오히려 효율적인 자원배분을 더 저해하는 상황이다. ③ 형평성을 중시하는 정책기조 자체는 정부실패의 원인은 아니다. 다만 그 정책기조가 효율성을 중대하게 침해했을 때는 정부실패의 한 원인이 될 수도 있다.

연습문제

[문제 1] 시장실패의 원인과 대책에 대하여 설명하라.

[문제 2] 긍정적 외부효과와 부정적 외부효과의 예를 하나씩 들어라.

[문제 3] 서울 남산터널을 통과하는 차량에 혼잡통행료 2,000원을 부과하고 있다. 서울의 혼잡통행료 부과가 서울 도심의 오염 및 교통혼잡 정도에 어떤 영향을 줄 것으로 보이는가?

[문제 4] 교정적 조세는 무엇인가? 경제학자들이 환경오염을 방지하기 위한 방법으로 직접규제보다 교정적 조세를 선호하는 이유는 무엇인가?

[문제 5] 정부의 개입 없이도 외부효과 문제를 해결할 수 있는 방법을 몇 가지 제시하라.

[문제 6] 공공재를 정의하고, 예를 하나 들라. 시장이 스스로 이 재화를 공급할 수 있는가? 설명하라.

[문제 7] 공유자원을 정의하고, 예를 하나 들라. 정부의 개입이 없다면 사람들은 이런 자원들을 너무 많이 사용할까, 너무 적게 사용할까? 그 이유는 무엇인가?

[문제 8] 정보의 비대칭성에 대하여 설명하고, 정보의 비대칭성이 발생할 경우 나타날 수 있는 문제점에 대하여 설명하라.

[문제 9] 도덕적 해이와 역선택의 문제를 해결하는 방법에 대하여 설명하라.

[문제 10] 정부실패의 원인과 그 보완책에 대하여 설명하라.

제10장
국민소득과 물가

제1절 거시경제학의 범위
제2절 국민소득의 순환
제3절 국민소득의 여러 가지 지표
제4절 물가수준의 측정
단원별 연습문제

거시경제학은 경제전체의 움직임을 연구하는 분야로서, 왜 어떤 해에는 국민소득이 크고, 고용이 많이 이루어지고, 물가가 상승하는 호경기가 되고, 어떤 해에는 불경기가 되는지, 그리고 어떤 나라는 급속하게 성장하여 생활수준이 빨리 개선되는데 반해 어떤 나라는 장기적으로 정체하고 있는지 등을 다룬다.

한 나라 경제전체의 움직임을 나타내는 지표를 거시경제지표(macroeconomic indicators)라고 하는데, 그것은 GDP와 같은 국민소득, 물가, 실업률, 경제성장률, 국제수지 등이다. 거시경제지표를 보면 그 나라 경제의 전반적인 성과를 판단할 수 있다. 이제 거시경제분야를 공부할 차례인데, 이 장에서는 국민소득과 물가의 측정방법에 대해서 살펴본다.

"보다 높은 성장을 목표로 한다면 무엇을, 어떻게 성장시키려는 것인지를 명확하게 밝혀야 한다."

-사이먼 쿠즈네츠-

제10장 ▮ 국민소득과 물가

제1절 거시경제학의 범위

거시경제학은 1930년 미국 등 선진국을 휩쓴 대공황을 극복하는 과정에서 등장하였다. 심각한 불황이 몇 년째 계속되면서 대규모의 인구가 실업상태에 놓이게 되었으며, 경제도 장기적인 파탄에 빠져 회복의 기미를 보이지 않았다. 수요와 공급의 법칙은 사라지고 시장도 제 역할을 하지 못하였다. 전통경제학이 공황문제를 해결하지 못하자 영국의 경제학자 케인즈(J. M. Keynes)가 거시경제적 총량변수들 간의 관계를 직접 모형화하여, 불황이 장기화할 가능성을 설명하고 수요 중심의 경제정책을 제안함으로써 거시경제학을 출범시켰다.

왜 선진국의 국민소득수준은 개발도상국의 국민소득보다 높은가? 1인당 국민소득 40,000달러를 달성하면 국민들의 생활수준은 어떻게 달라지는가? 물가가 언제 급격하게 상승하는가? 실업이 지속적으로 높은 수준을 유지하는 이유는 무엇인가? 어느 국가는 경제가 빠른 속도로 성장하고, 다른 국가들은 느린 속도로 성장하는가?

위와 같은 질문에 대한 대답을 찾는 것이 거시경제학의 주요 분석대상이라고 할 수 있다.

1 거시경제학이란?

거시경제학(macroeconomics)은 경제 전체의 움직임을 연구대상으로 삼는다. 즉 국민경제 전체의 국민소득, 물가, 실업률 등 경제 총량변수(economic aggregates)를 통해 거시적 시각으로 경제 전체를 살펴보는 것이다.

미시경제학(microeconomics)은 개별의사결정 단위가 어떻게 활동하는가에 관심을 두고 있다. 주된 관심 분야는 개별소비자와 기업의 의사결정이 이루어지는 과정과 시장에서의 상호작용에 있다.

거꾸로 배우는 경제학

거시경제는 가계, 기업, 정부 및 외국과 같은 경제주체들이 여러 재화시장에서 상호작용하는 과정으로 구성되어 있다. 거시경제현상은 거시경제학뿐만 아니라 미시경제학과도 밀접한 관계가 있다. 수요와 공급의 원리는 미시경제학에서는 물론 거시경제학에서도 주요한 개념이다.

2 거시경제학의 분석대상

미시경제학에서는 한 경제가 사용할 수 있는 자원의 양이 일정하게 주어진 것으로 가정하고 있다. 이 가정을 전제로 개인과 기업이 경제활동의 선택을 통해 자원을 배분하는 데 관심을 갖는다. 따라서 미시경제학은 인플레이션, 실업 및 경제성장과 같은 미시적인 문제에 중점을 둔다.

현실에서는 사람들이 사용하는 경제적 자원의 양이 고정되어 있는 것은 아니다. 노동이 초과공급되어 실업이 발생하는 것처럼 사용할 수 있는 자원의 일부가 사용되지 못할 수도 있다. 장기적으로 경제성장이나 경기후퇴를 통해 사용가능한 자원의 총량이 변할 수도 있다.

미시경제학은 경제적 여건이 주어졌다고 가정하고 개별경제주체가 어떤 선택을 하고 있는지 분석하기 때문에 현실문제를 분석하는데 일정한 한계를 갖는다. 경제적 여건이 변하지 않는다고 가정하지만 실제로는 변화하기 때문이다. 재화가격과 소득이 일정하다고 가정하고 소비자이론을 전개하지만, 실제로는 다양하게 변화하는 것이 사실이다. 미시경제학은 경제학적 변수가 변하는 원인을 모두 설명하지 못하고 있다. 거시경제학과 미시경제학은 몇 가지 측면에서 중요한 차이점을 갖는다.

첫째, 단기에 있어서는 각 개인의 의사결정을 모두 합한 결과가 각 개인이 의도했던 결과와는 크게 다를 수 있다. 실제로 거시경제의 변화는 개인의 행동이나 개별시장이 결과를 모두 합한 것보다 큰 경우가 많다. 가계나 기업이 경기악화에 대비해 지출을 줄이면 전체 경제는 기대한 것보다 더욱 악화될 수 있다. 따라서 경제위기에 대비해 저축을 늘리는 행동과 같은 개인이나 기업에게는 미덕이 되는 행동이 경제 전체에는 해가 될 수 있다. 궁극적으로 개인이나 기업에도 불리하게 작용할 수 있다.

둘째, 경제주체의 개별경제활동이 거시경제 성장에 영향을 줄 수 있다. 가계나 기업이 미래를 낙관적으로 보고 지출과 투자를 늘리면, 경제를 자극하여 기업이 더 많은 노동자를 고용하도록 하여 실제로 경제 전체가 성장할 수 있다.

셋째, 미시경제의 영역에서는 시장이 제대로 작동하지 않을 때는 정부개입이 매우 제한적으로 허용되는 반면, 거시경제 영역에서는 정부개입이 상대적으로 크게 요구되고 있다는 점이다. 정부는 언제나 경제적 충격이 거시경제에 미치는 영향을 방지하거나 감소시키기 위해 노력하게 된다.

마지막으로 거시경제학은 이론과 정책을 전개하는 과정에서 상품시장, 서비스시장, 노동시장 및 자산시장의 데이터를 종합하는 경제척도인 경제총량(economic aggregates)에 중점을 두고 있다. 즉 개별상품가격이나 개별경제주체의 행동변화를 분석하기보다는 총체적인 물가 및 경제 동향을 파악하고자 할 때 거시경제학적 분석방법이 더욱 강점을 보인다. 거시경제학이론은 국민경제를 하나의 분석단위로 삼아 거시경제변수 간의 상호 연관관계를 분석하는 데 중점을 두는 경제학 분야라고 할 수 있다.

거시경제학자는 경제 전체를 파이라고 할 때 파이의 크기를 알고 싶어 하며, 파이 속에 무엇이 들어 있고 어떻게 나누어 먹을지에는 관심이 적다. 한편 미시경제학자는 파이의 적당한 크기와 모양을 가정하고, 사용한 재료와 먹을 사람에 대해서 관심을 더 기울인다.

거시경제학은 국가 전체의 물가수준, 국민소득을 의미하는 국가 전체의 총산출량(aggregate output), 고용수준 그리고 수출입 등 해외부문을 주요 관심대상으로 삼고 있다. 물가가 지속적으로 상승하면 국민들은 주어진 소득으로 보다 적은 상품과 서비스를 소비할 수밖에 없으므로 경제생활이 어려워진다. 국가 전체가 생산하는 총생산수준, 즉 국민소득수준이 적정수준에 도달하지 못하면 기업활동이 위축되어 경기가 침체되고 실업이 늘어나는 결과를 가져온다. 한 국가의 국민경제는 국제무역 등 외국경제와도 밀접한 연관을 가지고 있다. 국제수지, 환율, 외환보유고 등도 국민생활수준을 결정하는 주요 요인이 된다. 한국과 커다란 교역규모를 보여 주고 있는 미국, 유럽, 중국, 일본의 경제상황과 관계 설정도 우리나라 경제에 중요한 영향을 주고 있다.

3 거시경제학의 이론과 정책

거시경제학은 미시경제학에 비해 경제정책에 대해 더욱 관심을 기울인다. 정부는 거시경제 성과를 높이기 위해 무엇을 해야 하는가? 1930년대 대공황

(the Great Depression)을 겪으며 경제정책에 대한 중요성이 더욱 커졌다. 경제학자는 대공황 이전만 해도 경제는 스스로 조정(self-regulating)된다고 생각했다. 실업이나 인력 부족과 같은 경제불균형은 시장의 보이지 않는 손이 해결해주고, 경제문제해결을 위한 정부개입은 효과가 없고 상황을 더욱 악화시킬 뿐이라고 믿었다. 1929년 발생한 대공황은 미국 노동력의 4분의 1을 실업자로 만들고 세계 전체를 경기침체의 수렁에 빠뜨리면서, 경제학자는 경기침체를 이해하고 해결하는 방안을 찾기 위해 노력하기 시작했다. 특히 정부가 거시경제를 관리하기 위해 적극적인 역할을 해야 한다는 견해가 강하게 대두되었다.

영국의 경제학자 케인즈(J. M. Keynes)는 1936년 "고용, 이자율 및 화폐의 일반이론"을 출판하며, 거시경제학의 출범을 알렸다. 케인즈학파 경제학은 정부가 통화정책(monetary policy)과 재정정책(fiscal policy)을 실시하여 수요부문을 촉진하면서 경기침체에서 벗어날 수 있다고 주장한다. 통화정책은 통화량을 조절하여 이자율을 변화시키고 결과적으로 총지출 수준에 영향을 주는 정책이다. 재정정책은 조세와 정부지출 변화를 이용하여 총지출에 영향을 주는 정책이다.

케인즈는 정부가 책임을 지고 경제를 관리해야 한다는 사고를 정립시켰다. 케인즈의 사고는 경제이론과 공공정책에 지속적으로 영향을 미쳐왔으며, 각국 정부가 불황에서 벗어나기 위한 경제학적 방법론을 제공해왔다.

제10장 ▌ 국민소득과 물가

> **다시 보는 경제학자 3**　　John M. Keynes(1883 - 1946년)

영국 케임브리지셔에서 태어나 이튼스쿨과 케임브리지대학을 거치며 수학과 문학 논리학 등 다방면에서 천재적 기질을 발휘했다.

스승 앨프리드 마셜의 권유로 케임브리지에서 경제학자가 됐지만 이후에는 스승의 학문적 성과를 넘어 거시경제학이라는 새로운 영역을 창조해냈다. 1920년대부터 일찌감치 자본주의 불완전성을 간파하고 정부의 적극 개입을 주장했다. 1929년 대공황이 발생하고 미국에서 그의 이론에 기초한 뉴딜정책을 채택하자 비로소 천재성이 입증됐다.

보험회사 투자회사 잡지사를 경영하고 브레턴우즈협정 영국 대표, 국제부흥개발은행 (IBRD) 총재를 맡는 등 대외활동이 왕성했고, 케임브리지 예술극단을 운영할 정도로 일생 동안 예술에 심취했다. 위대한 경제학자 가운데 경제학 연구에 가장 적은 시간을 투자했지만 역설적이게도 현실 정치에 가장 큰 영향력을 끼친 경제학자라는 평가를 받는다.

'케인스, 60년 만에 부활하다.'

고전학파에 반기 든 케인스 이론

	고전학파	케인스
정부 역할	시장의 감시 기능에 국한	경제 주체로 적극 개입
경제성장	공급이 수요를 창출한다	수요가 경제를 결정한다
요인	기업이 총공급을 늘리면 경제성장	정부가 총수요를 관리해야
재정정책	언제나 균형 재정	불경기엔 적자재정
고용	금리정책만으로도 '보이지 않는 손'에 의해 완전고용 달성	시장이 불완전할 땐 정부가 재정 지출해 완전고용 달성
화폐 보유 및 금리 탄력도	화폐 보유 동기는 거래 목적이 유일. 금리 내리면 저축 감소, 소비 증가	투기적 동기로도 화폐 보유. 금리 내려도 소비 늘지 않을 수 있다

지난해 9월 리먼브러더스 파산으로 시작된 금융위기가 세계 경제에 공황의 그림자를 드리우자 신자유주의는 '공공의 적'으로 내몰렸다. 금융시장에 대한 지나친 자유방임이 적절한 감독과 리스크 관리 기능을 마비시켜 위기를 초래했다는 것이다. 최근 스위스 다보스에서 열린 세계경제포럼에서도 중국과 러시아 지도자들은 "시장에 과도하게 의존하는 미국 정책 실패가 글로벌 금융위기를 초래했다"며 신자유주의를 공격했다.

출처 : 매일경제 2009.02.08.

거꾸로 배우는 경제학

제2절 국민소득의 순환

1 가계와 기업만 있는 경우의 국민소득 순환

국민소득(National Income)이란 한 나라 모든 국민들의 소득, 즉 임금, 이자, 지대, 이윤을 모두 합산한 금액이다. 국민소득이 많다는 것은 그 나라가 그만큼 풍요롭고 시장이 크고 국력이 강하다는 것을 의미한다. 소득은 생산에 참여한 사람들이 생산물을 나누어 가지는 것이므로 국민소득은 국민경제의 총생산과 일치한다. [그림 10-1]의 매우 단순한 국민소득 순환도를 보면서 설명해본다.

우선 국민경제가 가계와 기업으로만 구성되어 있고, 가계는 저축하지 않으며 기업에서는 감가상각이 발생하지 않는다고 하자. 설명의 편의를 위해서 정부와 해외부문은 잠시 접어둔다.

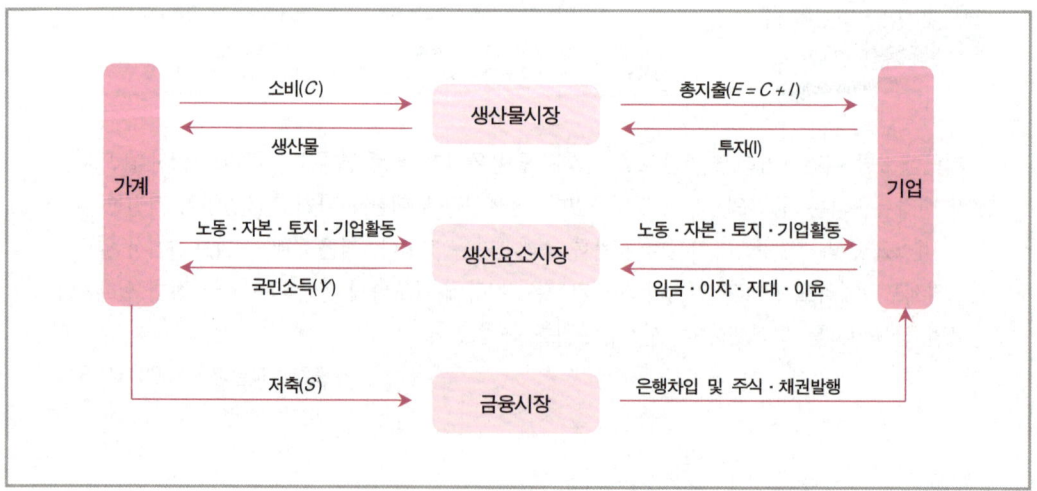

[그림 10-1] 국민소득순환 : 가계와 기업만 있는 경우

그러면 가계는 소유하고 있는 토지, 노동, 자본 등의 생산요소를 기업에 제공하고 기업은 생산요소를 구입하는 대가로 임금, 이자, 지대, 이윤이라는 요소소득을 가계에 지급한다. 가계는 이 소득으로 옷, 구두, 컴퓨터 등 기업이 생산한 생산물을 구입하기 위해서 소득을 지출한다. 그러면 기업은 판매수입을 얻게 되고, 그것으로 다시 생산요소를 가계로부터 구입한다. 이렇게 가계와 기업은 상호작용하고 소득은 끊임없이 순환한다. 그래서 국민소득은 세 측면에서 측정할 수 있다.

첫째, 개인들이 분배받는 임금, 이자, 지대, 이윤을 국민경제 전체적으로 합산해서 국민소득을 구할 수 있다. 이것을 분배국민소득이라고도 한다.

둘째, 분배받은 소득은 모두 재화를 구입하기 위해서 지출되므로 가계의 지출액을 모두 합산하여 국민소득을 계산할 수 있는데, 이것을 지출국민소득이라고도 한다.

셋째, 가계에 분배되는 소득은 결국 총생산물에서 나오므로 기업이 생산한 생산량을 모두 합계한 총생산량이 바로 국민소득이다. 이 측면에서 측정한 국민소득을 생산국민소득이라고도 한다. 생산국민소득을 측정할 때 주의해야 할 점은 중간투입물로 인한 중복계산을 피해야 한다는 점인데, 이것에 대해서는 조금 후에 설명한다. 세 측면에서 측정한 국민소득이 모두 같은 것을 삼면 등가의 법칙이라고 한다.

> 총생산 = 총소득 = 총지출
> (생산국민소득) (분배국민소득) (지출국민소득)

2 가계, 기업, 정부, 해외가 있는 경우의 국민소득 순환

현실에는 가계와 기업뿐만 아니라 정부와 해외부문도 존재하기 때문에 위에서 설명한 단순한 세계보다는 복잡하다. 그러면 네 개의 경제주체들이 거시경제에서 어떤 역할을 하는지 살펴보자. [그림 10-2]는 네 부문이 존재할 경우의 국민소득순환을 설명하고 있다.

■ 거꾸로 배우는 경제학 ■

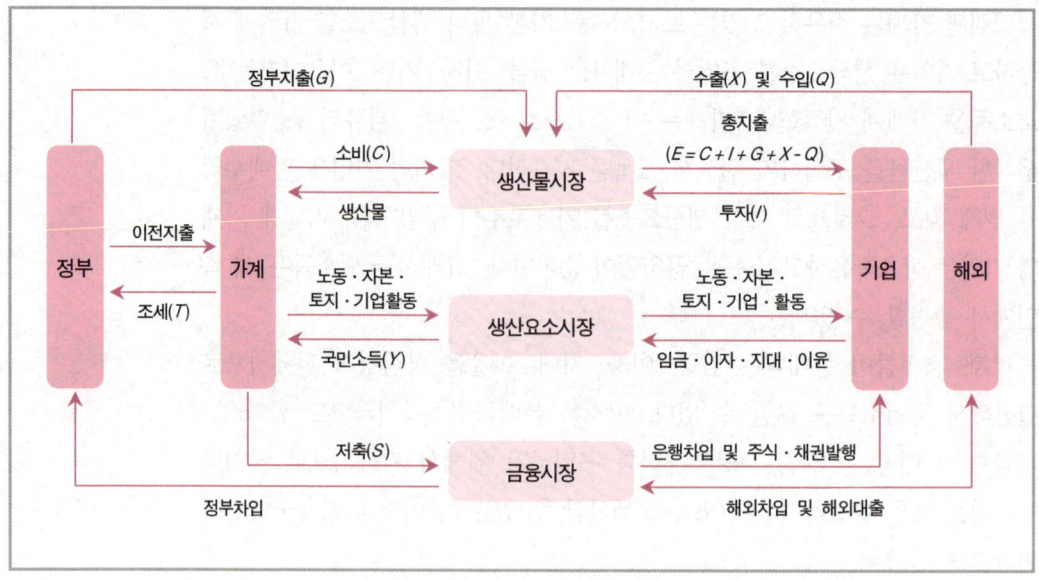

[그림 10-2] 국민소득순환 : 가계, 기업, 정부, 해외가 있는 경우

(1) 가계

가계는 기업에 노동, 토지, 자본을 제공한 대가로 임금, 지대, 이자, 이윤을 분배받아서 정부에 조세를 납부하고 남은 소득으로 저축하거나 소비한다. 저축은 금융기관을 거쳐 기업에 투자자금으로 대출되고 소비는 기업의 판매수입이 된다.

(2) 기업

기업은 가계에 요소소득(임금, 지대, 이자, 이윤)을 지급하고 생산요소를 제공받아 생산물을 생산한다. 기업은 생산물을 판매하여 판매수입을 얻어서 비용을 공제하고 조세를 납부한 다음에 남는 것은 이윤으로 분배한다. 기업의 생산물이 판매되는 용도는 가계의 소비용 뿐 아니라, 기업의 투자용, 정부구매용, 수출용 등으로 판매된다. 기업은 투자자금을 대부분 금융기관을 통해 가계의 저축으로부터 조달한다.

(3) 정부

정부는 가계와 기업으로부터 조세를 징수하여 그것으로 공공재 공급 및 이전지출에 사용한다. 정부지출(government expenditure)은 정부소비, 정부

투자, 이전지출 등으로 나누어지는데, 민간으로부터 구입하는 재화와 서비스에 대한 지출만 정부구매(government purchase)에 해당하며, 이전지출은 정부구매에 해당하지 않는다. 일반적으로 이전지출은 없는 것으로 가정하고 정부지출을 정부구매와 같은 의미로 사용하기도 한다. 여기서도 정부지출을 정부구매와 같은 뜻으로 사용한다.

(4) 해외

우리나라 국민들이 해외로부터 재화와 서비스를 수입하고 우리나라의 재화와 서비스를 해외로 수출하기도 한다. 수출액만큼 우리나라의 판매액이 증가하지만, 우리나라의 소비와 투자, 정부지출에는 수입재가 포함되어 있으므로 수입액만큼 우리나라 상품의 판매가 감소한다. 그러므로 수출에서 수입을 뺀 금액만큼 해외부문이 우리나라 제품을 구입한 셈이다. 수출에서 수입을 뺀 금액을 순수출(net export)이라고 한다.

가계, 기업, 정부, 해외 등의 네 개의 경제부문이 있을 경우에 세 측면의 국민소득은 다음과 같이 구성되어 있다.

생산국민소득 : 생산국민소득은 농림업, 제조업, 사회간접자본, 서비스업 등 산업별로 생산액을 측정하여 합산함으로써 구할 수 있다. 그리고 기업뿐 아니라, 정부와 농가와 같은 가계도 생산을 하고 있다. 생산국민소득은 국민경제전체의 총생산함수에서 생산요소의 투입량에 의해서 결정된다.

$$\text{생산국민소득(총생산)} = f(\text{노동투입량, 토지투입량, 자본투입량})$$

단기에는 자본과 토지의 투입량은 고정되어 있으므로 총생산은 노동투입량의 함수이다.

$$\text{생산국민소득(총생산)} = f(\text{노동투입량})$$

분배국민소득 : 분배국민소득은 임금, 지대, 이자, 이윤의 합으로 구할 수 있다. 분배국민소득은 먼저 조세(tax)를 납부한 다음 소비(consumption)와 저축(saving)으로 나누어진다. 그러므로 임금, 지대, 이자, 이윤의 합은 세 형태의 처분 금액과 항상 같다.

> 분배국민소득(총소득) = 임금+지대+이자+이윤
> = 소비(C)+저축(S)+조세(T)

지출국민소득 : 지출국민소득은 생산된 재화와 서비스가 어떤 용도로 팔려 나가는가를 파악하여 합산함으로써 구할 수 있다. 재화를 구입하는 주체는 가계, 기업, 정부, 해외이므로 이들의 지출을 합산한다.

> 지출국민소득(총지출) = 소비(C)+투자(I)+정부지출(G)+순수출(NX)

국민경제는 이런 식으로 생산, 분배, 지출이 계속 순환하는 방식으로 운용되고 있으며, 세 측면에서 측정한 국민소득이 사후적으로 동일한 것은 앞의 단순한 모형의 경우와 같다.

> 지출국민소득(총지출) = 소비(C)+투자(I)+정부지출(G)+순수출(NX)

제3절 국민소득의 여러 가지 지표

어느 범위까지 국민소득에 포함시킬 것인가에는 필요에 따라 몇 가지 지표가 있다. 오늘날 가장 널리 사용되는 국민소득의 지표는 국내총생산(GDP)이고, 이전에는 국민총생산(GNP)이 많이 사용되었다. 그 이외에도 국민순생산(NNP), 국민총소득(GNI), 국민소득(NI), 개인소득(PI), 가처분소득(DI) 등 여러 가지 국민소득의 지표가 있다. 먼저 생산측면에서 측정된 국내총생산부터 살펴보자.

1 국내총생산(GDP)

국내총생산(GDP : Gross Domestic Product)은 다음과 같이 정의된다.

> GDP란 일정 기간 동안에 한 나라 안에서 생산된 최종재화와 서비스의 시장가치 합계이다.

이 정의의 의미를 자세히 분석해보자.

일정 기간 동안에 : GDP는 일정 기간 동안에 발생한 국민소득이다. 보통 GDP는 분기별(3개월) 및 연도별(1년)로 측정되고 발표된다. 일정 기간 동안에 발생한 양이므로 유량(flow)변수이다.

한 나라 안에서 : GDP는 한 나라의 국경 안에서 생산된 국민소득이다. 그러므로 외국인이 국내에 투자한 기업이 생산한 것도 GDP에 포함된다. 반면에 우리나라 사람이 외국에 나가서 생산한 것은 제외된다. 예를 들어 동남아 노동자들이 우리나라에서 생산한 생산물의 가치는 포함되나, 우리나라 기업이 중국에 투자하여 생산한 가치는 제외된다.

생산된 : 그 기간에 새로이 생산된 것만 포함되며, 이미 존재하던 것은 포함되지 않는다. 2022년 12월에 만들어져서 2023년 1월에 팔린 컴퓨터는 2022년의 GDP에 포함된다.

최종재화와 서비스 : 최종재화와 서비스란 다른 재화를 생산하기 위해서 투입되는 재화인 중간재가 아닌 재화이며, 소비, 투자, 정부구매, 수출 등의 용도로 판매되는 재화를 말한다. 여기서 주의 해야 할 것은 기계는 투자재이므로 최종재화이지만, 강판은 자동차나 선박의 생산에 투입되는 중간재이다. 기계는 오래도록 사용되는 내구재이므로 투자재이고 강판은 한번 생산에 투입되는 것으로 사라지는 점에서 차이가 있다.

최종재화와 서비스만 GDP에 포함시키는 것은 중복계산을 방지하기 때문이다. 예를 들어 [그림 10-3]처럼 농부가 100만원어치의 밀을 생산해서 제분회사에 팔았다고 하자. 제분회사는 100만원어치의 밀을 가공하여 150만원어치의 밀가루를 생산하여 제과점에 팔았다. 제과점은 150만원어치의 밀가루를 가공하여 200만원어치의 빵을 만들어서 팔았다고 하자. 이 때 밀, 밀가루, 빵의 가치를 모두 합산하면 450만원어치의 생산이 이루어진 것으로 보인다. 그러나 여기에는 이중, 삼중의 중복계산이 이루어지고 있어서 잘못 계산된 것이다. 밀의 가치(100만원)는 밀가루와 빵의 가치에 포함되어 있어서 삼중 계산되고, 밀가루의 가치(150만원)는 빵의 가치에 한 번 더 계산되어 이중 계산되어 있다. 그러므로 최종재화인 빵의 가치만이 GDP에 포함된다.

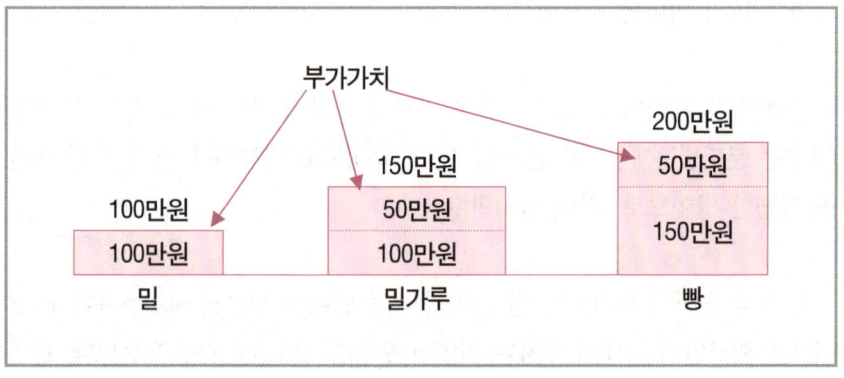

[그림 10-3] 중복계산과 부가가치

최종재화와 서비스의 가치와 생산단계별로 발생하는 부가가치(value added), 즉 산출물의 가치에서 투입된 중간재의 가치를 뺀 금액을 모두 합산하면 같아진다. 부가가치란 요소비용(혹은 요소소득) 즉 임금, 지대, 이자, 이윤으로 구성되어 있다.

최종재화와 서비스의 가치 = 부가가치의 합계

시장가치의 합계 : 한 국가에서 생산되는 재화는 수없이 많다. 쌀, 사과, 컴퓨터 등을 공통의 단위로 합산할 수 있는 방법은 무게, 부피 등이 있을 수 있으나 그것은 의미가 없으며, 시장가치로 환산하여 합산하는 방법이 가장 의미 있는 방법이다. 시장가치로 환산하려면 각종의 재화가 거래되는 시장이 있어야 거래량과 시장가격을 알 수 있다. 마약처럼 시장이 불법화되어 있는 경우에는 생산된 생산물이 인간에게 나쁜 것이므로 GDP에서 제외된다. 그 외에 합법화된 생산활동이지만 세금을 피하기 위해서 당국에 보고되지 않는 생산물도 GDP에서 제외된다. 학생들의 아르바이트 소득, 가정부의 일당, 팁 등이 이에 해당한다. 불법화된 영역과 세무당국에 보고되지 않는 영역을 지하경제(underground economy)라고 한다.

GDP에서 제외되는 항목 가운데 중요한 것이 주부들의 가사노동의 가치이다. 주부들은 집안에서 많은 서비스를 생산한다. 요리, 육아, 청소 등 많은 생산이 이루어지나 거래되는 시장이 없으므로 시장가치를 평가하기가 매우 곤란하여 GDP에서 제외되고 있다. 선진국에서는 주부들이 가사보다는 직업에 종사하므로 GDP가 과대평가되는 경향이 있다.

시장에서 거래되지 않는 재화 가운데 자가주택의 임대료(귀속임대료)를 평가하여 GDP에 포함시키며, 농가의 자가소비용 생산물도 포함시키고 있다. 이렇게 하여 모든 최종재화와 서비스를 시장가치로 환산하여 합산하면 GDP를 구할 수 있다.

위의 방법으로 측정된 GDP는 생산측면에서 측정된 생산 GDP이다. 지출측면에서 측정된 GDP는 가계의 소비, 기업의 투자, 정부의 정부지출, 순수출을 합산한 지출 GDP이다.

지출 GDP = 소비(C)+투자(I)+정부지출(G)+순수출(NX)

[표 10-1]은 쌀과 컴퓨터 두 재화만 생산되는 가상적인 경제에서 GDP를 계산하는 방법을 보여준다. 두 재화 모두 최종재로 간주되므로 생산량에 가격을 곱한 값을 합산하여 GDP를 구한다.

[표 10-1] 가상적인 경제의 GDP

구분	생산량	가격	생산액
쌀	100가마	20만원	2,000만원
컴퓨터	200대	100만원	20,000만원
GDP			22,000만원

2 기타의 측정지표

(1) 국민총생산(GNP)

국민총생산(GNP : Gross National Product)은 다음과 같이 정의된다.

> GNP란 일정 기간 동안에 자국 국민에 의하여 생산된 최종재화와 서비스의 시장가치의 합계이다.

GDP와의 차이점은 "한 나라 안에서"가 "자국 국민에 의하여"로 바뀐 점뿐이다. GDP는 자국민이든 외국인이든 가리지 않고 자국의 국경 안에서 생산되면 포함시키는데 반해, GNP는 국경 안이든 밖이든 구분하지 않고 자국민이 소유하는 생산요소에 의해 생산된 것은 모두 포함시킨다. 한 국민의 생활수준을 나타내는 면에서는 GNP가 더 유용하나, 한 나라의 경제활동이 얼마나 활발한지 그리고 고용이 얼마나 이루어지는지를 알려면 GDP가 더 유용하다. 그래서 GNP 개념보다 GDP 개념을 더 많이 사용하고 있다.

GNP와 GDP의 관계를 다음과 같은 식으로 나타낼 수 있다.

> GNP = GDP + 해외수취요소소득 - 해외지급요소소득

어떤 나라가 국내에 외국인 투자나 외국인 노동자가 별로 없고 오히려 해외에 많은 투자를 하거나 많은 인력을 내보내고 있는 나라라면, 해외로부터

유입되는 해외수취요소소득이 해외로 지급되는 요소소득보다 더 많으므로 GNP가 GDP보다 더 많을 것이다. 우리나라의 경우에는 GDP가 대략 8,000억달러인데 비해 해외순수취요소소득의 크기가 플러스(+), 마이너스(-) 10억 달러 내외이므로 GNP와 GDP는 거의 같다.(2005년 기준)

[표 10-2] 1인당 국내총생산(당해년가격)   (단위 : 달러)

구분	2017	2018	2019	2020	2021
1인당 GDP	31,605	33,429	31,929	31,727	34,984

※ 1인당 국민총생산(당해년가격)(Gross Domestic Product per Capita(Current Prices))
  당해년가격 GDP를 인구로 나눈 것으로 국제비교를 위하여 US$로 표시함.

(2) 국민총소득(GNI)

국민총소득(GNI : gross national income)이란 GNP의 구매력을 나타내는 지표이다. GNI는 무역에 있어서 교역조건의 변화에 따라 나타나는 GNP의 구매력의 변화를 반영한 지표이다. 예를 들어 우리나라가 수출하는 자동차의 가격은 내리고 수입하는 석유의 가격은 오르면 작년에 자동차 10만대를 수출하여 석유 2억 배럴을 수입할 수 있었는데 올해에는 자동차 20만대를 수출하여 석유 2억 배럴을 수입할 수 있게 된다. 그러면 자동차를 10만대 더 생산해야 작년과 같은 실질구매력을 가질 수 있다. GNI와 GNP의 관계는 다음과 같이 나타낼 수 있다.

$$\text{명목GNI} = \text{명목GNP}$$

양자가 같은 이유는 명목GNI와 명목GNP를 측정할 때 모두 위의 예에서 말한 대로 하락한 자동차 가격으로 측정하기 때문이다. 그러나 실질GNI와 실질GNP를 측정할 때에는 모두 기준년도의 가격으로 측정하므로 교역조건의 변화가 고려되지 않는다. 그래서 실질GNI는 실질GNP에 교역조건 변화에 따른 실질무역손익을 더해야 된다.

$$\text{실질GNI} = \text{실질GNP} + \text{교역조건 변화에 따른 실질무역손익}$$

[표 10-3] 1인당 국민총소득(당해년가격)　　　　　　　　　　　　　　(단위 : 달러)

구분	2017	2018	2019	2020	2021
1인당 GNI	30,300	32,750	33,830	32,930	34,980

※ 1인당 GNI(구 GNP)는 세계은행이 아틀라스(Atlas)방법을 사용하여 미국 달러로 변환한 국민총소득을 연중 인구로 나누어 산출한다. GNI는 모든 국내 거주 생산자가 창출한 부가가치, 산출액에 포함되지 않은 모든 생산세(보조금 차감), 해외로부터의 순수취본원소득(피용자보수 및 재산소득)의 합계이다. 국가통화로 산출되는 GNI는 대개 경제권 간 비교를 위해 공식 환율을 기반으로 미국 달러로 변환하고, 공식 환율이 국제 거래에서 실제 적용되는 환율과 예외적으로 큰 차이가 있다고 판단되는 경우에는 대체 환율을 사용하여 변환한다. 물가 및 환율 변동의 영향을 줄이기 위해 세계은행은 아틀라스 변환 방법을 사용한다. 아틀라스 방법은 해당 국가와 2000년까지 G5 국가(프랑스, 독일, 일본, 영국, 미국)간의 물가상승률 차이에 따라 조정된 특정 연도 및 이전 2년 환율의 평균을 내는 변환계수를 적용한다. 2001년부터는 유로 지역, 일본, 영국 및 미국이 포함된다.

(3) 국민순생산(NNP)

국민순생산(NNP : Net National Product)이란 GNP에서 감가상각을 뺀 금액을 국민소득으로 보는 지표이다. 생산과정에서 자본재가 마모되고 노후화되므로 GNP에서 그 부분, 즉 감가상각만큼을 뺀 금액이야말로 진정한 국민소득이라고 볼 수 있다. 그러나 감가상각을 정확하게 측정하는 것은 거의 불가능하기 때문에 이 지표는 널리 사용되지 않는다.

$$NNP = GNP - 감가상각비$$

(4) 국민소득(NI)

넓은 의미에서는 지금 논의하고 있는 모든 지표가 국민소득 지표이지만 여기서는 좁은 의미의 국민소득(NI : National Income)에 대해서 설명한다. 이것은 민간부문의 요소소득(임금, 지대, 이자, 이윤)의 합계인데, 정부가 없다면 NNP가 모두 민간의 소득으로 분배될 것이다. 그러나 정부가 상품에 대해서 간접세를 부과하기 때문에 그 부분은 정부의 조세수입으로 빠져 나간다. 그리고 정부가 제공하는 보조금은 가계에 분배된다. 그러므로 NI는 NNP에서 간접세를 빼고 보조금을 더하여 구할 수 있다.

$$NI = NNP - 간접세 + 보조금$$

(5) 개인소득(PI)

개인소득(PI : Personal Income)이란 실제 가계(개인)에 분배되는 소득을 말한다. 위의 NI 가운데 일부는 가계에 분배되지 않는다. 그것은 기업의 이윤 가운데 일부가 법인세로 정부에 납부되며 일부는 사내유보되어 장래 투자를 위한 준비금으로 사용된다. 그러므로 이 부분은 제외된다. 그런데 정부가 사회보장을 위해서 가계에 이전지출을 하면 이 부분은 가계의 소득이므로 개인소득에 포함되며, 기업이 무상으로 지급하는 이전지출도 포함된다.

$$PI = NI - 법인세 - 사내유보이윤 + 정부와 기업의 이전지출$$

(6) 가처분소득(DI)

가처분소득(DI : Disposable Income)이란 개인소득에서 개인이 납부하는 세금을 뺀 금액이다. 가계는 가처분소득을 가지고 소비하든지 저축하든지 마음대로 처분할 수 있다.

$$DI = PI - 개인세금$$

위에서 일곱 개의 국민소득 지표를 살펴보았는데 분석의 필요에 따라 적합한 지표를 사용할 수 있다.

3 GDP의 유용성과 한계

(1) GDP의 유용성

GDP개념은 크게 3가지 측면에서 유용하게 사용된다.

첫째, GDP는 한 나라의 경제성장지표로 사용된다. GDP는 일정기간 동안 한 나라의 경제활동 수준과 경제성장률을 측정하는 지표가 된다. 한 나라의 경제활동수준은 생산과 고용에 의하여 측정될 수 있는데, GDP가 증가한다는 것은 생산과 고용이 증가하는 것을 의미한다.

둘째, 국민소득을 나타내는 지표로 사용된다. 이는 생산액은 생산에 참여한 국민들의 소득이 된다.

셋째, 불완전하지만 국민후생지표로도 사용된다. 국민후생수준은 물질적 풍요와 밀접한 관련이 있으며 물질적 풍요는 GDP로 측정가능하기 때문이다.

(2) GDP의 한계

GDP는 개념상의 여러 가지 문제로 경제활동 수준의 지표로나 사회후생수준을 측정하는 지표로 다음과 같은 한계가 있다.

첫째, 후생지표로서의 한계가 있다. 한 나라의 후생지표로 여가를 들 수 있으나 GDP에는 여가 개념이 포함되지 않는다. 또 소득분배의 공평성 정도는 후생에 중요한 영향을 미침에도 불구하고 GDP에는 소득분배의 공평성의 개념이 포함되어 있지 않다.

둘째, 측정방법상의 한계이다. GDP는 당해연도에 생산된 모든 재화나 서비스 전체를 포함하고 있지 않다. 주부의 가사노동처럼 시장에서 거래되지 않는 재화는 당해연도에 생산되었다 하더라도 제외된다. 반면에 가사 도우미의 가사노동은 GDP에 포함된다.

셋째, GDP는 물질적 생산의 결과만을 계상하고 생산과정에서 파생되는 외부불경제(오염, 공해, 교통체증 등)효과가 경제주체의 후생에 미치는 영향은 고려하고 있지 않다.

넷째, GDP는 상품의 질의 변화를 제대로 반영하지 못한다. 소비자의 만족도에 영향을 미치는 품질의 변화를 제대로 평가하지 못한다.

다섯째, GDP는 사채, 부동산투기, 밀수, 마약, 탈세 등 지하경제의 규모를 반영하지 못한다. 지하경제(underground economy)란 어떤 경제에서 당사자들 사이에 은밀하게 거래가 이루어지는 부분을 가리킨다. 불법적인 거래나 세금부담을 회피할 목적으로 거래되는 경우가 많다. 은밀하게 거래가 이루어지기 때문에 조세당국이 거래사실을 알 수 없게 된다.

【Eco-톡】 ≫ 무급 가사노동 가치는 360.7조, 여성이 남성의 3배 수준… '위성계정'이란?

　명목 국내총생산(GDP)에 잡히지 않는 무급 가사노동의 가치가 2014년 기준으로 360조원에 달하는 것으로 나타났다. 통계청의 공식 조사 결과로 무급 가사노동 통계가 국가통계로 공식 집계된 것은 이번이 처음이다.

　이는 '위성계정'이라는 부속 계정을 통해 잘 알 수 있다. 위성계정은 국민 계정에 통합되기 어려운 특정 분야를 다루거나 특별 관심 사항에 대해 보다 자세한 정보를 제공하기 위해 작성되는 부속 계정이다. GDP 등에서 측정되지 않는 부분을 측정한다.

　명목 국내총생산(GDP)에 잡히지 않는 무급 가사노동의 가치가 2014년 기준으로 360조원에 달하는 것으로 나타났다. 가사노동.

　8일 통계청이 발표한 '가계생산 위성계정 개발 결과'에 따르면, 2014년 무급 가사노동의 경제적 가치는 360조7300억원으로 집계됐다. 이는 명목 GDP 대비 24.3%에 이르는 금액이다. 1999년 144조9950억원에서 2004년 201조3020억원, 2009년 270조6200억원으로 꾸준히 증가세를 보이고 있다.

　또한 무급 가사노동의 가치는 음식 준비와 세탁, 동식물 돌보기 등 가정 관리 부분이 62.8%로 가장 큰 비중을 차지했다. 미성년 자녀 돌보기와 노부모 모시기 등 가족 돌보기의 비중이 25.9%로 뒤를 이었다.

　성별로는 여성이 75.5%, 남성이 24.5%로 여성의 비율이 세 배 수준으로 압도적인 우위를 보였다. 하지만 5년 전인 2009년과 비교하면 가치 평가액이 남성은 38.5%, 여성은 31.7%가 증가해 남성의 가사 참여 증가 폭이 더 높은 것으로 나타났다. 남성의 가사노동 비중 증가는 1인 가구와 맞벌이 가구가 증가하는데 따른 것으로 분석된다.

　2018년 10월 8일 통계청이 발표한 '가계생산 위성계정 개발 결과'에 따르면, 2014년 무급 가사노동의 경제적 가치는 360조7300억원으로 집계됐다.

　국민 1인당 무급 가사노동의 가치는 710만8000원으로 집계됐다. 2009년의 548만8000원보다 29.5% 상승한 것이다.

　통계청은 개인 서비스와 봉사 활동 등에 해당하는 가사 노동의 평균 시간에 직종별 대체임금을 적용한 뒤 경제적 가치를 계산했다고 설명했다.

　통계청은 비시장 가사노동의 사회적 가치가 상승하면서 유엔 등 국제기구에서 대안적인 가계생산 위성계정 작성을 권고함에 따라 가계생산 위성계정을 개발했다. 가계 내 음식 준비, 청소, 자녀 돌보기 등 무급 가사노동의 경제적 가치 평가를 통해 GDP 등 소득통계를 보완할 목적이다.

거꾸로 배우는 경제학

> 그렇다면 왜 가사노동은 GDP로부터 제외됐을까. 다른 경제 부문에 거의 영향을 미치지 않는 독립적인 활동인 데다 시장 판매 목적이 아니어서 가치를 평가하기 위한 적절한 가격이 존재하지 않는다는 이유에서다.
>
> 가계생산 위성계정은 기초자료가 되는 '생활시간조사'의 작성 주기에 맞춰 1999년부터 5년마다 작성된다. 2014년 이후 5년 주기가 도래하는 2019년 통계는 2020년 작성될 예정이다.
>
> 출처: 업다운뉴스 2018.10.08.

4 새로운 후생지표

GDP개념이 국민소득수준이나 사회후생수준을 나타내는 유용한 지표로 활용될 수 있으나, 측정상의 한계나 후생지표로서 갖는 한계를 보완하여 진정한 의미에서의 경제적인 후생을 측정하기 위해 미국의 경제학자인 토빈(J. Tobin)과 노드하우스(W. Nordhaus)가 경제후생지표(MEW : Measure of Economic Welfare)라는 개념을 만들었다. 경제후생지표는 GDP에 주부의 가사노동과 여가를 더하고 공해비용을 뺀 것이다. 즉 MEW = GDP+여가+주부의 가사노동-외부불경제비용이다.

한편, 경제후생지표라는 개념을 새뮤얼슨(P. Samuleson)은 순경제후생(NEW : Net Economic Welfare)이라 표현하였다. 최근에는 녹색GDP(Green GDP)라는 용어가 사용되고 있는데, 이는 GDP에서 공해비용을 뺀 것이다.

GDP의 한계점을 극복하려는 많은 노력이 MEW나 NEW라는 지표를 개발했지만, 여가, 공해, 주부의 가사노동 가치 등을 객관적으로 수량화하기가 어렵다는 측정상의 문제점으로 인하여 국민의 후생수준을 정확히 반영하고 있다고 할 수 없다.

결국 GDP는 직접적으로 후생의 지표로서 역할은 못하지만 간접적으로 후생지표로서의 역할을 한다라고 보기 때문에 MEW나 NEW라는 개념보다 더 유용하게 사용되고 있다.

【Eco-톡】 》》 GDP를 대신하는 또 다른 지표를 찾아

"성장이 우리를 행복하게 만든다는 신화에서 벗어나라"

GDP를 대신하는 또 다른 지표를 찾아

지난 2008년 프랑스의 '경제 실적과 사회 진보 측정을 위한 위원회'는 노벨 경제학상 수상자인 조지프 스티글리츠(Joseph Stiglitz) 컬럼비아대 교수 등 석학을 초빙해 18개월 연구한 끝에 'GDP는 틀렸다(한국 번역본 제목)'라는 보고서를 출간했다.

경제 성장도를 측정하는 대표적인 지표 GDP의 한계에 대한 지적은 과거부터 많이 있어 왔다. GDP나 GNI(국민총소득)가 국가의 경제 규모 수준을 파악하는 데는 도움이 되지만, 일반 국민 생활 수준을 측정하는 데는 부족한 부분이 있기 때문이다.

또 다른 문제도 있다. 예를 들어 대규모 공사를 시행했다가 부수는 것을 반복하면 공사와 복구 비용이 반영돼 GDP는 상승한다. 무의미하고 환경에 악영향을 끼치는 일이 GDP 수치를 높이는 데는 도움이 되는 것이다.

제이슨 히켈 연구원 역시 같은 주장을 펼쳤다. 그는 "GDP 대신 한 나라 삶의 수준을 평가하기 위한 대안이 무엇이 될 수 있을까"라는 질문에 다음과 같이 대답했다. "GPI(Genuine Progress Indicator·GNP, GDP의 대안으로 등장한 하나의 지표로 인간과 사회에 이로움을 주는 시장 외 활동과 환경 오염 등의 항목을 포함해 측정함)가 하나의 대안이 될 수 있다. GPI는 성장의 대가로 치르는 사회·생태학적 부정적 요인들을 성장에서 제외시킨다. 하지만 더 나은 방법은 우리가 정말로 원하는 것, 예를 들어 더 나은 임금, 더 나은 헬스케어, 오염되지 않은 토양, 자원 사용의 감소 등 목표에 집중할 수 있도록 도와주는 지표 대시보드(dashboard)를 설정해야 한다. 우리는 GDP를 올리면서 당면한 여러 과제가 마치 마법처럼 사라지기를 맹목적으로 기다리기보다는 직접 이런 목표를 이루기 위해 노력해야 한다."

출처: 조선비즈 2022.09.01.

제4절 물가수준의 측정

1 명목GDP와 실질GDP

국내총생산(GDP)은 한 국가경제가 생산하는 모든 최종생산물의 가치를 시장가격으로 나타낸 수치이다. 하지만 시장가격은 단위가 고정되어 있지 않고, 물가변동에 따라 상승하거나 하락한다. 생산물의 가치 측정기준인 시장가격이 변화하면 GDP를 정확하게 측정할 수 없다. 두 연도 사이의 순수한 GDP 크기만을 측정하기 위해서는 두 연도 사이의 물가수준 변화를 제거해야 한다. 한 연도의 국내총생산(GDP)을 당해 연도의 시장가격으로 나타낸 값을 명목GDP(nominal GDP) 또는 경상가격 GDP라고 한다.

두 연도의 명목GDP를 비교해서는 두 연도 사이의 GDP가 실제로 얼마나 변화하였는지를 알 수 없다. 명목GDP의 변화는 생산물의 수량변화와 가격변화가 섞여 있기 때문이다. 두 연도 사이의 실질 생산량을 비교하기 위해서는 실질GDP(real GDP) 또는 불변가격 GDP 개념을 이해해야 한다. 실질GDP는 한 연도의 GDP를 기준연도의 시장가격으로 나타낸 값이다. 즉 상품의 시장가치는 변화가 없는 상태에서 생산량 변화만을 측정한 수치라고 할 수 있다.

[표 10-4]처럼 한 경제는 사과와 배만을 생산한다고 가정하자. 2015년을 기준연도라고 하면, 2022년의 실질GDP는 기준연도의 시장가격을 이용하여 계산할 수 있다. 이때 기준연도 2015년의 명목GDP와 실질GDP는 같은 값을 갖게 된다. 명목GDP는 2015년 55만원에서 2022년 110만원으로 증가하였다. 하지만 기준연도의 시장가격인 불변가격을 이용한 실질GDP는 2015년 55만원에서 2022년 80만원으로 증가하는데 그쳤다. 명목GDP와 실질GDP가 차이가 나는 이유는 명목GDP에는 2015년에서 2022년 사이의 가격상승분이 반영되어 있고, 실질GDP는 동일한 가격을 이용하여 생산량 변화만을 측정하기 때문이다.

[표 10-4] 명목GDP와 실질GDP의 계산

구분 재화	2015년(기준연도)		2022년(해당연도)	
	생산량	가격	생산량	가격
사과	400(개)	1,000원	500(개)	1,400원
배	100(개)	1,500원	200(개)	2,000원
명목GDP	(400×1,000)+(100×1,500) =55만원		(500×1,400)+(200×2,000) =110만원	
실질GDP	(400×1,000)+(100×1,500) =55만원		(500×1,000)+(200×1,500) =80만원	

2 물가의 측정

(1) 물가지수의 개념

경제학자는 소비되는 상품과 서비스의 평균가격 변화를 측정하기 위해 일반적인 소비자의 소비재 묶음(consumption bundle)의 전체 가격변화를 추적한다. 가격변화 이전에 구입한 바구니에 담긴 상품과 서비스를 구매하는 데 필요한 비용변화를 계산한다.

전체 물가수준의 변화를 측정하기 위해 선택한 가상의 소비재 묶음을 시장바구니(market basket)라고 한다. 시장바구니에는 사과와 배추만 있다고 가정하자. 폭염이 오기 전 보통 소비자는 1년 동안 사과 200개와 배추 100포기를 소비한다고 하자.

[표 10-5]는 폭염이 오기 전후에 시장바구니 안에 있는 상품구매비용을 나타내고 있다. 폭염이 오기 전에는 시장바구니 안의 상품구매비용이 30만원이었으나 폭염이 온 다음에는 60만원으로 올랐다. 폭염이 계속되어 사과와 배추의 수확량이 줄어들면서 시장바구니 안의 상품구매비용은 폭염 전 보다 2배(=60만원/30만원)가 되었다. 즉 구매비용이 100% 증가하였음을 의미한다. 가격변화를 측정하기 위해 사용한 폭염 전을 기준연도로 하면, 폭염으로 인해 사과와 배추의 평균가격은 기준연도에 비해 100% 상승했다고 할 수 있다.

│ 거꾸로 배우는 경제학 │

[표 10-5] 시장바구니의 물가계산

가격	폭염 전	폭염 후
사과 배추	500원 2,000원	1,000원 4,000원
시장바구니 상품구매비용 사과(200개) 배추(100포기)	(200×500원) +(100포기×2,000원) = 30만원	(200×1,000원) +(100포기×4,000원) = 60만원

경제학자는 전체 물가수준의 변화를 측정하기 위해 마찬가지로 시장바구니 상품의 구매비용변화를 계산하는 방법을 이용한다. 또 선택된 기준연도의 시장바구니 상품구매비용이 100이 되도록 전체 물가수준의 척도를 단순화하여 물가지수(price index)를 구하였다. 물가지수를 제시할 때는 해당연도와 기준연도의 물가지수로 나타낸다. [표 10-5]에서 예로 든 시장바구니 상품구매비용은 기준연도(폭염 전)에는 30만원이었지만, 다음 식에 대입하여 해당연도(폭염 후) 시장바구니 상품의 물가지수를 구하면

$$\text{해당연도 물가지수} = \frac{\text{해당연도 시장바구니 상품구매비용}}{\text{기준연도 시장바구니 상품구매비용}} \times 100$$

$$\text{해당연도 물가지수} = (60만원/30만원) \times 100 = 200$$

으로 계산할 수 있다. 결국 물가지수는 폭염 전(기준연도)에는 100이고, 폭염 후(해당연도)에는 200이 된다. 기준연도 물가지수를 구하면

$$\text{기준연도 물가지수} = \frac{\text{기준연도 시장바구니 상품구매비용}}{\text{기준연도 시장바구니 상품구매비용}} \times 100$$

$$\text{기준연도 물가지수} = (30만원/30만원) \times 100 = 100$$

이 된다. 물가지수를 이용하면 폭염으로 인해 사과와 배추의 평균가격이 100% 상승하였다는 사실을 알 수 있다. 전체 물가수준을 측정하는 여러 가지 물가지수 가운데 가장 많이 사용되는 물가지수는 소비자물가지수이다. 소비

자물가지수는 경제전체 최종소비재의 종합적인 물가수준을 측정하여 구한다.

물가지수는 인플레이션수준을 측정하는 데도 사용된다. 인플레이션율(inflation rate)은 공식적인 물가수준의 연간 변화율로 나타낸다. 처음 연도와 다음 연도 사이의 인플레이션율은 다음 식을 이용하여 계산할 수 있다.

$$\text{인플레이션율} = \frac{\text{다음 연도 물가지수} - \text{처음 연도 물가지수}}{\text{처음 연도 물가지수}} \times 100$$

인플레이션율은 대개 백분율로 표시된 소비자물가지수의 연간 변화율을 의미한다.

(2) 소비자물가지수

한국의 소비자물가지수(consumer price index : CPI)는 도시가계와 일상생활을 영위하기 위해 구입하는 상품가격과 서비스요금의 변동을 종합적으로 측정하기 위해 작성하는 지수이다. 현재 소비자물가지수는 2015년을 기준(=100)으로 가계소비지출에서 차지하는 비중을 1,000분비로 산출하며, 38개 도시의 총소비지출 중 구입 비중이 큰 약 458개 상품 및 서비스을 대상으로 소비자 구입가격을 기준으로 작성한다. 가구의 소비구조 변화를 반영하기 위해 5년 주기로 지수를 개편한다.

소비자물가지수는 매월 상품가격과 서비스요금의 변동률을 측정하여 물가상승에 따른 소비자부담, 구매력 등을 측정하는 데 활용된다. 한국의 소비자물가지수는 물가변동이 도시가구의 소비생활에 미치는 영향을 나타내는 지표로 어느 특정 가구나 계층을 대상으로 측정하는 것이 아니라 전체 도시가구의 평균적인 영향을 나타낸다. 체감물가는 소비자가 일상생활에서 자주 구입하는 품목의 가격변동을 느끼는 것이므로 개인별 또는 가구별로 차이가 있을 수 있다.

[표 10-6] 연도별 지출목적별 소비자물가지수 (단위 : 2020=100)

구분	2017	2018	2019	2020	2021	2022
소비자 물가지수	97.645	99.086	99.466	100.00	102.50	107.71

(3) 생산자물가지수

생산자물가지수(producer price index : PPI)는 국내생산자가 국내시장에 출하하는 상품 및 서비스의 종합적인 가격수준을 측정한 지수이다. 철강, 전기, 석탄 등 원자재가 포함된다. 원자재 생산자는 수요증가에 비교적 신속하게 가격을 인상하기 때문에 생산자물가지수는 소비자물가지수에 비해 인플레이션이나 디플레이션 압력에 더욱 빠르게 반응하는 특성을 갖는다.

한국은행에 따르면 1995년=100 기준지수부터는 경제의 서비스화에 따라 운수, 통신, 금융, 부동산 등의 기업용 서비스를 포함한다. 2010=100 기준지수부터는 음식점, 교육, 문화, 오락 등 일부 개입서비스도 추가하였다. 생산자물가지수의 조사대상은 총 894개 품목이다. 상품은 국내출하액이 모집단거래액의 1/10,000 이상인 789개를 대상으로 하고, 서비스는 1/2,000 이상 거래비중을 갖는 105개 품목을 대상으로 한다. 국내생산자가 국내시장에 공급하는 상품 및 서비스의 가격변동을 측정하는 통계로서 경기 동향 판단지표가 된다.

[표 10-7] 생산자물가지수 (단위 : 2015=100)

구분	2017	2018	2019	2020	2021	2022
생산자물가지수	101.57	103.48	103.50	103.03	109.60	118.78

(4) GDP 디플레이터

GDP 디플레이터(GDP deflator)는 국내에서 생산된 모든 최종재화와 서비스 가격의 평균적인 수준을 나타내는 물가지수이다. 이 물가지수에는 중간재의 가격은 반영되지 않는다. 기준연도의 GDP 디플레이터는 100이며 비교연도의 GDP 디플레이터는 다음과 같은 방식으로 계산된다.

$$GDP\ 디플레이터 = \frac{명목\ GDP}{실질\ GDP} \times 100$$

[표 10-8] GDP 디플레이터 (단위 : 2010=100)

구분	2017	2018	2019	2020	2021
GDP 디플레이터	112.5	113.0	112.0	113.8	116.6

【Eco-톡】 >>> 빅맥지수(The Big Mac Index)

빅맥 지수는 1986년 이코노미스트지에 의해 통화가 "올바른" 수준인지 아닌지에 대한 가벼운 지침으로 발명되었다.

이는 장기적으로 환율이 두 나라의 동일한 상품과 서비스 바스켓의 가격을 동일하게 하는 환율로 이동해야 한다는 구매력평가 이론에 기초하고 있다.

버거노믹스는 단지 환율 이론을 더 쉽게 소화하기 위한 도구일 뿐, 통화 불일치에 대한 정확한 측정으로 의도된 것이 아니다.

그러나 빅맥 지수는 여러 경제 교과서에 포함되고 수십 개의 학술 연구의 주제가 되는 세계적인 표준이 되었다.

[표 10-9] 2022년 7월 발표된 빅맥지수

순위	국가	한화가격	US달러	위치
1	스위스	8,411	$6.98	유럽
2	노르웨이	7,700	$6.39	유럽
3	미국	7,001	$6.39	북아메리카
4	스웨덴	6,977	$6.39	유럽
5	우루과이	6,543	$6.39	남아메리카
26	중국	4,615	$3.84	아시아
27	우리나라	4,603	$3.82	아시아
33	일본	4,037	$3.38	아시아

단원별 연습문제

01. 다음 설명 중 올바른 것은 어느 것인가?

① 잠재 GNP는 한 경제가 보유하고 있는 자본, 노동 등 생산요소를 하나도 빠짐없이 이용하였을 때 생산할 수 있는 최대의 생산량이다.
② 잠재 GNP와 실질 GNP를 비교하여 경기의 과열 또는 침체의 여부를 판단할 수 있다.
③ 총수요진작정책을 통해서 단기적으로 잠재 GNP를 증가시킬 수 있다.
④ 경기변동에 따라 잠재 GNP도 민감하게 변동한다.
⑤ 모두 틀린 설명이다.

02. GNP에 관한 설명 중 옳은 것은?

① 기준년도의 경우 명목 GNP와 실질 GNP는 동일한 값을 가진다.
② 잠재 GNP와 실제 GNP와의 차이는 명목 GNP이다.
③ 잠재 GNP와 실제 GNP와의 차이는 실질 GNP이다.
④ 실질 GNP를 명목 GNP로 나눈 값이 소비자 물가지수이다.
⑤ 실제 GNP는 잠재 GNP보다 클 수가 없다.

03. 다음 중 GDP계정에서 총투자에 포함되지 않는 것은?

① 가계의 새로운 주택구입
② 재고의 증가
③ 기업의 새로운 공장건물 건설
④ 기업의 새로운 기계의 구입
⑤ 가계의 주식 매입

04. 다음 중 우리나라 GDP에 포함되지 않는 것은?

① 북한에 보내기 위해 올해에 생산된 비료
② 의사가 진료비를 받고 행한 진료행위
③ 목수가 집을 짓기 위해 구입한 목재
④ 일본회사가 우리나라로부터 구입한 컴퓨터부품
⑤ 자기 집을 칠하기 위해 구입한 페인트

05. 국내총생산(GDP)의 계산과 관련한 다음 설명 중 옳지 않은 것은?

① GDP를 계산하기 위해, 생산된 최종생산물의 가격을 모두 합하는 방법을 사용할 수 있다.
② 자동차 제조기업에서 자동차 재고가 증가하였을 경우, 이는 GDP의 계산에 포함되지 않는다.
③ 생산단계별로 발생한 부가가치를 모두 합산함으로써 GDP를 계산할 수 있다.
④ 가구점에서 만든 가구의 부가가치는 모두 GDP에 포함되지만, 개인이 자신이 사용할 목적으로 손수 만든 가구는 GDP의 계산에 포함되지 않는다.
⑤ 외국인이 소유한 서울의 한 빌딩으로부터의 임대소득은 한국의 GDP의 계산에 포함된다.

06. 다음에서 국내총생산(GDP)의 추계에 포함되는 것은?

① 살던 집을 판 돈 5억원
② 남편과 아이들의 옷을 세탁한 가정주부의 노동의 가치 20만원
③ 행복전자 주식을 매각한 돈 1억 5천만원
④ 비디오 가게에서 DVD빌린 값 4,000원
⑤ 막걸리를 빚기 위해 구입한 정부미 구입비 5만원

07. 프랑스인 Paul씨는 한국에 있는 대학에서 불어를 강의하여 3,000만원의 연봉을 받고 있다. 그가 한국인 박씨의 집에 세를 들어 살면서 집세로 연간 1,500만원을 지불한다면 한국의 국내총생산과 국민총소득에 어떤 영향을 미치는가?

① 국내총생산 1,500만원 증가, 국민총소득 1,500만원 감소
② 국내총생산 1,500만원 증가, 국민총소득 1,500만원 증가
③ 국내총생산 3,000만원 증가, 국민총소득 1,500만원 증가
④ 국내총생산 4,500만원 증가, 국민총소득 1,500만원 증가
⑤ 국내총생산 4,500만원 증가, 국민총소득 3,000만원 증가

08. 국내총생산(GDP)에 관한 설명 중 옳지 않은 것은?

① 자가 아파트의 임대료 상승분은 국내총생산에 포함되지 않는다.
② 중고 자동차의 거래는 국내총생산에 포함되지 않는다.
③ 국내총생산은 생산자의 국적과 관계가 없다.
④ 포항제철에 재고로 남아있는 강철은 생산연도의 국내총생산에 포함된다.
⑤ 최루탄의 생산은 국내총생산에 포함된다.

09. 다음 중 여러 가지 국민소득지표 간의 관계를 가장 바르게 나타낸 것은?

① 교역조건이 악화될 경우 GDP는 GNI보다 크다.
② 교역조건이 개선될 경우 GDP는 GNI보다 작다.
③ 해외에서 벌어들인 소득이 해외로 지급한 소득보다 클 때 GDP는 GNI보다 크다.
④ 해외에서 벌어들인 소득이 해외로 지급한 소득보다 작을 때 GDP는 GNI보다 크다.
⑤ 국가간 요소이동이 없다면 GDP는 GNP보다 항상 크다.

10. 다음 물가지수에 관한 설명 중 적당하지 않은 것은?

① 물가지수가 10% 상승했을 때 이는 우리나라에 존재하는 모든 물건의 가격이 10% 상승했음을 의미한다.
② 물가지수의 대표적인 예로는 소비자물가지수, 생산자물가지수, GDP 디플레이터 등이 있다.
③ 소비자물가지수는 소비재를 기준으로 측정하고 생산자물가지수는 원자재나 자본재 등을 기준으로 측정하기 때문에 두 물가지수가 항상 일치하는 것은 아니다.
④ 소비자물가지수는 기준연도의 거래량을 가중치로 삼아 측정하는 라스파이레스 지수이므로 실제의 물가변화를 과대평가하는 경향이 있다.
⑤ GDP 디플레이터는 당해연도 거래량을 가중치로 삼아 측정하는 파셰지수이므로 실제의 물가변화를 과소평가하는 경향이 있다.

11. 물가의 통계 및 측정에 대한 설명 중 가장 옳지 않은 것은?

① GDP 디플레이터는 명목 GDP를 실질 GDP로 나눈 값에 100을 곱한 값이다.
② 생산자물가지수는 최종재에 대한 가격변화의 산술평균 값이다.
③ 소비자물가지수는 라스파이레스 방식으로 측정한 값이다.
④ 생산자물가지수는 주택임대료를 반영하지 않는다.
⑤ 소비자물가지수는 수입품의 가격을 반영한다.

12. 국민소득통계에 대한 다음의 서술 중 옳지 않은 것은?
    ① 국민순소득(NNI)은 국민총소득(GNI)에서 고정자본소모를 공제한 것이다.
    ② 국민소득(NI)은 국민순소득(NNI)에서 순간접세를 공제한 것이다.
    ③ 개인본원소득(PPI)은 국민소득(NI)에서 법인소득과 정부가 받은 이자, 임대료 등 개인에게 지급되지 않은 부분을 공제한 것이다.
    ④ 개인처분가능소득(PDI)은 개인본원소득(PPI)에서 개인이 수취한 이전소득을 합하고 개인이 지급한 이전소득을 공제한 것이다.
    ⑤ 개인조정처분가능소득은 개인처분가능소득(PDI)에 정부가 현금으로 지급하는 이전지출을 합한 것이다.

13. GDP개념의 한계와 그 결과에 대한 다음의 서술 중 옳지 않은 것은?
    ① GDP는 대부분 표본추출 추계방식을 택하기 때문에 실제보다 과대평가 또는 과소평가 된다.
    ② GDP에는 가정주부의 가사서비스 가치를 포함시키면 실제GDP는 커지게 된다.
    ③ GDP는 여가를 감안하지 않기 때문에 실제보다 과소평가 된다.
    ④ GDP는 공해를 도외시하기 때문에 실제보다 과소평가 된다.
    ⑤ GDP는 상품을 품질변화를 제대로 반영하지 못하기 때문에 실제보다 과대평가 또는 과소평가 된다.

14. 고전학파모형에서 계획된 저축과 계획된 투자를 일치시키는 조정과정은?
    ① 재고조정과정 ② 이자율조정과정 ③ 물가조정과정
    ④ 국민소득조정과정 ⑤ 총지출조정과정

15. 케인즈의 국민소득결정이론에 대한 다음의 서술 중 옳지 않은 것은?
    ① 생산물시장만 고려할 때 계획된 저축이 계획된 투자보다 크면 국민소득수준은 감소한다.
    ② 사전적인 관점에서 볼 때 국민소득은 불균형상태에 있을 수 있다.
    ③ 사후적인 관점에서 볼 때 국민소득은 항상 균형상태에 있다.
    ④ 독립투자가 증가한다고 해서 항상 균형국민소득이 증가하는 것은 아니다.
    ⑤ 완전고용을 달성한 경제에는 적합하지 않은 이론이다.

거꾸로 배우는 경제학

16. 다음은 A국의 연도별 명목 GDP, 실질 GDP, GDP 디플레이터에 대한 자료이다. ㉠~㉣에 들어갈 수치를 바르게 연결한 것은?

연도	명목 GDP	실질 GDP (2020년 기준)	GDP 디플레이터
2000	㉠	5,000	60
2010	6,000	㉡	100
2020	8,000	㉢	㉣

	㉠	㉡	㉢	㉣
①	5,000×0.6	8,000	8,000	100
②	5,000/0.6	8,000	6,000	(100/60)×100
③	5,000×0.6	6,000	8,000	100
④	5,000/0.6	6,000	8,000	100
⑤	5,000×0.6	6,000	6,000	(100/60)×100

제10장 ▮ 국민소득과 물가

정답 및 해설

1. ②
2. ②
3. ⑤ 거시경제학에서 말하는 투자는 실물자본의 축적을 의미하는 것으로, 설비투자, 건설투자, 재고투자로 구성된다. 따라서 기존기업의 인수나 단순한 금융투자는 포함되지 않는다.
4. ③ 중간 투입물의 가치는 포함시키지 않는다.
5. ② 재고의 증가, 즉 재고투자는 투자의 일부로서 GDP의 계산에 포함된다.
6. ④ GDP는 주어진 기간 내에 국내에서 생산된 최종재화와 서비스의 시장가치를 말한다. 따라서 기존 주택이나 금융자산의 거래 등은 직접적으로 GDP에 포함되지 않으며, DVD 임대료 등은 서비스로서 GDP 계산에 포함된다.
7. ④
8. ① 주택가격의 상승은 해당연도의 생산이 아니므로 GDP에 포함되지 않지만 자가주택의 귀속임대료는 주거서비스의 가치를 측정한 것으로 간주하여 GDP에 포함시킨다.
9. ② GNI = GDP+교역조건 변화에 따른 실질무역손익+국외순수취요소소득
10. ① 일반 물가지수가 상승하였다고 하여 모든 상품의 가격이 동일한 비율로 상승하는 것은 아니며, 상대가격의 변화가 함께 발생하기 마련이다.
11. ② 생산자물가지수는 주로 원자재 가격의 산술평균으로 구해진다.
12. ⑤ 개인조정처분가능소득은 개인처분가능소득(PDI)에 사회적 현물이전을 합한 것이며 정부가 현금으로 지급하는 이전지출과는 관계가 없다. 여기서 사회적 현물이전이란 초등학교 무상교육 등
13. ④ GDP는 공해를 도외시하기 때문에 실제보다 과대평가된다.
14. ② 고전학파모형에서 생산물시장은 이자율의 신축적인 변동을 통하여 균형이 이루어지고 케인즈단순모형에서는 재고의 변동을 통하여 균형이 이루어진다.
15. ④ 물론 독립투자가 증가해도 MPC가 1보다 크다면 균형국민소득은 감소한다. 그러나 일반적으로 MPC는 0과 1 사이의 값을 가지므로 독립투자의 증가는 승수배만큼 균형국민소득을 증가시킨다.
16. ③

$$GDP \text{ 플레이터} = \frac{\text{명목 } GDP}{\text{실질 } GDP} \times 100$$

① 2000년 명목 GDP :

$$60 = \frac{①}{5,000} \times 100 \rightarrow ① = 60 \times 5,000 \times \frac{1}{100} = 5,000 \times 0.6$$

② 2010년 실질 GDP :

$$100 = \frac{6,000}{②} \times 100 \rightarrow ② = \frac{6,000}{100} \times 100 = 6,000$$

③ ③&④ 2020년 실질 GDP와 GDP 디플레이터:
기준연도에는 (명목 GDP = 실질 GDP)이므로, ③ 8,000, ④ 100

연습문제

[문제 1]   GDP를 구성하는 항목을 열거하고, 각 항목의 예를 하나씩 제시하라.

[문제 2]   GDP에 포함되는 항목과 배제되는 항목에는 어떤 것들이 있는지 조사하라.

[문제 3]   GDP와 GNI 사이의 차이점이 무엇인지 설명하라.

[문제 4]   GDP의 유용성과 한계점에 대하여 설명하라.

[문제 5]   새로운 후생지표(NEW, MEW)에 대하여 설명하라.

[문제 6]   국가경제의 지출과 소득순환에서 총생산의 가치가 총소득의 가치와 같아지는 이유는 무엇인가?

[문제 7]   물가지수의 종류를 제시하고 차이점을 설명하라.

[문제 8]   우크라이나 전쟁으로 원유가격이 폭등하였다. 소비자물가지수, 생산자물가지수, GDP 디플레이터에 미치는 영향을 설명하라.

제11장
통화와 통화정책

제1절 통화의 개념과 범위
제2절 통화공급과 은행의 역할
제3절 화폐의 공급과 수요
제4절 화폐시장과 이자율
단원별 연습문제

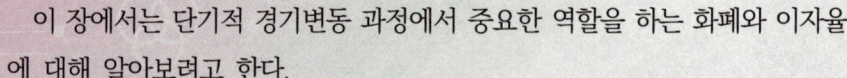

   이 장에서는 단기적 경기변동 과정에서 중요한 역할을 하는 화폐와 이자율에 대해 알아보려고 한다.
   먼저 화폐의 기능과 종류, 통화의 공급과 은행의 역할에 대하여 살펴보고, 국가경제에서 화폐공급은 어떻게 결정되고, 화폐수요는 이자율과 어떤 관계를 갖는지 살펴본다.

"돈은 바닥이 없는 바다와도 같은 것이다. 양심도 명예도 거기에 빠져서 결코 떠오르지 않는다."

-벤자민 프랭크린-

"대공황의 원인은 경제활동이 위축되었다고, 시중의 통화량을 줄여 결과적으로 더 큰 경기침체를 불러온 중앙은행의 잘못된 판단에 더 큰 원인이 있다."

-밀턴 프리드먼-

제1절 통화의 개념과 범위

1 통화의 개념

사람들은 일상생활에서 돈(화폐)을 재산과 같은 의미로 사용한다. 돈이 많다고 하면 재산이 많은 것으로 인식한다. 어떤 사람이 소유하는 돈에는 주식, 채권, 부동산 등 모든 재산의 가치를 포함할 것이다. 하지만 경제학자가 내리는 화폐의 정의에는 모든 형태의 재산을 포함하지 않는다. 지갑 속의 지폐는 화폐이지만, 자동차, 주택, 주식과 같은 자산은 화폐가 아니다. 그렇다면 화폐와 다른 형태의 재산을 어떻게 구분할 수 있는가?

화폐(money)는 상품과 서비스를 구매하기 위해 쉽게 사용할 수 있는 자산을 의미한다. 현금으로 쉽게 전환할 수 있는 자산일수록 유동성(liquidity)이 높다. 화폐는 현금 자체나 유동성이 높은 다른 자산으로 구성된다.

예를 들어 철수가 식료품가게에서 우유와 빵을 사고 대금을 지급하려 한다. 가게 점원은 대금으로 지폐를 받지만 주식이나 채권을 받지는 않을 것이다. 주식을 식료품으로 전환하기 위해서는 우선 주식을 팔아서 화폐로 교환한 다음 식료품을 구입 해야 한다. 대부분 식료품가게에서는 체크카드, 신용카드나 수표로도 대금을 결제할 수 있다. 은행계좌는 아직 현금으로 전환되지 않았더라도 화폐로 간주될 수 있다. 유통 중인 현금(currency in circulation), 즉 사람들이 보유하고 있는 현금은 물론 화폐이다. 또 수표를 이용하여 잔고를 인출할 수 있는 은행예금인 당좌예금(checkable bank deposit)도 화폐로 간주된다.

현금과 당좌예금만 화폐라고 할 수 있는가? 통화공급(money supply)은 한 경제에서 화폐로 간주되는 모든 금융자산의 총가치를 의미한다. 화폐공급에 대한 정의는 두 가지로 나누어볼 수 있다. 먼저 협의의 정의는 유동성이 가장 높은 유통 중 현금, 여행자수표, 당좌예금만을 화폐라고 한다.

보다 광의의 정의는 앞에서 설명한 세 가지 자산에 더하여 자금이체가 쉬운 저축성예금을 포함한다. 화폐는 간접적인 교환을 가능하게 하여 거래에서 이익이 발생하는 데 핵심기능을 담당한다. 물물교환 경제에서는 거래상대가

거꾸로 배우는 경제학

서로 원하는 상품이나 서비스를 가지고 있을 때 거래가 성립할 수 있다. 이를 욕망의 이중일치(double coincidence of qant)문제라고 한다. 화폐는 욕망의 이중일치 문제를 해결해준다. 거래를 원하는 개인은 팔기 원하는 재화를 화폐로 교환한 다음 확보된 화폐를 이용하여 원하는 재화를 구입할 수 있다.

화폐는 거래에서 쉽게 이익을 얻도록 도와주기 때문에 직접 재화를 생산하지 않더라도 사회 전체의 후생수준을 높여준다.

2 화폐의 기능

현대경제에서 화폐는 교환의 매개수단, 가치저장수단, 계산의 단위 등 세 가지 기능을 수행한다.

(1) 교환의 매개수단

화폐는 교환의 매개수단으로서의 기능을 한다. 화폐는 자체를 소비하기 위해서가 아니라 상품 또는 서비스와 교환하기 위해서 사용되는 자산이다. 사람들은 원화 지폐를 직접 먹을 수는 없지만 음식과 교환할 수는 있다.

평상시에는 한 국가의 공식화폐가 해당 국가에서 일어나는 모든 거래를 위한 교환의 매개수단이 된다. 하지만 경제가 혼란스러운 시기에는 다른 국가의 화폐가 교환의 매개수단 역할을 하기도 한다. 중남미 국가나 아프리카 국가에서는 미국 달러화가 교환의 매개수단 역할을 수행한 적이 있으며, 동유럽에서는 유로화가 같은 역할을 수행한 적이 있다. 북한에서도 미국 달러화와 중국 위안화가 중요한 교환의 매개수단 역할을 하고 있다.

제2차 세계대전 중 포로수용소에서는 담배가 교환의 매개수단 역할을 하였다. 1923년 독일에서는 초인플레이션이 발생하였을 때 달걀이나 석탄 덩어리와 같은 재화가 한 동안 교환의 매개수단으로 이용되었다.

(2) 가치 저장수단

화폐가 교환의 매개수단 역할을 하기 위해서는 가치 저장수단의 기능을 해야 한다. 가치 저장수단(store of value)은 일정기간 동안 구매력을 보관할 수 있는 수단을 의미한다.

화폐가 가치 저장수단으로서의 기능을 원만하게 수행하기 위해서는 화폐가치가 안정적이어야 한다. 화폐가치가 안정적일 때 일정액의 화폐로 구입할 수 있는 실물자산의 크기를 알 수 있다. 물가상승이 예상되면 화폐보다는 토지나 다른 실물자산이 더욱 안정적인 가치 저장수단이 된다. 물가가 상승하면 화폐가치는 하락하기 때문에 사람들은 더 이상 가치 저장을 위해 화폐를 보유하려고 하지 않을 것이다.

(3) 계산단위

화폐는 계산단위(unit of account)로서의 역할을 수행한다. 화폐는 가격을 정하고 경제적 계산을 하기 위한 척도로 사용된다.

중세시대 농부는 일주일 중 하루는 지주의 토지에서 일하고 수확한 작물의 일부를 바쳤다. 농부는 지주에게 화폐로 대가를 지불하기보다는 재화와 노동을 제공하는 의무를 이행하였다. 오늘날 지대는 다른 가격과 마찬가지로 화폐단위로 표시되며, 화폐는 많은 거래가 더욱 정확하게 이루어지도록 돕는다. 외상거래와 같은 장부상 거래는 실제로 화폐를 주고 받지 않지만, 계산은 화폐단위로 이루어진다.

3 화폐의 종류

인류는 수천 년 동안 화폐를 사용해왔다. 현대적인 화폐가 출현하기 전까지 오랜 기간 동안 주로 물품화폐가 사용되었다. 지금부터 화폐의 종류에 대하여 살펴보자.

(1) 물품화폐

물품화폐(commodity money)는 금이나 은처럼 다른 용도로 사용될 수 있는 내재적 가치를 가진 재화로서 교환의 매개수단으로도 사용되는 화폐를 의미한다. 물품화폐가 교환의 매개수단 역할과 상관없이 가치를 보유할 수 있는 이유도 화폐 이외의 다른 용도 때문이다.

제2차 세계대전 중 포로수용소에서는 담배가 화폐의 역할을 하였다. 많은 포로들이 흡연자였기 때문에 담배는 물품 자체로도 상당히 가치가 있었다. 금이나 은도 동전으로 주조될 수 있지만 보석이나 장식품으로도 사용될 수 있으므로 물품으로서의 가치를 가지고 있다.

(2) 법정화폐

통화공급을 위해 금이나 은과 같은 귀금속에만 의존하는 것은 비효율적일 수 있다. 거래를 위해 매번 금이나 은을 운반해야 한다면 비용이 들 뿐만 아니라 도난의 위험을 감수해야 한다. 금이나 은과 같은 물품화폐를 교환의 매개수단으로 삼는 데 들어가는 비용과 비효율을 해결하기 위해 정부나 민간금융기관은 금을 보관하고 금과 교환할 수 있는 종이증서를 발행하기 시작했다.

현대경제에서 지폐는 일반적으로 통화공급을 관리하는 정부기관인 중앙은행(central bank)이 발행한다. 우리나라에서는 한국은행이 중앙은행의 역할을 한다. 지폐는 화폐로 사용되지 않으면 자체로 가치를 가지고 있지 않기 때문에 물품화폐가 아니라 법정화폐(fiat money)라고 한다. 지폐가 화폐로 사용될 때 외에는 가치를 가지지 않는데도 소비자나 기업이 지폐를 사용하는 이유는 무엇일까?

원화는 법정화폐이므로 한국은행은 원화지폐를 금이나 은으로 교환해줄 의무가 없다. 한국은행이 발행한 화폐는 한국의 법화(legal tender)이며, 한국은행이 채무상환 시 수용해야 하고, 세금납부 시에도 사용할 수 있어야 한다는 것을 의미한다. 원화지폐는 법정화폐이지만 만약 사람들이 일반적으로 원화지폐를 받아들이지 않으면, 교환의 매개수단이 될 수 없으며 화폐기능을 수행할 수 없다. 일반적으로 원화지폐가 교환의 매개수단으로 받아들여지기 위해서는 가계와 기업이 상품과 서비스의 대가로 원화지폐를 받아들여야 한다. 원화지폐를 보유하고 있는 동안 가치가 상실되지 않는다는 믿음도 주어야 한다. 그렇지 않으면 원화지폐는 교환의 매개수단기능을 할 수 없을 것이다.

제11장 | 통화와 통화정책

【Eco-톡】 ▶▶ **전자화폐, 가상화폐, 암호화폐, 디지털화폐**

전자화폐

현금, 수표, 신용카드 등 기존의 화폐와 동일한 가치를 갖는 디지털 형태의 정보로서 디스크와 IC칩과 같은 컴퓨터 기록 매체에 저장이 가능하고, 네트워크를 통해 전송 가능한 전자적 유가증권을 의미한다. 관리가 불편한 현금을 대신할 새로운 개념의 간편한 화폐가 요구되는 정보화 사회에서 전자화폐의 출현은 필연적이라고 할 수 있다.

국내에서는 전자금융 거래 시 안전성과 신뢰성 확보를 위하여 2006년 전자금융거래법이 제정되었다.

일반적으로 전자화폐는 기존의 현금과 신용카드를 대체하기 위해 다음과 같은 특징들을 갖추어야 한다.

첫째, 휴대가 간편하고 사용이 편리해야 한다.

둘째, 사용의 비밀성이 보장되어야 한다. 즉 누가 어디서 무엇을 위해 전자화폐를 사용했는지 제3자가 알 수 없어야 한다.

셋째, 위조가 어려워야 한다. 넓은 의미에서는 교통카드, 하이패스같은 것도 여기에 속한다 할 수 있다. 실물 거래 수단 없이 인터넷 같은 것으로만 거래하는 것도 있다. 국내에선 가맹점 업종이 5개 이상이어야 하고, 금융사/통신사가 판매자에게 계좌 이체로 즉시 지급을 보증하는 것만 전자화폐라고 불릴 자격이 있습니다.

가상화폐

지폐나 동전과 같은 실물이 없이 네트워크로 연결된 특정한 가상공간(vitual community)에서 전자적 형태로 사용되는 디지털 화폐 또는 전자화폐를 말합니다. 여기서 암호화폐는 가상화폐의 일종이라고 볼 수도 있습니다. 하지만 유럽 중앙은행이나 미국 재무부의 가상화폐 정의를 엄격하게 적용하면 가상화폐라 부를 수 있는 암호화폐는 거의 없게 됩니다. 그래서 미국 재무부 금융죄단속반(FinCEN)에서는 암호화폐를 가상화폐라고 부르지 않는다고 합니다. 한편 국내에서도 가상자산으로 불리고 있습니다.

암호화폐와의 차이점은 유럽중앙은행(ECB), 미국 재무부, 유럽은행감독청에서 내린 정의에 의하면 가상화폐란 정부에 의해 통제 받지 않는 디지털 화폐의 일종으로 개발자가 발행 및 관리하며 특정한 가상 커뮤니티에서만 통용되는 결제 수단을 말합니다. 이 정의에 따르면 대부분의 암호화폐는 디지털 화폐이면서 가상화폐입니다. 하지만 상당수 온라인과 오프라인 매장에서 결제 수단으로 받는 비트코인은 디지털 화폐이기는 하나, 가상화폐는 아니게 됩니다. 또한 대부분의 암호화폐는 개발자가 발행하지는 않기 때문에 발행 측면에서 보자면 대다수의 암호화폐는 가상화폐가 아니게 됩니다.

미국 재무부 금융범죄단속반(FinCEN)은 "일부 환경에서는 법화인 화폐처럼 작동하지만 진짜 화폐의 모든 특성을 갖추고 있지는 못한 교환 수단"이란 뜻으로 '가상화폐'라는 말을 쓰고 있으며, 전자상품권 등을 제외하고 비트코인·이더리움·리플 등 암호화폐를 가리킬 때는 가상화폐라는 단어를 쓰지 않습니다. 암호화폐도 가상화폐의 일종입니다. 비트코인 등은 암호화폐에 속하는데 가상화폐나 디지털 화폐는 카카오 페이나 네이버 페이 등 가상 공간에서 결제할 수 있는 온라인 지급 결제 수단을 모두 포함합니다. 유사한 용어로 디지털 화폐나 앞서얘기한 전자 화폐라는 용어가 있습니다. 디지털로 주고 받음을 표시하는 화폐를 말합니다.

암호화폐

블록체인을 기반으로 분산 환경에서 암호화 기술(cryptography)을 사용하여 만든 디지털 화폐입니다. 전자화폐의 하나로 보기도 하지만 전자금융거래법에 정의된 전자화폐의 특성인 현금 교환성이 보장되지 않으며 정부가 가치나 지급을 보장하지 않는다는 점에서 전자화폐와는 구별된다고 볼 수 있습니다. 또한 가상화폐로 많이 알려져 있으나 개발자가 발행에 관여하지 않고 가상공간이 아닌 현실에서도 통용된다는 점에서 가상화폐와 차이가 있습니다.

암호화폐는 분산 환경에서 통화 단위(units of currency)를 생성하고 유지하며 안전한 거래를 위해 암호화 기술을 사용하여 분산 장부에 거래 정보를 기록하는 일종의 디지털 자산입니다. 이를 취득하기 위해서는 수학적으로 복잡한 연산을 풀어야 하므로 암호화폐는 거래 정보의 변조가 현실적으로 불가능합니다. 거래를 위해 은행과 같은 제3의 신뢰기관을 통한 신분 인증 절차를 거치지 않으며, 거래 당사자의 개인 정보도 이용하지 않으므로 익명성을 보장받습니다.

중앙 통제 기관 없이 분산 네트워크(예를 들어, 피투피(P2P: Peer-to-Peer)) 참여자들이 거래 정보를 분산하여 저장·관리합니다. 이때 분산 저장·관리를 위해 일반적으로 블록체인과 같은 분산원장기술을 사용합니다. 가장 잘 알려진 암호화폐가 2009년에 출현된 비트코인(bitcoin)입니다. 비트코인은 암호화 기술로 SHA-256기반의 작업증명(PoW: Proof of Work) 방식을 사용합니다. 이 기술은 1997년 아담 백(Adam Back)이 스팸 메일에 의한 서비스 거부 공격을 방지하기 위해 고안한 해시캐시(hashcash)를 기반으로 개발되었습니다. 암호화폐는 가치의 변동을 통제하기가 쉽지 않다는 이유 등으로 금융 시장에서 활용하기 어렵습니다. 이 점을 보완하기 위해 달러와 같은 기축통화나 금과 연결하여 일정한 가치가 유지되게 하기도 합니다.

디지털화폐

디지털 화폐는 실물화폐가 아닌 디지털 방식으로 사용하는 형태의 화폐로, 금전적 가치를 전자적 형태로 저장해 거래할 수 있는 통화를 가리킵니다. 디지털 화폐를 발행하는 목적은 화폐 발행비용을 줄이고, 개인·기업 등 경제주체들의 상품거래 지불수단의 편의성 제고를 추구하기 위함입니다.

디지털 화폐에는 전자화폐, 암호화폐, 중앙은행 디지털 화폐(CBDC·Central Bank Digital Currency) 등이 포함됩니다. 다만 구조적인 측면에서 볼 때 가상화폐와 디지털 화폐가 이들을 관리하는 중앙기관이 있는 반면 암호화폐는 탈중앙화된 블록체인상에서 이뤄진다는 점에서 이들 모두를 디지털 화폐 항목에 포함시킬 수 없다는 의견도 있습니다.

	일반화폐	디지털 화폐			
	현금	전자화폐	가상화폐	암호화폐	CBDC
형태	동전, 지폐	디지털 데이터	디지털 데이터	디지털 데이터	디지털 데이터
법적 화폐 인정여부	인정	인정	불인정	일부 인정	인정
발행기관	중앙은행	금융기관	기업	없음	중앙은행
현금으로 교환 가능여부	-	금융기관이 현금화를 보증	일부 가능하나 대부분 불가능	거래소에서 현금화 가능	운영정책에 따라 가능성 있음
예시	원, 달러, 유로 등	카카오페이, 삼성페이, 페이팔 등	게임머니, 핑몰 포인트 등	비트코인, 이더리움 등	E-Krona E-CNY 등
인터넷 필요유무	없음	필요	필요	필요	없음

제2절 통화공급과 은행의 역할

1 통화공급의 측정

총통화량(monetary aggregate)은 협의의 통화와 총통화로 나누어볼 수 있다. 한국은 1951년부터 한국은행에서 통화지표를 작성하고 있다. 2002년부터는 IMF의 '통화금융통계 매뉴얼'에 따라 M1(협의통화), M2(광의통화), Lf(금융기관유동성)를 매일 작성하고 있으며, 2006년 6월부터는 L(광의유동성)을 작성하여 발표하고 있다.

(1) 통화지표

① M1(협의통화)

M1(협의통화)은 화폐의 지급결제수단을 중시한 지표이다. 시중에 유통되는 현금에 예금취급기관의 결제성예금을 더하여 구한다. 현금은 가장 유동성이 높은 금융자산으로 교환의 직접 매개수단으로 사용된다. 현금에는 지폐와 동전이 포함된다. 결제성예금은 수표발행, 자동이체서비스 등 입출금이 자유로운 예금으로 현금과 비슷한 유동성을 갖는다. 결제성예금에는 예금취급기관의 당좌예금, 보통예금 등 요구불예금과 저축성예금, 시장금리부 수시입출식예금(money Market Deposit Account : MMDA) 등 수시입출식예금이 포함된다. M1은 유동성이 높은 결제성단기금융상품으로 구성되어서 단기금융시장의 유동성을 측정하는데 적합한 지표이다.

② M2(광의통화)

M2(광의통화)는 M1에 예금취급기관의 각종 저축성예금, 시장형 금융상품, 실적배당형 금융상품, 금융채, 거주자 외화예금 등을 더하여 구한다. 유동성이 낮은 만기 2년 이상 장기금융상품은 포함하지 않는다. 단기저축성예금, 시장형 금융상품 등은 거래보다 자산증식 등 주요 저축수단으로 이용되고 있는

데, 수시입출식예금에 비해 유동성이 낮지만 이자소득을 포기하면 언제든지 현금화가 가능하다.

(2) 유동성지표

유동성지표는 통화지표 가운데 범위가 가장 넓은 지표이다. 화폐의 저장기능을 중시하며, Lf(금융기관유동성)와 L(광의유동성)로 구성된다. Lf(금융기관유동성)는 M2(광의통화)에 ① 예금취급기관 만기 2년 이상 정기예적금, 금융채, 금전신탁 등 ② 생명보험회사의 보험계약준비금, 증권금융회사의 예수금 등 유동성이 상대적으로 낮은 금융상품 등을 포함한다. L(광의유동성)은 Lf보다 금융상품 포괄 범위가 넓은 광의유동성지표이며, Lf에 기업 및 정부 등이 발행하는 기업어음, 회사채, 국공채 등 유가증권을 포함한다. [표 11-1]은 한국의 통화 및 유동성지표의 규모와 구성을 보여준다.

[표 11-1] 통화 및 유동성지표 범위(2022년 12월 31일 기준) (단위 : 10억원)

구분	금액	M1 (협의통화)	M2 (광의통화)	Lf (금융기관유동성)	L (광의유동성)
현금통화	162,855.8	1,236,983.3	3,758,235.5	5,125,724.1	6,587,789.4
요구불예금	374,836.6				
수시입출식예금	699,290.9				
정기예적금	1,594,613.2				
시장형 금융상품[1]	33,361.2				
실적배당형 금융상품[2]	764,078.1				
기타 예금 및 금융채	129,199.7				
2년 이상 장기금융상품 등	536,173.9				
생명보험계약준비금 및 증권금융예수금	831,314.7				
기타금융기관상품	589,478.7				
국채, 지방채	52,744.6				
회사채, CP	345,142.0				

주: 1) CD, RP, 표지어음 2) 만기 2년 미만 금전신탁, 수익증권, MMF, CMA
  3) 반올림 등으로 인해 일부 수치 간 불일치가 있을 수 있음
자료: 한국은행 경제통계시스템(http://ecos.bok.or.kr)

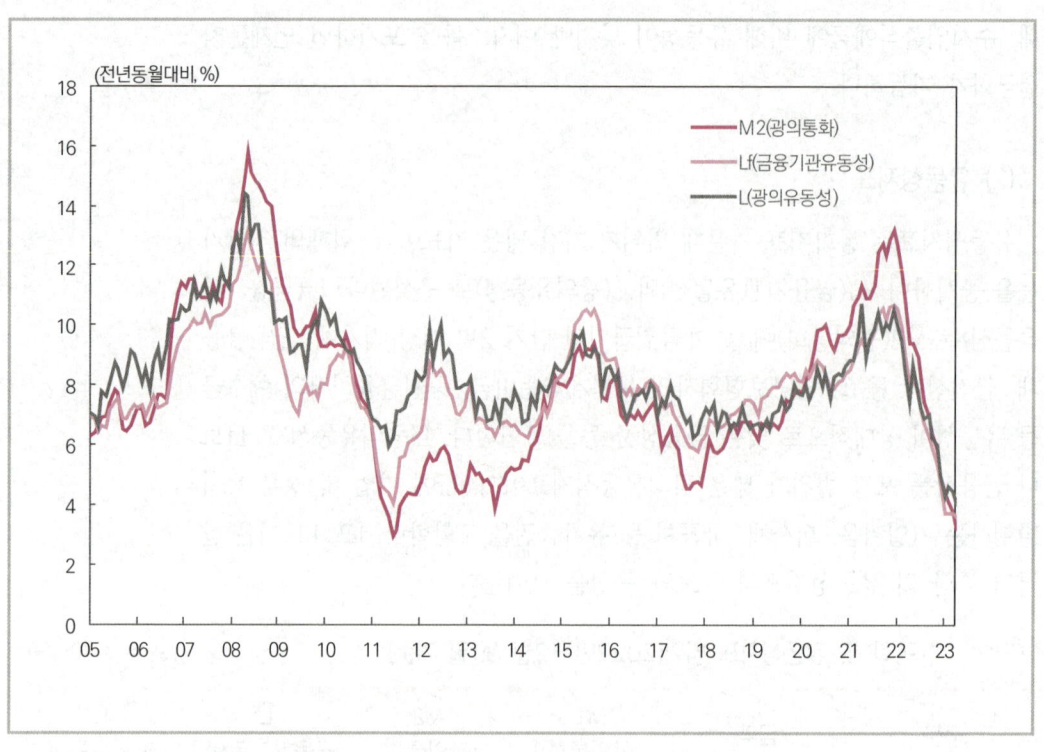

[그림 11-1] 통화 및 유동성지표의 증가율 추이

주 : M2 및 Lf는 평잔기준, L은 말잔기준
자료 : 한국은행 경제통계시스템(http://ecos.bok.or.kr)

[그림 11-1]은 2000년대 중반 이후 한국의 통화 및 유동성지표의 추세를 보여주고 있다. 2008년 글로벌 금융위기 이전까지는 실물경제성장률이 안정적인 성장세, 대외자금의 꾸준한 유입 및 부동산시장의 호황 등을 기초로 통화지표는 증가세를 확대해왔다. 하지만 2008년 금융위기 이후 2013년까지 경기성장세 둔화 및 부동산 시장 약세 등으로 지속적으로 하락하였다. 2014년 이후에는 2000년대 중반 수준인 연 7% 증가율 수준으로 회복한 모습을 보여주고 있다.

2015년부터 2018년까지 하락하다가, 2018년부터 통화 및 유동성 지표가 상승하다가 코로나 19 이후 다시 하락하기 시작하였다.

2 은행의 역할

M1(협의통화)은 민간보유현금과 일반은행 요구불예금의 합이다. 민간보유현금은 중앙은행이 공급하고, 요구불예금은 일반은행이 공급한다. 따라서 통화공급은 중앙은행과 일반은행이 업무를 수행하는 과정에서 이루어진다. 중앙은행과 일반은행을 합하여 통화제도(money system)라고 부른다.

(1) 중앙은행의 역할

중앙은행은 통화량을 조절하고 단기금융시장인 자금시장(money market)과 주식, 채권이 거래되는 자본시장(capital market)에 영향을 준다. 중앙은행의 역할은 다음과 같다.

① 현금통화 발행

중앙은행은 현금통화를 발행하며, 현금통화량을 조정하거나 다른 정책수단을 통해 통화량을 통제한다. 명목화폐(fiat money)는 한계생산비가 0에 가까우므로 중앙은행은 현금통화를 독점적으로 공급하면서 통화가치를 유지한다.

② 은행의 은행

일반은행은 중앙은행에 예금을 하기도 하고, 차입을 하기도 한다. 일반은행이 중앙은행에 하는 예금을 중앙은행예치금이라고 한다. 민간은행은 보유한 유가증권 매각이나 다른 금융기관 차입으로 자금조달이 어려울 때 최종적인 수단으로 중앙은행 차입을 한다. 중앙은행 차입은 주로 어음을 재할인(rediscount)받아 이루어진다.

③ 정부의 은행

정부는 조세 등으로 얻은 자금을 중앙은행에 예금하고, 필요할 때 인출한다. 정부는 국채를 발행한 다음 중앙은행이 인수하도록 하고 자금을 차입하기도 한다.

④ 금융시스템 안정화

중앙은행은 화폐의 독점적 발권력과 통화공급능력을 가지고 최종대부자(lender of last resort)로서 자금시장 및 자본시장을 조정한다. 이자율이나 시중자금을 조절하거나 금융기관 업무수행을 통제하면서 불황이나 경기과열 현상이 일어나지 않도록 금융시스템을 안정적으로 작동한다.

(2) 일반은행의 통화공급

① 통화공급수단

일반은행은 부분지급준비제도(fractional reserve system)를 통해서 예금의 일부만을 지급준비금으로 보유하고 나머지 예금은 대출이나 투자에 이용한다. 부분지급준비제도는 은행수익을 높이는 데 기여했지만 불안정성도 증대시켰다. 예금액 일부만 지급준비금으로 남겨두면, 다수 예금주들이 동시에 예금인출을 원할 때 적절하게 대응할 수 없으므로 파산에 이를 수도 있다. 은행파산이 국가경제에 주는 영향은 매우 크다. 따라서 중앙은행도 일반은행이 안정성을 확보할 수 있도록 통제해야 한다.

법정지급준비금(legal reserve)제도는 일반은행이 보유해야 하는 최소한의 지급준비금수준을 법적으로 통제하는 수단이 된다. 은행이 실제로 보유하고 있는 지급준비금을 실제지급준비금(actual reserve)이라고 하며, 실제지급준비금과 법정지급준비금의 차이를 초과지급준비금(excess reserve)이라고 한다. 일반은행은 부분지급준비제도를 통해서 통화공급을 조절할 수 있다.

② 통화창조과정

은행이 존재하지 않는다면 통화공급은 시중에 유통 중인 현금의 양과 동일하다. 통화공급은 화폐발행을 통제하는 기관에 의해 결정될 것이다. 실제로는 은행이 존재하며, (당좌)예금 등을 통해 통화공급에 영향을 준다.

은행은 유통 중인 현금의 일부를 제외한다. 사람들의 지갑 속에 있는 현금은 통화공급의 일부가 되지만 은행금고 안에 보관된 현금은 통화공급의 일부에서 제외된다. 은행은 예금을 받고 대출을 하면서 통화를 창조한다. 즉 은행은 유통 중인 현금의 양보다 통화공급이 더 커지게 된다.

3 통화정책

거시경제정책은 통화정책과 재정정책으로 나눌 수 있다. 중앙은행은 통화량을 조정하고 금리에 영향을 줌으로써 물가, 금융, 고용 등에 대한 경제목표를 달성하려고 한다. 중앙은행은 공개시장 조작, 여수신제도, 지급준비제도 등을 정책수단으로 삼고 있다. 중앙은행은 보통 정책수단과 최종목표 사이에 운용목표와 명목기준지표를 두고 통화정책을 운영하고 있다.

명목기준지표(nominal anchor)는 최종목표 달성을 위해 중앙은행이 직접 영향을 주는 변수이다. 통화량, 환율, 물가상승률 등이 명목기준지표에 속하며, 국가는 금융경제상황에 맞게 설정한다. 한국은 현재 물가안정목표제(inflation targeting)를 채택하며 물가상승률을 명목기준지표로 하고 있다. 운용목표(operation target)는 명목기준지표를 달성하기 위해 중앙은행이 관리하고자 하는 지표이며, 단기시장금리, 지급준비금 등이 대상이다.

한국은행은 2008년 금융위기 이전까지 통화량을 명목기준지표로 선택하고 목표하는 통화량증가율을 달성하기 위한 통화량목표제를 시행하였다. 중심통화지표인 M2가 물가 등 실물경제변수들과 안정적인 관계를 유지하고 있다는 사실에 기반을 둔 것이다. 하지만 1990년대 중반 이후 금융시장이 발전하고 새로운 금융상품이 출현하면서 통화량과 실물변수 간의 안정적인 관계가 악화되면서, 새로운 통화정책운영체계(monetary regime)를 도입하였다.

1998년 '한국은행법'에 물가안정을 목적조항으로 명문화하면서 물가안정목표제를 도입하였다. 한국은행은 현재 정부와 협의하여 3년단위로 명시적 물가안정목표를 설정하고 있으며, 매달 정책금리수준을 결정하는 금리중심의 통화정책운영방식을 따르고 있다. 정책금리는 2008년 3월부터는 '콜금리'에서 '한국은행기준금리'로 변경하였다. 물가안정목표제가 도입되면서 과거 통화량목표제 아래에서 중간목표로 활용했던 통화량은 물가전망이나 인플레이션 압력을 평가하는 정보변수로 이용되고 있다.

통화정책과 관련한 자세한 내용은 제13장 경제안정화정책에서 설명하겠습니다.

거꾸로 배우는 경제학

다시 보는 경제학자 4 ■ Friedrich A. von Hayek (1899~1992)

오스트리아 빈의 유복한 귀족 집안에서 태어난 하이에크는 빈 대학을 졸업하고 경제학 심리학 법학 등 광범위한 학문 세계를 이룩했다. 저서만 해도 17여 권, 논문은 140여 편에 달하는 방대한 업적을 남겼다. 자유방임 원칙에 따라 장기적인 관점에서 통화가치를 안정시키고 시장 질서를 유지할 것을 강조한 하이에크는 신자유주의 이념 창시자로 추앙받고 있다. 하이에크의 매력은 뛰어난 논리성에 있었다.

하이에크와 평생 동지이자 맞수였던 케인스가 그를 '논리기계'로 표현했을 정도로 그는 논리적 일관성을 유지해나갔다.

1974년 노벨 경제학상을 받은 하이에크의 유명한 저서로는 '법, 입법, 자유' '자유헌정론' 등이 있다.

하이에크가 제시한 주요 이론

시장의 자생적 질서를 유지하라
- 정부 개입 없이 시장 메커니즘을 살려야 한다.
- 자생적 질서는 외부 간섭 없이 스스로 조정되는 질서. 대표적인 것이 시장 경제

인위적인 화폐 공급은 하지 말아야
- 화폐는 상대가격을 변화시켜 생산량에 영향을 줌
- 중앙은행을 폐지하고 모든 은행이 화폐 발행을 통해 통화량 유지하도록 해야 할 것

경기 변동 원인은 화폐적 현상
- 탄력적인 화폐제도에 따라 경기 순환이 발생
- 은행의 신용 창조로 인한 산업 간·부문 간 불균형이 경기 변동을 유발

◆ 시장을 신봉한 하이에크

= '시장의, 시장에 의한, 시장을 위한 하이에크 신자유주의 경제학.'

시장을 통한 '자생적 질서'를 강조한 하이에크는 애덤 스미스 이후 시장 메커니즘을 제대로 정립한 신자유주의 창시자로 추앙받는다. 하이에크는 시장의 가격 시스템을 신봉한다.

하이에크의 이 같은 신자유주의는 레이거노믹스와 대처리즘을 통해 주류 경제학으로 자리를 차지하게 된다.

당시 마거릿 대처 영국 총리는 하이에크 '자유헌정론(The Constitution of Liberty)' '예종의 길(The Road to Serfdom)'을 가지고 다니면서 주변 사람들에게 "우리가 믿는 것이 여기에 있다"고 설득했다고 한다.

출처 : 매일경제 2009.02.08.

제11장 ▎통화와 통화정책

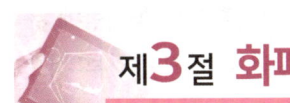 제3절 화폐의 공급과 수요

1 화폐의 공급

 재화에 대한 수요와 공급이 재화의 가격을 결정하는 것과 같이, 화폐가치는 화폐의 수요와 공급에 의해 결정된다. 화폐공급과 물가수준의 관계는 고전학파 경제학자인 흄(David Hume) 등에 의해 화폐수량설(quantity theory of money)로 설명되고 있다. 화폐수량설에 따르면 통화량의 변화는 같은 비율로 총명목지출을 변화시키고 물가도 똑같이 변화시킨다. 즉 통화량변화는 물가변화를 가져온다.

(1) 화폐공급과 유통속도

 화폐공급량인 통화량은 중앙은행과 은행시스템 전체가 결정한다. 중앙은행은 공개시장조작을 통해 통화량을 조정한다. 국채를 사면 시중에 현금이 늘어나 통화량이 증가하고, 반대로 국채를 팔면 현금이 회수되어 통화량이 줄어든다. 시중에 유통된 현금이 은행에 예금되어 지불준비금을 증가시키면 승수작용을 거쳐 화폐통화공급은 채권 판매액보다 크게 증가한다.

 화폐의 유통속도는 한 경제에서 화폐가 순환하는 속도이며 통화정책에서 화폐공급 자체만큼 중요하다. 만약 사람들이 지급받은 화폐를 몇 달 동안 벽장에 넣어둔다면 화폐는 매우 느린 속도로 순환한다. 복잡한 도시에서는 화폐가 빠르게 순환하므로 화폐공급으로 더 많은 거래를 처리할 수 있다.

 피셔(Irving Fisher)는 화폐수량설을 화폐수량방정식으로 나타냈다.

$$M \times V = P \times Y$$

 Y는 실질GDP(실질소득)를 의미하고 P는 물가수준이라면 PY는 명목GDP와 같다. V는 유통속도(velocity of money)이고 M은 화폐공급을 나타낸다.

M×V는 총화폐지출액이다. 모든 거래에 필요한 총화폐지출액은 화폐량에 유통속도를 곱하여 구한다. 화폐유통속도는 실제로 관측할 수 없지만, 사후적으로 다음과 같이 계산할 수 있다.

$$V = \frac{P \times Y}{M}$$

화폐유통속도는 화폐 1단위가 GDP를 구성하는 상품과 서비스를 구입하기 위해 사용되는 횟수를 나타낸다. 2017년 우리나라의 명목GDP(약 1,730조원)를 M1통화량(약 850조원)으로 나누면 유통속도는 약 2가 된다. 즉 2017년 협의통화량 M1이 GDP를 구성하는 상품과 서비스를 구입하기 위해 2번 정도 사용되었다는 것을 알 수 있다.

만약 M이 증가하면 물가가 고정되어 있을 경우에 V가 감소하거나 Y가 증가해야 한다. 개인이 화폐를 추가로 보유하면 유통속도가 감소하겠지만 지출을 늘리면 Y가 증가할 수 있다.

(2) 통화량과 물가

피셔는 화폐유통속도(V)가 일정하다고 가정하면서 화폐수량방정식을 화폐수량설로 발전시켰다. 피셔는 화폐유통속도(화폐단위당 사용 횟수)는 거래습관 등 자주 변하지 않는 요인에 의해 결정된다고 생각했다. 피셔의 가정대로 화폐유통속도(V)가 일정하다고 놓고 화폐수량방정식을 물가수준(P)에 대해 다시 정리하면 다음과 같다.

$$P = \overline{V} \times \frac{M}{Y}$$

위 식은 통화량과 물가의 관계를 나타내고 있다. 통화량(M)이 실질GDP(Y)보다 빠르게 증가하면 물가는 상승하고, 실질GDP(Y)보다 느리게 증가하면 물가는 하락한다.

통화량이 화폐보유에만 영향을 준다면 통화정책은 총산출과 고용을 자극하는 데 거의 효과가 없을 것이다. 하지만 만약 산출에 일정한 효과를 준다면 통화정책은 경제를 자극하는 데에 유용한 도구가 될 수 있다. 일정한 목표를 달성하기 위해서는 상당한 규모의 화폐공급 증가가 필요할 수 있다. 개인이 어느 경우에 화폐공급 증가분을 보유하기 원하는지에 대해 답하려면 화폐수요의 결정요소를 이해해야 한다.

2 화폐수요

화폐수량방정식을 통해 고전학파의 화폐수요에 대해 견해를 설명할 수 있다. 화폐수량방정식을 변형하면 다음 식과 같다.

$$M = \frac{1}{V} \times PY$$

위 식에서 좌변 M은 화폐공급(통화량)을 나타낸다. 화폐공급과 화폐수요가 균형을 이룬다면 우변은 화폐수요를 의미한다고 할 수 있다. 따라서 화폐수요는 명목GDP, 즉 거래된 상품과 서비스의 시장가치에 비례한다고 볼 수 있다. 고전학파의 화폐수량설은 화폐가 갖는 교환매개 또는 지불수단을 강조하고 있다고 할 수 있다.

화폐의 유통속도는 사람들이 화폐를 얼마나 보관하기 원하는지에 달려 있다. 화폐는 이자를 산출하지 않는 자산이기 때문에 보유하지 않으려는 강한 유인이 있다. 이자를 선호하는 사람들은 화폐를 다른 상품이나 국채와 같은 이자를 받을 수 있는 자산과 교환하려는 유인을 가진다. 화폐를 보유하려는 이유는 편리함 때문이다. 화폐로는 식료품을 살 수 있지만, 국채는 화폐로 전환하기 전에는 식료품을 살 수 없다. 채권을 현금화하는 과정에는 거래비용이 발생한다.

| 거꾸로 배우는 경제학 |

제4절 화폐시장과 이자율

1 유동성선호이론

케인즈는 고전학파 화폐수요이론과는 다른 유동성선호이론(liquidity preference theory)이라는 화폐수요이론을 주장하였다. 유동성((liquidity)은 어떤 자산을 가치하락 없이 화폐로 바꿀 수 있는 가능성을 의미한다. 예금은 부동산보다 유동성이 크다고 할 수 있다.

유동성이 가장 높은 자산은 화폐이므로 유동성선호이론에서 유동성은 화폐를 의미한다고 볼 수 있다. 케인즈는 화폐를 보유하면 이자를 포기해야 하고, 다른 수익자산 보유에 따른 수익도 기대할 수 없는데, 왜 개인이나 기업은 화폐를 보유하려고 하는지를 설명하였다. 케인즈는 개인이나 기업의 화폐보유동기를 거래적, 예비적 동기와 투기적 동기로 구분하였다.

(1) 거래적, 예비적 동기의 화폐수요

① 거래적 동기(transaction motive) 화폐수요

거래적 동기(transaction motive) 화폐수요는 개인이나 기업이 계획된 거래에 사용하기 위해 화폐를 보유하는 것이다. 개인이나 기업은 수입과 지출이 서로 다른 시기에 발생하고 액수도 정확하게 일치하지 않기 때문에 거래적 화폐수요를 필요로 한다. 케인즈는 거래적 동기 화폐수요가 주로 소득수준에 의해 결정된다고 생각했다. 소득이 많을수록 지출도 늘어나므로 거래적 화폐수요도 커진다.

② 예비적 동기(precautionary motive) 화폐수요

예비적 동기(precautionary motive) 화폐수요은 예상 밖의 지출을 예비하기 위해 화폐를 보유하는 것을 의미한다. 개인과 기업은 예상하지 못한 지출과 자금부족을 겪을 수 있다. 따라서 언제나 일정 정도의 예비적 화폐를

보유할 필요가 있다. 일반적으로 소득수준이 높을수록 예비적 동기 화폐수요 수준도 높아진다.

케인즈는 거래적, 예비적 동기 화폐수요가 이자율의 영향을 거의 받지 않는다고 생각했다. 따라서 거래적, 예비적 동기 화폐수요는 거래수단으로서 소득수준에 비례한다. 거래적 동기 화폐수요 특성은 고전학파의 화폐수량설과 같다고 할 수 있다.

③ 투기적 동기(speculative motive) 화폐수요

투기적 동기(speculative motive) 화폐수요는 화폐를 자산으로 보유하는 것이다. 즉 다른 자산을 보유하는 것보다 이익이 된다고 생각하여 투자목적으로 화폐를 수요한다. 투기적 동기 화폐수요는 케인즈의 유동성이론의 핵심이라고 할 수 있다. 케인즈는 보유자산이 화폐와 채권만 있다고 가정한다. 화폐는 현금과 같이 이자를 얻을 수 없지만, 채권은 이자가 발생하는 금융자산으로서 다른 금융자산과 완전히 대체할 수 있다고 가정한다.
채권가격은 이자율과 역의 관계에 있다. 채권을 발행할 때 이자율이 i라고 하면, 1년 만기 후 1억원을 지불하는 채권의 현재가치(present value)는 다음과 같다.

$$\text{채권의 현재가치} = \frac{1억원}{1+i}$$

채권을 보유하는 동안 이자율이 내리면 채권가격이 상승하여 자본이익(capital gain)을 얻게 되고, 이자율이 상승하면 채권가격이 하락하여 자본손실(capital loss)을 보게 된다.

이자율이 높으면 개인은 이자율 하락(채권가격 상승)을 기대하고 채권을 매입한다. 이때는 화폐보유보다 채권보유가 유리하므로 투기적 화폐수요는 낮은 수준에 머무를 것이다. 이자율이 낮으면 반대현상이 일어날 것이다. 개인은 이자율이 오르면 은행에 예금하거나 채권을 구입하면서 화폐수요를 줄인다. 투기적 화폐수요는 이자율(i)의 감소함수라고 할 수 있으며, [그림 11-2]와 같이 우하향하는 곡선으로 나타낼 수 있다.

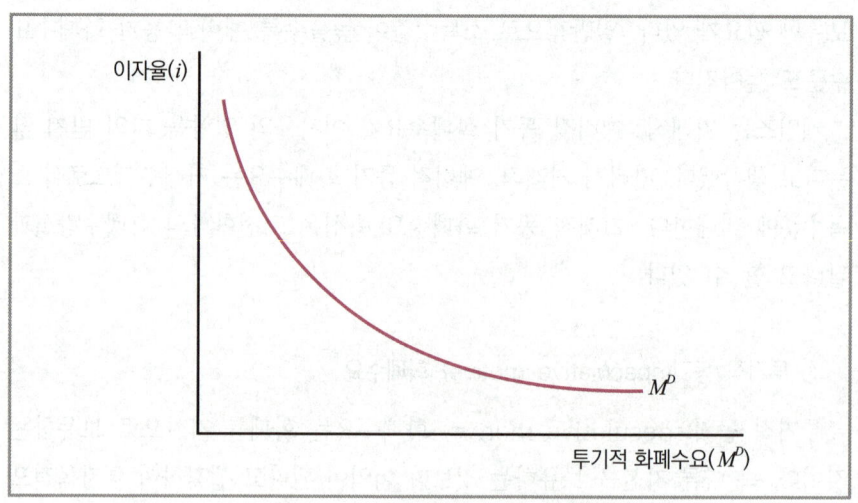

[그림 11-2] 투기적 동기 화폐수요

총화폐수요를 거래적, 예비적 화폐수요와 투기적 화폐수요로 나누어 볼 수 있다. 거래적, 예비적 화폐수요는 소득의 함수이고, 투기적 화폐수요는 이자율의 함수이다. 따라서 총화폐수요(M^D)는 소득(Y)과 이자율(i)의 함수로 나타낼 수 있다.

$$M^D = L(Y, i)$$

케인즈의 화폐수요함수는 소득이 증가하면 거래적, 예비적 화폐수요는 증가하고, 이자율이 상승하면 투기적 화폐수요는 감소하는 것을 나타낸다.

2 화폐수요와 공급의 균형

균형이자율에서 화폐수요와 공급은 일치한다. [그림 11-3]은 화폐의 공급곡선과 수요곡선을 보여준다. 정부가 공급하는 화폐의 총액은 이자율에 의존하지 않는다. 따라서 화폐의 공급곡선은 수직선이며, 화폐공급 M_0에서의 균형이자율 i_0이 된다. 명목이자율이 화폐보유의 대가이므로 이자율이 상승하면 화폐수요는 감소한다.

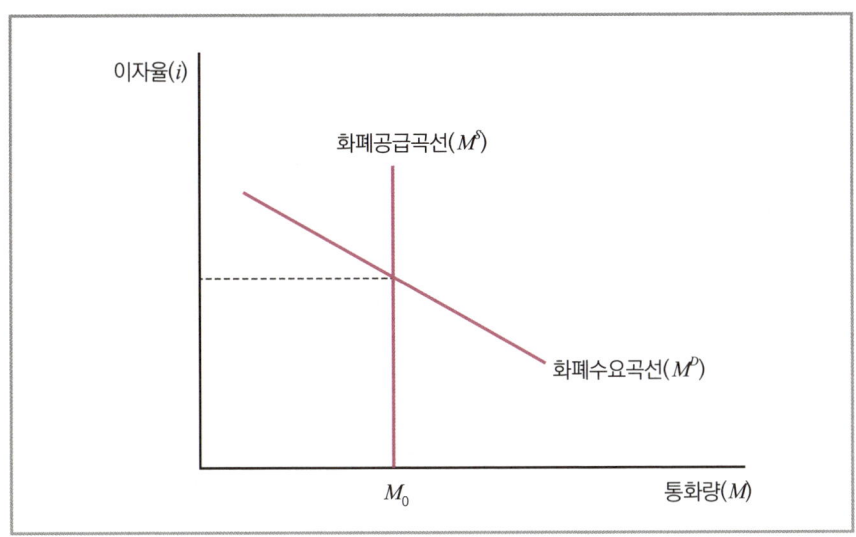

[그림 11-3] 균형이자율의 결정

케인즈의 화폐이론은 이자율이 화폐의 수요와 공급이 일치하는 점에서 결정된다는 원리를 기초로 하며, 유동성선호이론이라고 한다. 케인즈는 유동성선호이론을 이용하여 통화정책이 어떻게 작용하는지를 설명했다. 이를 위해 화폐공급변화가 이자율에 미치는 효과, 이자율변화가 투자에 미치는 효과, 그리고 투자변화가 국민소득수준에 주는 효과를 이해할 필요가 있다.

3 통화정책과 이자율

중앙은행이 화폐를 추가로 인쇄하거나 국채를 매입하여 통화량을 증가시킨다면 어떤 결과를 가져올 것인가? [그림 11-4]는 화폐공급의 변화가 어떻게 이자율을 변화시키는지 보여주고 있다.

실질통화량이 M_0에서 M_1로 증가하면 화폐공급곡선은 M_0^S에서 M_1^S로 이동한다. 균형이자율 i_0에서 화폐의 초과공급이 발생하므로 i_1로 하락한다. 이자율 하락은 투자를 증가시켜 국민소득을 향상시키는 효과를 가져오게 된다. 투자지출이 증가하면 소득(=산출)은 승수효과를 통해 증가한다. 실제로 투자는 명목이자율이 아닌 실질이자율에 따라 결정된다. 하지만 여기서는 물가수준이 고정되어 있으므로 명목이자율과 실질이자율은 같다.

■ 거꾸로 배우는 경제학 ■

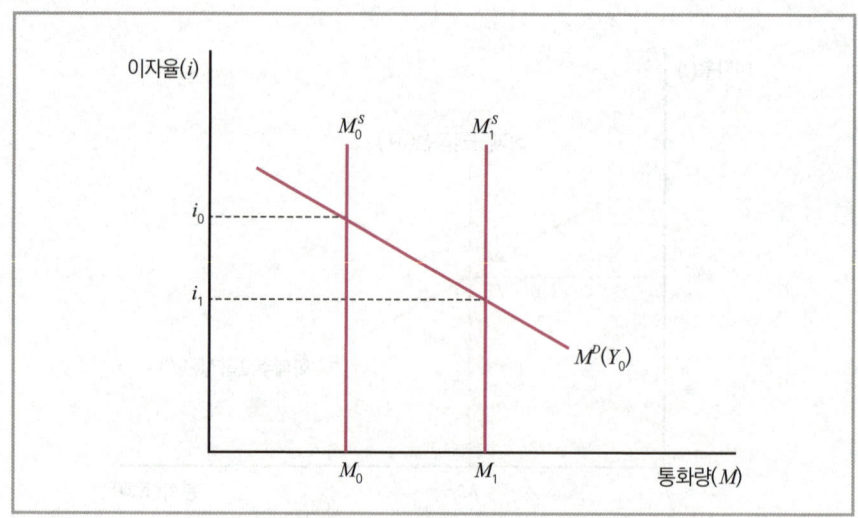

[그림 11-4] **통화정책의 효과**

[그림 11-5]에 따르면 투자자 I_0에서 I_1로 증가하면 총지출선이 위로 이동하고 균형소득수준이 증가한다. 산출(=균형소득)은 Y_0에서 Y_1로 증가한다. 소득이 증가하면 화폐수요곡선이 우측으로 이동하여 이자율을 증가시킨다. 물가가 일정하다고 가정하면, 각 물가수준에서 소득의 균형수준이 늘어나므로 총수요곡선은 우측으로 이동한다.

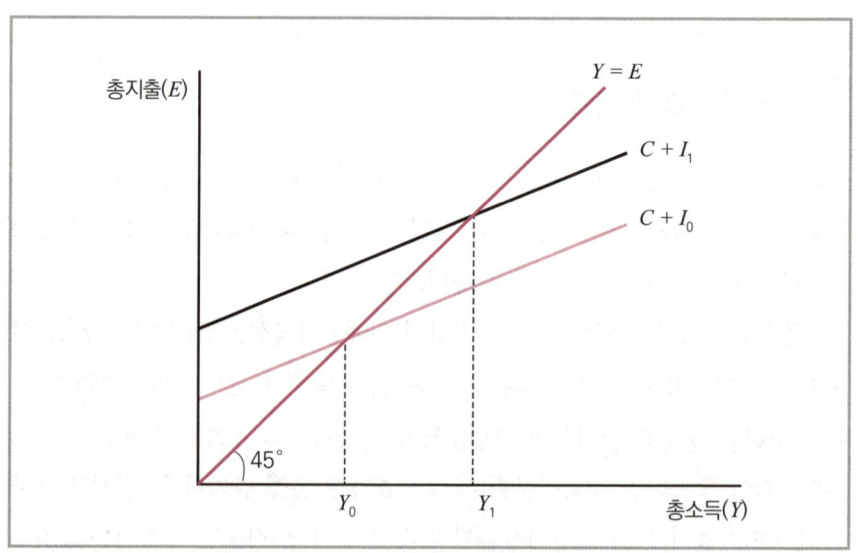

[그림 11-5] **투자증가의 효과**

【Eco-톡】 "금융위기는 반드시 다시 온다"

부동산 PF 부실 급증, '경제 뇌관'으로

위기 대응 강력 수단인 금융안정계정 도입 무산

1인당 예금보호한도도 올리지 않아

버냉키 "위기는 갑작스럽게 찾아와, 미리 정책도구 마련해놓는 게 중요"

"금융시스템은 본질적으로 불안정하다. 사람은 누구나 결국 한번은 죽는 것처럼 금융위기도 반드시 발생하게 돼있다. 제임스 볼드윈의 표현을 빌리자면 위기는 다시 올 것이다."

2008년 글로벌 금융위기 당시 미국 중앙은행인 연방준비제도(연준·Fed) 의장을 맡아 위기극복을 위해 동분서주했던 밴 버냉키(Ben S. Bernanke)의 말이다. 버냉키는 '헬리콥터 밴'(헬리콥터를 타고 달러를 뿌리는 사람)이라는 별명을 얻으면서까지 당시 유례없던 '제로 금리'와 '양적완화' 정책을 통해 세계를 위기에서 구해냈다는 평가를 듣는다. 비록 그같은 '초저금리 통화완화 정책'이 그후 다시 집값 폭등과 물가 급등이라는 부작용을 초래했지만 말이다.

버냉키는 뉴욕 연방준비은행 총재 및 재무장관을 역임했던 티머시 가이트너, 골드만삭스 최고경영자였던 헨리 폴슨 주니어와 함께 쓴 '위기의 징조들'(Firefighting)에서 "금융위기는 어느 순간 한꺼번에 일어나며, 정부로서는 위기 초기에 사용할 수 있는 강력한 정책도구(policy tool)들을 미리 갖춰 놓는 게 중요하다"고 강조한다. 위기가 발생한 이후에나 위기에 대응할 수 있는 도구와 정책을 마련하려 하면 실기(失機)할 수 있다는 것이다.

◆ 다시 스멀거리는 위기의 징후들

한국 경제에 위기의 징후가 다시 스멀거리고 있다. 2008년 미국을 강타한 금융위기처럼 부동산이 또 뇌관이다. 초저금리와 막대한 시중 유동성 영향으로 하늘 높은 줄 모르고 뛰었던 아파트 가격이 반락하면서다. 건설사와 금융사들이 얽혀있는 부동산 프로젝트 파이낸싱(PF)의 부실화가 도화선이 될 가능성이 크다.

금융권 부동산 PF 대출 연체율은 지난 9월 말 기준 2.42%로, 6월 말(2.17%) 대비 0.24%포인트(p) 상승했다. 작년 말(1.19%) 대비로는 1.23%포인트 뛴 것이다. 대출 잔액도 134조 3000억원으로, 전분기 대비 1조2000억원 늘었다.

업권별로 살펴보면 상호금융권 PF 대출 연체율이 4.18%로 전 분기 말(1.12%) 대비 3.05%포인트 상승했다. 저축은행권 연체율도 0.95%포인트 오른 5.56%, 보험업권 연체율이 0.38%포인트 오른 1.11%다. 증권사들의 PF 대출 연체율은 13.85%로 업권 중 가장 높았지만, 전분기 말(17.28%) 대비로는 3.43%포인트 하락했다.

금융위원회는 "상호금융권 자본과 충당금 적립 규모 등을 감안할 때 업권 전반의 건전성

거꾸로 배우는 경제학

리스크로 번질 가능성은 작다"고 하지만 저축은행이나 새마을금고 중심으로 소규모 위기의 발생 가능성을 배제할 수 없다.

◆ **위기 대응책 제대로 못짚는 정부와 정치권**

문제는 언젠가 위기가 올 것을 알고 있으면서도 정부와 정치권이 버냉키가 지적한 것처럼 위기 발생시 즉각 동원할 수 있는 정책 마련에 실패했다는 점이다. 이는 위기 발생시 호미로 막을 수 있는 일을 가래로도 막지 못하는 상황을 자초할 수 있다.

대표적인 게 △금융안정계정 도입 무산 △1인당 예금보호한도 상향 실패를 꼽을 수 있다.

금융당국은 그동안 연내 '금융안정계정'의 도입을 추진해왔다. 금융안정계정은 예금보험공사(예보) 내 기금을 활용해 유동성 위기 상황에서 일시적으로 어려움에 처한 금융사에 선제적으로 자금을 지원하는 제도다. 현재 예보는 은행을 비롯해 보험사·금융투자사·종합금융사·저축은행 등 각 금융사로부터 예금보험료를 받아 기금을 적립해 운영하고 있다. 현행대로라면 예보는 금융사가 파산한 뒤에나 이 기금을 활용해 유동성을 공급하지만, 금융안정계정이 도입되면 선제적으로 자금을 지원해 일시적으로 유동성 위기를 겪는 금융사의 파산을 막을 수 있다.

국회 정무위원회는 12일 오전 10시 법안소위를 열 예정이었으나, 여야 의사일정 합의 실패로 회의가 취소됐다. 금융안정계정 도입을 골자로 한 '예금자보호법 개정안'은 현재 법안소위에 계류 중으로, 오는 28일 본회의 전까지 입법 절차를 밟지 못할 경우 내년 5월 국회 회기 종료에 따라 폐기된다. 예금자보호법 개정안은 지난 2월 국회 정무위원회에 상정된 후 여러 차례 법안소위에 상정돼 논의됐으나, 더불어민주당에서 신중론을 펼치면서 법안 통과가 지체됐다.

지난 3월 미국 실리콘밸리은행(SVB) 파산 사태에서 보듯 모바일 기기를 이용한 '디지털 뱅크런(대규모 예금인출 현상)'으로 금융사 파산도 과거와 달리 빛의 속도로 가능해졌다. 금융안정계정이 도입되면 일시적 유동성 위기로 어려움을 겪는 금융사를 신속하게 도와 금융시스템 불안정을 방지할 수 있다.

예금보호한도 상향도 이미 물건너간 실정이다. 금융당국은 "한도 상향에 대한 이득보다 부작용이 더 크다"며 23년째 5000만원으로 묶여 있는 1인당 예금보호한도를 그대로 뒀다. 금융위원회의 논리는 1억원으로 한도 상향 시 보호를 받는 예금자의 비율이 98.1%에서 99.3%로 1.2%포인트 상승하는 데 그치며, 한도 상향의 편익은 소수 5000만원 초과 예금자(1.9%)에만 국한될 수 있다는 것이다.

단견(短見)도 이런 단견이 없다. 예금자보호제도는 금융사의 파산이나 영업정지 등의 사유로 예금을 지급할 수 없는 경우 은행을 대신해 정부 기관인 예금보험공사가 예금 지급을 보장함으로써 고객을 보호하는 제도다. 예금자 보호도 보호지만 더 큰 기능은 개별 금융사의 파산으로 인해 전체 금융시스템이 망가지는 걸 방지하는 것이다. 예금보호한도를 높이면 위기 발생시 예금자의 심리를 안정시켜 전체 금융시스템을 안정시킬 수 있다. 위기는 일종의 심리 싸움이다. 시장과 정부 간 싸움에서 정부가 승리해야 전체 시스템에 대한 신뢰를 지키고 위기의 확산을 막을 수 있다.

예금자보호제도는 지난 1995년 12월 예금자보호법이 제정되면서 도입됐다. 예금보험제도는 보험의 원리를 이용해 예금자를 보호한다. 예보는 예금보호 대상 금융회사(부보금융사)로부터 보험료(예금보험료)를 받아 기금(예금보험기금)을 적립, 금융사가 파산 등으로 예금을 지급할 수 없게 되면 대신 예금을 지급하게 된다.

현재 우리나라의 1인당 예금보호한도는 경제 규모에 비해 지나치게 적다. 미국의 예금보호한도는 25만달러(약 3억3000만원)다. 영국은 8만8000파운드(약 1억5000원), 일본은 1000만엔(약 9000만원)이다. 1인당 GDP 대비 보호 한도로 비교해도 미국은 3배, 영국과 일본은 2배 이상으로 1.17배(2022년 기준) 수준인 우리나라와 차이가 크다.

우리나라 예보와 비슷한 역할을 하는 곳이 미국에선 연방예금보험공사(FDIC)다. FDIC가 SVB와 시그내쳐(Signature) 은행 파산때 즉각 예금전액보호 조치를 내린 것은 두 은행의 파산이 전체 금융리스크로 번지는 것을 방지하기 위해서였다. 그리고 그런 조치는 효과를 거둬 두 은행 파산이 '찻잔속의 태풍'에 그치도록 하는 데 기여했다. 예금보호한도 상향이 효과가 없다면 FDIC가 이런 조치를 취했을리 만무하다.

금융안정계정 도입과 1인당 예금보호한도 상향 무산은 정부와 정치권이 해야 할 일을 방기한 것으로 볼 수 있다. 소 잃고 외양간 고치는 일이라면 누구라도 할 수 있다. 구태여 수억원의 연봉을 줘가며 고위 공무원이나 국회의원들을 둘 필요가 없다. 강현철기자

출처 : 디지털타임스 2023.12.12.

【Eco-톡】 》》 위대한 문학에서 배우는 돈에 대한 7가지 교훈

돈이 인생과 사회에서 중요한 요소라는 사실은 부인할 수 없다. 공산주의의 아버지 칼 마르크스도 사회를 개혁하기 위해선 하부구조, 즉 돈을 버는 기제인 생산양식부터 바꿔야 한다고 강조하지 않았던가.

사회적으로, 문화적으로 돈이 중요한 만큼 위대한 문학에서도 돈은 빠질 수 없는 주제다. 투자 전문사이트 더스트릿닷컴의 재테크 칼럼니스트 조 몬트가 7가지 문학 작품에서 돈과 관련한 교훈을 끄집어냈다. 몬트의 아이디어에 살을 덧붙여 위대한 문학에서 돈에 대해 배워본다.

◆ 위대한 개츠비-문제는 돈이 아니다

미국인들에게 가장 사랑 받는 소설 중의 하나인 F. 스콧 피츠제럴드의 '위대한 개츠비'가 전달하는 가슴 절절한 교훈은 돈으로는 사랑도, 행복도 살 수 없다는 것이다.

개츠비는 아무 것도 내세울 것 없는 집안의 아들이었다. 그는 제1차 세계대전에 참전했다 휴가 중에 데이지를 만나 사랑에 빠진다. 개츠비는 데이지를 두고 다시 군대로 돌아가야 했고 제대했을 때 이미 데이지는 다른 남자, 어마어마한 부자의 아내가 되어 있었다.

개츠비는 데이지가 다른 남자를 선택한 것은 자신에게 돈이 없었기 때문이라고 생각한다. 자신에 대한 데이지의 사랑이 변할 수 있다는 생각은 전혀 하지 못한다. 그만큼 개츠비는 사랑의 변덕스러움에 무지했다.

개츠비는 데이지가 돈 때문에 떠났으니 돈만 벌면 다시 데이지를 되찾을 수 있다고 생각한다. 그래서 그는 온갖 불법적인 수단을 다 동원해 엄청난 돈을 번다. 그에게 돈은 데이지의 사랑과 그 사랑으로 인한 행복을 사기 위한 수단이었다.

하지만 개츠비는 돈으로 데이지의 마음을 다시 얻을 수 없었다. 자신에게 닥칠 예상치 못한 허무한 죽음과 비극도 피할 수 없었다. 돈은 중요하지만 만능은 아니다.

개츠비가 어리석다고 생각하는가. 하지만 정말 많은 사람들이 의외로 '돈이 없어 안 된다'거나 '돈만 있으면 해결될텐데'라는 생각을 가지고 있다. 하지만 개츠비의 모습에서 알 수 있듯 이 생각은 틀린 것일 수 있다. 문제는 돈이 아니라 다른 것, 어쩌면 당신의 마음일 수 있다.

◆ 모비딕-돈을 감정으로 다루지 말라

당대에 인정 받지 못했던 불운한 작가 허먼 멜빌의 '모비딕(백경)'은 전혀 돈과 관계없는 얘기다. 멜빌 자체가 돈에 별다른 관심이 없었다. '모비딕'은 자신의 한쪽 다리를 앗아간 흰고래 '모비딕'에게 불타는 복수심만을 간직한 선장 에이허브의 무모한 도전과 비극에 관한 이야기이다.

에이허브 선장은 '모비딕'에 대한 복수심으로 모든 위험을 다 감수한다. 복수라는 열정이 그의 정신을 지배한다. 그에게는 '모비딕'에 복수할 때 감수해야 하는 위험에 대한 이성적 분석이 없었다. 그저 모든 사람들이 두려워하는 바다의 악마 '모비딕'을 잡는 데만 혈안이 돼있다.

성공한 사람 대다수는 가슴 벅찬 열정, 지칠 줄 모르는 투지를 가지고 인생의 목표를 달성했다. 하지만 열정과 투지는 때로 사람의 눈을 멀게 한다. 열정과 투지로 성공한 사람도 많지만 그 열정과 투지에 눈이 가리워 이성이 마비된 채 현실을 인식하지 못하고 실패한, 이름 모를 사람도 많다.

에이허브 선장은 또 큰 것 하나, '모비딕'만 잡으면 인생이 성공한다고 생각했다. 많은 사람들이 에이허브 선장처럼 큰 것 하나, '한탕'을 노린다. 작은 것 하나하나를 견실히 쌓아가는 성실함은 없다.

괜찮은 종목 하나 잡아 성공하면 인생이 바뀐다고 생각하는가. 큰 거 한 건을 노리지 말라. 부는 현실적인 매일의 성실함 속에서 쌓여간다. 열정을 갖되 현실에 눈 멀지 말라. 가슴엔 열정을 머리엔 이성을. 에이허브 선장에게 결여된 것은 이성이었다.

◆ 리틀 도릿-과도한 부채는 재난이다

'위대한 유산'과 '올리버 트위스트'의 작가 찰스 디킨스의 작품이다. 디킨스는 문학적으로 높은 평가를 받고 있지만 당대에도 인기 많은 행복한 작가였다. 덕분에 그는 많은 돈을 모을 수 있었다.

디킨스의 작품에는 돈의 여러 가지 측면이 나타난다. '올리버 트위스트'에는 비참한 가난이 묘사돼 있고 '크리스마스 캐롤'에는 인색함의 부정적인 면과 기부의 행복이 표현돼 있다.

하지만 인생과 돈에 대한 가장 광범위한 고찰을 담고 있는 소설은 아마 국내에 번역되지 않아 덜 알려진 '리틀 도릿'일 것이다.

소설의 전반부는 가난에 관한 것이다. 에이미 도릿은 아버지 윌리엄 도릿이 큰 빚을 지고 채무자 감옥 '마샬시(Marshalsea)'에 갇힌 탓에 언니, 오빠와 함께 감옥에서 자라난다. 성장한 후 감옥에서 풀려난 도릿은 온갖 고생을 다해 가며 여전히 감옥에 갇혀 있는 아버지와 철 없는 언니, 오빠를 부양한다.

그러다 예상치 못했던 엄청난 유산을 상속 받으면서 도릿 가족은 하루 아침에 거부가 된다. 따라서 소설의 후반부는 부에 관한 것이다. 도릿을 도와줬던 아서 클레넘은 반대로 전반부에서는 부유했으나 후반부에서는 투자 실패로 채무자 감옥에 갇히는 신세가 된다.

더 스트릿닷컴의 몬트는 디킨스가 1825년 영국을 휩쓸었던 은행 위기의 기억을 떠올려 소설 속에 비슷한 상황을 재현했다고 지적했다. 또 '리틀 도릿'에서 얻을 수 있는 돈에 대한 교훈은 과도한 채무가 은행은 물론 사회 전체에 재난이 된다는 점이라고 설명했다. 과도한 부채와 차입에 의한 투자는 윌리엄 도릿과 아서 클레넘이 채무자 감옥에 갇히는 것에서 알 수 있듯 매우 위험한 것이다.

하지만 이 책의 더 깊은 진정한 교훈은 돈이란 있다가도 없고 없다가도 있을 수 있다는 점,

거꾸로 배우는 경제학

그런데 그 돈의 있고 없음에 따라 인간은 교활하게 변한다는 점이라고 생각한다.

이 가운데 에이미 도릿은 돈의 있고 없음에 관계없이 한결 같은 성실함과 겸손함을 갖춘 인물로 묘사된다. '리틀 도릿'을 통해 디킨스가 말하는 진정한 돈에 대한 교훈은 가장 큰 자산은 소유하고 있는 돈이 아니라 에이미 도릿처럼 사람 그 자체라는 점이다.

◆ 가난한 리처드의 달력-부자를 만드는 것은 절약과 근면

미국 독립선언서의 기초를 마련하는데 참여했던 인물 벤저민 프랭클린이 달력을 만들 때 적어 놓았던 돈과 사업에 관한 경구들을 모아 출간한 책이다. 검약과 부지런함이 부자를 만든다는 평이한 진리를 담았지만 옆에 두고 읽어보면 부자가 되기 위한 마음자세를 가다듬는데 도움이 되는 보석 같은 책이다. 다음은 책 속에 포함된 경구 일부이다.

지출 관리: "티끌 모아 태산." "작은 구멍이 큰 배를 침몰시킨다."

근면: "쇠붙이를 못 쓰게 만드는 녹처럼 나태함은 노동으로 지치는 것과는 비교도 안 될 정도로 빠르게 우리의 몸을 갉아 먹는다. 한편, 늘 사용하는 열쇠는 항상 반짝이기 마련이다."

가난에 대한 경고: "빈 자루는 똑바로 서 있기 어렵다."

빚에 대한 경계: "굶주린 배를 움켜쥐고 잠자리에 드는 것이 빚을 지는 것보다 낫다."

퇴직을 대비한 저축: "5실링을 잃어버린 사람은 단지 5실링만 손해본 것이 아니다. 5실링을 저축했을 때 얻을 수 있는 이득까지 잃어버린 것이다. 5실링을 저축해 이자가 붙으면 젊은 사람이 나이가 들었을 때 상당한 양으로 늘어날 것이다."

윤리: "부정직한 이득을 피하라. 어떠한 가격으로도 악덕의 격렬한 고통을 보상할 수 없다."

현실적인 기대: "행운을 기다리는 사람은 저녁을 먹을 수 있는지조차 확신할 수 없다."

◆ 이솝우화 중 구두쇠-돈 자체는 아무 것도 아니다

한 구두쇠가 살았다. 그는 모든 재산을 팔아 금괴로 바꾼 뒤 자신만 아는 장소에 묻어두고 매일 가서 보고 좋아했다. 어느 날 하인 하나가 구두쇠의 비밀을 알아채고 금괴를 훔쳐 달아났다. 구두쇠는 세상이 끝난 것처럼 괴로워하며 운다. 이 모습을 보고 이웃사람이 냉정하게 말한다. "당신에겐 그 금괴가 있든 없든 상관이 없소. 어차피 바라만보고 좋아할 거라면 오늘부터 돌덩이를 묻어두고 바라보고 좋아하면 마찬가지 아니겠소."

이웃사람의 차가운 반응은 2가지를 생각하게 한다. 첫째, 부는 절대적인 규모가 아니라 마음의 문제다. 구두쇠는 어차피 금괴를 써버릴 생각이 없었다. 그저 금괴가 있다는 사실 자체가 좋았다. 그러니 마음을 바꿔 돌덩이를 바라보고 좋아하기로 결심한다면 금괴를 바라보고 좋아하든 돌멩이를 바라보고 좋아하든 마찬가지일 것이다. 교환 수단으로써 금괴의 가치가 문제가 아니니 마음만 바꾸면 될 일이다.

둘째, 돈 자체는 목적이 될 수 없다. 구두쇠에겐 금괴 자체가 인생의 기쁨이요, 목적이었다. 하지만 사람들이 돈을 원하는 것은 돈으로 얻게 되는 편리함, 주변 사람들의 존경과 부러움, 돈으로 얻게 되는 조금 더 맛있는 음식과 멋있는 옷, 좋은 차, 일하지 않을 자유 등이다.

따라서 돈이 많았으면 좋겠다고 생각하기 전에 돈을 통해 얻고 싶은 것이 무엇인지 명확히 하는 것이 좋다. 때로는 돈을 통해 얻고 싶은 것이 그리 인생에서 중요하지 않은 것이거나 혹은 굳이 돈이 없어도 할 수 있는 일일 수 있다.

구두쇠처럼 어리석게 살고 싶지 않다면 왜 부자가 되려 하는지 생각해보라. 진짜 돈이 좋다면 구두쇠의 이웃사람이 조언해준대로 돌덩이를 돈이라고 생각하고 "나는 돈이 많아, 나는 진짜 부자야"라고 혼자 생각하며 좋아하는 것도 방법이다.

더 스트릿닷컴의 몬트는 이외에 에드거 앨런 포의 '황금충'과 에인 랜드의 대작 '아틀라스'에서 돈에 대한 교훈을 가려냈다.

◆ '황금충'은 숨겨진 보물을 찾는 이야기인데 몬트는 이 소설의 줄거리와 반대로 "빨리 부자가 되고 싶다는 꿈을 꾸는 것은 좋지만 꿈이 근면과 노력을 대체할 수는 없다"는 교훈을 제시했다.

◆ '아틀라스'는 생산 없는 분배, 발전 없는 평등주의, 포퓰리즘에 대한 비판을 가득 담고 있다. 아울러 개인의 자발적인 노력과 발전하고자 하는 의지, 자율성, 창의성 등이 세상을 지탱하는 힘이라고 강하게 주장한다.

"가난은 나라도 어찌하지 못한다"는 말이 있다. 전세계의 돈을 지금 모두 거둬 모든 사람들에게 똑같이 분배한다고 해도 3개월만 지나면 다시 빈부격차가 생길 것이란 말도 있다. 결국 개인의 의지와 노력이 중요하다는 점을 강조한다.

출처 : 머니투데이 2011.07.08.

단원별 연습문제

01. 기업이 자금을 조달하는 방식 중 직접금융방식이 아닌 것은?
① 주식의 발행   ② 회사채의 발행
③ 유상증자   ④ 개인사채의 차입
⑤ 단기은행차입

02. 다음 중 협의통화 M_1에 포함되지 않는 것은?
① 현금통화
② 일반은행의 요구불예금
③ 상호저축은행의 요구불예수금
④ 예금취급기관의 수시입출식 저축성예금
⑤ 금전신탁

03. 다음 중 광의통화 M_2의 범주에 속하지 않는 것은?
① 예금취급기관의 요구불예금
② 예금취급기관의 수시입출식 저축성예금
③ 양도성예금증서
④ 금융채   ⑤ 지급준비금

04. 다음 중 우리나라 한국은행의 최종목표와 직접적인 관련이 있는 기능은 무엇인가?
① 물가의 안정   ② 화폐의 발행
③ 은행의 은행   ④ 국고금의 출납
⑤ 정부의 은행

05. 우리나라의 예금취급기관 중 은행의 가장 중요한 기능은 무엇인가?
① 통화량의 조절   ② 국고금의 출납
③ 외환의 관리   ④ 정책자금의 공급
⑤ 신용의 창조

제11장 | 통화와 통화정책

06. 다음 중 금융의 겸업화와 관련이 있는 것은?

① 금융실명거래제 ② 방카슈랑스
③ BIS 자기자본비율 ④ 리디노미네이션
⑤ 달러라이제이션

07. 본원통화에 대한 다음의 서술 중 옳은 것은?

① 본원통화는 한국은행의 통화성 자산이다.
② 본원통화는 화폐발행액에서 법정지급준비예치금을 공제한 나머지 부분이다.
③ 본원통화는 통화량에 영향을 미치므로 M_1의 크기를 알기 위해서는 본원통화의 공급량을 먼저 알아야 한다.
④ 한국은행이 공채를 매입하면 본원통화는 감소한다.
⑤ 수출의 지속적인 증가로 인한 외국환의 국내유입은 본원통화를 증가시킨다.

08. 본원통화의 증감에 직접적인 영향을 주는 요인이 아닌 것은?

① 중앙은행의 대정부대출 ② 정부의 국고금 수입
③ 중앙은행의 대금융기관대출 ④ 기업의 신규투자
⑤ 중앙은행의 국공채 매각

09. 법정지급준비율이 10%이고 본원적 예금이 1,000만원이라면 신용창조과정을 통해 증가하는 예금은행조직 전체의 법정지급준비금은 얼마나 되는가? 단, 은행조직 밖으로의 현금누출과 예금은행의 초과지급준비금은 없다고 가정한다.

① 100만원 ② 200만원
③ 500만원 ④ 800만원
⑤ 1,000만원

10. 통화량의 본원통화에 대한 비율을 통화승수라 한다. 통화승수에 대한 서술로서 옳은 것은?

① 본원통화가 증가하면 통화승수는 작아진다.
② 통화승수가 1보다 큰 것은 예금은행의 신용창조 때문이다.
③ 총지급준비율이 100%일 때는 통화승수가 1보다 작다.
④ 현금예금비율이 높을수록 통화승수는 커진다.
⑤ 예금은행이 초과지급준비금을 많이 보유할수록 통화승수는 커진다.

■ 거꾸로 배우는 경제학 ■

11. 금융, 자본시장에 대한 다음의 서술 중 옳지 않은 것은?

① 일반은행이 한국은행으로부터 차입할 때 지불하는 이자율을 재할인율이라고 한다.
② 은행과 은행간의 초단기 자금거래가 일어나는 시장을 콜시장이라고 한다.
③ 시중에 유통중인 현금과 총지급준비금을 합한 것을 본원통화라고 한다.
④ 공개시장조작이란 한국은행이 공개된 시장에서 주식이나 회사채를 사고 파는 것을 말한다.
⑤ 한국은행의 대출이자율은 보통 예금은행의 대출이자율보다 낮다.

12. 중앙은행이 취할 수 있는 다음 여러 가지 금융정책의 조합 중에서 가장 긴축성이 강한 것은?

① 공개시장 매각, 법정지급준비율 인상, 재할인율 인상
② 공개시장 매각, 법정지급준비율 인상, 재할인율 인하
③ 공개시장 매각, 법정지급준비율 인하, 재할인율 인상
④ 공개시장 매입, 법정지급준비율 인상, 재할인율 인상
⑤ 공개시장 매입, 법정지급준비율 인하, 재할인율 인하

13. 화폐금융정책이 실물경제에 영향을 미치는 전달경로에 관한 다음 설명 중 가장 적절하지 못한 것은?

① 화폐공급량이 증가하면 채권에 대한 수요가 증가하고 이에 따라 이자율이 하락한다.
② 화폐공급량이 증가하면 주식가격이 상승하고 투자가 촉진된다.
③ 화폐공급량이 증가하면 민간의 자산 증가로 소비재에 대한 수요가 증가한다.
④ 화폐공급량이 감소하면 부동산에 대한 수요가 증가한다.
⑤ 화폐공급량이 감소하면 기업은 유동성을 적정수준으로 유지하기 위해 신규투자를 축소한다.

14. 케인즈의 유동성선호설에 대한 다음의 서술 중 가장 옳지 않은 것은?

   ① 이자율이 최저수준이면 투기적 화폐수요는 최대가 된다.
   ② 실질화폐수요는 실질국민소득과 이자율의 함수이다.
   ③ 화폐의 소득유통속도가 이자율에 민감하게 반응한다고 가정한다.
   ④ 투기적 화폐수요의 대상은 각종 자산이므로 국공채, 회사채, 주식, 실물자산의 예상수익률을 전부 이자율로 간주한다.
   ⑤ 통화량의 변동이 이자율의 변동을 통해 총수요와 실질국민소득을 결정한다는 통화공급의 전달경로와도 어느 정도 관련이 있는 이론이다.

15. 케인즈의 화폐수요이론에 대한 설명 중 옳지 않은 것은?

   ① 유동성함정의 경우에는 중앙은행이 통화량을 증가시키더라도 시장이자율은 변하지 않는다.
   ② 이자율이 높은 수준에서는 증권가격이 역시 높기 때문에 증권에 대한 수요가 크고 따라서 화폐수요가 낮게 된다.
   ③ 거래적 동기와 예비적 동기에 의한 화폐수요는 소득수준의 증가함수이다.
   ④ 유동성함정의 경우에는 이자율이 매우 낮은 수준이다.
   ⑤ 화폐에 대한 수요와 공급이 일치하는 점에서 이자율이 결정된다.

16. 프리드만의 신화폐수량설의 내용으로서 옳지 않은 것은?

   ① 마샬의 k는 상수가 아니라 각종 자산의 이자율 및 기대인플레이션율의 안정적 함수이다.
   ② 통화량의 증가는 명목소득에 영향을 미친다.
   ③ 통화량의 증가는 실질소득에 영향을 미치지 않는다.
   ④ 통화량 증가의 장단기효과는 서로 다르다.
   ⑤ 통화량의 증가는 이자율에 다소나마 영향을 미칠 수는 있다.

거꾸로 배우는 경제학

정답 및 해설

1. ⑤ 직접금융방식이란 자금의 최종수요자와 공급자가 직접 자금을 거래하는 방식
2. ⑤ 금전신탁은 협의통화 M_1에는 포함되지 않고 광의통화 M_2에 포함된다.
3. ⑤ 지급준비금은 광의통화 M_2에 포함되지 않는다.
4. ① 가장 중요한 중앙은행의 기능은 물가안정목표제하에서 물가의 안정이다.
5. ⑤ 예금과 대출을 중개하는 예금은행의 가장 중요한 기능이다.
6. ② 방카슈랑스 : 은행에서 보험을 판매하는 금융겸업화의 한 형태
   ③ BIS 자기자본비율 : 은행의 자기자본을 위험가중자산으로 나눈 값
   ④ 리디노미네이션 : 화폐의 액면을 10대 1 또는 100대 1 등의 비율로 일괄적으로 낮추는 것
   ⑤ 달러라이제이션 : 자국통화를 포기하고 대신 미국의 달러화를 자국통화로 사용하자는 것
7. ⑤
   ①, ② 본원통화는 한국은행의 통화성 부채이며 화폐발행액과 법정지급준비예치금을 합한 것이다.
   ③ M1의 크기를 알기 위해 미리 본원통화의 크기를 알아야 할 필요는 없다. 왜냐하면 M1과 본원통화는 그 구성요인이 정확히 일치하지 않기 때문이다.
   ④ 한국은행의 공채매입은 본원통화를 증가시킨다.
8. ④ 본원통화와 무관 ②,⑤ 본원통화의 감소, ①,③ 본원통화의 증가
9. ⑤ 예금은행의 신용창조과정은 본원적 예금(1,000만원)이 모든 예금은행의 법정지급준비금의 합계(1,000만원)와 같아질 때까지 계속된다.
10. ② 통화승수 = $\dfrac{\text{현금예금비율}+1}{\text{현금예금비율}+\text{총지급준비율}}$ = $\dfrac{\text{현금예금비율}+1}{\text{현금예금비율}+\text{총지급준비율}(1-\text{현금통화비율})}$
    ① 본원통화가 증가하면 통화량이 늘어날 뿐 통화승수에는 어떤 영향도 미치지 않는다.
    ② 통화승수가 1보다 큰 것, 즉 통화량〉본원통화인 것은 예금은행의 신용창조 때문이다.
    ③ 총지급준비율이 100%, 즉 1이면 통화승수가 1이 된다.
    ④ 현금예금비율이 높을수록 통화승수는 작아진다.
    ⑤ 예금은행이 초과지급준비금을 많이 보유하여 총지급준비율이 높아지면 통화승수는 작아진다.
11. ④ 공개시장조작이란 중앙은행이 공개시장에서 주식이나 회사채를 사고 파는 것이 아니라 국공채의 매입이나 매각을 통해 통화량과 이자율을 조절하는 정책을 말한다. 그러나 정부가 발행한 국공채를 주요 조작대상으로 하는 선진국과 달리 우리나라에서는 중앙은행이 발행한 통화안정증권이나 환매조건부 국공채를 주요 조작대상으로 하고 있다.
12. ① 긴축금융정책, 즉 통화량을 감소시키고 이자율을 상승시키는 정책 조합을 찾아보라. ① 공개시장 매각 → 통화량 감소, 이자율 상승, 법정지급준비율 인상 →초과지급준비금 감소 →통화량 감소, 이자율 상승, 재할인율 인상 →예금은행의 대중앙은행차입금 감소→통화량 감소, 이자율 상승
13. ④
    ① 케인즈가 상정한 대표적인 이자율경로이다. 이때 이자율이 하락하면 생산물시장에서 투자가 증가할 수 있다.
    ② 주식가격 상승으로 기업의 내재가치가 높아지면 투자가 증가할 수 있다.
    ③ 피구효과 또는 실질잔고효과이다가 증가한다.
    ④ 이때에 부동산에 대한 수요가 감소한다.
    ⑤ 이 때 기업은 자금경색을 우려하여 자금을 확보하는 대신 신규투자를 줄이게 된다.

14. ④ 케인즈는 분석의 단순화를 위해 보유가능자산을 화폐와 채권 등 두 가지로 대별하였다. 따라서 케인즈의 유동성선호설에서는 채권이자율을 대표적인 이자율로 가정하고 있다.

15. ② 이자율이 높은 수준에서는 증권가격이 낮기 때문에 증권에 대한 수요가 크고 따라서 투기적 화폐수요는 낮게 된다.

16. ③ 프리드만의 신화폐수량설에서는 통화량의 증가→명목국민소득의 증가→실질국민소득의 증가로 나타난다고 가정한다.

연습문제

[문제 1] 화폐가 수행하는 주요 기능이 무엇인지 설명하라. 이 중 가장 본원적인 기능은 무엇인가?

[문제 2] 중앙은행의 역할에 대해 설명하라.

[문제 3] 사람들이 옷장 속에 두었던 현금을 꺼내서 저축예금 계좌에 넣기로 결정했다고 하자. 이것이 M_1과 M_2에 미치는 영향을 설명하라.

[문제 4] 화폐공급량이 늘어나면 이자율이 떨어지는 이유를 설명하라.

[문제 5] 화폐에 대한 수요를 결정하는 요인들은 무엇이며, 이들과 화폐수요 사이에는 어떤 관계가 있는지 설명하라.

제12장
실업과 인플레이션

제1절 경기순환
제2절 실업
제3절 인플레이션
단원별 연습문제

실업은 개인이나 가계에 엄청난 고통을 안겨준다. 대부분의 가계는 주로 근로소득으로 생계를 유지하기 때문에 실업은 생계유지를 어렵게 만든다. 우리나라의 경우에도 1997년 외환위기 이후에 많은 사람들이 실직을 당하였고, 노숙자가 크게 늘고 경제적 이유로 이혼하는 가정도 많이 증가하였다. 실업은 또한 사회적 관계의 단절과 자존감의 손상을 초래하기도 하므로 매우 심각한 사회적 질병이라고 할 수 있다.

물가가 지속적으로 상승하는 인플레이션도 많은 문제점을 발생시키지만 실업만큼 절박한 문제를 야기시키지는 않는다. 그러나 인플레이션도 명목소득이 일정한 가계에 큰 타격을 주고 경제전체의 효율성을 떨어뜨리는 결과를 초래하므로 원인과 대책에 대해서 살펴볼 필요가 있다. 실업과 인플레이션은 경기순환과 매우 밀접한 관계를 가지고 있으므로 먼저 경기순환에 대해서 알아보자.

"인플레이션은 입법 없이 부과될 수 있는 유일한 과세 형태입니다."
-밀턴 프리드먼-

"인플레이션은 죄악과 같다. 모든 정부는 인플레이션을 비난하지만 모두 실행한다."
-프레더릭 윌리엄리스로스-

"일시적으로 물가가 오르면 실업률이 내려갈 수 있지만, 장기적으로는 인플레이션과 실업률에는 상관관계가 없다."
-밀턴 프리드먼-

제12장 ■ 실업과 인플레이션

제1절 경기순환

1 경기순환의 패턴

한 나라의 국민소득은 일정한 수준을 유지하거나 일정한 비율로 성장하는 것이 아니다. 국민소득이 매우 빠르게 증가하는 시기와 그것이 감소하거나 경제성장률이 낮아지는 시기가 반복되는 파동현상이 존재한다. 이 현상을 경기순환 (business cycles)이라고 한다. 한 나라의 경제는 일반적으로 확장기와 수축기를 반복하면서 장기적으로 성장을 지속한다. 파동을 그리는 순환적 경제성장을 두 부분으로 나누어 파동의 성질과 원인을 규명하는 경기순환의 이론과 장기적 경제성장의 추세(trend)를 다루는 경제성장의 이론으로 구분한다. 여기서는 그 가운데 경기순환에 대해 살펴본다.

[그림 12-1]이 경기순환의 주기를 설명하고 있다. 경기순환의 주기는 가장 깊은 불황의 골짜기인 저점(trough)에서 시작하여 경기가 상승국면에 있는 확장기(expansion)를 거쳐 최고의 호황인 정점(peak)을 지나 다시 경기가 하강하는 수축기(contraction)를 거쳐 다시 저점에 도달하는 것을 말한다.

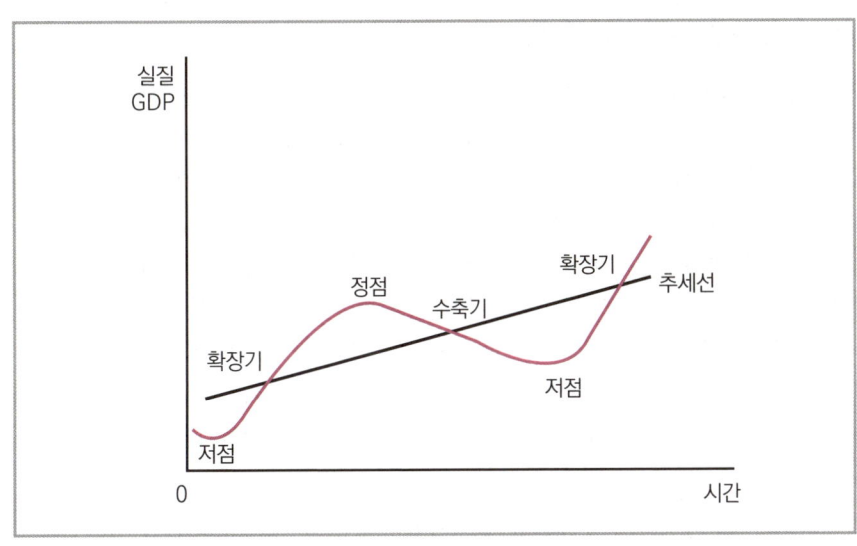

[그림 12-1] 경기순환

거꾸로 배우는 경제학

확장기를 두 국면으로 나눌 수 있으며, 저점에서 추세선까지를 회복기(recovery)라고 하고, 추세선에서 정점까지를 호황기(boom)라고 한다. 그리고 수축기도 경기후퇴(recession)와 불황(depression)으로 나눈다. 경기순환의 주기는 저점에서 다음 저점까지, 혹은 정점에서 다음 정점까지 등 한 국면에서 다음의 동일한 국면까지를 가리킨다.

경기순환이 발생하는 원인은 총수요곡선과 총공급곡선이 외부의 충격에 의해 이동함으로써 경기순환이 발생한다. 어떤 요인에 의해서 총수요가 증가하면 확장기가 오고 총수요가 감소하면 수축기가 도래한다. 반면에 총공급이 증가하면 역시 확장기가 오고 총공급이 감소하면 수축기가 찾아온다.

[Eco-톡] ≫ 비공식적으로 경기변동을 판단하는 재미 있는 방법들

경기하면 왠지 어렵게만 느끼는 사람들이 있습니다. 그러나 일반 사람들이 복잡하고 전문적인 통계나 자료에 의존하지 않고도 경기변동을 판단하는 방법이 여러 가지 있습니다. 아래와 같은 방법으로 경기상황을 나름대로 손쉽게 진단해 볼 수 있습니다. 경기의 상황에 따라 거리의 옷 색깔이 달라지는데 경기가 좋을 때에는 밝고 깨끗한 색깔의 옷이 많이 눈에 띄는 반면 경기가 나쁠 경우에는 어둡고 우중충한 색깔이 주류를 이룬다고 합니다. 뿐만 아니라 경기상황에 따라 여러 가지 독특한 현상도 나타나는데 경기나 나빠지면 길거리의 담배꽁초의 길이가 짧아진다든지 위스키나 맥주보다는 소주의 판매량이 늘어난다는 것입니다. 병원의 경우에도 경기가 좋을 때에는 성형외과를 찾는 사람들이 상당히 있으나 경기가 나쁠 경우에는 찾는 사람들이 크게 줄어드는 반면 신경정신과는 더욱 붐비게 되는데 이는 불황에 따른 스트레스로 인해 상담 받는 사람들이 늘어나기 때문입니다.

많은 경제전문가들은 나름대로 자기만의 경기진단법을 가지고 있습니다. 앨런 그린스펀 전 미국 연방준비제도이사회 의장은 기준금리를 결정하는 회의에 들어가기 전 쓰레기 배출량을 살폈다고 합니다. 뉴욕시 외곽에 위치한 퀸즈, 브루클린, 브롱스 등이 그가 자주가던 쓰레기 매립장인데 뉴욕시의 쓰레기 물동량의 증감을 통해 현재의 소비 동향을 판단했던 것입니다. 티모시 가이트너 전 미국 재무장관은 매일 아침 60가지 지표를 점검했는데 체크리스트에는 주가, 금리, 환율과 같은 통상적 경제지표는 물론 스타인웨이(그랜드피아노) 매출 동향도 들어 있었습니다. 경기가 나쁠수록 고급 피아노는 덜 팔릴 수 밖에 없기 때문이지요. 월트디즈니회장을 지낸 마이클 아이스너는 소비자신뢰지수와 디즈니랜드 예약률, 투자은행으로부터 걸려오는 전화를 경제지표로 삼았습니다. 그는 불황에는 투자은행들의 전화가 평소보다 5배는 많다고 설명했습니다.

이 밖에 월스트리트 저널(2000년)은 일반인들이 경기변동을 파악할 수 있는 '피부경제지표

12가지'를 다음과 같이 소개하고 있습니다. ① 일요일자 신문의 부피: 경기가 호황일 때는 기업의 광고비 지출이 늘어나 주말판 신문의 두께가 두툼 해짐 ② 자동차 광고문구: 호경기에는 호사스러운 문구, 불경기에는 할인판매와 저금리 할부금을 강조 ③ 미 연준의장의 위상: 호경기에는 만인의 우상, 불경기에는 인기저하 ④ 화물열차의 행렬: 차량숫자와 경기가 비례 ⑤ 주택시장: 경기가 좋을 때에는 매물이 즉시 처분되는 경향 ⑥ 달러화의 위력: 호경기에는 달러화 가치 상승 ⑦ 장단기 금리 역전: 경기둔화시 장기 금리가 단기금리를 하회하는 역전현상 발생 가능 ⑧ 목수 등 잡역부 수요: 경기가 나쁠 때는 이들을 부르기가 쉬움 ⑨ 범죄율: 경기가 좋아지면 범죄율이 하락 ⑩ 신기술제품 소비: 소비가 늘면 호경기, 줄면 불경기 ⑪ 출산율: 호경기에는 가계사정이 나아져 출산율이 높아짐 ⑫ 주식투자: 경기호황은 증시활황과 밀집한 상관관계를 보인다.

출처 : 중앙일보 2016.11.07.

2 경기지수

경기순환이란 실질 GDP의 순환적 변동을 말하는데, 실질 GDP의 변동과 매우 긴밀한 관련성을 가지고 변화하는 다른 변수들이 많이 존재한다. 그런 변수들 가운데에는 실질 GDP보다 앞서 변화하는 것, 동시에 변화하는 것, 나중에 변화하는 것도 있다. 그래서 미래의 경기를 예측하거나 현재나 과거의 경기상태를 확인하기 위해서 경기와 관련 있는 경제변수를 그 중요도에 따라 종합적으로 가공하여 경기지표로 사용한다.

우리나라 통계청은 매월 21개의 경기관련지표를 종합 가공하여 경기종합지수(composite index : CI)를 발표함으로써 경기판단에 도움을 주고 있으며, 2015년을 기준년도로 잡고 있다. 경기종합지수는 국민경제 전체의 경기동향을 쉽게 파악하기 위하여 경제부문별(생산, 투자, 고용, 소비 등)로 경기에 민감하게 반영하는 주요 경제지표들을 선정한 후 이 지표들의 전월대비 증감률을 합성하여 작성하며, 개별 구성지표들의 증감률 크기에 의해 경기변동의 진폭까지도 알 수 있으므로 경기변동의 방향, 국면 및 전환점은 물론 속도까지도 동시에 분석할 수 있어 우리나라의 대표적인 종합경기지표로 널리 활용되고 있다. 경기종합지수에는 선행종합지수, 동행종합지수, 후행종합지수가 있다. [그림 12-2]는 우리나라의 경기종합지수 추이를 보여주고 있다.

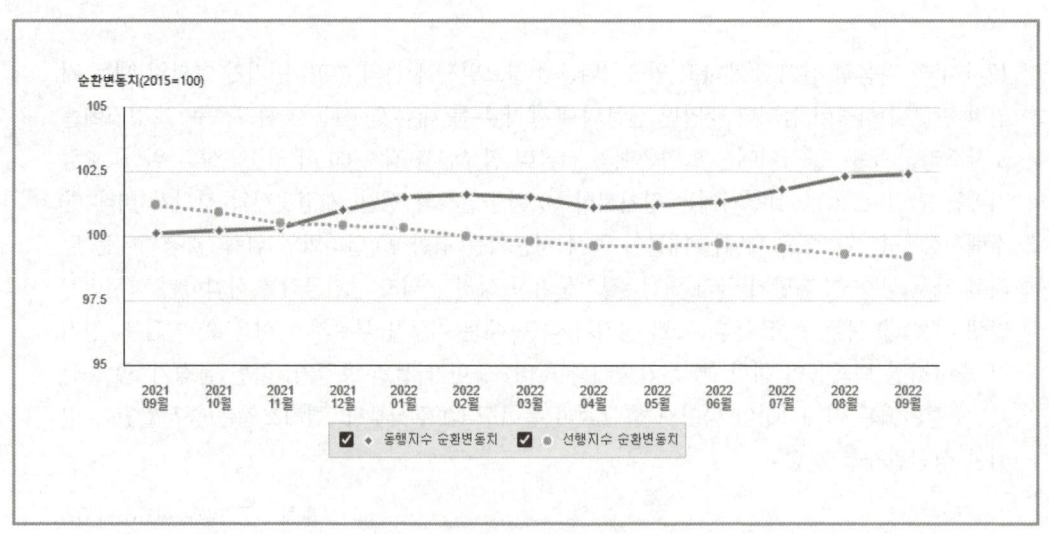

[그림 12-2] 경기종합지수 추이

(1) 선행종합지수(Leading composite index)

선행종합지수는 앞으로의 경기동향을 예측하는 지표로서 구인구직비율, 건설수주액, 재고순환지표, 소비자기대지수, 기계류내수출하지수, 수출입물가비율, 국제원자재가격지수, 코스피지수, 장단기금리차 등과 같이 앞으로 일어날 경제현상을 미리 알려주는 9개 지표들의 움직임을 종합하여 작성한다. 통계청은 2015년을 기준년도로 하여 지수를 100으로 잡고 매월의 선행종합지수를 발표하며, 그것은 몇 개월 후의 경기동향을 예측하는데 사용된다.

(2) 동행종합지수(Coincident composite index)

동행종합지수는 현재의 경기상태를 나타내는 지표로서 광공업생산지수, 소매판매액지수, 비농림어업취업자수, 서비스업생산지수, 내수출하지수, 건설기성액(실질), 수입액(실질) 등과 같이 국민경제 전체의 경기변동과 거의 동일한 방향으로 움직이는 7개 지표로 구성된다. 2015년을 기준년도로 하여 현재의 경기상황을 파악하는데 사용된다.

(3) 후행종합지수(Lagging composite index)

후행종합지수는 경기의 변동을 사후에 확인하는 지표로서 생산자제품재고지수, 회사채유통수익률, 가계소비지출, 상용근로자수, 도시가계소비지출(실질) 등과 같은 5개 지표로 구성된다.

제12장 ▎실업과 인플레이션

【Eco-톡】 ≫ **경기를 판단할 때 V, U, L, W자는 무슨 의미인가요?**

어떤 나라의 경기가 앞으로 어떤 모습을 보이며 회복 될까를 설명하면서 자주 V, U, L, W자 등이 인용되고 있습니다. 시간의 경과에 따른 경기순환 모습을 그림으로 그렸을 때 그 모양에 따라 경기회복이 빠르면 V자, 다소 느리면 U자, 일본의 '잃어버린 10년'과 같이 장기 불황의 경우에는 L자, 경기가 좋아졌다 나빠졌다를 반복하며 바닥을 두 번 친 경우를 W자 또는 더블딥(dou-ble dip)이라 합니다. 또한 장기불황의 유형을 표현할 때 '일본형'과 '아르헨티나형' 등으로 구분하기도 합니다. '일본형'이란 1990년대 초반의 주가 지가 등 자산가격버블의 붕괴(1980년대 자산가격이 약 4배 폭등한 후 1990년대에는 동 가격이 1/4로 폭락)에다 산업경쟁력 약화가 가세하여 발생한 경우이고, '아르헨티나형'은 반시장 인기영합주의(populism) 경제정책에 따른 방만한 재정운용과 만성적인 재정적자 그리고 구조조정의 실패와 정치불안정에 의해 경기침체가 지속된 경우를 말합니다.

출처 : 한국은행의 알기 쉬운 경제이야기

제2절 실업

1 실업률의 측정

실업(unemployment)이란 일을 할 능력이 있고 일자리를 찾고 있음에도 불구하고 일자리가 주어지지 않는 상태를 말하며, 실업상태에 있는 사람을 실업자라고 한다. 실업은 경기순환과 매우 밀접한 관계에 있으며 호황기에는 실업이 감소하고 불황기에는 실업이 증가한다. 어떤 경제학자가 '100년 전에는 호랑이가 나타났다는 말이 가장 무서운 말이었는데 지금은 실직이라는 말이 가장 무서운 말이다'라고 비유적으로 말하기도 할 만큼 실업은 개인의 삶에 큰 타격을 준다.

일은 소득의 원천, 소속감과 자존감의 제공처, 자기실현과 삶에 대한 보람의 터전 등의 기능을 하므로 경제적, 비경제적으로 매우 중요한 의미를 지닌다. 그러므로 실업을 당하는 것은 개인의 삶에 있어서 큰 고통이다. 그리고 사회전체적으로 귀중한 자원이 활용되지 않고 사장되어 GDP가 감소한다. 식량, 옷, 구두 등 더 많은 재화와 서비스가 생산될 수 있는데도 생산되지 못하는 것이기 때문에 실업은 매우 중요한 경제문제이다.

실업자 및 실업률은 어떻게 측정되는가? 우리나라에서는 통계청이 매월 고용통계를 발표하는데, 먼저 전체인구는 취업가능인구와 취업불가능인구로 구분된다. 우리나라의 경우에 취업가능한 인구는 15세 이상 인구 가운데 군인, 교도소 수감자 등 실질적으로 경제활동을 할 수 없는 사람은 제외한 인구를 말한다. 2023년 6월 우리나라의 고용통계를 보면 다음과 같다.

전체인구(51,392천명) = 15세 이상 취업가능인구(45,379천명)
  + 취업불가능인구(6,013천명)

취업가능인구 가운데 일부는 여러 가지 이유로 일할 의사가 없어서 구직활동을 하지 않으며, 이런 사람들을 비경제활동인구라고 하고 일할 의사가 있는 사람들을 경제활동인구(economically active population)라고 한다. 비경제활동인구에는 학생, 전업주부 등이 포함되는데 조사 당시에 4주 이상 구직활동을 하지 않은 사람이 이 범주에 포함된다.

취업가능인구(45,379천명) = 경제활동인구(29,623천명)
　　　　　　　　　　　　+ 비경제활동인구(15,756천명)

경제활동인구 가운데 매월 15일이 속한 한 주 동안에 소득을 얻기 위해서 1시간 이상 일을 하였거나 직장을 가지고 있는 사람이 취업자이고 지난 4주 동안 구직활동을 하였으나 일자리를 얻지 못한 사람이 실업자이다.

경제활동인구(29,623천명) = 취업자(28,835천명) + 실업자(787천명)

실업률은 경제활동인구 가운데 실업자가 차지하는 비율이며 다음과 같이 계산된다.

$$실업률 = \frac{실업자수}{경제활동인구} \times 100 = \frac{787}{29,623} \times 100 = 2.7\% (2023년\ 5월\ 기준)$$

주당 1시간 이상만 일하면 취업자로 간주되는 것은 비현실적인 기준으로 보이고 실업률을 과소평가하게 만드는 요인인데, 국제노동기구(ILO)의 권고 기준인 것은 사실이다. 원하는 시간만큼 일하지 못하여 파트타임으로 일하고 소득도 생계유지에 훨씬 미치지 못하는 불완전취업자(the underemployed)와 구직을 하다가 포기하여 실업자로 간주되지 않고 비경제활동인구에 포함되는 실망실업자(discouraged workers)는 공식적 실업률이 실제의 실업률을 과소평가하게 만드는 부분이다. 반면에 실제 일하고 있으나 공식통계에는 반영되지 않는 지하경제 종사자들도 있다.

실업률 측정의 정확성에 문제점이 없지 않으나, 일단 공식 통계를 가지고 국제적으로 비교해 보면, 2016~2022년 사이에 한국의 실업률은 3.2~4.0 수준이고, 미국, 일본, 중국도 대체로 4~5% 수준이다. 반면에 유럽 국가들 가운데 실업률이 상대적으로 낮은 영국을 제외한 유로지역과 독일의 실업률은

■ 거꾸로 배우는 경제학 ■

8.2~9.5%로 매우 높은 수준을 나타내고 있다. 유럽지역의 고실업은 지나치게 관대한 사회복지와 지나친 노동자보호 때문이라는 지적이 많아서 그 지역의 각 정부는 그런 부분을 완화하려고 시도하고 있다.

2008년 미국발 금융위기 이후에 스페인의 실업률은 20%를 기록했고, 미국을 비롯한 다른 선진국들도 대부분 10% 내외를 기록하고 있다. 반면 2009년 한국은 3.6%, 일본은 5.1%로 상당히 낮은 실업률을 보이고 있다.

2 실업의 원인과 대책(실업의 유형)

일할 능력과 의사가 있음에도 불구하고 일할 기회가 주어지지 않는 현상은 하나의 역설이다. 누구나 토지와 자본 같은 생산수단을 소유하고 있다면 스스로 일할 기회를 창출할 수 있지만, 생산수단이 집중화 되어 있어서 그것을 소유하지 않는 사람들이 많으므로 실업이 발생할 소지가 생긴다. 실업이 발생하는 보다 세부적인 원인에는 여러 가지가 있으므로 그것을 파악해야 거기에 맞는 대책을 수립할 수 있다.

실업률은 경기후퇴기에는 증가하고, 경기확장기에는 감소하는데, 실업률이 0수준으로 떨어지지는 않는다. 그 이유를 이해하기 위해 마찰적 실업, 구조적 실업, 경기적 실업과 같은 실업의 유형을 이해할 필요가 있다.

(1) 마찰적 실업

근로자들은 서로 다른 기술, 능력, 관심을 가지고 있고, 일자리도 다른 기술조건, 근무환경, 급여수준을 갖추고 있다. 따라서 경제활동인구에 새롭게 진입하는 근로자나 일자리를 잃은 근로자는 즉시 받아줄 일자리를 발견하지 못할 수 있다. 대부분 기업들이 직무에 알맞은 새로운 사람을 찾는 데 시간이 필요하듯이, 근로자들도 직업탐색(job search)을 위한 상당한 시간을 투입한다.

마찰적 실업(frictional unemployment)은 근로자와 일자리를 연결하는 과정에서 발생하는 단기실업이다. 한국경제는 매년 수십만 개의 일자리를 만들기도 하고 없애기도 한다. 직업탐색과정은 시간이 걸리기 때문에 언제나 일부 근로자들은 기존 직업과 새로운 직업 사이에 머무르는 마찰적 실업상태에 놓이게 된다.

마찰적 실업 가운데 일부는 날씨나 수요변동 같은 계절적 요인에 의해 발생한다. 해안 리조트들은 겨울 동안 고용을 줄이고, 스키 리조트는 여름 동안 고용을 감소시킨다. 또한 건설노동자들은 여름보다 겨울에 더 많은 실업을 경험한다. 이처럼 날씨, 관광수요 변화, 기타 계절 관련 이벤트와 같은 계절적 요인 때문에 발생하는 실업을 계절적 실업(seasonal unemployment)이라고 한다.

그렇다면 마찰적 실업을 없애는 것이 경제에 좋은가? 반드시 그렇지 않다. 일부 마찰적 실업은 경제적 효율성을 증가시키기도 하기 때문이다. 마찰적 실업은 근로자와 기업이 근로자 특성과 직업 특성을 잘 연결하기 위해서 시간을 필요로 하기 때문에 발생한다. 근로자는 직업탐색에 시간을 투입함으로써 더욱 생산적이고 만족스러운 일자리를 발견할 수 있다. 기업 또한 보다 더 생산적이고 만족스러운 근로자를 고용하기 위해 많은 시간을 필요로 한다.

(2) 구조적 실업과 경기적 실업

새로운 기술이 개발되면 전통적인 기술에 의존하는 일자리는 사라지게 된다. 컴퓨터를 이용하여 제작하는 3D 애니메이션이 인기를 끌면서 전통적인 수작업에 의존해온 2D 애니메이션 제작 인력은 일자리가 줄어들게 되었다. 애니메이션 작업자들은 구조적으로 실업상태에 놓이게 되었다고 할 수 있다. 구조적 실업(structural unemployment)은 직업기술, 근로자 특성, 직업조건 간의 불일치 때문에 발생한다. 마찰적 실업은 단기간 발생하는 데 비해, 구조적 실업은 근로자들이 새로운 기술을 배우는 데 상당한 시간을 필요로 하기 때문에 더 오랜 기간 지속될 수 있다.

경기적 실업(cyclical unemployment)은 총수요 부족으로 인해서 경제 전체의 노동수요가 감소하기 때문에 발생하는 실업이다. 이 실업은 총수요를 증가시킴으로써 해소될 수 있는 실업이다.

(3) 실업의 대책

위의 실업 가운데 경기적 실업은 총수요를 조절함으로써 해결할 수 있으나 다른 실업은 그것으로 해소시키기가 매우 어렵다. 그래서 완전고용(full employment)은 실업이 전혀 없는 상태가 아니라 경기적 실업이 없는 상태를 말한다. 이 때의 실업률을 자연실업률(natural rate of unemployment), 혹

거꾸로 배우는 경제학

은 NAIRU(Non-Accelerating-Inflation Rate of Unemployment : 인플레이션을 가속화시키지 않는 실업률)라고 한다. 자연실업률만 존재할 때의 GDP를 완전고용 GDP 혹은 잠재적 GDP라고 한다.

자연실업률은 어느 정도인가? 처음에는 4% 정도라고 하다가 5%, 6% 등으로 자꾸 높아졌다. 인구가 늘어나거나 여성의 경제활동참가율이 증가하면 탐색중인 사람이 많아지므로 마찰적 실업이 증가한다. 그리고 오일 쇼크나 국제무역 등에 의해서 어떤 지역이나 산업은 유리해지고 다른 지역이나 산업은 불리해지면 노동의 이동이 쉽지 않으므로 구조적 실업은 증가한다. 이런 자연실업률은 낮출 수 없는가?

자연실업률을 낮추는 방법으로는 다음과 같은 방법을 들 수 있다. 첫째, 알선기관을 설립하고 직업정보를 더 많이 제공하여 빨리 원하는 직업을 찾아줌으로써 마찰적 실업을 줄인다. 둘째, 재교육과 직업훈련을 통해서 실업자를 성장부문으로 원활하게 이동시킴으로써 구조적 실업을 줄인다. 셋째, 복지제도가 잘 갖추어진 나라에서는 지나치게 관대한 복지제도와 실업급여가 일자리를 찾는 노력을 감소시키므로 이런 제도를 적정한 수준으로 조정한다. 넷째, 지나치게 높은 최저임금, 강한 노조 등이 임금을 시장균형에서 많이 이탈시켜 구조적 실업을 증가시키므로 노동시장을 좀더 유연화하는 노력이 필요하다는 주장도 있다.

제12장 ▎ 실업과 인플레이션

【Eco-톡】 ≫ 왜 우리나라의 실업률은 다른 나라보다 낮을까?

우리나라의 실업률은 제 1·2차 석유파동기와 외환위기 이후 몇 년을 제외하면 대체로 2~3%대로서 선진국에 비해 매우 낮은 수준을 보여 왔습니다. 우리나라의 실업률이 다른 나라보다 낮은 것은 통계작성 방법상의 차이에도 일부 원인이 있지만 보다 근본적으로는 취업구조나 고용관행이 외국과 상당히 다른 데 있다고 할 수 있습니다.

먼저 통계작성방법상의 이유를 보면 우리나라는 미국, 일본 등과 함께 노동력 표본조사통계를 이용하고 있어 구직등록 통계를 이용하는 유럽 국가들에 비해 실업률이 상대적으로 낮게 나타나는 경향이 있습니다. 노동력 표본조사통계를 이용할 경우에는 조사대상자가 본인의 실업상태를 적극적으로 밝힐 유인이 없기 때문에 실업자 수가 실제보다 적게 산정될 가능성이 있습니다. 이에 비해 구직등록통계를 이용할 경우엔 실업자들이 실업급여 수령을 위해 적극적으로 구직등록을 하기 때문에 실업자 수를 실제와 비슷하게 파악할 수 있게 됩니다. 또한 과거에는 국제노동기구(ILO)의 권고에 따라 실업자 여부 판정기준의 하나인 구직활동기간을 조사대상 1주일간 만으로 정하여 실업률이 낮게 나타나는 것이 아니냐는 의문도 제기 되었으나 2005년 7월 부터는 대다수 OECD 국가에서처럼 구직활동기간을 조사대상기간을 포함한 과거 4주로 변경하여 통계를 작성하고 있습니다.

다음으로 우리나라의 취업구조나 고용관행을 보면 외국에 비해 실업률이 낮게 나타나는 몇 가지 특징을 갖고 있습니다.

첫째, 농림어업 부문 취업자 비중이 주요국에 비해 훨씬 높은 점입니다. 농림어업 부문은 제조업 등 비농림어업 부문에 비해 실업 발생 가능성이 낮기 때문에 전체 실업률을 낮추는 요인으로 작용합니다. 둘째로, 우리나라는 구멍가게 등과 같은 자영업주와 돈을 받지 않고 가족 일을 거들어 주는 가족종사자의 비중이 다른 나라에 비해 상대적으로 높다는 점도 실업률을 더욱 낮추는 역할을 하고 있습니다. 셋째로 우리나라에는 실업보험 등 사회보장제도가 잘 발달되어 있지 않았기 때문입니다. 이에 따라 노동자는 임금과 근로조건에 불만을 갖고 있더라도 가급적 현재의 직장에 계속 근무하려는 경향을 보이고 있습니다. 또한 실업상태인 경우에도 적극적으로 취업하거나 자영업주 또는 무급가족종사자로 전환하려는 경향이 강해 실업률을 낮추는 요인으로 작용한다고 볼 수 있습니다. 마지막으로 우리나라 여성 중에는 고등교육을 받고도 가사노동에 전념하는 비경제활동인구가 많다는 점입니다. 우리나라에서 여성들이 외국처럼 적극적으로 일자리를 찾아 나선다면 우리나라의 실업률도 크게 높아질 것임은 자명하다 하겠습니다.

출처 : 한국은행의 알기 쉬운 경제이야기

| 거꾸로 배우는 경제학 |

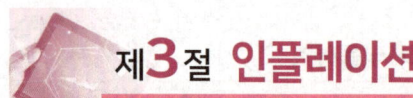 제3절 인플레이션

1 인플레이션이란?

　　인플레이션(inflation)이란 일반물가수준이 지속적으로 상승하는 현상을 말하며, 물가상승이라고 번역된다. 물가수준이 상승하더라도 제품에 따라 가격상승률은 서로 다르다. 앞에서 살펴본 바와 같이 물가수준은 물가지수로 측정되므로 물가지수가 지속적으로 상승하는 현상이 바로 인플레이션이다. 반대로 물가수준이 하락하는 현상을 디플레이션(deflation)이라고 한다.
　　인플레이션율, 즉 물가상승률은 물가지수의 상승률이며, 다음과 같이 계산된다.

$$\text{인플레이션율(물가상승률)} = \frac{\text{금년도 물가지수} - \text{전년도 물가지수}}{\text{전년도 물가지수}} \times 100$$

　　물가지수 가운데 어떤 물가지수를 사용하느냐에 따라 소비자물가상승률, 생산자물가상승률 등을 구할 수 있다.
　　인플레이션율은 일반물가의 상승률이기 때문에 개개인이 체험적으로 느끼는 물가상승률과는 다를 수 있다. 어떤 개인이 주로 구입 하는 재화의 가격이 많이 오르면 그 사람은 물가가 전반적으로 많이 상승한 것으로 느끼지만, 이것이 곧 일반물가의 상승을 뜻하는 것은 아니다.
　　인플레이션이 발생하면 화폐의 구매력이 감소한다. 이전에 10,000원으로 구입할 수 있던 상품의 묶음을 이제 20,000원으로 구매해야 한다면 화폐의 구매력은 반으로 줄어든 것이다. 화폐는 재화의 가치를 측정하는 기준인데 이것의 가치가 변동하는 것, 특히 하락하는 것은 경제에 여러 가지 문제를 발생시킨다. 그러므로 각국의 통화제도를 운영하는 중앙은행은 물가안정을 가장 우선적인 목표로 하고 있다.
　　우리나라의 물가상승률이 가장 높았던 1955년의 GNP 디플레이터 상승률

제12장 ▎실업과 인플레이션

은 656.3%였으나 점점 안정되어 1966~1976년까지의 연평균 GNP 디플레이터 상승률은 13.3%였다. 1980년대 초 이후 우리나라의 물가는 더욱 안정되었고, 2000년 이후 2005년까지 연평균 소비자물가상승률은 3.56% 정도이다. 2008년에는 세계금융위기로 인해서 환율이 급등하여 2008년 소비자물가가 4.7% 상승하였고, 2011년에는 경기침체를 막기 위한 통화량의 팽창과 재정지출 증가로 인해서 4% 상승하였다.

2 인플레이션이 초래하는 결과

실업은 누구나 싫어하고 해결되어야 할 문제로 인식되는데 반해 인플레이션의 경우에는 이익을 보는 사람이 있고, 손해를 보는 사람이 있어서 인플레이션의 폐해는 불분명한 측면이 있다.

많은 사람들이 물가상승 때문에 살기가 어렵다고 하지만, 이것이 사실이 아닌 경우도 많다. 왜냐하면 물가상승과 더불어 임금 등의 소득이 증가하여 실질소득이 감소하지 않은 경우도 있기 때문이다. 그렇지만 어떤 사람들은 인플레이션으로 인해서 분명히 손해를 보고, 다른 어떤 사람들은 이익을 본다. 그리고 인플레이션은 경제 전체에 나쁜 영향을 미치는 것으로 알려져 있다. 인플레이션의 경제적 효과를 살펴보자.

(1) 예상하지 못한 인플레이션(unexpected inflation)의 재분배 효과

예상하지 못한 인플레이션이 발생하면 실물자산의 가격은 상승하므로 그것의 실질가치는 거의 변화가 없으나, 명목가치가 일정한 자산의 실질가치가 감소한다. 즉 예금, 채권 등을 보유한 사람은 손해를 보게 된다. 예를 들어 인플레이션이 없을 것으로 예상하고 100만원을 5%의 이자율로 돈을 빌려준 사람의 경우에 예상하지 못한 10%의 인플레이션이 발생하면 실질이자율은 -5%가 되어 자산가치가 5% 감소하는 손해를 본다. 반면에 5%의 이자로 돈을 빌린 사람은 -5%의 이자를 지불하여 오히려 이익이다. 이와 같이 예상하지 못한 인플레이션이 발생하면 채권자로부터 채무자에게로 부가 재분배된다.

예상하지 못한 인플레이션은 소득의 재분배도 초래한다. 인플레이션이 없을 것으로 예상하여 일정한 임금으로 장기고용계약을 맺은 노동자는 인플레이션으로 인해서 실질소득이 감소하고, 기업은 이익을 얻는다. 연금소득처럼 명목소득이 고정되어 있거나 경직적인 경우에는 인플레이션으로 인해서 손해를 본다.

예상된 인플레이션(expected inflation)의 경우에는, 채권자는 인플레이션을 예상하여 대출이자율을 인상하거나 또는 인플레이션율에 따라 이자율을 변동시키는 변동이자율 조건으로 돈을 빌려주어 인플레이션으로 인한 손해를 회피하려고 한다. 그리고 노동자들도 인플레이션이 예상되면 그만큼 임금인상을 요구하거나 물가연동제를 통해서 손해를 피하려고 한다. 그러나 명목소득이 일정한 연금소득자는 예상된 인플레이션이라고 할지라도 그 피해로부터 자신을 보호하기가 어려워 손해를 본다.

(2) 구두창소모비용

인플레이션이 발생할 경우에 현금을 가지고 있으면 실질가치가 감소한다. 다른 사람에게 빌려줄 경우에는 명목이자율을 인상하여 자기 방어를 할 수 있으나 현금을 소유할 경우에는 그것이 불가능하다. 현금보유를 줄이기 위해서 이자가 조금이라도 더 발생하는 예금에 넣고 더 자주 은행에 가서 소액을 인출한다. 여기에 시간과 인력이 소모되며, 이것을 구두창소모비용(shoe leather costs)이라고 한다. 그리고 기업에게도 가치가 자꾸 감소하는 현금을 어떻게 관리할 것인가가 큰 문제가 되어 여기에 자원을 투입하므로 비효율이 발생한다.

(3) 세율인상효과

누진세 구조하에서 단순한 명목소득의 증가에도 불구하고 세율이 상승하기 때문에 실질세율이 상승하여 자원배분의 효율을 감소시킨다.

(4) 상대가격왜곡과 불확실성증대 효과

인플레이션이 빠르게 진행되면 상품의 가격을 비교하기가 어려워져서 상대가격을 파악할 수가 없게 되고 가계와 기업의 합리적인 선택이 어려워진다. 그리고 급속한 인플레이션 발생시에 불확실성이 증가하여 금융시장에서 장기계약이 힘들어져서 투자가 어려워진다.

(5) 인플레이션조세

정부가 재정적자를 메우기 위해 화폐를 증발하면 물가가 상승하고 따라서 화폐의 가치가 감소한다. 화폐를 보유하는 사람은 가치감소분만큼 정부에 세금을 납부하는 것이나 마찬가지이다. 그래서 이것을 인플레이션조세(inflation tax)라고 한다. 개발도상국에서 투자재원이 부족할 경우에 정부가 화폐를 발행하여 투자하는 경우가 많으며, 이 경우에 화폐를 보유하는 사람들이 화폐의 구매력 감소분만큼 손해를 본다.

(6) 저축 및 무역에 미치는 영향

인플레이션이 발생할 때 명목이자율이 상승하여 실질이자율이 종전과 같이 유지된다면 저축은 그대로 이루어질 것이지만, 만일 명목이자율이 충분히 상승하지 않거나 그것에 대한 통제가 있다면 실질이자율이 하락하여 저축이 감소하고 경제성장에 불리한 영향을 줄 수 있다. 그리고 국내물가상승률이 해외 물가상승률보다 더 높을 경우에 이것이 환율상승에 반영되지 않으면 수출은 감소하고 수입은 증가할 것이다.

(7) 인플레이션은 그 정도에 따라 세 종류의 인플레이션으로 나뉜다.

첫째, 매우 완만한 인플레이션인 서행성 인플레이션(moderate or creeping inflation)인데, 보통 한 자리수의 인플레이션을 말한다. 이 경우에 사람들은 화폐를 신뢰한다.

둘째, 수십 %에서 수백%에 이르는 높은 인플레이션율을 보이는 주행성 인플레이션(galloping inflation)이다. 예를 들어 1970년대와 1980년대에 많은 라틴아메리카 국가들이 주행성 인플레이션을 경험하였다. 사람들은 화폐를 신뢰하지 못하여 최소한의 수량만 보유하려고 한다.

셋째, 수천% 이상 천문학적인 인플레이션율을 보이는 초인플레이션(hyper-inflation)이다. 가장 대표적인 예는 1920년대 초 독일 바이마르 공화국에서의 인플레이션인데, 1922년 1월부터 1923년 11월 사이에 물가는 100억배 상승하였다. 1마르크 하던 상품의 가격이 2년이 안되는 사이에 100억 마르크로 상승한 것이다.

거꾸로 배우는 경제학

위에서 살펴본 인플레이션의 부정적 결과는 서행성 인플레이션일 경우에는 거의 없는 것으로 나타나지만, 주행성 인플레이션에는 부작용이 꽤 크고, 초인플레이션일 경우에는 화폐의 기능이 상실되고 금융이 마비되어 경제가 존속하기 어려운 정도가 된다.

【Eco-톡】 ≫ 초인플레이션(Hyperinflation)

초인플레이션(Hyperinflation)-물가가 연간 6천조 퍼센트 상승한 것은 동화 속의 이야기인가?

우리는 매우 높은 인플레이션율을 초인플레이션이라고 부른다. 초인플레이션은 일반적으로 월평균 물가상승률이 50%를 초과하는 경우를 말한다. 따라서 초인플레이션 하에서는 1년 후면 물가수준이 100배 이상으로 높아진다. 물가가 심하게 오르는 국가에서 어떤 사람이 빵 하나를 사기 위해 손수레에 돈을 싣고 시장에 갔는데 빵을 구입하기 위해 잠시 두리번거리는 사이에 돈은 그대로 두고 손수레만 훔쳐 갔다는 이야기가 있다.

실제로 이런 일이 세상에서 일어날 수 있을까 하고 의구심을 가질 수 있으나 100년이 채 넘지 않은 과거에 여러 나라에서 비슷한 경우가 발생했다. 인류 역사상 초인플레이션은 유고슬라비아에서 1993년 내전 중에 발생했던 연간 6천조 퍼센트의 물가상승률입니다.

당시 유고슬라비아는 전비조달을 위해 조폐국을 24시간 내내 가동시켜 화폐를 발행하였으며 화폐개혁도 20차례나 실시했다. 그 다음으로 헝가리로 1945년 8월에서 1946년 7월 1년 동안에 물가가 4,200조 퍼센트나 올랐습니다. 또 독일에서는 1920년대 초인플레이션 동안 돈의 가치가 너무 떨어져 돈을 땔감으로 사용하고 어린이들이 딱지 대신에 돈다발을 장난감으로 가지고 놀 정도였다. 또한 러시아의 경우 가격자유화 조치가 시행 된 1992년 한 해 동안에 소비자물가가 무려 17배 이상이나 올랐다.

2000년대 들어서도 일부 국가에서 초인플레이션 현상을 경험하였다. 예를 들어 짐바브웨는 정부 조세수입의 감소와 이에 대응한 통화량의 확대가 지속된 결과 2008년 7월 인플레이션이 2억 3,100만 퍼센트에 달했다. 베네수엘라는 생필품 부족, 재정적자와 통화량 증가 등에 기인하여 2016년2019년 4월 중 인플레이션이 5,380만 퍼센트에 달했다.

자료 : 싱가포르 통화청, '인플레리션'. 오영수, '31가지 테마가 있는 경제여행'. 이병락 옮김

【Eco-톡】 ▶▶▶ 디플레이션의 비용

인플레이션이 경제에 좋지 않은 영향을 미치는 것과 마찬가지로 전반적인 물가수준이 지속적으로 하락하는 디플레이션도 경제의 안정적 성장을 가로막는 요인으로 작동한다. 디플레이션은 인플레이션에 비해 그 발생 가능성이 높지 않다 하더라도 1990년대 초 이후 일본의 장기불황에서 볼 수 있듯이 인플레이션보다 더 큰 경제적 비용을 초래할 수 있다는 점에서 경계의 대상이 되고 있다.

디플레이션의 경제적 폐해로는 대체로 다음과 같은 점들이 지적되고 있다.

첫째, 인플레이션은 그것이 예상된 것일 경우 명목금리와 1:1의 대응관계가 있기 때문에 실질금리 수준에는 영향을 미치지 못한다. 그러나 디플레이션이 장기간 지속되면 명목금리가 제로(zreo) 수준까지 낮아지고 이후에는 더 이상 떨어질 수 없기 때문에 실질금리가 높아지면서 경제활동이 위축된다. 디플레이션으로 명목금리가 0에 접근할 경우 사람들은 구태여 현금을 은행에 저축할 필요성을 못 느끼기 때문에 시중에는 자금이 잘 돌지 않게 된다. 또한 디플레이션이 지속되는 상황에서는 향후 물건 값이 계속 떨어질 것을 예상해 가계는 소비지출을 뒤로 미루게 되므로 디플레이션이 더욱 심해지는 악순환에 빠지게 된다.

둘째, 디플레이션이 진행될 경우 고용주는 이에 상응하는 수준으로 명목임금을 삭감해야만 실질임금이 오르는 것을 막을 수 있다. 그러나 임금은 올리기는 쉬워도 내리는 것은 근로자의 반발 때문에 매우 어렵다. 따라서 디플레이션은 실질임금의 상승을 초래하며, 이는 고용 및 생산을 위축시키는 요인으로 작용한다.

셋째, 디플레이션은 명목금액으로 표시된 채무의 실질가치를 높인다. 따라서 디플레이션이 지속될 경우 외부차입에 많이 의존하고 있는 기업의 재무상태가 악화되어 기업활동이 위축되며, 심할 경우 채무불이행 위험의 증가로 신용경색이 발생하고 금융기관의 건전성이 악화된다. 또한 디플레이션으로 인한 채무의 실질상환부담 증대는 채무자의 부를 채권자에게 이전시키는 부작용도 가져온다.

넷째, 디플레이션으로 명목금리가 제로 수준으로 하락하게 되면 중앙은행의 금리인하가 사실상 불가능해져 전통적인 통화정책으로는 총수요를 진작하는 데 제약을 받게 된다.

3 인플레이션의 원인

인플레이션의 원인은 크게 총수요의 증가로 인해서 발생하는 수요견인 인플레이션과 총공급의 감소로 인해 발생하는 비용상승 인플레이션으로 나뉜다.

(1) 수요견인 인플레이션

수요견인 인플레이션(demand pull inflation)은 소비, 투자, 정부지출, 순수출 등의 총수요가 증가하여 발생하는 인플레이션이다. 공급능력이 제한되어 있기 때문에 총수요가 증가하면 물가가 상승하므로 인플레이션이 발생한다. 총수요가 증가하는 요인 가운데 통화량의 증가를 특히 강조하는 학자들이 통화주의자들(monetarists)이다. 이들은 인플레이션의 원인은 통화량의 증가뿐이라고 한다. 통화주의자들은 고전학파의 화폐수량설에 입각하여 통화량의 증가는 바로 비례적인 총수요의 증가를 초래하므로 인플레이션을 발생시킨다고 주장한다. 화폐수량설이란 다음의 방정식으로 표현된 고전학파의 물가이론이다.

$$M \times v = P \times Y$$
M: 통화량, v: 유통속도, P: 물가수준, Y: 실질GDP

고전학파는 단기에 유통속도와 실질총생산은 일정하다고 보므로 물가수준은 통화량에 비례한다. 통화주의는 화폐수량설을 현대적으로 조금 수정하였지만 통화량의 증가가 인플레이션의 원인이라고 보는 점에서는 동일하다. 장기에 유통속도와 실질GDP가 대체로 안정적이므로 화폐수량설은 장기에 대체로 타당한 것으로 알려져 있다. 그리고 1920년대 독일의 예와 같은 아주 심한 인플레이션의 원인은 대부분 통화의 발행으로 알려져 있다.

반면에 케인즈학파는 통화량의 증가가 없어도 소비, 투자, 정부지출, 순수출 등 총수요가 증가하면 인플레이션이 발생한다고 주장한다. 수요견인 인플레이션을 [그림 12-3]과 같이 총수요가 증가하여 총수요곡선이 오른쪽으로 이동하면 실질GDP와 함께 물가가 상승한다.

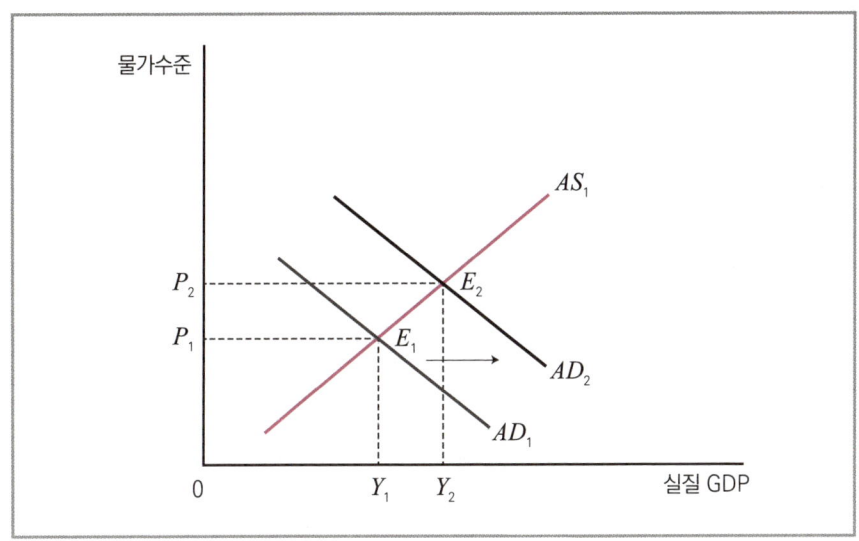

[그림 12-3] 수요견인 인플레이션

(2) 비용상승 인플레이션

비용상승 인플레이션(cost push inflation)은 임금, 이자, 원재료 가격 등 비용의 상승으로 인해서 발생하는 인플레이션이다. 총수요가 증가하여 생산요소에 대한 수요가 증가할 때 비용이 상승하는 것이 일반적이지만, 총수요가 증가하지 않았음에도 불구하고 노동조합이나 국내외적인 카르텔의 형성 등 독과점적인 요인에 의해 비용이 상승할 수 있으며, 천재지변이나 자원의 고갈 등에 의한 생산요소의 공급감소에 의해 투입물의 가격이 상승할 수 있다. 이렇게 비용이 상승하면 총공급곡선이 왼쪽으로 이동하고 물가상승과 함께 실질GDP가 감소하는 현상이 나타난다. 이렇게 물가상승과 경기침체가 동시에 나타나는 현상을 스태그플레이션(stagflation)이라고 한다. 비용상승 인플레이션의 예로 1973년과 1979년 두 차례의 오일 쇼크에 의한 스태그플레이션을 들 수 있다.

[그림 12-4]에서 총공급곡선이 왼쪽으로 이동하면 물가상승과 함께 실질 GDP의 감소가 발생하는 것을 볼 수 있다.

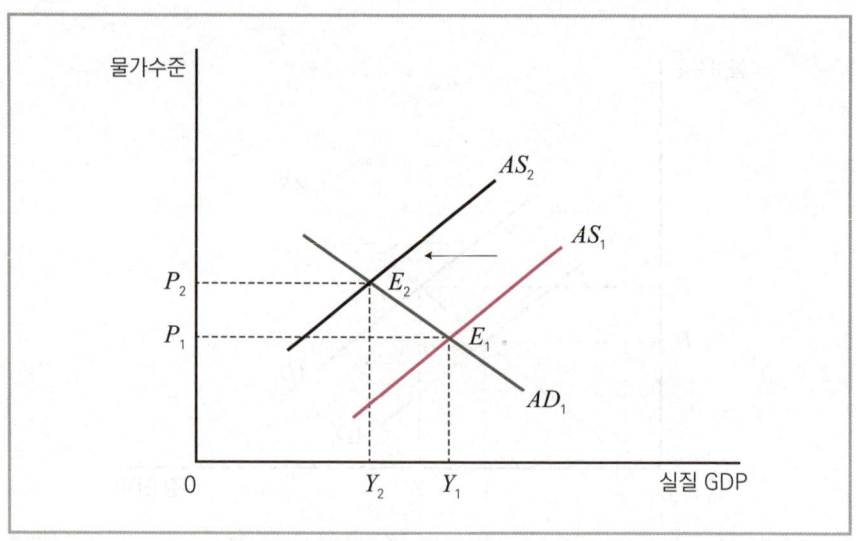

[그림 12-4] 비용상승 인플레이션

4 실업과 인플레이션의 관계 : 필립스곡선

뉴질랜드 출신의 경제학자인 필립스(A. W. Phillips)는 영국의 통계를 바탕으로 명목임금상승률과 실업률 사이에는 상반적인 관계(negative relation)가 존재한다는 것을 밝혀내었으며, 이 관계를 나타내는 우하향하는 곡선을 그의 이름을 따서 필립스곡선이라고 부르게 되었다. [그림 12-5]의 필립스곡선이 의미하는 것은 실업률이 낮으면 명목임금상승률이 높고, 실업률이 높으면 명목임금상승률이 낮다는 것이다. 명목임금이 상승하면 비용상승으로 인해서 물가가 상승하므로 명목임금상승률과 물가상승률 사이에는 밀접한 관계가 있다. 따라서 필립스곡선은 물가상승률과 실업률 사이의 상반관계로 나타내어진다.

필립스곡선은 인플레이션과 실업 사이의 상반관계를 나타내주고 있다. 인플레이션을 진정시키려면 높은 실업을 허용해야 하고 실업을 줄이려면 높은 인플레이션율을 허용해야 하는 딜레마에 놓여 있다는 뜻이다. 인플레이션과 실업을 동시에 해결하기가 어렵다는 것이 필립스곡선이 지니는 의미이다.

실업률이 낮으면 기업이 노동자를 추가적으로 고용하기가 점점 어려워지므로 기업은 임금을 올리게 되며, 따라서 물가도 높은 비율로 상승한다. 반면에 실업률이 높으면 기업들은 임금을 별로 올리지 않을 것이고 따라서 물가도 별로 상승하지 않는다.

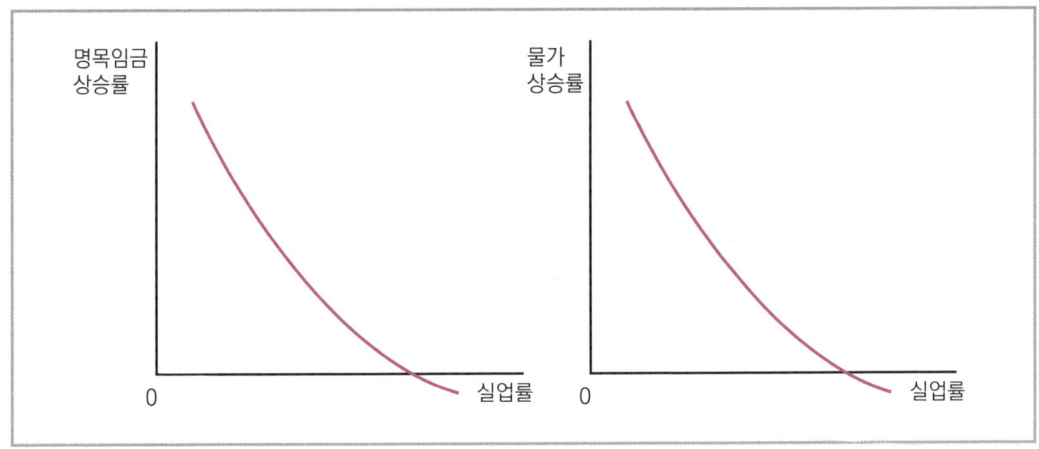

[그림 12-5] **필립스곡선**

이러한 필립스곡선은 장기적으로 안정적이지 않고 시간이 흐름에 따라 위로 이동하는 현상이 발견되었다. 이것은 모든 경제주체들이 처음에는 실제의 인플레이션을 인식하지 못하거나 일시적인 것으로 간주했지만 점차 그 인플레이션율에 적응하여 모든 거래에서 그것을 감안하여 높아진 예상인플레이션을 기준으로 임금과 다른 투입물의 가격을 결정하게 되므로 인플레이션이 가속화된다. 그래서 장기적인 필립스곡선은 자연실업률 수준에서 수직선으로 나타난다.

결국 단기적으로는 총수요를 증가시켜 실업률을 자연실업률 이하로 낮출 수 있지만 장기적으로는 자연실업률 수준으로 복귀하고 인플레이션율만 올라간다는 것이다. [그림 12-6]에서 처음에 한 국민경제가 A점에 있다고 하자. 정부가 이때 실업률(자연실업률)이 높다고 판단하여 총수요 증대를 통해 실업률을 낮추려고 하면, 물가상승률이 높아져서 B점으로 이동한다. 처음에는 물가상승률이 올라간 사실을 잘 인식하지 못하던 경제주체들이 이 사실에 적응하면 물가상승 기대가 생겨서 모든 요소가격이 그에 상응하게 상승하므로 단기필립스곡선이 위로 이동하여 C점으로 이동한다. 그러므로 장기적으로 총수요 증대를 통한 실업률의 감소는 불가능하므로 정부는 자연실업률을 받아들이고 물가안정에 더 주력해야 한다는 뜻이다.

자연실업률 이하로 실업률을 감소시키기 위한 총수요확대정책은 불가피하게 인플레이션을 가속화한다. 이러한 인플레이션을 낮추려면 긴축정책을 시행해야 하고 실업과 GDP의 감소를 대가로 지불하지 않으면 안 된다.

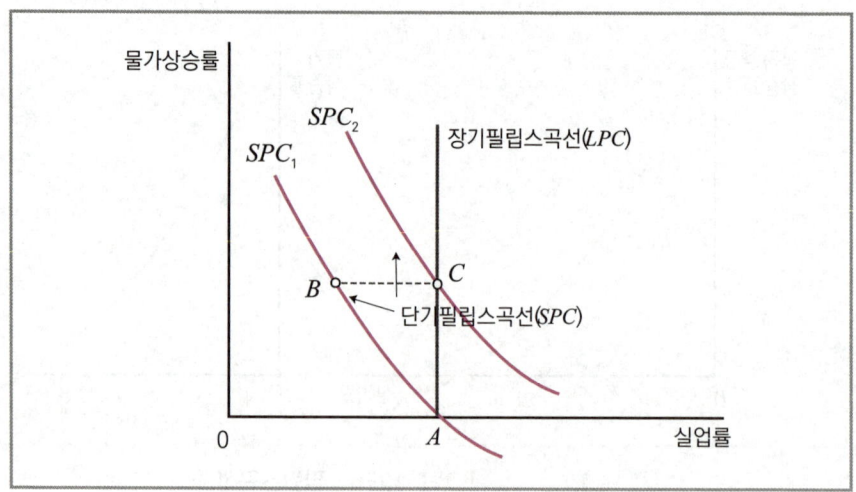

[그림 12-6] 단기필립스곡선과 장기필립스곡선

5 인플레이션 대책

인플레이션이 심해지면 각종 부작용이 나타나므로 각국 정부는 인플레이션을 억제하는 대책을 수립하여 집행한다. 그러나 인플레이션을 억제하는 정책은 다른 측면에서 무언가를 희생하는 대가를 치른다. 인플레이션의 대책에는 어떤 것이 있는가?

(1) 긴축정책

긴축적인 재정정책이나 금융정책을 통해서 총수요를 감소시켜서 인플레이션을 억제하는 방법이 긴축정책(contractionary policy)이다. 장기적으로 통화량의 통제가 인플레이션 억제에 매우 중요하다.

긴축정책에는 실업이라는 희생이 따른다. 실업률이 증가하고 GDP가 감소하는 불황을 대가로 치러야만 인플레이션율을 낮출 수 있다. 인플레이션율이 낮아지면 사람들의 예상인플레이션율도 낮아져서 실업률은 자연실업률 수준으로 회복된다.

(2) 소득정책

소득정책(income policy)은 실업률을 증가시키지 않고 인플레이션을 억제하기 위해서 정부가 직접적으로 혹은 간접적으로 임금과 가격을 통제하는 정책을 말한다. 정부가 임금상승률을 일정한 범위내로 할 것을 민간부문에 설득하거나 요구하고 가격상승률도 낮출 것을 요구하는 방식이다. 이러한 정책으로 단기필립스곡선이 안쪽으로 이동될 수도 있다. 이 정책은 단기적으로 효과가 있을 경우도 있었으나 장기적으로는 효과가 약화되었다.

[표 11-1] 필립스 곡선에 대한 각 학파의 견해

구분	케인즈학파	통화주의자	합리적 기대론자
단기 필립스 곡선	원점에 대해 볼록한 우하향하는 곡선	원점에 대해 볼록한 우하향하는 곡선	합리적 기대하에서 모든 가격변수가 신축적이기 때문에 수직
장기 필립스 곡선	존재하지 않음	자연실업률 수준에서 수직	자연실업률 수준에서 수직
정책적 의미	필립스곡선은 유일하고 실업률과 물가상승률간의 안정적인 역의 상충관계	필립스곡선은 불안정적이고 유일하지 않음 장기에는 물가상승률과 실업률사이에 역의 상충관계가 존재하지 않음	우하향하는 필립스곡선은 존재하지 않음 기대가 합리적이더라도 예측할 수 없는 정부정책 및 공급측면의 충격발생시 일시적으로 우하향 가능
정책적 시사점	장기는 모르지만 최소한 단기에는 경제안정화정책 유효	경제정책은 단기에만 유효	장단기 모두 정부정책은 효과 없음(정책무력성명제) 예측할 수 없는 정책은 일시적인 효과 있으나 장기적으로 없음

【Eco-톡】 》》 로마제국·16세기 스페인·짐바브웨, 모두 인플레로 파탄

'보이지 않는 세금' 인플레이션, 도금화폐 뿌려댔던 로마제국, 물가 오르며 결국 제국 무너져

16세기 유럽 최강국 스페인, 신대륙 금·은 유입에 물가 폭등

베네수엘라는 우고 차베스 전 대통령의 무상의료 등 포퓰리즘(대중영합주의) 정책을 니콜라스 마두로 현 대통령이 이어가면서 화폐를 남발한 탓에 국내총생산이 후퇴하고 초인플레이션이 나타나는 등 경제가 파탄 지경에 이르렀다. 생활고를 못견뎌 베네수엘라를 떠나는 한 여성이 콜림비아와 에콰도르 국경에 있는 이민사무소 앞에서 입국심사를 기다리고 있다.

거꾸로 배우는 경제학

정부가 쓸 돈을 더 마련하려고 세금을 올리면 대부분의 사람은 화를 냅니다. 정부가 세금을 많이 떼갈수록 쓸 돈이 줄어들기 때문이죠. 그래서 정부는 새로운 방법을 씁니다. 이 방법은 세금을 올리는 것과 같은 효과를 내면서도 사람들의 화를 당장 돋구진 않습니다. 정부가 돈을 많이 찍어내 쓰는 방법, 즉 인플레이션 수법입니다. 토머스 소웰이라는 경제학자는 《베이직 이코노믹스》라는 책에서 "인플레이션은 보이지 않는 세금"이라고 썼습니다. 세상의 모든 정부는 늘 쓸 돈이 적다고 말하는 버릇이 있습니다. 유사 이래로 그랬습니다. 정치와 권력이 타락한 나라는 멋대로 돈을 찍어내 썼고, 그러다가 망했습니다. 역사에 기록된 인플레이션 사례 속으로 들어가 봅시다.

그리스-로마의 인플레이션

마케도니아의 알렉산더 대왕(재위 BC 336~BC 323)이 그리스·페르시아·인도에 이르는 대제국을 건설했다는 영웅 이야기는 언제나 흥미진진합니다. 그러나 경제학적 관점 즉, 인플레이션 관점에서 보면 실패한 대왕입니다. 그는 정복 전쟁을 통해 많은 보물을 노획했습니다. 금을 비롯해 값나가는 물건들이 일시에 그리스로 쏟아져 들어왔습니다. 그리스에 돈이 넘쳐난 것이죠. 그러자 그리스 물가가 폭등했습니다. 인플레이션 현상 즉, 생산능력보다 돈의 공급이 많아서 돈의 가치가 폭락한 겁니다. 물가 폭등으로 그리스는 대혼란에 빠졌더랬습니다. 로마가 망한 이유 중 하나로 경제학자들은 '화폐 타락(돈을 많이 발행)'을 듭니다. 코모두스 황제는 은화(銀貨)에 철을 섞은 '나쁜 돈(惡貨)'을 마구 만들어 썼습니다. 네로 황제는 금 성분이 하나도 없는 도금 화폐를 뿌려댔습니다. 사람들은 로마 화폐, 즉 로마 경제를 믿으려 하지 않았습니다. 제국은 결국 무너졌습니다.

스페인-유럽의 인플레이션

너무 많은 '화폐' 때문에 망한 사례는 16세기 스페인에서도 있었습니다. 당대 유럽 최강국 스페인은 신대륙에서 많은 금과 은을 본토로 가져왔습니다. 쏟아져 들어오는 금과 은에 취한 스페인은 그것을 자본으로 삼아 산업을 일으키지 않았습니다. 생산 기술이 금과 은이 늘어난 속도를 맞추지 못하자 돈의 가치는 떨어지고 물건값이 한없이 치솟았습니다. 이 돈은 유럽으로 퍼졌고, 유럽 전체가 인플레이션을 겪어야 했습니다. 《국가의 부와 빈곤》이라는 책에 데이비드 랜즈는 '스페인은 돈이 너무 많아서 가난해졌거나, 가난한 상태에 머문 나라였다'고 썼습니다. 스페인 황실은 세 차례나 파산했고, 힘이 쇠약해진 17세기 중엽 그나마 금은이 들어오지 않자, 스페인은 초라한 국가로 전락하고 말았습니다. 돈이 스페인을 방탕하게 만든 것입니다.

짐바브웨와 독일의 하이퍼인플레이션

아프리카 짐바브웨는 극단적인 인플레이션(하이퍼인플레이션·hyperinflation)의 예로 악명이 높습니다. 맨큐경제학에도 소개될 정도였죠. 이 나라 정부는 돈을 정말 많이 찍어냈습니다. 원래 1짐바브웨달러의 가치는 미국 1달러와 거의 같았습니다. 돈의 가치가 잘 관리됐다는 의미입니다. 그런데 정치적 격변기를 겪던 2008년 1월 짐바브웨 중앙은행은 1000만짐바브웨달러짜리 지폐(0이 일곱 개)를 발행했습니다. 이것의 가치는 겨우 미국 4달러 정도였습니다. 이게 끝이 아니었습니다. 1년 뒤 중앙은행은 100조짐바브웨달러 지폐(0이 14개)를 찍어냈습니다. 미국 3달러 가치였습니다. 화폐가 휴짓조각이 됐다는 표현을 씁니다만, 휴짓조각이 화폐보다 비쌌습니다. 화폐를 수레에 싣고 가야 빵 한 조각을 살 수 있었는데, 싣고 가는 중에 빵값이 올랐더랬습니다.

독일의 예도 만만치 않습니다. 1차 세계대전이 끝난 뒤 독일 경제는 엉망이었습니다. 패전국이었던 독일은 어마어마한 전쟁배상금을 물어야 했고, 독일 정부는 돈을 찍어내기 시작했습니다. 1920년 7월 당시 미국 1달러는 40마르크와 같은 가치를 지녔습니다. 1923년 11월 미국 1달러는 4조마르크와 같았습니다. 당시 독일 정부는 1700대가 넘는 인쇄기를 밤낮으로 돌려 돈을 인쇄했습니다. 독일 국민이 가졌던 모든 것의 가치가 인플레이션 속에 증발했습니다.

베네수엘라 그리고 한국

최근의 예로 베네수엘라 하이퍼인플레이션이 있습니다. 지금 베네수엘라에선 베네수엘라 돈으로 거래할 수 없습니다. 좌파 정부가 돈을 너무 많이 찍어내는 바람에 화폐가 교환, 거래, 가치저장 수단이 되지 못합니다. 지폐 한 자루를 가져가도 생닭 한 마리를 못 사는 지경에 이르렀습니다. 돈을 길거리에 뿌려도 주워가는 사람이 없습니다. 공예품 만드는 종이로 쓴다고 합니다. 화폐 제도가 망가지자 자국 내 생필품 생산도, 수입도 이뤄지지 않고 있습니다. 삶이 고통입니다.

한국은 어떨까요? 최근 코로나19 사태로 경제가 어려워지자 정부와 여당이 돈을 찍어서라도 지원하자고 제안했습니다. 짐바브웨, 베네수엘라, 독일도 그럴듯한 명분으로 돈을 찍기 시작했습니다. 정부는 언제나 '좋은 뜻(선의)'을 앞세웁니다. 그러나 돈을 찍어서 경제를 살렸다거나, 부자가 됐다는 나라는 유사 이래 없었습니다. 부가가치 생산능력이 없으면 화폐 찍기는 환상일 뿐입니다. 돈을 마구 찍어내면, 인플레이션이 퍼지면, 빈곤과 부패와 고통이 나라를 뒤덮고 맙니다. 역사는 이것을 증명하고 있습니다.

출처 : 한국경제 2021.02.01.

거꾸로 배우는 경제학

다시 보는 경제학자 5 ■ 21세기 경제학의 얼굴은(1)

신자유주의를 포함한 고전학파와 케인시안파. 두 학파는 경제학의 양대축을 형성하면서 각 경제상황마다 경제를 진단하고 해법을 내놓았다. 통화, 재정정책의 효과를 분석하면서 인류가 더 풍요로운 삶을 살 수 있도록 고민해왔다. 세월이 흐르면서 경제학의 대가들은 떠났지만 자본과 노동의 갈등, 자원의 배분을 비롯한 각종 경제학적 고민은 여전히 남아 있다.

경제학자들은 이러한 고민을 세련된 방식으로 해결해 나가기 위해 노력하고 있지만 정답은 여전히 없다.

1970년부터 지난해까지 37년간 전 세계에서 벌어진 금융위기만 해도 120건을 넘어섰다. 2009년 현재 진행형인 금융위기를 해결하기 위한 경제학자들의 노력은 오늘도 계속되고 있다.

◆ 수학을 사용한 논리적 해결모델 각광

= MIT의 노벨경제학상 수상자 폴 새뮤얼슨은 1945년 출판한 자신의 첫 번째 저서 '경제분석의 기초(Foundations of Economic Analysis)'에서 수학적 분석과 논리 전개를 통해 '신고전파 종합'의 정수를 보여주었다. 고전파 경제학의 원리는 완전고용이라는 가정하에서 정책결정에 우선순위를 뒀던 반면, 케인스주의의 처방은 불완전고용 상황에서 완전고용 상태로 발전시키는 데 초점을 맞춰왔다. 하지만 새뮤얼슨 경제학의 기본은 '중용'. 그는 재정 및 통화 정책을 적극적이고도 꾸준히 수행하면서 인플레이션과 실업이라는 수많은 장애물을 헤치고 경제를 이끌어나가기 위한 규범을 제시했다.

그는 19세기의 경제학자 왈라스를 비롯한 고전파 학자들이 내놓은 경쟁시장 미시경제학의 유용성을 믿는 동시에 완전고용을 달성하기 위한 적극적인 정부 정책의 필요성 역시 믿는다는 사실을 언급했다. 케인스 방식의 경기조정 수단과 프리드먼이 옹호하는 자유시장을 결합시키기 위해 노력한 셈이다.

베트남 전쟁 이후 장기간의 스태그플레이션에도 불구하고, 사려 깊은 중용의 입장을 취했던 새뮤얼슨의 경제학은 이후 앨런 블라인더, 폴 크루그먼, 그레고리 맨큐 같은 인물들을 통해 더욱 발전하면서 이후 민주주의적 자본주의를 지배하는 지식의 역할을 훌륭히 수행했다.

새뮤얼슨은 MIT 교수로 있으면서 동료 노벨상 수상자인 로런스 클라인, 제임스 토빈뿐만 아니라 클린턴 대통령 재임시절 대통령 경제자문위원회 의장이었던 노벨상 수상자 조지프 스티글리츠, 세계적인 금융경제학자로 널리 알려진 노벨상 수상자 로버트 머튼, 시장의 변동성에 대한 저작으로 현대 응용경제학을 정의하는 데 일조했던 로버트 쉴러 등 모든 제자들에게도 수학적 경제학 사고방식을 널리 전파했다.

◆ 세계화, 불평등 문제는 어떻게?

= 새뮤얼슨 이후 세상에서는 경제학이 세상과 너무 동떨어져 간다는 비판이 늘었다. 재정과 통화정책이라는 주제를 초월해서 점점 더 많은 경제학자들이 경제적 사회적 자본이 서로 섞이고 부와 감정이 만나는 정치 사회 구조에 대한 이해로 관심을 옮겨 나간 것.

이들의 수장이 바로 MIT의 경제학자이자 인기 있는 저술가인 레스터 서로다. 그는 위험한 조류(Dangerous Currents)에서 주류 경제학자들이 수량분석 및 계량경제학에 지나치게 의존하고 있다고 비판했다.

그런가 하면 다른 한편에서는 다시 공공경제학에 대한 관심과 연구가 늘었다. 과거 공공정책의 주된 경제 목표가 부의 재분배였다면 이번에는 지식의 재분배에 초점이 맞춰졌다.

정신노동이 경제적 생산성 측면에서 육체노동을 앞지르게 되면서 지식의 상대적 가치는 더욱 증대했다. 지식의 경제적 기능, 경제성장, 시민사회 목표 사이의 관계는 현대에 이르러서야 분명해졌다. 스탠퍼드대학에서 활동하고 있는 시카고 학파 경제학자 폴 로머가 대표적인 인물. 그는 재정정책과 통화정책을 아무리 잘 수행해도 그 자체만으로 지속적인 성장을 할 수 없다고 진단했다. 새로운 지식을 발견해야만 경제적 파이를 성공적으로 키울 수 있다는 것이다.

80년대 이후 세계화, 만성적 침체, 불평등 문제가 심화되자 스티글리츠, 크루그먼 같은 학자들이 이 문제에 집중하기 시작했다. 세계화가 글로벌 경제를 상호 의존적으로 변화시켜 가면서 세계 경제의 권력 구조에도 근본적인 변화가 일어나고 있다는 주장이다.

경제학은 한편에서는 고도의 수학을 사용한 이론 분석, 예를 들어 동태적 게임이론, 시장 메커니즘이론 등으로 발전해 나갔고 다른 한편에서는 경제분석툴과 함께 정보 격차, 불평등 문제 등의 문제를 해결하려는 진지한 노력도 진행하고 있다.

응용경제학 분야에서 로버트 먼델의 적정화폐지역이론(The theory of Optimum Currency Area)은 EU통화 통합의 기초를 제공했다. 이 이론은 또 80년 만에 나타난 금융위기와 극심한 경기침체에 대한 해법으로 세계 각국이 참여하는 단일통화 창설의 필요성을 제안하고 있다.

출처 : 매일경제 2009.02.08.

단원별 연습문제

01. 다음 중 마찰적 실업에 대한 이유로서 가장 적절하지 않은 것은?

① 근로자들의 다양한 선호와 노력 ② 불완전한 정보
③ 지리적인 이동 ④ 직장을 탐색하는데 걸리는 시간
⑤ 최저임금제

02. 다음 중 노동시장과 실업에 관한 내용으로 가장 적절하지 않은 것은?

① 최저임금제는 비숙련 노동자에게 주로 해당된다.
② 해고자, 취업대기자, 구직포기자는 실업에 포함된다.
③ 효율성임금은 노동자의 이직을 막기 위해 시장균형임금보다 높게 책정된다.
④ 실제실업률과 자연실업률의 차이가 경기순환적 실업이다.
⑤ 최저임금, 노동조합 또는 직업탐색 등이 실업의 원인에 포함될 수 있다.

03. 노동시장에 대한 다음의 서술 중 옳지 않은 것은?

① 단체교섭권의 발동 등 노동조합의 활동에 의하여 실제임금이 균형임금보다 높은 경우 실업이 발생한다.
② 마찰적 실업과 탐색적 실업은 자발적 실업의 범주에 속하며 대부분 인위적으로 줄일 수 없다.
③ 경기적 실업과 구조적 실업은 비자발적 실업의 범주에 속한다.
④ 실망노동자는 경제활동인구에서 제외되므로 실업통계에서 빠지고 이에 따라 실업통계에 나오는 실업률은 실제실업률보다 높게 측정되는 경향이 있다.
⑤ 구조적 실업은 기술혁신으로 종래의 기술이 경쟁력을 상실하거나 어떤 산업이 장기적으로 사양화될 때 발생하는 것이다.

04. 실업에 대한 서술로서 옳은 것은?

① 마찰적 실업을 줄이기 위해서는 고용정보에 대한 흐름을 원활히 해야 한다.
② 탐색적 실업을 줄이기 위해서는 직업탐색의 한계비용을 늘리고 한계편익을 줄이는 정책을 시행해야 한다.
③ 가계의 소비구조가 변화해도 구조적 실업은 발생하지 않는다.
④ 구조적 실업을 줄이기 위해서는 새로운 인력훈련이 필요하다.
⑤ 장기에 자연실업률을 줄이는 데 있어 유효수요증대정책은 무력하다.

05. 고용보험제도를 실시할 경우 나타날 수 있는 경제적 효과로 적절하지 않은 것은?

① 경기가 호황일 경우 유효수요를 줄여 경기를 안정화시키는 기능이 있다.
② 경제활동인구로 분류되지 않았던 인구를 노동시장으로 유인하는 효과가 있다.
③ 불안정한 고용의 특성을 가진 업종으로의 노동력 유인효과가 감소한다.
④ 일시적 해고를 촉진하는 효과가 있다.
⑤ 새로운 일자리를 구하는 데 따른 기회비용이 줄어들 수 있다.

06. 자연실업률에 관한 설명으로 옳은 것은?

① 시장구조와 형태 및 생산요소 이동의 정도는 자연실업률을 결정하는 대표적 요인이다.
② 실업보험의 확대나 공공근로사업 확대를 통하여 자연실업률을 줄일 수 있다.
③ 자연실업률은 올해의 예상물가상승률과 작년도 물가상승률이 일치하는 수준에서 실현되는 실업률로 정의된다.
④ 프리드만-펠프스 가설에 따르면 자연실업률 이하로 실업을 줄이고자 하는 어떠한 정책도 장단기를 막론하고 효과가 없다.
⑤ 물가상승률이 그리 높지 않다면 확대재정금융정책으로 자연실업률을 줄일 수 있다.

07. 인플레이션의 원인이 아닌 것은?

① 생산성 증가　　② 통화량 증가　　③ 정부지출의 증가
④ 임금의 상승　　⑤ 유가의 상승

08. 수요견인(demand pull) 인플레이션이 발생하는 경우에 해당하는 것은?

① 수입 자본재 가격의 상승　　② 임금의 삭감　　③ 정부지출의 증가
④ 환경오염의 증가　　⑤ 국제 원자재 가격의 상승

09. 스태그플레이션에 관한 설명으로 옳은 것은?

① 장기적으로 지속되는 디플레이션이다.
② 농산물 가격의 지속적인 상승을 의미한다.
③ 총수요의 감소가 원인이다.
④ 총공급 확대정책으로 대응하는 것이 바람직하다.
⑤ 총수요 확대정책으로 대응할 때 실업자가 늘어난다.

10. 인플레이션의 비용에 대한 설명으로 옳지 않은 것은?
    ① 예상과 다른 인플레이션이 발생하면 채무자가 느끼는 부채에 대한 실질적 부담이 감소하여 효율성이 증가한다.
    ② 인플레이션으로 인해 현금보유를 줄이고 은행예금이 증가하는 현상으로 인해 거래비용이 증가한다.
    ③ 인플레이션으로 인한 명목비용 상승이 즉각적으로 가격에 반영되지 못함으로써 상대가격의 왜곡이 발생한다.
    ④ 누진소득세 체제에서는 인플레이션으로 인해 기존과 동일한 실질소득을 얻더라도 세후 실질소득이 하락할 수 있다.
    ⑤ 화폐의 중립성이 성립하면 인플레이션으로 인한 실질적인 구매력의 변화는 발생하지 않는다.

11. 인플레이션 조세에 관한 설명으로 옳은 것은?
    ① 물가가 상승함에 따라 납세자들이 더 높은 세율 등급을 적용받아 납부하는 소득세로 정의된다.
    ② 물가가 상승함에 따라 경제주체가 보유하고 있는 통화의 실질가치가 상승할 때 발생한다.
    ③ 세율이 인상됨에 따라 인플레이션율이 상승하는 것을 의미한다.
    ④ 정부가 정부채권을 시중금융기관으로부터 매입함으로써 발생한 이자율 하락으로 인한 금융자산의 가격하락을 의미한다.
    ⑤ 정부가 통화량을 증가시켜 재정자금을 조달할 때 발생한다.

12. 필립스(Phillips)곡선에 관한 설명으로 옳은 것은?
    ① 필립스(A. W. Phillips)는 적응적 기대가설을 이용하여 최초로 영국의 실업률과 인플레이션 간의 관계가 수직임을 그래프로 보였다.
    ② 1970년대 석유파동 때 미국의 단기필립스곡선은 왼쪽으로 이동되었다.
    ③ 단기총공급곡선이 가파를수록 단기필립스곡선은 가파른 모양을 가진다.
    ④ 프리드먼(M. Freiedman)과 펠프스(E. phelps)에 따르면 실업률과 인플레이션 간에는 장기 상충관계(trade-off)가 존재한다.
    ⑤ 자연실업률가설은 장기필립스곡선이 우상향함을 설명한다.

제12장 ▌실업과 인플레이션

정답 및 해설

1. ⑤ 마찰적 실업은 직업을 바꾸는 과정에서 일시적으로 실업상태에 있는 것이다. 그런데 마찰적 실업은 대부분 탐색적 실업을 포함하는 자발적 실업이다. ⑤는 구조적 실업의 일환으로서 비자발적 실업의 원인이 된다.

2. ② 구직포기자(실망노동자)는 경제활동인구에서 제외되므로 실업에도 포함되지 않는다.

3. ④ 실망노동자는 경제활동인구와 실업통계에서 빠지므로 실업통계에 나오는 실업률은 실제실업률보다 낮게 측정되는 경향이 있다.

4. ③ 가계의 소비구조가 변화하면 산업구조도 변화하게 된다. 따라서 소비구조의 변화는 구조적 실업의 한 원인이 될 수 있다.

5. ③ 고용보험제도를 실시하면 노동자들에게 실업수당이란 최소한의 급여가 보장된다. 따라서 자발적으로 회사를 그만 두는 노동자도 생기고 기업들도 일시적인 해고를 촉진할 수 있다. 그런데 고용보험제도하에서는 몇 번이라도 고용보험료를 납부하면 실업시 실업수당을 지급받을 수 있으므로 불안정한 업종이라도 일단 취업해서 고용보험료를 내려고 할 것이다. 즉 ③ 불안정한 고용의 특성을 가진 업종에도 노동력이 몰릴 수 있다.

6. ① 자연실업률은 생산물시장과 생산요소시장의 구조적 특성에 의해 결정된다.
   ② 실업보험이 확대되거나 일시적인 공공근로사업이 확대되면 자연실업률이 증가한다.
   ③ 자연실업률은 현재 진행되는 인플레이션을 가속시키지도 않고 감속시키지도 않게 해주는 실업률 수준이다.
   ④ 프리드만-펠프스 가설에 따르면 자연실업률 이하로 실업을 줄이고자 하는 정책은 단기에는 어느 정도 효과를 거둘 수 있지만 장기에는 가속적인 물가상승만 유발한다.
   ⑤ 프리드만-펠프스 가설에서는 확대재정금융정책으로 자연실업률을 줄일 수 없다고 본다.

7. ① 생산성이 향상 되면 총공급곡선이 우측으로 이동하므로 물가가 오히려 하락한다.
   ② ③ 통화량이 증가하거나, 정부지출이 증가하면 총수요곡선이 우측으로 이동하므로 수요견인 인플레이션이 발생한다.
   ④ ⑤ 임금이 상승하거나, 유가가 상승하면 총공급곡선이 좌측으로 이동하므로 비용인상 인플레이션이 발생한다.

8. ③
   ①, ⑤ 수입 자본재 가격이 상승하거나, 국제 원자재 가격이 상승하면 총공급곡선이 좌측으로 이동하므로 비용인상 인플레이션이 발생한다.
   ② 임금이 하락하면 총공급곡선이 우측으로 이동하므로 물가가 오히려 하락한다.
   ④ 환경오염의 증가는 인플레이션과 직접적인 관련이 없다.

9. ④ 스태그플레이션 상황에서는 총공급 확대정책을 실시하여 총공급곡선을 우측으로 이동시키는 것이 바람직하다.
   ①, ③ 스태그플레이션이란 불리한 공급충격으로 인해 총공급곡선이 좌측으로 이동하여 물가상승과 경기침체가 동시에 일어나는 현상을 말한다.
   ② 애그플레이션이란 농업과 인플레이션의 합성어로, 농산물 가격의 상승으로 일반 물가가 상승하는 현상을 말한다.
   ⑤ 스태그플레이션 상황에서 경기침체를 막기 위해 총수요 확대정책을 실시하면 총수요곡선이 우측으로 이동하여 산출량이 증가하므로 실업문제는 해소될 수 있으나, 물가는 더욱 상승하게 된다.

거꾸로 배우는 경제학

10. ① 예상하지 못한 인플레이션이 발생하면 채권자로부터 채무자에게로 부와 소득이 재분배되고, 경제적 효율성이 감소하게 된다.
    ② 인플레이션이 예상되면 사람들은 화폐보유를 줄이기 위해 금융기관을 더 자주 방문해야 하고, 이 과정에서 거래비용인 구두창비용이 발생한다.
    ③ 인플레이션이 발생하면 상대가격의 변화가 초래되고, 상대가격의 변화는 자원배분의 왜곡을 가져온다.
    ④ 조세는 통상 명목소득에 대해 부과되므로 실질소득이 불변이더라도 인플레이션으로 인해 명목소득이 증가하면 누진세제하에서 적용받는 세율이 상승하여 세후 실질소득이 하락하게 된다.
    ⑤ 화폐의 중립성이 성립하면 인플레이션이 발생할 때 사람들의 소득도 비례적으로 증가하기 때문에 실질적인 구매력은 변하지 않는다.

11. ⑤ 인플레이션 조세란 정부가 화폐공급의 증가를 통해 얻게 되는 추가적인 재정수입을 말한다. 정부가 화폐발행을 통해 지출재원을 조달하면 통화량 증가로 인한 인플레이션이 발생하여 민간이 보유하고 있는 화폐의 실질가치가 하락하고, 그에 따라 화폐보유자들에게 조세를 더 걷는 것과 동일한 효과가 나타나게 된다.

12. ③
    ① 필립스는 영국의 자료를 분석하여 영국의 실업률과 명목임금상승률 간의 음(-)의 상관관계를 나타내는 최초의 필립스곡선을 도출하였다. 이후, 프리드먼과 펠프스는 적응적 기대가설을 이용하여 수직의 장기필립스곡선을 제시하였다.
    ② 1970년대 석유파동 때의 스태그플레이션은 단기필립스곡선의 우상방 이동으로 설명할 수 있다.
    ④, ⑤ 프리드먼과 펠프스의 자연실업률가설에 의하면, 장기에는 필립스곡선이 자연실업률 수준에서 수직이므로 실업률과 인플레이션율 간의 상충관계가 존재하지 않는다.

연습문제

[문제 1] 경제활동인구와 비경제활동인구를 설명하라.

[문제 2] 실업의 종류에는 무엇이 있으며, 이 중 가장 심각한 문제가 되는 것은 어느 경우인지 설명하라.

[문제 3] 구직단념자란 무엇을 의미하며, 이들의 존재가 실업률에 어떤 영향을 미치는지 설명하라.

[문제 4] 마찰적 실업은 왜 불가피한가? 정부의 어떤 정책이 마찰적 실업을 줄일 수 있는가?

[문제 5] 인플레이션은 어떤 의미에서 세금과 같은가? 인플레이션을 일종의 세금으로 보는 시각은 초인플레이션을 설명하는데 어떤 도움을 주는지 설명하라.

[문제 6] 인플레이션의 사회적 비용에 관해 설명하라. 예상된 인플레이션과 예상하지 못한 인플레이션 중 어느 경우에 사회적 비용이 더 큰지 설명하라.

[문제 7] 인플레이션율의 증가는 실질이자율과 명목이자율에 어떤 영향을 주는지 설명하라.

제13장
경제안정화정책

제1절 경제안정화정책
제2절 재정정책
제3절 금융정책
제4절 경제안정화정책의 성공요건
단원별 연습문제

물가가 장기간 상승하거나 실업률이 계속 높아지는 등 경제가 불안정해지면 국민들은 고통을 겪게 마련이다. 그래서 정부는 여러 가지 정책수단을 써서 경제를 안정시키고자 노력한다. 이러한 정부의 정책적 노력을 경제안정화정책이라고 한다.

　경제안정화정책은 총수요를 조절하여 경기순환의 진폭을 줄이고자 하는 단기적인 정책으로 재정정책과 금융정책에 대하여 살펴보고자 한다.

"경제문제에 대한 해결책은 또 다른 문제를 발생시키고, 경제학자들은 그 해결책을 찾기 위해 다시 동분서주한다."

-월터 헬러-

"현대 자본주의의 역사에서 위기는 예외가 아니라 표준이다."

-누리엘 누비니-

"지리학을 이해하고 싶다면 지진을 공부하라. 경제를 이해하고 싶다면 대공황을 공부하라."

-벤 버냉키-

제1절 경제안정화정책

1 의의

현실경제에서는 물가상승이나 실업과 같은 문제가 종종 발생한다. 어떠한 문제는 자본주의 경제에서 회피할 수 없는 일로 받아들여지고 있으나 외부충격에 적절히 대응하지 않거나 지나친 경기변동을 그냥 방치해 두면 경제는 더욱 불안정해질 수 있다. 경기가 호황일 때는 물가가 불안해지고, 불황일 때는 실직자들이 생겨난다. 우리나라의 경우 과거 1980년대 후반 3저 호황 때 경기과열로 물가가 급등했다든가, 1997년 외환위기 직후 경기침체로 실업률이 크게 증가했던 상황은 경제불안의 대표적인 예라고 할 수 있다.

물가가 장기간 상승하거나 실업률이 계속 높아지는 등 경제가 불안정해지면 국민들은 고통을 겪게 마련이다. 그래서 정부는 여러 가지 정책수단을 써서 경제를 안정시키고자 노력한다. 이러한 정부의 정책적 노력을 경제안정화정책이라고 한다.

경제안정화정책은 단기적인 정책으로서 장기적인 경제성장정책과 구별된다. 경제성장정책은 기술혁신, 생산성 향상, 투자 증대 등으로 경제성장을 촉진시키고자 하는 정책이다. 이는 효과가 바로 나타나는 것이 아니기 때문에 장기적인 정책이다. 반면에 경제안정화정책은 총수요를 조절하여 경기순환의 진폭을 줄이고자 하는 단기적인 정책이다.

경제안정화정책의 수행이 정부의 중요한 역할로 여겨지게 된 계기는 1930년대 경제대공황 이후 사람들은 시장의 가격기능이 경제불안정을 자율적으로 해결할 수 없음을 알게 되었다. 경기가 과열되어 물가가 오를 때 정부는 통화량 축소, 금리 인상, 정부지출 축소 등 총수요를 줄이는 방법으로 경기를 억제시키려고 한다. 반대로 경기가 침체되어 실업자가 늘어날 때에는 통화량 확대, 금리 인하, 정부지출 확대 등 총수요를 늘리는 방법으로 경기를 부양하려고 한다.

거꾸로 배우는 경제학

이처럼 경제안정화정책은 총수요를 잠재생산능력에 가깝게 조절하여 경기변동의 진폭을 완화하려는 정책이라는 점에서 흔히 총수요관리정책 또는 경기조절정책으로도 불린다. 총공급 면에서의 안정화정책도 생각해 볼 수 있으나 단기적으로 총공급을 조절하는 정책수단을 찾는 것은 현실적으로 쉬운 일이 아니다. 왜냐하면 총공급은 기본적으로 노동, 자본, 교육, 기술수준 등 구조적인 요인에 의해 결정되어 단기적인 정부정책으로 쉽게 조절하기 어렵기 때문이다. 그래서 대부분의 경우 경제안정화정책은 총수요를 조절하는 정책이라고 할 수 있다.

경제안정화정책은 크게 재정정책과 금융정책으로 구분한다. 재정정책은 정부가 재정지출이나 세금의 조정 등을 통하여 경제를 안정시키고자 하는 정책이며, 금융정책은 중앙은행이 통화량이나 금리를 조절하여 경제를 안정시키고자 하는 정책이다.

2 경제안정화정책에 관한 논쟁

정부는 경제안정화정책을 사용하고자 할 때 정책의 기본방향, 경제상황에 대한 판단, 여론의 향방 등 여러 가지 요인들을 종합적으로 고려한다. 그런데 이러한 요인들은 시대와 나라에 따라 다를 수 있고, 각 요인별 중요도도 다르기 마련이다.

또한 어떤 정책이 경제안정을 위해 더 효과적인지, 어떠한 기준으로 경제안정 여부를 판단할지에 대한 명확한 해답을 내리기가 어렵다. 이는 현실적으로 총수요와 총공급 규모를 정확하게 파악하기 힘들고, 이를 실질적으로 조절할 수 있는 수단도 충분하지 않으며 예상하지 못한 외부충격의 가능성이 항상 존재하기 때문이다. 따라서 경제의 안정 여부는 경제성장률, 실업률, 물가상승률 등 거시경제지표의 움직임을 통해 간접적으로 판단할 수 밖에 없다.

경제안정화정책은 실시 시기, 정도, 방법 등에 관해서는 다양한 의견이 있다. 경제안정화정책 실시와 관련하여 정부가 택할 수 있는 정형화된 기준은 없으며, 특히 그 시행 시기에 대해서는 더욱 그렇고, 실시 정도와 방법 등에 대한 상반된 입장이 있을 수 있다. 우선 경제안정을 위해 정부가 어느 정도 개입할 것인지에 대한 입장차이가 있다.

(1) 경제안정을 위한 정부의 개입 정도

경제안정을 위해 정부의 개입을 찬성하는 사람들은 경기변동이 지나칠 경우 정부가 직접 나서서 총수요를 조절해야 한다고 주문한다. 특히 예상하지 않은 충격으로 경기침체가 계속될 때에는 금융정책이나 재정정책은 총수요를 늘리는 데 매우 효과적이라고 주장한다.

반면 안정화정책을 반대하는 사람들은 경제를 안정시킬 목적으로 금융정책과 재정정책을 사용해서는 안된다고 주장한다. 이러한 정책은 성장기반 마련, 물가안정 등과 같은 장기적인 목표를 달성하기 위해서만 사용되어져야 하며 단기적인 경기변동은 스스로 해결되도록 놓아두어야 한다는 것이다. 이들은 금융정책과 재정정책이 이론적으로는 경제를 안정시킬 수 있다고 인정하지만, 현실적으로 가능한지에 대하여 강한 의문을 품고 있다. 이들은 안정화정책이 경제에 영향을 미치기까지는 적지 않은 시일이 걸리며, 재정이 가지고 있는 자동안정화장치의 특성상 정부가 별도의 조치를 취하지 않아도 경기변동이 자동적으로 조절된다는 점 등을 들어 안정화정책을 쓰는 것을 반대하기도 한다.

(2) 정부 개입방법에 대한 입장 차이

경제안정을 도모하기 위한 정부의 개입방법에 대한 입장 차이도 논란거리이다. 한편에서는 경제불안을 시장실패로 보아 정부는 장기는 물론 단기에도 경제에 적극적으로 개입해야 한다고 말한다. 정부가 재량적으로 정책을 시행할 때 정부실패가 발생할 수도 있지만 이는 시장실패에 비하면 큰 문제가 아니라고 주장한다. 다른 한편에서는 시장경제가 효율적이어서 외부충격에 대하여 자율적인 조정 능력을 가지고 있으며 경제에 개입할 때 생기는 정부실패가 시장실패보다 더 큰 문제라고 주장한다. 그래서 이들은 경제상황에 관계없이 미리 정한 준칙(rule)에 따라 정책을 일관성 있게 밀고 나갈 것을 주문하고 있다.

지금까지 안정화정책의 운용방식에 대해 살펴보았으나 어떤 방식이 우월하다고 단정하기 어렵다. 안정화정책을 반대하는 사람들의 의견도 일리는 있다. 그런데 국가경제의 운용을 책임지고 있는 정부가 눈앞에 나타나고 있는 대량실업 또는 물가불안을 외면할 수 있을까? 재정의 자동안정화장치만으로도 충

거꾸로 배우는 경제학

분히 경기변동을 완화시키는 긍정적인 면과 부정적인 측면을 동시에 가지고 있다. 예를 들어 경제가 불황에서 벗어나 회복국면에 접어들면 세금도 함께 늘어난다. 그러나 이는 경기회복을 지연시키는 요인으로 작용할 수 있다. 이와 같이 자동안정화장치는 경제불안을 완전히 해결할 정도로 강력하지 못하다. 따라서 오늘날 자본주의 시장경제를 채택하고 있는 대부분의 나라에서는 정부가 직접 나서서 경제안정을 도모하고자 노력한다.

다시 보는 경제학자 6 ■ 21세기 경제학의 얼굴은(2)

로런스 클라인   제임스 토빈

레스터 서로   로버트 쉴러

누리엘 루비니   그레고리 맨큐

전 세계를 덮친 금융위기에 대해 경제학자들의 책임론과 자성론이 무성하다. 주된 비판 대상은 그동안 주류로 불려왔던 시장중심주의였다.

시장을 전적으로 신뢰하는 시장만능주의가 오늘날 전 세계적 위기를 불러왔다는 주장이다. 정부의 '보이는 손'을 통해 해결해야 한다는 게 최근 많은 경제학자들의 견해다. 후기 케인스학파 폴 크루그먼이 주장하는 것처럼 과감한 재정지출을 통해 글로벌 경제 위기를 해결해야 한다는 것. 하지만 같은 후기 케인스학파를 자처하는 그레고리 맨큐 교수는 해법이 다르다. 그는 "금융위기 해결을 위해 재정지출을 늘릴 경우 막대한 재정적자를 후손에게 물려주게 될 것"이라며 금리인하론을 폈다.

프린스턴대의 신현송 교수는 이번 금융위기가 시작된 지난해 9월부터 유동성 공급을 통한 위기 진화방법을 제시했다.

그는 "이번 유동성 위기는 과거와 달리 실물 부문의 부실이 해소되지 않는 한 유동성 위기는 재발할 가능성이 높다"며 "중앙은행이 대출조건을 낮추고 금리도 낮춰 유동성을 적극 공급해야만 이번 위기를 극복할 수 있을 것"이라고 밝혔다.

한편 프랑스 경제학자이자 역사학자인 자크 아탈리는 최근 저서를 발간하고 현재 위기의 근원을 '시장과 법치성의 불균형'이라고 진단했다. 이 위기를 극복하기 위해서는 미·중간 무역 및 자본거래 불균형을 바로잡아야 한다는 것.

아탈리는 "시장은 절대적으로 군림하는 주인이 아니며 어디까지나 인간을 위해 봉사하는 효율적인 하나의 기제에 지나지 않는다"며 정보의 공평한 분배와 이를 관리·감독할 수 있는 기제가 확보되어야 한다고 주장했다.

이번 금융위기를 예측한 것으로 유명한 누리엘 루비니 뉴욕대 교수는 보호주의의 장막을 걷어내야 글로벌 경제가 회복될 수 있다고 본다. 시장의 실패로 정부의 개입을 강조하고 있지만 지나친 개입은 안 하느니만 못하다는 것.

루비니 교수는 "부국이나 빈국이나 정부가 2차대전 이후 가장 광범위하고 깊숙하게 경제에 개입해 보조금과 보호조치 등이 포함된 경기부양책을 내놓으면서 정치가 문제를 더 악화시키고 있다"고 지적했다.

그는 "정치인들이 세계 경제의 불균형을 해결하기 위한 것이 아니라 자신 지역구의 요구를 맞추기 위해 경기부양책을 만드는 것이 문제라면서 올해는 정치가 시장에 가장 큰 위험을 만들어내고 있다"고 평가했다.

출처 : 매일경제 2009.02.08.

제2절 재정정책

1 재정정책과 그 수단

오늘날 정부는 경제성장과 물가안정, 국제수지 균형 등과 같은 거시경제의 안정은 물론 소득불균형 개선, 사회복지 증진 등을 위한 여러 가지 기능을 수행하고 있다. 이러한 목표를 달성하기 위해 정부지출과 조세를 정책수단으로 사용하는 정부의 제반 정책을 통틀어 재정정책이라고 한다. 그러나 일반적으로는 소득불균형 개선과 사회복지 증진을 위한 정책은 제외하고 정부지출과 조세수입의 양과 구조를 의도적으로 변화시켜 총수요를 조절함으로써 경제안정을 도모하려는 긴축적 혹은 확장적 재정활동을 재정정책이라고 말한다.

정부 재정의 세출 항목은 매우 다양하지만, 크게 지출 대상을 기준으로 재화와 서비스를 구입하기 위한 지출과 특정 개인이나 부문에 대한 보조금 및 융자금으로 나누어 볼 수 있다. 모든 재정지출은 총수요를 증가시키지만 경제안정화와 관련해 우리가 관심을 갖는 것은 바로 전자이다. 전자의 지출은 공무원 급여, 비품구입 등을 위한 소비지출과 도로, 항만, 통신, 운수 등 유무형의 사회간접자본 형성을 위한 투자지출로 구성되어 있다. 경제가 불황일 때 정부는 공공투자 사업을 벌리는 등의 방법으로 재정지출을 확대하여 총소요의 증가를 유도한다.

정부가 다양한 재정활동을 수행하는데 필요한 재원인 세입은 일부 공기업 운영 수입과 국공채 발행 등으로 채우지만 대부분은 민간 부문으로부터 거두어 들이는 세금으로 조달한다. 조세는 그 구조와 세율의 조정을 통하여 경제안정, 소득분배 등에 영향을 미칠 수 있다. 특히 경기가 침체된 경우 정부는 세금 감면이나 세율 인하를 통해 민간부문의 생산 및 소비활동을 촉진하여 경제안정을 도모한다. 경우에 따라서는 재정정책의 효과를 높이기 위하여 정부지출과 조세의 두 가지 수단을 동시에 사용하기도 한다. 예를 들어 정부지출을 늘리는 동시에 세율을 낮추면 총수요를 보다 쉽게 늘릴 수 있다.

총수요 부족으로 인하여 경제가 침체되어 있다고 판단된다면 정부는 총수요를 증가시키고자 하는 경제안정화정책을 시행할 것이다. 여기에서는 정부가 정부지출(G)을 증가시키는 경우, 즉 확장적 재정정책을 시행하면 균형국민소득과 물가수준이 어떤 영향을 받는지 살펴보자. 단, 정부지출의 증가에 필요한 재원은 전액 국채발행을 통하여 마련한다고 가정한다.

정부지출은 총수요를 구성하는 항목 중 하나이므로 정부지출의 증가는 직접적으로 총수요 수준을 증가시켜, 총수요곡선을 오른쪽으로 이동시키게 된다. [그림 13-1]의 총수요, 총공급 모형에서 보는 것과 같이 정부지출의 증가는 총수요곡선을 AD에서 AD_2로 이동시키고, 정부지출이 증가한 결과 국민소득수준은 Y_0에서 Y_2로 증가하고, 물가수준은 P_0에서 P_2로 상승한다.

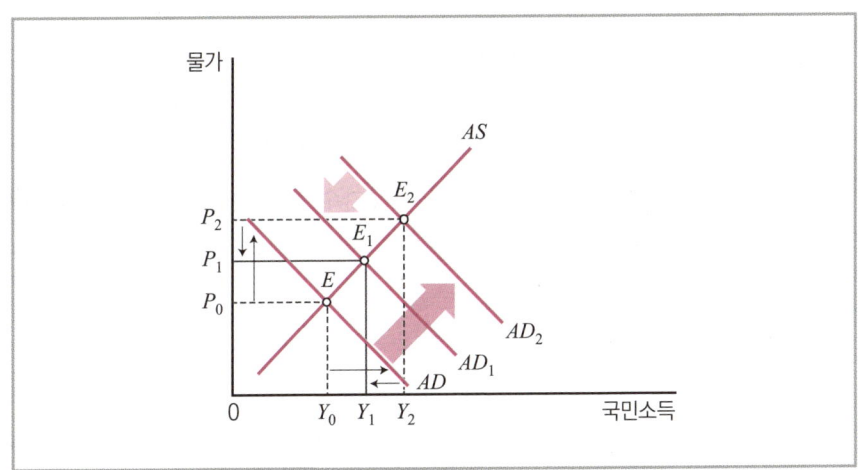

[그림 13-1] 정부지출 증가 효과 : 총수요, 총공급모형

한편 국민소득 수준과 물가수준의 상승은 거래적 동기에 의한 화폐수요를 증가시켜 화폐시장에서 화폐에 대한 수요곡선을 오른쪽으로 이동시킨다. 화폐수요곡선이 오른쪽으로 이동한 결과 [그림 13-2]의 화폐시장에서 보는 것과 같이 화폐시장에서 균형이자율이 r_0에서 r_1으로 상승하게 된다.

균형이자율의 상승은 투자지출을 감소시키므로, 총수요가 감소하여 [그림 13-1]의 총수요, 총공급 모형에서 보는 것과 같이 총수요곡선은 다시 왼쪽으로 이동(AD_2에서 AD_1)하지만 정부지출 증가에 의한 이동 폭보다는 작다. 이와 같이 정부지출의 증가로 인해 균형이자율이 상승(r_0에서 r_1)하게 되고, 균형이자율의 상승이 투자지출을 감소시키는 현상을 구축효과(crowding-out effect)라고 한다.

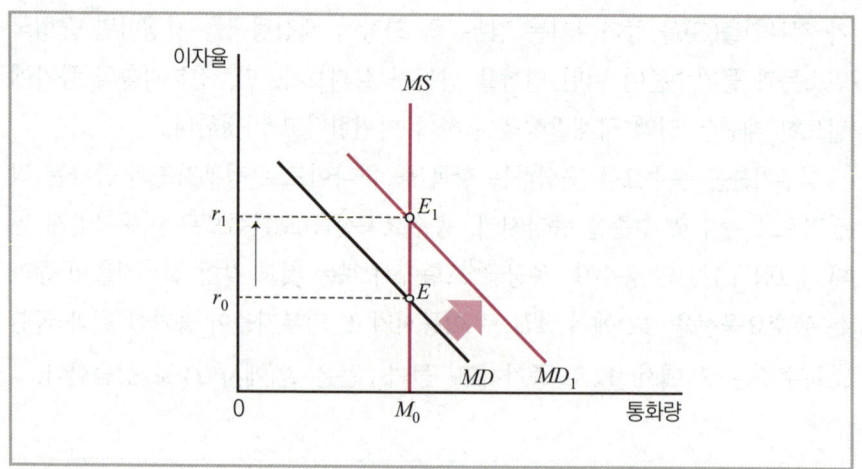

[그림 13-2] 정부지출 증가 효과 : 화폐시장

[그림 13-3]과 같이 재정정책의 파급효과는 정부지출 증가로 총수요곡선이 오른쪽으로 이동하여, 국민소득의 증가와 물가수준의 상승, 화폐시장에서 화폐수요곡선을 오른쪽으로 이동시켜 균형이자율 상승, 투자지출 감소로 총수요곡선을 왼쪽으로 이동하는 메커니즘을 거쳐 국민소득 수준의 증가와 물가상승이라는 효과를 나타나게 된다.

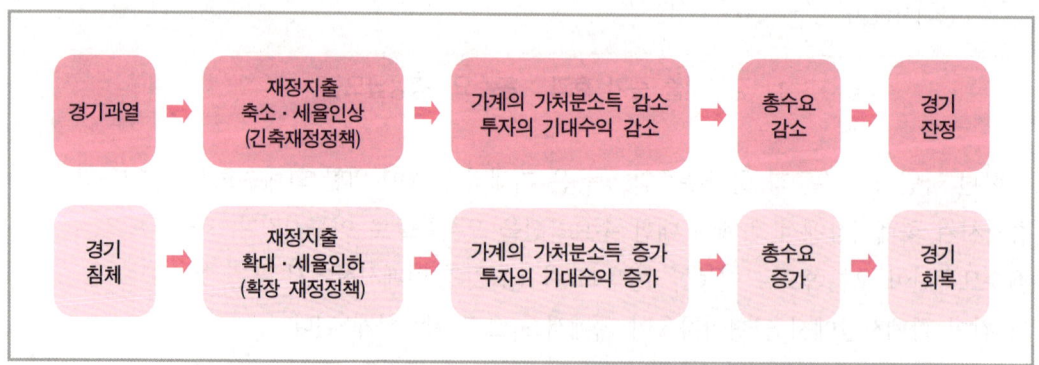

[그림 13-3] 재정정책의 파급효과

위와 같은 방법으로 정부지출의 감소, 조세징수액의 증가, 조세징수액의 감소에 따라 국민소득과 물가수준이 어떤 영향을 받는지도 분석할 수 있다.

【Eco-톡】 ≫ 대공황과 재정정책

　1920년대 후반까지만 해도 대부분의 사람들은 자본주의가 '영원한 번영'을 보장한다고 믿고 있었습니다. 1929년 10월 24일(목요일)과 10월 29일(화요일) 두 차례에 걸쳐 일어난 미국 월가의 주가 대폭락이 세계경제의 공황을 알리는 신호탄이 되리라고 예상한 사람은 거의 없었습니다. 주식시장이 붕괴 되면서 금융기관이 파산했고 공장들은 문을 닫기 시작했습니다. 1932년 미국의 GDP는 1929년의 절반 수준인 587억 달러로 줄어들었으며, 1929년 3.2%에 불과했던 실업률은 1932년 25%까지 치솟았습니다.

　이렇게 시작된 공황은 이후 독일, 영국, 프랑스 등 유럽 전역으로 번져 전 세계 제조업 생산액을 40%나 감소시키는 괴력을 보였습니다. 이러한 공황은 경기침체의 정도와 지속기간 등에 있어 전례가 없었던 것이어서 사람들은 이를 대공황(Great Depression)이라 부르게 되었습니다. 대공황의 원인에 대하여는 의견이 분분하지만 많은 학자들이 유효수요* 가 생산에 비해 부족했다는 점을 그 원인으로 지적하고 있습니다.

　한편 대공황은 정부의 적극적인 재정정책을 이용해 유효수요를 증대시켜야 한다는 케인즈(J. M. Keynes)의 처방을 반영한 루즈벨트 대통령의 뉴딜(New Deal) 정책이 실시되면서 차츰 해결의 기미를 보이기 시작했습니다. 뉴딜 정책의 핵심은 심각한 불황을 타개하기 위해 정부가 경제에 적극적으로 개입해야 한다는 것이었습니다. 이 정책은 정부가 재정지출을 확대해 유효수요를 늘리고 이로써 불황을 타개하여 고용을 늘리고자 하는 경제안정화정책의 전형이 되었습니다. 대표적인 사업이 미국 테네시강 유역의 대규모 댐 건설이었는데 막대한 재정지출을 통해 유효수요를 창출하고 고용을 늘릴 수 있었습니다.

출처 : 한국은행의 알기 쉬운 경제이야기

2 재정적자를 해결하는 방법

경제안정을 위한 정부의 개입 그 자체를 반대하는 사람도 있지만 현실에서는 거의 모든 나라들이 경제안정을 도모하기 위해 적극적인 재정정책을 활용하고 있다. 그런데 정부가 경제안정화를 위해 재정정책을 자주 쓰면 적자재정을 경험하게 된다. 왜냐하면 현실에서 정부의 정책적 대응은 경기과열보다는 경기침체일 때 더 자주 발생하는데 대부분 정부지출의 증가로 나타나기 때문이다. 한번 늘어난 정부지출을 다시 줄이기는 매우 어려워 정책과 관련된 예산과 이를 담당하는 인력이 늘어나고 다시 지출규모가 확대되는 악순환이 반복되기도 한다.

(1) 정부의 재정적자를 해결하는 방법

① 세금을 더 거두는 방법

국민들로부터 세금을 더 징수하는 것으로 세금 징수는 강제성을 띤 것으로 국회의 동의를 얻어 세법을 개정해야 가능하기 때문에 생각처럼 간단한 문제가 아니다. 그것이 가능하다 하더라도 증세는 국민들의 조세저항에 직면할 가능성이 높다. 특히 재정적자가 발생 했을 때에는 이미 경기가 부진한 상황이기 때문에 혹시 조세감면이라면 모를까 세금을 늘리는 것이 오히려 경기를 침체상태로 떨어뜨릴 수 있어 집행하는데 신중을 기해야 한다.

② 중앙은행으로부터 자금을 차입하는 방법

중앙은행 차입을 통해 재정적자를 보전하는 것이 정부 입장에서는 훨씬 쉬운 방법일 수 있다. 중앙은행이 발행한 화폐를 갖다 쓰면 되기 때문이다. 그러나 이 방법은 고스란히 통화량 증가로 나타나 물가불안을 초래한다.

③ 정부가 국채를 발행하는 방법

정부가 국채를 발행하여 필요한 자금을 마련하는 방법이 있다. 그러나 국채 발행에 따른 이자부담은 결국 국민의 몫으로 조세부담과 크게 다를 바 없다. 더욱이 국채의 만기가 도래하면 정부는 조세수입이나 또 다른 국채 발행을 통해 이를 상환해야 하는데 조세수입을 통한 채무상환의 경우 후손들이 그 부담을 지게 된다. 다시 국채를 발행해 상환하는 경우에도 국채 보유자에게 계속 이자를 지급해야 하므로 부담이 후손들에게 떠넘겨지는 것은 마찬가지이다.

(2) 균형재정의 달성

경제안정화를 위한 확장적 재정정책 때문에 적자재정이 필요한 경우도 있지만 균형재정은 여전히 재정 운용의 중요한 기본원칙이다. 국가채무가 지나치게 늘어나지 않도록 해야 하기 때문이다. 균형재정의 달성을 위한 기간을 어느 정도로 할 것인지는 정부의 정책 의지에 달려 있다고 할 수 있다. 회계연도가 1년이므로 정부가 매년 균형재정에 집착할 경우 경제상황과 동떨어진 재정지출로 인해 경기 진폭이 더욱 커질 수 있다. 즉 경제가 호황일 때는 재정수입이 늘어나는 가운데 물가가 오르는 경향이 있으므로 정부가 인플레이션 억제를 위해서는 지출을 오히려 늘려야 한다. 그렇게 되면 인플레이션의 억제가 더욱 어려워질 것이다. 따라서 균형재정 원칙을 매 1년 단위마다 지키려고 노력하는 것보다는 3~5년 정도의 중기 단위로 신축성 있게 운용하는 것이 재정정책의 경제안정화 효과를 높이는 데 도움이 될 수 있다. 우리나라 정부는 2005년부터 5년 단위의 국가재정운용계획을 매년 수립하고, 단일 연도의 예산을 중장기 틀 안에서 운용해 나간다는 계획을 갖고 있다.

【Eco-톡】 삽입-산출기준에 따른 부채 종류별 총부채(2021년 기준) (단위 : 조원, %)

분류	2019년		2020년		2021년	
	금액	GDP대비	금액	GDP대비	금액	GDP대비
국가채무(D1)	723.2	37.6	846.6	43.6	970.7	46.9
일반정부 부채(D2)	810.7	42.1	945.1	48.7	1,066.2	51.5
공공부문 부채(D3)	1,132.6	58.9	1,280.0	66.0	1,427.3	68.9

출처 : 기획재정부, 월간재정동향 2023년 2월호

1. 국가채무(D1)

2021년의 국가채무(D1)는 970.7조원으로 코로나19 위기 대응을 위한 확장적 재정운용에 따라 전년 대비 크게 증가(124.1조원, GDP 대비 D1 3.3%p 증가) 하였습니다. 이는 일반회계 적자보전(85.6조원) 및 외환시장 안정(5.8조원) 등을 위한 국고채권 증가(116.8조원)에 주로 기인합니다.

2. 일반정부 부채(D2)

2021년 일반정부 부채(D2)는 1,066.2조원으로 전년 대비 121.1조원(GDP 대비 D2 2.8%p) 증가하였으며, 이는 국고채 증가 이외에도 D2에서 추가적으로 고려되는 공채 증가(0.9조원), 주택도시기금 청약저축 등 차입금 증가(11.9조원) 및 지방정부 부채증가(6.9조원)가 발생했기 때문입니다.

3. 공공부문 부채(D3) 분석

2021회계연도의 공공부문 부채(D3)는 1,427.3조원으로 전년대비 147.4조원(GDP 대비 D3 2.9%p) 증가하였으며, 이는 일반정부 부채(D2) 증가(121.1조원) 이외에도 공공부문 부채(D3)에서 추가적으로 고려되는 비금융공기업의 부채가 증가(한전 및 발전자회사 11.6조원, LH 9.0조원 등)했기 때문입니다.

또한 공공부문 부채(D3)의 GDP 대비 비율이 2014회계연도 이후 감소세가 유지되다가 2019년 이후 증가추세로 전환되었습니다.

※ 국가채무(D1)와 PSDS에서 공시하는 공공부문부채(D3)는 어떻게 Q1 다른가요?

국가채무(D1)란 「국가재정법」 제91조와 GFSM 1986에 근거한 채무로 국가가 직접적인 원리금 상환의무를 가지고 있는 확정채무를 의미합니다. 국채, 차입금, 국고채무부담행위 등을 포함하여 현금주의를 기반으로 하고 「국가재정법」상 중앙정부 국가채무와 지방정부채무를 포함하여 관리하고 있습니다.

반면 공공부문 부채(D3)란 PSDS에 근거하여 발생주의 기준으로 산출하는 부채로 일반정부에 비금융공기업을 더한 공공부문 전체에 대한 부채를 의미합니다.

※ 일반정부 부채(D2)와 공공부문 부채(D3)는 어떻게 다른가요?

일반정부 부채와 공공부문 부채는 모두 PSDS 국제통계지침에 근거한 부채로 발생주의에 기반을 두지만 포괄하는 범위에서 차이가 있습니다. 일반정부 부채는 국가채무에 비영리공공기관까지 포괄한 부채로 우리나라는 2012년 12월에 처음으로 GFSM 2001 기준에 따른 2011회계연도 일반정부 부채를 발표하였습니다.

공공부문 부채란 일반정부 부채에 비금융공기업 부채를 더한 부채로 공공부문의 재정건전성 관리에 주로 사용됩니다. 우리나라의 경우 2014년 2월에 공공부문 부채를 처음으로 발표하였습니다.

제13장 ■ 경제안정화정책

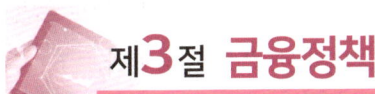

제3절 금융정책

1 금융정책과 그 수단

중앙은행이 경제가 안정적으로 발전하는 것을 돕기 위해 화폐(통화)의 양이나 금리를 조절하는 정책을 금융정책이라고 한다. 국민들의 경제활동에 있어 필요한 화폐보다 너무 많은 화폐가 공급되거나 금리가 지나치게 낮을 경우 경기과열과 이에 따른 물가불안이 나타나기 쉽다. 반대로 화폐가 지나치게 적게 공급되거나 금리가 너무 높으면 경기가 침체되고 실업이 늘어나게 된다. 따라서 경기의 과열이나 침체 없이 경제가 안정적으로 성장하기 위해서는 화폐의 양이나 금리를 적정한 수준으로 조절하는 것이 매우 중요하다. 금융정책은 물가안정, 경제성장, 국제수지 균형, 고용 및 금융안정 등을 달성하는 것을 목표로 한다. 이 중에서도 특히 물가안정에 초점을 맞추는데 이는 물가가 안정되지 않고서는 경제 내의 불확실성을 줄일 수 없고 장기적인 경제성장과 국제수지 균형 등 다른 목표도 달성할 수 없기 때문이다.

중앙은행이 활용하는 금융정책 수단은 직접조달수단과 간접조달수단으로 구분된다. 직접조달수단은 시장원리보다 정책당국의 행정적 권한에 의해 이루어지는 정책으로 은행여수신금리 규제, 대출규모 통제 등이 있다. 간접조달수단은 중앙은행이 시중에 공급하는 화폐의 양이나 금리를 변경함으로써 간접적으로 시중의 통화량을 조절하는 것으로 공개시장조작정책, 대출정책 그리고 지급준비율정책 등이 있다. 현재 우리나라에서는 한국은행이 간접조절수단을 주로 이용하여 금융정책을 수행하고 있다.

통화당국인 중앙은행이 화폐의 공급량을 늘리는 확장적 금융정책을 시행하는 경우 국민소득과 물가수준에 어떻게 영향을 미치는지 살펴보자. 중앙은행이 통화량을 증가시키면 [그림 13-4]의 (a)화폐시장에서 화폐공급곡선은 오른쪽으로 이동($MS_0 \rightarrow MS_1$)하고, 그 결과 균형이자율은 하락($r_1 \rightarrow r_0$)한다. 균형이자율의 하락은 총수요 구성항목 중의 하나인 투자지출을 증가시키고,

이는 총수요의 증가($AD_0 \rightarrow AD_1$)로 이어져 [그림 13-4]의 (b)와 같이 국민소득은 Y_0에서 Y_1로 증가하고, 물가수준은 P_0에서 P_1로 상승한다.

결국 정부지출을 증가시키는 확장적 재정정책과 통화량을 증가시키는 확장적 금융정책은 모두 국민소득을 증가시키는 동일한 효과를 나타낸다. 하지만 두 경제안정화정책이 국민소득의 구성에 미치는 영향은 서로 다른 점에 주의해야 한다. 즉 정부지출의 증가는 투자지출을 감소시키고 통화량의 증가는 투자지출을 증가시켜, 어떤 정책을 시행하느냐에 따라 국민소득에서 투자지출이 차지하는 비중이 다르게 된다.

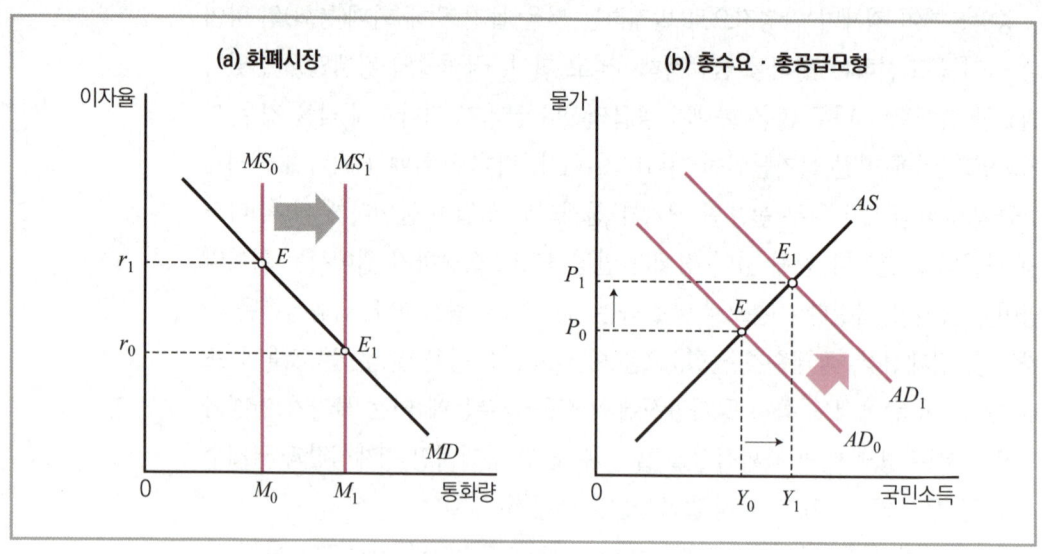

[그림 13-4] 통화량 증가의 효과

2 금융정책의 파급경로

금융정책은 길고 복잡한 경로를 거쳐 실물경제에 영향을 준다. [그림 13-5]는 금융정책의 파급경로인 금리경로, 자산가격경로, 환율경로, 신용경로 등을 나타내고 있다.

(1) 금리경로

중앙은행이 공개시장조작 등으로 통화량을 조절하면 콜금리가 곧바로 반응한다. 그러면 양도성예금증서 금리, 기업어음 금리와 같은 90일 이내 만기의 단기 금리도 콜금리와 거의 같은 방향으로 움직인다. 이에 따라 장기 금리,

은행 여수신 금리도 차례로 변화한다. 이러한 금리 수준의 변화는 가계의 소비나 기업의 생산과 투자활동에 영향을 미치고 이 과정에서 총수요와 물가도 변화하게 된다.

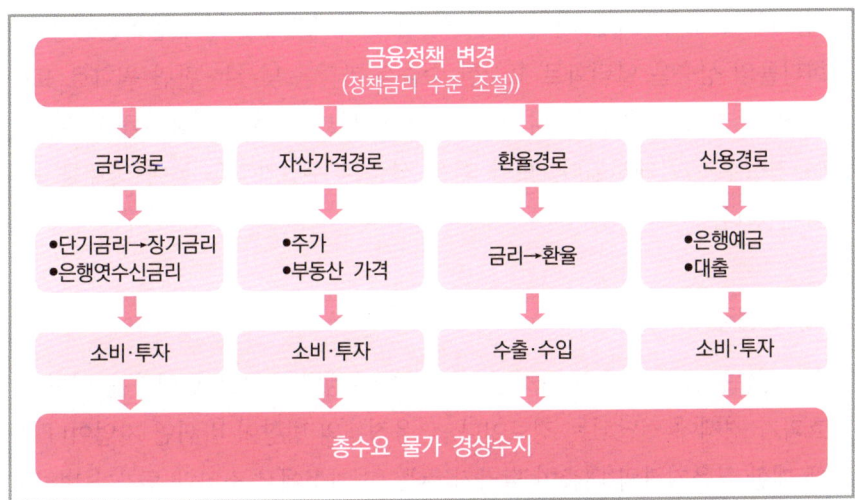

[그림 13-5] **금융정책의 파급경로**

(2) 자산가격경로

중앙은행의 금융정책은 주식이나 부동산과 같은 자산의 가치를 변화시켜 총수요와 물가에 영향을 미칠 수 있다. 이러한 자산가격경로는 가계의 주식이나 부동산 보유가 증가하고 주식 발행을 통한 기업의 자금조달이 늘어나면서 더욱 중요해졌다. 예를 들어 중앙은행의 금리 인하로 채권수익률이 낮아지면 주식과 부동산에 대한 수요가 늘어나고, 그 결과 이들 자산의 가격이 상승한다. 이렇게 되면 그만큼 가계의 부가 커져 소비를 늘릴 수 있는 여력이 늘어날 것이다. 또한 금리 인하로 주가가 오르면 기업의 시장가치가 커진다. 이에 따라 기업들은 높은 가격으로 주식을 발행할 수 있고, 그 결과 상대적으로 더 적은 비용으로 더 많은 투자를 할 수 있게 된다.

(3) 환율경로

정책금리를 조정하면 내외금리 차이가 변화하며 이는 자본유출입에 영향을 미쳐 환율을 변동시킨다. 환율 변동은 다시 수출입, 경상수지, 물가 등에 영향을 준다. 이러한 환율경로는 국제화가 진전되고 자유변동환율제도를 채택하는 나라들이 많아지면서 관심이 높아졌다. 정책금리 인하로 국내금리가 하락하면 원화로 표시된 금융자산의 수익률이 떨어지게 된다. 그러면 사람들은 상대적으로 수익률이 높아진 달러화 표시 금융자산을 사려고 하는데, 그렇게 하기 위해서는 원화를 팔고 달러화를 사야 한다. 이는 원화의 초과공급과 달러화의 초과수요를 가져와 원화가치를 떨어뜨리게 된다(원화환율상승). 원화환율의 상승은 달러화로 표시한 수출품 가격을 낮추는 반면 원화로 표시한 수입품 가격을 상승시킨다. 이러한 가격 변화로 수입은 줄어들고 수출은 늘어 경상수지가 개선된다. 또한 환율 상승은 수입가격을 높여 국내물가를 오르게 한다.

(4) 신용경로

신용경로는 금융정책의 양적인 측면, 즉 은행대출 규모에 영향을 미쳐 정책효과가 경제에 전달되는 경로이다. 금융정책의 방향이 바뀌면 기업이나 가계에 대한 금융기관의 대출이 달라지는데, 이 과정에서 소비와 투자가 변하고 물가가 영향을 받게 된다. 예를 들어 중앙은행이 통화량을 늘리면 금융기관은 대출할 수 있는 여력이 커진다. 이를 이용해 금융기관이 대출을 늘리면 기업들은 이 돈으로 기계설비를 사거나 공장을 짓는 등 투자를 더 많이 하고 가계도 소비를 늘리게 된다. 그 결과 경제활동이 활발해지고 물가가 상승압력을 받게 된다.

이와 같이 금융정책은 다양한 경로를 거쳐 경제 전반에 영향을 미치는데 경제상황에 따라 경로별로 영향의 크기가 달라질 수 있다.

3 금융정책의 운용체계

금융정책이 결정되고 집행되는 제도적 장치를 금융정책 운용체계라고 하는데 구체적으로 다음과 같은 네 가지 요소를 포함하고 있다.

첫째, 금융정책의 최종목표이다. 일반적으로 금융정책은 물가 및 고용안정, 경제성장, 국제수지 균형, 금융안정 등의 여러 가지 목표를 달성하고자 한다. 이 중에서도 가장 중요한 목표는 물가안정이라고 할 수 있다.

둘째, 명목기준지표이다. 중앙은행이 최종목표인 물가안정을 달성하기 위해 특히 관심을 갖고 관리하는 변수를 명목기준지표라고 한다. 예를 들면 통화량, 환율, 인플레이션 등이 있다.

셋째, 금융정책의 제도에 관한 것이다. 중앙은행이 어느 정도의 독립성, 투명성, 책임성을 갖고 있는지와 같은 제도적 요소들을 말한다.

넷째, 금융정책의 수단이다. 중앙은행은 공개시장조작정책, 대출정책, 지급준비율정책 등의 정책수단을 갖고 있다. 또한 금융정책을 성공적으로 수행하기 위해 다양한 정보와 분석수단을 활용하고 있다.

금융정책 운용체계의 구성요소 가운데 첫 번째인 최종목표나 셋째, 넷째 요소인 중앙은행의 독립성, 투명성, 책임감과 정책수단의 종류 등은 본질적인 면에서는 나라마다 비슷하다. 차이가 있다면 정도의 차이라고 할 수 있다. 그러나 두 번째 요소인 명목기준지표의 선택은 나라마다 확실한 차별성이 있다. 그래서 금융정책 운용체계의 형태는 보통 어떤 명목기준지표를 활용하느냐에 따라 달라진다. 즉 특정 통화량지표를 목표로 하는 통화량목표제, 환율을 목표로 하는 환율목표제 그리고 특정물가수준을 목표로 하는 물가안정목표제 등으로 구분된다.

우리나라는 1997년 말 외환위기 이전에는 통화지표를 중간목표로 하는 통화량목표제를 채택하였으나 1998년부터 물가안정목표제를 도입하여 운용하고 있다. 우리나라의 운용체계는 ① 최종목표 면에서는 물가안정, ② 명목기준지표 면에서는 근원인플레이션율, ③ 제도 면에서는 독립성, 투명성, 책임성의 강조, ④ 정책수단 면에서는 보다 선진화되고 시장기능에 초점을 맞춘 수단과 분석기법의 활용 등으로 특징지을 수 있다.

우리나라가 채택하고 있는 물가안정목표제는 중앙은행이 일정기간 동안 달성해야 할 물가목표치를 미리 제시하고, 이를 달성하기 위해 단기금리(기준금리)를 운용목표로 정하여 금융정책을 펴는 방식이다. 중앙은행은 통화량, 금리, 환율 등 여러 정보변수를 활용하여 앞으로의 인플레이션을 예측하고, 실제 물가상승률이 목표치에 도달할 수 있도록 정책을 편다. 그리고 정책 운용 성과를 평가하고, 시장의 기대와 반응을 반영하면서 정책을 수정해 나간다.

또한 한국은행은 금융시장의 발달로 금리의 기능이 활성화됨에 따라 통화량보다 금리를 중시하는 정책을 펴고 있다. 즉 기준금리를 운용목표로 하여 통화정책을 시행하고 있다. 한국은행은 매월 물가변동, 실물경기의 움직임, 금융, 외환시장 동향 등을 종합적으로 검토하여 기준금리 목표수준을 결정하여 공표하고 있다.

거꾸로 배우는 경제학

【Eco-톡】 》》 금융위기는 과거의 것이 아니다.

"금융위기는 과거의 것이 아니다. 언젠가는 반드시 온다." 이는 2008년 글로벌 금융위기 당시 위기관리의 최고책임자로서 위기 대응정책을 주도했던 연방준비은행 버냉키 의장과 부시 행정부의 폴슨 재무부 장관 그리고 오바마 행정부의 가이트너 재무부 장관 세 사람이 쓴 책 '위기의 징조들'에서 강조한 문구다.

위기는 오지 않는 것이 가장 좋다. 그러나 위기는 반복된다. 이는 사람들 행동의 불가피한 속성 때문이다. 위기가 지나가고 평온한 날이 오면 위기의 순간을 곧 잊어버린다. 망각(forgetfulness)의 속성이다. 그리고 사람들은 자기 능력보다 더 많은 것을 얻고 싶어 한다. 탐욕(greed)의 속성이다. 또한 사람들은 절제할 줄 모른다. 상승할 때는 비이성적 과열이 지배하고 하락할 때는 비이성적 공포가 지배한다. 무절제(intemperance)의 속성이다. 그래서 위기는 반드시 다시 온다고 하는 말이 설득력이 있다.

우리나라는 지난 20여 년 사이에 거의 10년 단위로 3번의 엄청난 위기를 맞은 경험이 있다. 1997년의 외환위기와 2008년의 글로벌 금융위기 그리고 2020년에 맞은 코로나 위기가 그것이다.

1997년 외환위기는 그야말로 외환가 부족해서 맞은 위기다. 그해 12월 18일 가용외환보유액은 39억 달러였다. 이는 10일 치 수입대금도 안 되는 금액이었다. 1996년 말 외화부채가 가용외환보유액의 5배이고 외채의 반이 단기부채였다. 그보다 더 근본적인 문제는 기업부실 금융부실 회계부실 등 경제전반에 걸친 부실경영문제였다. 결국 30대 재벌 중 17개 대기업그룹이 구조조정이 되고 위기 2년 동안에 100년의 전통을 자랑해 온 5대 시중은행을 비롯한 10개의 은행이 역사 속으로 사라졌다.

2008년 글로벌 금융위기는 미국 비우량주택담보대출(subprime mortgage)의 부실에서 시작되었다. 2001년 이후 금리를 낮추면서 5년 동안 주택가격이 배로 뛰고 비우량주택담보대출과 이를 기초자산으로 한 파생상품이 대폭 늘어났다. 감독 당국은 규제 완화를 통해 이를 조장했다. 2006년 이후 금리인상과 함께 주택가격이 하락하면서 금융부실이 천정부지로 늘어나 금융시스템이 붕괴한 것이다.

2020년 코로나 위기는 바이러스의 전이를 막기 위해 폐쇄(lockdown), 거리제한(social distance)을 함으로써 이동이 제한되고 경제 전반의 공급과 수요에 충격을 주게 되어 실물경제가 위축된 경제위기다. 세계는 지난 10여 년 동안 연달아 두 번의 큰 위기를 겪으면서 값비싼 후유증을 남기고 있다. 그 상흔이 또 다른 위기의 원인이 될 수도 있다.

각국은 기준금리를 제로금리 수준으로 낮추고 대규모 양적완화를 통해 유동성을 대폭 공급했다. 이와 함께 대규모 재난지원금을 풀어 국민들의 삶을 유지했다. 결국 유동성과 부채로 위기를 막은 것이다. 선진국의 경우 국가부채가 2008년 GDP의 77%에서 2020년 132%로 늘어났다. 또 위기가 오면 더 이상 쓸 돈이 없다. 물가가 40년 내 최고치로 치솟았고 주택가격, 상업용부동산 가격이 지난 10여 년간 배 이상 올랐다가 지난해 하반기 이후 하락추세로 돌아서는 등 버블이 꺼지고 있다.

이에 대처하기 위해 각국은 작년 1분기 이후 긴축기조로 전환했고 그 과정에서 실리콘밸리 뱅크(SVB) 등 은행이 파산하고 금융시장 불안 요인이 증폭되고 있다. 위기에서 교훈을 얻은 당국이 신속 과감하게 대응함으로써 시스템 위기로 번질 가능성은 그리 크지 않은 것으로 보인다. 그러나 금융은 신뢰를 바탕으로 지탱하는데 신뢰는 유리알과 같아서 자칫 잘못 다루면 투매나 뱅크런이 확산되는 등 불길이 가차 없이 금융권 전체로 번질 수 있다.

이에 더하여 세계는 미중 갈등의 증폭, 글로벌 공급사슬의 붕괴, 반세계화 현상, 우크라이나 전쟁 등 지정학적 위기, 기후위기 등 복합위기에 직면해 있다. 국제공조가 절실한 상황에서 현실은 반대로 가고 있다는데 우려의 목소리가 커지고 있다.

그렇다면 우리나라의 상황은 어떤가? 먼저 외환 측면에서는 4000억 달러 이상의 외환을 보유하고 있고 대외 순(純)채권국이며 단기외채의 비중이 그리 크지 않아 외환 측면에서는 전면적인 위기로 치달을 가능성은 크지 않다. 그러나 무역수지 적자가 계속되고 현재 흑자인 경상수지마저 적자로 돌아선다면 외환 측면에서 압박받을 수 있어 예의주시할 필요는 있다고 본다.

SVB 등 은행파산과 관련하여 금융시스템의 불안을 걱정하기도 한다. 우리나라 은행의 경우 자본 비율, 유동성 비율 등 건전성 측면에서 규제 비율을 상회하는 등 현재로서는 양호한 수준을 유지하고 있다. 비은행금융기관의 경우에는 자본의 적정성 비율이 소폭 하락하고 있으나 규제 비율을 상회하고 있으며 금리상승, 부동산경기 부진 등으로 자산건전성이 저하되고 있고 수익성도 악화하고 있으며 연체율도 상승하고 있어 면밀한 대응이 필요한 상황이다.

주택시장의 상황을 보면 지난 정권 5년 동안 아파트 가격이 서울의 경우 두 배로 올랐다가 작년 하반기부터 하락세로 반전했다. 부동산 가격 상승에 편승하여 부동산 PF 대출도 많이 증가하였고 연체율도 상승하는 추세다. 미분양 증가, 주택거래 감소, 주택가격 하락 등 부동산 시장 상황을 고려 PF대출에 대한 특별한 관리가 필요하다.

또한 코로나 기간 자영업자 대출이 30% 이상 늘어 1000조원이 넘었다. 특단의 대책이 필요한 분야다.

전반적으로 우리나라 금융이 시스템 위기로 갈 가능성은 크지 않으나 글로벌 불안 요인과 국내 불안 요인들이 공존하는 만큼 모니터링을 철저히 하고 조기경보 기능을 한층 강화하는 동시에 상황별 대응 장치를 마련할 필요가 있다. 금융시스템 전반을 재점검하여 경제주체의 복원력을 강화하는 정책을 지속할 필요가 있다. 아울러 유관기관 간 유기적인 정책 공조를 강화할 필요가 있다.

지난 4월 28일 발표한 연준의 'SVB 감독 및 규제 검토보고서'에 의하면 SVB 파산의 원인으로 연준의 감독 실패, SVB 리스크 관리 실패, 완화된 규제를 들었다. 자기 잘못을 솔직히 인정하는 용기 있는 보고서다. 우리도 이를 타산지석으로 삼아 감독에 빈틈이 없는지, 금융기관의 리스크 관리에 문제가 없는지, 규제에는 허점이 없는지 면밀히 살펴볼 때다.

출처 : 아시아투데이 김종창 전 금융감독원장

| 거꾸로 배우는 경제학 |

제4절 경제안정화정책의 성공요건

1 경제안정화정책의 한계

일반적으로 사람들은 경기변동을 계절의 변화와 같이 자본주의 시장경제에서 발생하는 자연스러운 현상이라고 생각하는 경향이 있다. 자본주의시장은 효율적이며 외부 충격에 대해 자율적인 조정 능력을 갖고 있다고 믿기 때문이다. 그러나 현실의 자본주의시장은 완벽하지 않다. 과도한 물가상승이나 대규모 실업과 같은 경제불안이 거듭되는 것은 자본주의시장의 불완전성을 증명하는 것이다. 이에 따라 정보가 경제안정을 도모하기 위해 경제에 깊이 개입하고 있지만 안정화정책의 효과가 제때에 나타나도록 한다는 것은 쉬운 일이 아니다. 그러면 정부가 경제안정화정책을 펼 때 어려움을 겪게 되는 이유를 살펴보자.

(1) 정책시차가 존재

정책당국이 경제안정화정책의 필요성을 느끼고 구체적인 정책을 수립, 시행하는 데 적지 않은 시간이 소요된다. 그리고 정책효과가 실제 나타나는 데에도 많은 시간이 걸린다. 일반적으로 통화정책은 정책의 수립, 집행이 비교적 간단한 반면 그 효과가 나타나기까지 최소 6개월의 기간이 걸린다고 알려져 있다. 반대로 재정정책은 그 효과가 통화정책에 비해 빨리 나타나지만 정책의 수립, 시행에 그 효과가 나타나기까지 걸리는 시간이 가변적이기 때문에 안정화정책 자체가 오히려 경제의 불안을 더욱 심화시킬 수 있다.

(2) 정책목표의 상충(trade-off)

정책목표의 상충도 안정화정책의 시행을 어렵게 한다. 금융정책과 재정정책은 생산, 물가, 고용 등 경제 전체에 영향을 미친다. 그런데 개별적인 정책이 의도하고 있는 정책목표는 서로 다른 경우가 많다. 어느 나라든지 물가상승률과 실업률을 낮게 유지하는 것을 정책목표로 하고 있다. 그렇지만 일반적으로 실업률과 물가상승률은 서로 반대방향으로 움직이는 경향이 있다. 즉 실업률이 높아지면 물가상승률이 낮아지고, 실업률이 낮아지면 물가상승률이 올라간다. 따라서 정부가 실업문제를 해결하기 위해 확장적 재정정책을 쓰면 실업률은 낮출 수 있지만 그 대가로 물가상승이라는 희생을 치르게 된다. 반대로 물가상승을 억제하기 위해 긴축적 재정정책을 펴면 물가상승률을 낮추는 데는 성공할 수 있겠지만 실업자가 늘어날 수 있다. 이와 같이 물가안정과 완전고용은 현실적으로 동시에 잡기는 어렵다고 할 수 있다. 또한 정부지출을 증가시키거나 조세수입을 감소시키는 확장적 재정정책은 단기적으로 고용과 생산 증대에 도움이 되지만 장기적으로는 물가나 금리를 상승시킬 수 있다. 확장적 재정정책에도 불구하고 금리가 상승하는 경우에는 처음에 늘 것으로 예상했던 민간투자나 소비가 오히려 줄어드는 구축효과(crowding-out effect)가 발생할 수도 있다.

(3) 정책수단들이 서로 연결

정책수단들이 서로 영향을 주고 받는다는 점이다. 금융정책과 재정정책은 정부의 예산제약에 의해 서로 연결되어 있다. 이러한 정책수단의 제약은 정책의 선택과 강도에 관한 의사결정을 어렵게 할 수 있다. 예를 들어 경기 과열을 방지하기 위하여 금융긴축이 요구되는 상황이 발생했다고 가정할 때, 재정적자가 계속 누적되고 있는 상황이라면 중앙은행은 강력한 긴축정책을 펴기 어렵다. 왜냐하면 이 경우 금융긴축으로 경기가 위축되면 정부의 조세수입이 감소하여 재정적자가 더욱 확대될 것이기 때문이다. 더욱이 재정적자가 지속될 경우에는 보통 시장금리가 오르는데 이러한 상황에서 중앙은행이 금융긴축을 실시하기는 더욱 어려워질 것이다.

2 정책의 조화

정책담당자들은 경제안정화정책을 시행할 때 여러 가지 문제에 직면하게 된다. 정책시차 문제를 어떻게 해결하고 상반된 정책 목표와 수단을 어떻게 조화시키는가 하는 것이 바로 정책담당자들의 과제인 것이다.

금융정책과 재정정책은 기본적으로 국민경제의 안정적 성장을 도모하기 위한 정책수단이라는 점에서 유사하다. 그러나 정책의 주체와 시행절차, 시차 등에서 차이가 있다. 이처럼 두 정책은 유사한 기능을 가지고 있지만 나름대로 다른 특성을 갖고 있으므로 이를 잘 감안하여 조화롭게 운용할 필요가 있다.

예를 들어 물가불안이 우려되는 시기에는 선제적으로 금리를 인상하여 강력한 긴축 신호를 보냄으로써 경기가 과열로 이어지지 않게 하고 재정도 건전한 방향으로 운용하는 것이 좋을 것이다. 반대로 극심한 경기침체기에는 효과가 빨리 나타나는 확장적 재정정책을 우선 사용하고 금융정책을 보완적인 수단으로 활용하는 정책조합(policy mix)을 고려해 볼 수 있다.

이들 두 정책수단은 서로 영향을 미치기도 한다. 만약 중앙은행이 금융정책을 긴축적으로 운용하여 금리가 상승하면, 국채 이자부담이 늘어나 정부의 재정운용에 영향을 미치게 된다. 만약 정부가 지출을 확대하고 그 재원을 국채 발행으로 마련하는 경우 시장에 국채 공급이 늘어나 금리가 상승하게 된다. 이는 중앙은행이 적절하다고 판단하는 금리 수준보다 높을 수 있어 금융정책의 교란 요인으로 작용할 수 있다. 따라서 금융정책과 재정정책은 서로의 특성과 상호연관성 등을 감안하여 긴밀한 협조관계를 유지함으로써 국민경제 전체의 효율을 극대화하는 방향으로 조화롭게 운용되어야 한다.

3 정책의 일관성, 신뢰성, 투명성

과거 경제정책을 추진할 때는 빠르고 신속하게 의사결정을 하고 한번 결정한 정책은 과감하게 추진하는 것을 중요시 하였다. 그러나 최근에는 경제상황이 가변적이고 정책담당자도 불확실성을 늘 안고 있기 때문에 경제정책의 집행방식이 달라질 필요가 있다. 즉 정책 결정은 장기적 관점에서 신중하게 내려야 하고 정책 방향은 일관성을 유지하여야 한다. 그 이유는 경제정책이 국민경제에 미치는 영향은 매우 클 뿐만 아니라 오랜 기간 지속되기 때문이다.

많은 경제정책은 국민들이 일정한 방식으로 반응할 것이라는 예상 아래 시행되고 있다. 그런데 정책은 그 대상이 되는 민간 경제주체나 시장이 정책입안자의 의도대로 따라 줄 때에만 효과가 제대로 발휘될 수 있다. 정부가 일관되지 못하고 투명하지 않은 방식으로 정책을 수행할 경우 정책에 대한 시장참가

자의 신뢰가 사라지고 예상한 것과 다른 반응이 나타나게 된다.

경제안정화정책이 성공하려면 첫째, 정부는 정책의 일관성을 유지하여 시장으로부터 정책에 대한 신뢰를 얻어야 한다. 정부는 시장의 속성과 행태를 보다 면밀히 주시하여 시장 움직임에 반하지 않는 정책을 펼 때 정부 자신 또는 정책의 신뢰성을 얻을 수 있다는 점을 인식해야 한다. 민간 경제주체들이 정부정책을 믿고 따를 수 있게 하려면 경제정책의 수립과 집행이 일관되어야 한다. 특히 세계화된 자본주의시장에서 일관성을 잃게 되면 각 경제주체들은 시장의 움직임에 적응하기 어려워지고 때로는 시장 불확실성이 높아져 예기치 않은 시장동요를 초래할 수 있다.

둘째, 정부는 정책의 투명성을 높이는 노력을 기울여야 한다. 경제 자유화와 자율화가 진행될수록 정책효과의 파급경로가 복잡해지기 때문에 정책의 효과가 눈에 띄게 잘 나타나지 않을 수 있다. 그러므로 경제문제의 인식, 정책수단의 동원 그리고 집행에 이르는 일련의 과정을 투명하게 해야 하고, 정부 정책의 영향을 받는 이해관계자들로부터 가능한 한 많은 이해와 협조를 구해야 한다.

거꾸로 배우는 경제학

【Eco-톡】 ▶▶▶ 지난 40년 동안 발생한 글로벌 금융 위기들…"아직도 진행중"

한국의 IMF 등 최근 40년 동안 일어난 각종 대형 금융 위기를 살펴보았다.

최근 한 달 사이 세계 금융 시장은 요동쳤다. 실리콘밸리은행이 무너졌고 퍼스트리퍼블릭이 유동성 위기를 경험했다. 스위스의 대출 기관인 크레디트스위스는 경쟁사인 UBS 그룹에 팔렸다.

은행 파산에 대한 전염 공포는 여전하고, 투자자들은 높은 금리의 영향이 더 많은 대출자들을 괴롭힐 경우 세계 경제가 어려움을 겪을 것이라고 우려하고 있다. 다음은 지난 40년 동안 발생한 엄청난 금융 위기에 관한 얘기다.

1. 미국 저축 및 대출 위기

1980년대를 뒤흔든 위기로 1000개 이상의 저축 및 대출 기관(S&L)이 전멸하여 미국 납세자들의 호주머니서 최대 1240억 달러(약 161조2000억 원)를 털어갔다.

이 같은 격변은 미국 당국이 S&L의 대출과 예금에 대한 금리 상한선을 없애 S&L이 더 많은 위험을 감수할 수 있게 된 후 만들어진 부실한 부동산과 상업용 대출에 뿌리를 두고 있다.

2. 정크 본드 파동

거의 10년 동안의 초강력 성장 이후, 정크 본드 시장은 1980년대 후반 연방 준비 제도 이사회의 일련의 금리 인상에 따라 폭락했다.

마이클 밀켄이 금융 상품의 대중화에 앞장서, 많은 사람들이 레버리지 매수 자금 조달 방법으로 금융 상품을 사용했다. 하지만 결국 공급이 수요를 앞질렀고, 시장은 침체되었다. 밀켄은 증권 및 위반 신고 혐의로 기소되었다. 그는 2억 달러의 벌금을 내고 22개월의 징역형을 선고받았다.

3. 멕시코 페소 위기

1994년 12월 멕시코의 경상수지 적자가 증가하고 국제 준비금이 감소하자 멕시코는 자국 통화인 페소를 평가 절하했다. 멕시코는 결국 국제 통화기금(IMF)으로부터 재정 지원을 받고 미국으로부터도 500억 달러의 구제 금융을 받았다.

4. 아시아 통화 위기

1990년대 중후반 아시아 경제권에서 대규모 자본 유출이 일어나면서 이 지역 통화에 대한 압박이 가해져 IMF의 지원이 필요했다.

위기는 태국에서 시작되었다. 태국 당국은 수 개월 동안 달러에 대한 고정 환율을 방어하기 위해 외환 보유액을 고갈시킨 후 태국 바트화를 평가 절하해야 했다. 전염병은 곧 인도네시아, 한국, 말레이시아를 포함한 아시아의 다른 시장으로 확산되었다.

국제 통화기금과 세계은행을 포함한 국제기구들은 1000억 달러 이상의 구제책을 내놓아야 했다.

5. 장기 자본 관리(LTCM)

레버리지가 높은 미국 헤지펀드는 1998년 아시아 위기와 그에 따른 러시아 금융 위기 이후 몇 달 만에 40억 달러 이상의 손실을 입었다. 이 펀드는 러시아 국채에 막대한 노출을 보였고, 러시아가 부채를 불이행하고 통화 가치를 평가 절하한 후 큰 손실을 입었다.

뉴욕 연방 준비 은행은 LTCM에 대한 35억 달러의 민간부문 구제 금융을 중개하는 데 도움을 주었고, 연방 준비 제도 이사회는 연속 몇 달 동안 세 차례 금리를 인하했다.

6. 2008년 글로벌 금융위기

대공황 이후 가장 큰 금융 위기는 불안정한 대출자들에 대한 위험한 대출에 뿌리를 두고 있었다. 위기가 이어지는 기간 중앙은행들이 금리를 인상해 여러 나라의 화폐 가치가 떨어지기 시작했다.

이 위기는 모기지 증권에서 큰 위치를 차지하고 있던 베어스턴스와 리먼 브라더스를 포함한 몇몇 전설적인 월스트리트 거물들의 몰락으로 이어졌다. 대위기는 또한 1800억 달러의 구제 금융이 필요한 거대 보험 회사인 아메리칸 인터내셔널 그룹까지 집어삼켰다.

미국 정부는 사상 최대 규모의 미국 은행 파산 사건으로 워싱턴 뮤추얼을 폐쇄했다. 전 세계는 70년 만의 최악의 경기 침체를 겪어야 했다.

7. 유럽 채무 위기

2008년 금융 위기에 자극을 받은 유럽 주요 국가의 부채 급증은 이 지역 기업에 대한 신뢰 상실로 이어졌다.

그리스는 해운과 관광의 주요 산업이 경제적으로 민감했기 때문에 가장 큰 타격을 받았다. 그리스는 다른 유로존 국가들에 의해 구제 받은 첫 번째 나라가 됐다. 포르투갈, 아일랜드, 키프로스도 채무 불이행 늪에서 허덕여야 했고, 특히 지중해 연안 국가들에서 실업률이 급증했다.

출처 : 글로벌이코노믹 2023.03.27.

거꾸로 배우는 경제학

【Eco-톡】 »» 챗-GPT에 물어본 경제학

1. 경제학은 무엇입니까?

경제학은 상품과 서비스의 생산, 분배, 소비를 연구하는 사회과학입니다. 개인, 기업, 정부 및 사회가 자신의 욕구와 필요를 충족하기 위해 제한된 자원을 할당하기 위해 어떻게 선택하는지 탐구합니다. 경제학은 흔히 두 가지 주요 분야로 나누어진다.

미시경제학: 이 분야는 소비자, 기업, 산업과 같은 개별 행위자의 행동에 중점을 둡니다. 미시경제학은 이러한 기업이 자원 할당, 생산, 가격 책정 및 소비에 관한 결정을 내리는 방법을 조사합니다. 미시경제학의 주제에는 수요와 공급, 시장 구조, 소비자 행동, 기업 이론 등이 포함됩니다.

거시경제학: 경제 전반을 살펴보고 인플레이션, 실업, 경제성장, 국민소득 등 종합적인 현상을 연구하는 분야입니다. 거시경제학은 경제의 전반적인 성과에 영향을 미치는 요소와 거시경제의 안정성과 성장을 달성하기 위해 정부가 시행할 수 있는 정책을 이해하려고 합니다.

경제학자들은 경제 현상을 분석하고 예측하기 위해 다양한 모델과 이론, 실증적 방법을 사용합니다. 경제원리는 금융, 공공정책, 국제무역, 노동시장, 환경경제학 등 다양한 분야에 적용됩니다. 경제학의 목표는 경제의 기능에 대한 통찰력을 제공하고 이를 인도하는 데 도움을 주는 것입니다.

2. 경제학의 미래는 어떻습니까?

경제학의 미래를 예측하는 것은 기술 발전, 지정학적 변화, 사회적 변화, 경제 정책 등 다양한 요인에 따라 달라지기 때문에 본질적으로 어렵습니다. 그러나 몇 가지 추세와 관심 분야가 경제의 미래를 형성할 가능성이 높습니다.

기술 혁신: 특히 인공 지능, 자동화, 블록체인과 같은 분야의 기술 발전은 경제 시스템에 지대한 영향을 미칠 가능성이 높습니다. 이러한 혁신은 생산성, 고용 시장, 산업의 전반적인 구조에 영향을 미칠 수 있습니다.

환경 및 지속 가능한 경제학: 기후 변화와 지속 가능성에 대한 우려가 증가함에 따라 경제학의 미래에서는 환경 문제가 더욱 강조될 가능성이 높습니다. 녹색 경제 및 지속 가능한 개발과 같은 개념은 경제 정책 및 관행을 형성하는 데 중요한 역할을 할 것입니다.

세계화 및 무역 역학: 세계 경제의 상호 연결성은 계속해서 중요한 요소가 될 것입니다. 무역 정책, 국제 관계, 글로벌 공급망 역학의 변화는 개별 국가와 세계 전체의 경제적 결과에 영향을 미칠 것입니다.

포용적 경제: 소득 불평등을 해결하고 포용적 경제 성장을 촉진하는 것이 점점 더 강조되

고 있습니다. 정책입안자와 경제학자들은 경제적 기회와 혜택에 대한 더 폭넓은 접근을 보장하는 조치에 초점을 맞출 가능성이 높습니다.

행동경제학: 심리학의 통찰력을 경제 분석에 통합하는 것이 주목을 받고 있습니다. 행동경제학은 심리적 요인이 경제적 의사결정에 어떻게 영향을 미치는지 연구하여 합리적 행동에 대한 전통적인 가정에 도전합니다.

건강 경제학: 코로나19 팬데믹과 같은 최근 글로벌 사건은 중요한 경제 요소로서 건강의 중요성을 강조해 왔습니다. 미래에는 공중 보건, 의료 시스템 및 전염병 대비의 경제적 영향에 대한 관심이 높아질 수 있습니다.

데이터 분석 및 빅 데이터: 방대한 양의 데이터 가용성이 증가하고 분석의 발전이 경제 연구 및 정책 분석을 변화시킬 가능성이 높습니다. 빅데이터는 경제 동향과 행동에 대한 보다 미묘한 통찰력을 제공할 수 있습니다.

경제적 과제에 대한 정책 대응: 정책 입안자들은 경기 침체, 금융 위기 및 기타 혼란에 대한 재정 및 통화 정책 대응을 포함하여 경제적 과제와 계속해서 씨름할 것입니다.

경제학의 미래는 예측할 수 없으며 이 분야는 새로운 도전과 기회에 대응하여 계속 발전할 가능성이 높다는 점을 기억하는 것이 중요합니다. 연구자, 정책 입안자, 경제학자는 글로벌 환경의 복잡하고 역동적인 성격을 다루기 위해 자신의 방법과 이론을 조정해야 합니다.

3. AI 시대에 경제학은 어떻게 살아남아야 하나요?

AI 시대에 생존하고 번영하려면 경제학자들은 변화하는 환경에 적응하고 인공지능의 이점을 활용하는 동시에 잠재적인 과제를 해결해야 합니다. 경제학이 AI 시대를 헤쳐나갈 수 있는 몇 가지 방법은 다음과 같습니다.

AI 기술 개발: 경제학자는 인공 지능, 기계 학습, 데이터 분석 기술을 습득해야 합니다. AI 도구 및 알고리즘을 사용하는 방법을 이해하면 경제학자는 대규모 데이터 세트를 보다 효율적으로 분석하고 귀중한 통찰력을 추출할 수 있습니다.

학제간 협업: 컴퓨터 과학자, 데이터 과학자, 관련 분야 전문가와의 협업이 필수적입니다. 학제간 팀을 구성하면 경제 연구 및 정책 분석에서 AI 기술의 개발 및 적용을 향상시킬 수 있습니다.

윤리적 고려 사항: AI가 경제 연구 및 의사 결정 프로세스에 통합됨에 따라 윤리적 고려 사항을 해결하는 것이 중요합니다. 경제학자들은 AI 모델의 잠재적 편견을 염두에 두고 데이터 수집 및 사용에 있어 윤리적 표준이 유지되도록 해야 합니다.

지속적인 학습 및 적응: AI 분야는 역동적이고 기술은 빠르게 발전합니다. 경제학자들은

거꾸로 배우는 경제학

최신 AI 개발, 방법론 및 도구에 대한 최신 정보를 얻기 위해 지속적인 학습에 참여해야 합니다. 여기에는 워크숍, 컨퍼런스 참석 및 관련 과정 수강이 포함됩니다.

AI의 정책적 함의: 경제학자들은 AI 관련 정책 형성에 기여할 수 있습니다. 여기에는 AI가 고용, 소득 분배, 경제 구조에 미치는 영향을 다루는 것이 포함됩니다. 정책 입안자들은 책임 있는 AI 개발을 촉진하는 규정과 정책을 설계하기 위해 경제적 전문 지식이 필요합니다.

행동 통찰력 통합: 심리적 요인이 경제적 의사 결정에 어떻게 영향을 미치는지 연구하는 행동 경제학은 AI 도구를 보완할 수 있습니다. AI와 인간 행동에 대한 통찰력을 결합하면 보다 정확한 경제 모델과 예측을 얻을 수 있습니다.

대중 참여 및 커뮤니케이션: 경제학자들은 AI가 경제에 미치는 영향을 설명하기 위해 대중과 소통해야 합니다. 복잡한 경제 개념과 AI의 역할을 명확하고 이해하기 쉬운 방식으로 전달하면 대중의 신뢰와 인식을 구축하는 데 도움이 됩니다.

직업 대체 문제 해결: AI와 자동화는 기존 고용 시장을 혼란에 빠뜨릴 가능성이 있습니다. 경제학자들은 재교육 및 기술 향상 프로그램과 같은 일자리 대체를 해결하는 정책 개발에 기여하고 업무 성격의 변화를 수용하는 새로운 경제 모델을 탐색할 수 있습니다.

개방형 데이터 관행: 협업과 투명성을 촉진하기 위해 개방형 데이터 관행을 수용합니다. 개방형 데이터 이니셔티브는 연구 결과의 재현성을 향상하고 혁신을 촉진하며 AI를 사용한 경제 분석이 건전하고 접근 가능한 데이터를 기반으로 하도록 보장할 수 있습니다.

AI 모델의 비판적 평가: 경제학자들은 가정, 한계, 잠재적 편견을 고려하여 AI 모델을 비판적으로 평가해야 합니다. 여기에는 AI가 생성한 예측 및 권장 사항의 정확성과 신뢰성을 검증하는 것이 포함됩니다.

AI를 도구로 수용하고 그 기능에 적응함으로써 경제학자들은 분석 프레임워크를 강화하고 점점 더 복잡해지고 데이터 중심이 되는 세계에서 더 많은 정보에 입각한 정책 결정에 기여할 수 있습니다.

단원별 연습문제

01. 통화정책 및 재정정책에 관한 케인즈 경제학자와 통화주의자의 견해로 옳지 않은 것은?

① 케인즈 경제학자는 투자의 이자율탄력성이 매우 크다고 주장한다.
② 케인즈 경제학자는 통화정책의 외부시차가 길다는 점을 강조한다.
③ 통화주의자는 k% 준칙에 따른 통화정책을 주장한다.
④ 케인즈 경제학자에 따르면 이자율이 매우 낮을 때 화폐시장에 유동성함정이 존재할 수 있다.
⑤ 동일한 재정정책에 대해서 통화주의자가 예상하는 구축효과는 케인즈 경제학자가 예상하는 구축효과보다 크다.

02. 재정정책에 대한 설명으로 옳지 않은 것은?

① 고전학파모형에 따르면 구축효과는 국공채발행의 경우에는 나타나지만 조세감면의 경우에는 나타나지 않는다.
② 구축효과는 재정정책에 대응하는 이자율의 변동정도에 따라 다르게 나타난다.
③ 사회보장 이전지출은 재정의 자동안정화장치에 속한다.
④ 가계, 기업, 정부로 구성된 케인즈단순모형에서 정부지출승수와 투자승수는 동일하다.
⑤ 케인즈의 재량적 재정정책은 총수요를 변화시킴으로써 국민소득을 변화시키는 총수요관리정책의 성격을 가진다.

03. 재정의 자동안정화장치란 경기변동시에 정부가 의도적으로 정부지출과 세율을 변경시키지 않아도 경기변동의 강도를 완화시켜 주는 재정제도이다. 다음 중 재정의 자동안정화장치가 효과를 발휘하는 경제가 아닌 것은?

① 조세의 소득탄력도가 높은 경제
② 원천징수제도가 확립되어 있는 경제
③ 실업보험과 사회보장제도가 잘 갖추어져 있는 경제
④ 농산물가격지지제가 실시되는 경제
⑤ 지방교부세제와 가속도원리가 작동하는 경제

04. 다음 중 재정의 자동안정화장치가 아닌 것은?

① 소득세　　　　② 법인세　　　　③ 실업수당
④ 농산물가격지지제도　　⑤ 감가상각제도

05. 통화신용정책에 대한 다음의 서술 중 옳은 것은?

① 법정지급준비율을 인상하면 통화량도 증가하는데 이는 시중에 유동성 공급을 증대하여 경기를 부양시키는 경우에 실시되는 정책이다.
② 재할인율정책은 예금은행의 중앙은행으로부터 대출을 조절하여 통화량을 조절하려는 정책이다.
③ 공개시장조작은 중앙은행이 증권의 매입, 매각을 통해 특정한 거시경제적 정책목표를 달성하려는 것인데, 경기부양을 시도하는 경우에는 중앙은행이 경기부양자금을 확보하기 위하여 보유한 증권을 매각하게 된다.
④ 법정지급준비율조절, 재할인율조절, 공개시장조작은 통화주의학파의 통화신용정책에서만 활용되고, 케인즈학파의 거시경제정책에서는 사용되지 않는다.
⑤ 선진국에서는 효과가 불확실한 간접적 통화신용정책수단보다는 정확하고 신속한 효과를 추구할 수 있는 직접적 통화신용정책수단이 주로 활용된다.

06. 중앙은행이 취할 수 있는 다음 여러 가지 금융정책의 조합 중에서 가장 긴축성이 강한 것은?

① 공개시장 매각, 법정지급준비율 인상, 재할인율 인상
② 공개시장 매각, 법정지급준비율 인상, 재할인율 인하
③ 공개시장 매각, 법정지급준비율 인하, 재할인율 인상
④ 공개시장 매입, 법정지급준비율 인상, 재할인율 인상
⑤ 공개시장 매입, 법정지급준비율 인하, 재할인율 인하

07. 화폐금융정책이 실물경제에 영향을 미치는 전달경로에 관한 다음 설명 중 가장 옳지 않은 것은?

① 화폐공급량이 증가하면 채권에 대한 수요가 증가하고 이에 따라 이자율이 하락한다.
② 화폐공급량이 증가하면 주식가격이 상승하고 투자가 촉진된다.
③ 화폐공급량이 증가하면 민간의 자산 증가로 소비재에 대한 수요가 증가한다.
④ 화폐공급량이 감소하면 부동산에 대한 수요가 증가한다.
⑤ 화폐공급량이 감소하면 기업은 유동성을 적정수준으로 유지하기 위해 신규투자를 축소한다.

제13장 ▌경제안정화정책

08. 폐쇄적인 경기변동모형에서 재정정책과 금융정책의 효과에 대한 다음의 설명 중 옳지 않은 것은?

① 확대재정정책과 확대금융정책은 물가수준과 국민소득을 모두 상승시킨다.
② 정부지출의 증가에 의한 확대재정정책은 민간투자를 감소시킨다.
③ 확대금융정책은 이자율을 하락시켜 민간투자를 촉진시키지만 민간소비를 감소시킨다.
④ 재정지출이 불변인 상태에서 확대금융정책은 국민경제에서 정부부문이 차지하는 비중을 축소시킬 가능성이 크다.
⑤ 조세감면에 의한 확대재정정책은 처분가능소득을 증가시켜 민간소비를 증가시킨다.

09. 다음 중 금융정책의 거시경제적 효과에 대한 케인즈학파의 주장으로 부합하지 않는 것은?

① 확대재정정책과 확대금융정책은 물가수준과 국민소득을 모두 상승시킨다.
② 정부지출의 증가에 의한 확대재정정책은 민간투자를 감소시킨다.
③ 확대금융정책은 이자율을 하락시켜 민간투자를 촉진시키지만 민간소비를 감소시킨다.
④ 재정지출이 불변인 상태에서 확대금융정책은 국민경제에서 정부부문이 차지하는 비중을 축소시킬 가능성이 크다.
⑤ 조세감면에 의한 확대재정정책은 처분가능소득을 증가시켜 민간소비를 증가시킨다.

거꾸로 배우는 경제학

정답 및 해설

1. ① 케인즈학파는 투자의 이자율탄력성이 매우 작으므로 IS곡선이 가파르고, 구축효과가 작아져 재정정책의 효과가 크다고 주장한다.
   ② 외부시차는 시행된 정책이 실제로 효과를 나타낼 때까지 걸리는 시간으로, 케인즈학파는 통화정책의 전달경로를 제시하며 통화정책의 외부시차가 길다는 점을 강조한다.
   ③ k% 준칙은 통화량 증가율을 경제성장률에 맞추어 매년 일정하게 유지하는 것으로, 통화주의학파는 재량적인 통화정책보다는 준칙에 입각한 통화정책을 운용할 것을 주장한다.
   ④ 유동성함정은 이자율이 최저 수준일 경우 투기적 화폐수요가 무한히 증가하여 화폐수요의 이자율탄력성이 무한대(∞)가 되는 구간으로, 케인즈학파에 의하면, 이자율이 매우 낮을 때 화폐시장에 유동성함정이 존재할 수 있다.
   ⑤ 통화주의학파는 구축효과가 크므로 재정정책의 효과가 작다고 주장하는 반면, 케인즈학파는 구축효과가 작으므로 재정정책의 효과가 크다고 주장한다.

2. ① 고전학파모형에서는 국공채 발행증가를 통해 정부지출을 증가시키든, 조세감면을 실시하든 확대재정정책은 이자율을 상승시킨다. 따라서 두 경우 모두 이자율의 상승→소비수요, 투자수요의 감소→구축효과를 유발한다.

3. ⑤ 지방교부세제는 중앙정부가 지방자치단체에 보조금(이전지출)을 주는 제도이며, 가속도원리는 유발투자를 설명하는 이론이다. 따라서 지방교부세제와 가속도원리는 재정의 자동안정화장치와 아무런 관련이 없다.

4. ⑤ ①, ②는 누진세제도, ③은 사회보장지출, ④는 농산물가격의 극심한 변동을 막으면서 농민들의 소득을 보전해 주는 재정의 자동안정화장치이다. 그러나 ⑤감가상각제도는 재정의 자동안정화장치와 무관하다.

5. ① 법정지급준비율의 인상은 예금은행의 초과지급준비금이나 대출의 감소→통화량의 감소를 유발한다.
   ② 재할인율정책은 중앙은행이 예금은행에 빌려 주는 자금의 이자율(재할인율)을 변경하여 예금은행의 대중앙은행 차입규모를 조절하는 정책이다. 따라서 시중의 통화량도 조절된다.
   ③ 경기부양을 시도하는 경우, 중앙은행은 공개시장에서 증권을 매입하여 본원통화와 통화량을 증가시킨다.
   ④ 금융정책의 일반적인 정책수단은 통화주의학파와 케인즈학파에서 모두 사용된다.
   ⑤ 선진국에서는 직접적 통화정책수단(대출한도제, 이자율규제정책)보다는 간접적 통화정책수단(공개시장조작, 법정지급준비율정책, 재할인율정책)을 주로 활용한다.

6. ④ 주어진 항목 중 긴축금융정책, 즉 통화량을 감소시키고 이자율을 상승시키는 정책 조합을 찾아보라.
   ① 공개시장 매각→통화량 감소, 이자율 상승, 법정지급준비율 인상→초과지급준비금 감소→통화량 감소, 이자율 상승, 재할인율 인상→예금은행의 대중앙은행 차입금 감소→통화량 감소, 이자율 상승

7. ④ ① 케인즈가 상정한 대표적인 이자율경로이다. 이 때 이자율이 하락하면 생산물시장에서 투자가 증가할 수 있다.
   ② 주식가격 상승으로 기업의 내재가치가 높아지면서 투자가 증가할 수 있다.
   ③ 피구효과 또는 실질잔고효과이다.
   ④ 이때는 부동산에 대한 수요가 감소한다.
   ⑤ 이때 기업은 자금경색을 우려하여 자금을 확보하는 대신 신규투자를 줄이게 된다.

8. ③ 확대금융정책→이자율의 하락→민간투자의 증가→총수요의 증가→국민소득의 증가→민간소비의 증가

9. ③ 확대금융정책→이자율의 하락→민간투자의 증가→총수요의 증가→국민소득의 증가→민간소비의 증가

연습문제

[문제 1] 정부의 재정적자를 해결하는 방법에 대하여 설명하라.

[문제 2] 금융정책의 운용체계에 대하여 설명하라.

[문제 3] 통화정책 수단인 공개시장조작, 대출정책, 재할인율 정책 등이 통화정책의 최종목표와 어떤 관계가 있는지 그 파급경로에 대하여 설명하라.

[문제 4] 한 나라 경제가 침체되어 있다고 판단될 때, 정부가 정부지출을 증가시키는 확장적 재정정책을 시행하면 균형국민소득과 물가수준이 어떤 영향을 받는지 설명하라.

[문제 5] 중앙은행이 화폐의 공급량을 늘리는 확장적 금융정책을 시행하는 경우 국민소득과 물가수준에 어떻게 영향을 미치는지 설명하라.

[문제 6] 경제안정화정책의 한계점과 성공조건에 대하여 설명하라.

김광용

약력	경기대학교 대학원 경영학박사
	백석예술대학교 경영학부 주임교수
	반포세무서 납세자보호위원회 위원장
	한국세무사회 기업회계 출제위원
	한국회계정책학회 부회장
	한국세무회계학회 부회장
저서	병원회계 및 재무관리, 계축문화사
	Easy전산회계, 산문출판
	엑셀을 이용한 경영자료처리, 신론사
	FAT 회계실무 1,2급, 나눔에이엔티
	TAT 세무실무 2급, 나눔에이엔티
	K-IFRS 회계원리, 나눔에이엔티

거꾸로 배우는 경제학

초판 발행	2024년 2월 20일
저자	김광용
발행처	나눔에이엔티
발행인	이윤근
주소	서울시 성북구 보문로36길 39
전화	02-924-6545
팩스	02-924-6548
등록	제307-2009-58호
ISBN	978-89-6891-425-6
정가	**24,000원**

나눔에이엔티는 정확하고 신속한 지식과 정보를 독자분들게 제공하고자 최선의 노력을 다하고 있습니다. 그럼에도 불구하고 모든 경우에 완벽성을 갖출 수 없기에 본 서의 수록내용은 특정사안에 대한 구체적인 의견제시가 될 수 없으며, 적용결과에 대하여 당사가 책임지지 않으니 필요한 경우 전문가와 상담하시기 바랍니다.

이 책은 저작권법에 의해 보호를 받는 저작물이므로 당사의 서면허락 없이는 어떠한 형태로도 무단 전재와 복제를 금합니다.

※ 파본은 구입하신 서점이나 출판사에서 교환해 드립니다.